The Fool (Khenté)

Raffi (Hakob Melik Hakobian)

ԽԵՆԹԸ

ՐԱՖՖԻ

The Fool (Khenté)

Copyright © 2014 by Indo-European Publishing

All rights reserved.

Contact:
IndoEuropeanPublishing@gmail.com

ISNB: 978-1-60444-762-0

Խենթը

© Հնդեվրոպական հրատարակչություն, 2014

Հրատարակված է Ամերիկայի Միացյալ Նահանգներում։

Կապ՝
IndoEuropeanPublishing@gmail.com

ISNB: 978-1-60444-762-0

Խենթը

Խենթը մի քար գլորեց փոսը, հարյուր խելոքներ հավաքվեցան, չկարողացան դուրս հանել:

Մինչև խելացին կմտածե, խենթը գետից անց կկենա:

Խենթից – ուղիղ պատասխան:

Ազգ. Առածներ

Ա

Բայազեդը պաշարված էր:

Թուրք, քուրդ, բոշա, ջուլո և ավելի քան քսան հազար խառնիճաղանճ բաշիբոզուկներ, խառն տաճկաց կանոնավոր զորքերի հետ, շրջապատել էին կիսավեր քաղաքը: Նա ծխում էր կրակի մեջ, որպես մի ընդարձակ խարույկի տարածություն: Քրիստոնյա հայերի տները դատարկվել էին բնակիչներից: Բարբարոսի սուրը և գերությունը սպառել էր նրանց: Հայերից մի փոքրիկ մաս միայն ազատվել էր, կանխապես փախչելով սահմանակից Մակու քաղաքի կողմերը, որ պարսից հողի վրա է գտնվում:

Բայազեդի միջնաբերդը դեռ մնացել էր անառիկ: Փոքրաթիվ ռուս զինվորներ, հայ և թուրք կամավոր միլիցիայի հետ, ամրացել էին այնտեղ, և օրհասական հուսահատությամբ, սպասում էին մի սարսափելի վախճանի: Բերդը չորեք կողմից սեղմված էր, կարծես, մի երկաթի օղակի մեջ, որը հետզհետե նեղանալով, կամենում էր միանգամից խեղդել և մահացնել hուսաբեկ պաշարվածներին: Հարաբերությունը դրսի հետ բոլորովին կտրված էր:

Պաշարումը պատահեց 1877 թվի հունիսի 6-ին և տևեց ամբողջ 23 օր: Դա այն ժամանակն էր, երբ ռուսաց հաջողակ սրի բախտը Հայաստանում հանկարծ փոխվեցավ: Տեղային մահմեդականությունը, որ սկզբում այնքան հոժարությամբ ընդունեց ռուսաց տիրապետությունը, կրկին ապստամբվեցավ և միացավ Սմայիլ Փաշայի զորքերի հետ: Գեներալ Տեր-Ղուկասովը, երևանյան զորաբաժնի հրամանատարը, այդ միջոցում գտնվում էր Զեյդեգանի և Դալի-Բաբայի մեջ, և իր փոքրաթիվ գունդերով քաջությամբ պատերազմում էր Մուխթար փաշայի հինգ անգամ ավելի ուժի դեմ: Նա, երևի, տեղեկություն չուներ, թե ինչ էր պատահել դժբախտ Բայազեդի հետ, որին թողել էր բերդապահ (կոմենդանտ) Շտոկվիչի պահպանության ներքո:

Գիշեր էր:

Կիսալուսնի եղջյուրը դեռ նոր չքացել էր հորիզոնից, թողնելով իր ետևից մթին խավար: Կարծես, այդ խավարը, այդ մութը ավելի ախորժ լիներ պաշարվածների համար: Կարծես, լուսինը, տիեզերքի սիրելին, իր արծաթափայլ ճառագայթներով մատնում լիներ նրանց: Բայց գիշերի մթությունը դարձյալ չկարողացավ արգելք լինել բարբարոսների կատաղի հարձակմանը: Բայազեդի միջնաբերդը, որպես մի մռայլ կետ, անորոշ կերպով նկարված էր բլուրների բարձրավանդակի վրա: Եվ ամեն կողմից կրակը մաղվում էր այդ կետի վրա, և ամեն կողմից թնդանոթների ռումբերը և հրազենների գնդակները կարկտի նման թափվում էին այնտեղ: Բերդը մռնչում էր, որպես մի վիրավոր գազան, որին ամեն կողմից հարվածում էին: Նա դեռևս համառությամբ մաքառում էր օրհասի և մահվան դեմ: Նա վճռել էր մեռնել, բայց փառքով մեռնել: Մոտ 1000 ռուս զինվորներ, նույն չափով հայ և թուրք կամավորների հետ, կռվում էին Սմայիլ փաշայի քսան հազարի դեմ: Բերդից խիստ սակավ էին պատասխանում, որովհետև հրազենների պաշարը խնայում էին, որը սպառվելու մոտ էր: Միայն երբեմն արձակում էին մի կամ երկու թնդանոթ, որոնց բերանը դարձնում էին այն կողմը, ուսկից հայտնվում էր թշնամու կրակը:

Նույն գիշերը, բերդի խարխուլ շինվածքներից մեկի մեջ, որ մի ժամանակ ծառայում էր որպես զինվորանոց, և ռուսների տիրելուց հետո, օսմանցիները թողել էին կիսավեր և հեռացել, — նույն գիշերը այստեղ գետնի վրա տարածված էր մի բազմություն, մի ուժաթափ, և ուշակորույս բազմություն, որ սարսափելի տագնապի մեջ ներկայացնում էր կատաղության բոլոր զարհուրանքը:

— Մի կաթիլ ջո՛ւր... նվաղեցա ծարավից...-լսվում էին զանազան դառն հառաչանքներ:

— Մի պատառ հա՛ց... մեռնում եմ սովից... — աղաղակում էին զանազան խուլ ձայներ:

Այդ ողորմելիները մի ամբողջ շաբաթ համարյա ոչինչ չէին կերել, ոչինչ չէին խմել: Պաշարումը այն աստիճան շուտափույթ և անակնկալ կերպով կատարվեցավ, որ բերդի մեջ բավական պաշար վեր առնելու ժամանակ չգտան: Այժմ պաշարվածները ստիպված էին պատերազմել երեք հզոր ոսոխների դեմ. ներսից՝ սովի և ծարավի դեմ, իսկ դրսից՝ թշնամու կրակի դեմ:

Ամսի 8-ից զինվորները զրկվեցան տաք կերակրից: Բերդապահի ձին և արտիլերիայի ձիաները բոլորը մորթել և կերել էին: Ձիաների գարին մնաց զինվորների համար, որը նույնպես սպառվեցավ: Վերջապես ուտեստը այն աստիճան նվազեցավ, որ յուրաքանչյուր զինվորին տալիս էին օրեկան 1/8 ֆունտ կամ 4 լոտ պաքսիմաթ և մի-մի գդալ ջուր: Իսկ հունիսի տոթը այդ ժամանակ անտանելի էր: Հիվանդանոցում հիվանդների վիճակը, ուտելու և խմելու կողմից, շատ չէր զանազանվում առողջներից:

Բերդի մեջ ջուր չկար: Բերդից դուրս, 300 քայլ հեռավորության վրա գտնվում էր մի աղբյուր, որը փակել էին թուրքերը: Ամեն գիշեր փորձում էին ցած իջնել բերդից ջուր բերելու համար, բայց 20-30 գնացողներից շատ անգամ մեկն էլ չէր վերադառնում:

— Հա՛ց... ջո՛ւր... — կրկին լսելի եղան օրհասական հառաչանքները:

Ահա կրկին և կրկին որոտաց թնդանոթի բոմբյունը և խլացրեց թշվառականների ձայները...

Այդ այն րոպեներից մեկն էր, որ մարդը կորցնում է իր կարեկցությունը դեպի ընկերը, — կորցնում է, որովհետև ոչինչով օգնելու հնար չունի: Այդ պատճառով, ոչ ոք ուշադրություն չէր դարձնում սովյալների վրա, ոչ ոք հոգ չէր տանում ծարավիներին: Ամեն մարդ, ընդհանուր խռովության մեջ, սպասում էր մի վճռական րոպեի, երբ թշնամին հեղեղի նման ներս կթափվեր, և սուրը ձեռքում կհանդիպեին իրանց պատվավոր վախճանին:

Միջնաբերդի ներսից, պատսպարված վերնապարսպի ետևում, շուրջանակի շարված էին պահապան զինվորներ, և հրացանների համար բացված ծակերից դիտում էին թշնամու շարժումը: Նրանք չէին համարձակվում գլուխները վեր բարձրացնել պարսպից: Բերդի չորս կողմի բարձրավանդակներից անխնա նետում էին, և գնդակները շվշվալով սլանում էին աջ ու ձախ, զարկելով պահապանների երեսին մի անախորժ տաք օդ:

Այստեղից տեսնվում էր քաղաքը, որ ներկայացնում էր մի սոսկալի տեսարան: Նա լուսավորված էր, կարծես, մի մեծ տոնախմբության համար: Լուսավորված էին և քաղաքի շրջակա բարձրությունները: Կատարվում էր մարդկային անգթության եղեռնական տոնը: Դա գազանների մի տոն էր, որ հանդիսացնում էին մուսուլմանները: Տարտարո՛սը, միայն տարտարոսը, իր կրակի բոցերով, իր չար ոգիներով և իր բոլոր զարհուրանքով կարող էր պարծենալ մի այսպիսի անգթության առջև: Այրվում էին հայերի տները: Յուրաքանչյուր տան լուսամուտներից և դռներից հոսում էին, կարծես, հրեղեն գետեր, և խառն ծխային թանձրության հետ, բարձրանում էին օդի մեջ, սփռելով դեպի ամեն կողմ կայծերի հորդ և առատ հեղեղ: Հրդեհը հետզհետե սաստկանում էր, ճարակելով հայերի ամբողջ թաղը: Այժմ տների կտուրներից դուրս էին ցայտում հրեղեն լեզուներ: Վառված գերանները խորտակվում էին, և ամբողջ կտուրը դղրդալով, գոռգոռալով փուլ էր գալիս, և հրակեզ վերմակով ծածկում էր բնակիչներին, որոնք ամեն կողմից կրակով փակված լինելով, դուրս գալու հնար չունեին: Թշվառ զոհերի աղաղակների և հառաչանքների ձայները խառնվում էին բոցերի որոտմունքի հետ, որոնք վիթխարի վիշապների նման գալարվում էին և պտտվում էին օդի մեջ, տարածելով դեպի ամեն կողմ մի սարսափելի լուսավորություն: Այդ լուսավորության մեջ, որպես մի հսկա պանորամայի մեջ, մինը մյուսի ետևից հանդիսանում էին ավելի և ավելի զարհուրելի պատկերներ: Մուսուլմանները կոտորում էին հայերին... կոտորում էին կրակից դուրս փախչողներին, չխնայելով ոչ սեռի և ոչ հասակի... Մանկահասակ աղջիկներին, ծամերից բռնած քարշ էին տալիս տներից... Ամեն կողմից լսելի էին լինում ցավալի աղաղակներ... Բայց թշվառների լացը և արտասուքը չէր կարողանում ամոքել գազանների սիրտը...

Այս բարբարոսությունների մեջ մասնակցում էին ոչ միայն քրդերը, այլև տաճկաց կանոնավոր զորքը, և որ ավելի սարսափելին է՝ քրդերի կանայքը... Այդ վերջինները, կատաղի ֆուրիաների նման, մոռացած կնոջ գութը և սերը, խլում էին երեխաներին մոր գրկից և ձգում էին կրակի մեջ... մի փոքրիկ ընդդիմադրությունն անգամ պատժվում էր սրով...

Մի քանի հայ կամավոր զինվորներ, բերդից նայելով այդ դժոխային տեսարանին, լաց էին լինում... Կոտորածը շարունակվում էր ամբողջ երեք օր և երեք գիշեր:

— Ա՜խ, ինչպես մորթում ե՜ն... — ասում էին նրանք հառաչելով:

Դրանց մոտ կանգնած էր մի ուրիշ հայ երիտասարդ, որ նույնպես նայում էր քաղաքում կատարվող բարբարոսությունների վրա: Նրա աչքերում արտասուք չէր երևում: Տխրության մի նշույլ անգամ չէր կարելի տեսնել նրա զայրացած դեմքի վրա: Նրա սիրտը նույն րոպեում լցված էր մի դառն ատելությամբ՝ ոչ դեպի այն գազանները, որ այրում էին, որ մորթում էին, այլ դեպի այն վախկոտները, որ ոչխարի նման թույլ էին տալիս իրանց մորթել:

— Նայեցե՛ք, նայեցե՛ք, — ասաց նա, — այսքան բազմության մեջ մի մարդ էլ չեք տեսնի, որ ձեռք բարձրացներ իր սպանողի վրա... էլ դրանից ավելի ինչ կարող է լինել, որ շարժեր մարդու կատաղությունը, որ բորբոքեր մարդու վրեժխնդրությունը: Տունը աչքի առջև այրում են, զավակները կրակի մեջ խորովում են, կինը, աղջիկը քաշում տանում են... Տղամարդը տեսնում է այդ բոլորը և ինքը ամենայն խոնարհությամբ պարանոցը դեմ է անում թշնամու սրին... Տո, անիծյա՛լ, դու էլ մարդ ես, դու էլ սպանիր, հետո մեռիր...

— Վարդան, դու միշտ այսպես անգութ ես... — նկատեց նրան ընկերներից մեկը:

Վարդանը ոչինչ չպատասխանեց և հեռացավ: Կարծես, նրան խիստ ծանր էր նայել այն տեսարանին, որի մեջ տեսնում էր հայի ամոթալի պատկերը... «Այդ ազգը պատվով մեռնել չգիտե»... — մտածում էր նա:

Դրանցից փոքր ինչ հեռու, բերդի մի խուլ անկյունում, մի ուրիշ խումբ հայ կամավորների մեջ, անց էր կենում հետևյալ խոսակցությունը.

— Եթե Պետրոսն էլ ետ չդառնա, այս գիշեր հինգ հոգի կկորցնենք...

— Շատ ուշացավ, երևի, խեղճ տղան...

— Չէ՛, ականջ դրեք, այդ նրա սիգնալն է, լսում ե՞ք ագռավի կռնչյունը...

— Նա է, իջեցնենք թոկե սանդուղքը:

Սանդուղքը ցած թողեցին և քանի րոպեից հետո բերդի վերնապարսպի վրա հայտնվեցավ մի երիտասարդ, բեռնավորված մի ահագին տիկ ջրով: Ընկերները օգնեցին ջրբերին, և նա վեր եկավ բերդի մեջ: Բոլորը գրկեցին և նրա երեսը սփռեցին համբույրներով: Մեկը զարհուրելով հոտ քաշեց և ասաց.

— Այդ ի՞նչու է երեսդ թաց, Պետրոս:

Այդ միջոցին հրդեհի բոցերը ավելի բարձրանալով, լուսավորեցին Պետրոսի ներկված դեմքը:

— Արյուն է հոսում... — գոչեցին բոլորը:

— Վնաս չունի... — պատասխանեց Պետրոսը ծիծաղելով,- քանի օր էր, որ երեսս չէի լվացել. այս գիշեր մի լավ լվացվեցա...

Պետրոսը կարճ կերպով պատմեց, թե հասնելով ջրի աղբյուրի մոտ, գտավ այնտեղ մի քանի քուրդ պահապաններ, որոնք հսկում էին, չիցե թե պաշարվածները, բերդից իջնելով, ջուր տանեին: Նրանք հարձակվեցան իր վրա, և մինչև կարողացավ բոլորի «ձայնը կտրել», ինքը գլխից վերք ստացավ:

— Ի՞նչ եղան Հանեսը, Թոմասը, Ադամը, Ներսոն, — հարցրին նրանից:

— Գրո՛ղը տանե նրանց, — պատասխանեց Պետրոսը իր սովորական հեգնական եղանակով: — Կարծես, այդ անիծյալները մեկ մեկու խոսք էին տվել, որ հենց այս գիշեր շնորհք տանեին իրանց հանգուցյալ պապերի մոտ: Մեկը պարսպի ներքև ընկած էր, երևի, հենց ցած իջնելու միջոցին գնդակ էր կերել... մյուսը կես ճանապարհի վրա թավալվում էր, խեղճը դեռ չէր հանգստացել... մեկը աղբյուրի մոտ գերանի նման անշարժ պառկած էր... բայց խեղճ Թոմասը, նրանցից մի փոքր հեռու, կողքի վերքը բռնած, անիծում էր քրդերին. իսկ ես նրանց ջիգրը առեցի...

Այս չորս հայ երիտասարդները, որոնց մասին խոսում էր Պետրոսը, մինը մյուսի ետևից ուղարկված էին ջուր բերելու, բայց և ոչ մեկը չվերադարձավ: Այսպիսի դեպքեր այնքան հաճախ էին կրկնվում, որ մահը, սպանությունը դարձել էր նրանց համար մի սովորական բան: Այս պատճառով Պետրոսի պատմությունը մի առանձին տպավորություն չգործեց ընկերների վրա: Նրանք մինչև անգամ չէին մտածում շուտով փաթաթել Պետրոսի գլխի վերքը, որից արյունը անդադար հոսում էր: Ինքը Պետրոսն էլ չէր մտածում այդ մասին:

— Սատանան տանե այդ քրդերին, — շարունակեց նա, — կարծես, այդ անիրավների աչքերը գայլի նման մթնումն էլ տեսնելիս լինեն: Որ կողմից որ մի շշնջոց են լսում, իսկույն գնդակը հասցնում են. տեսար, զոհը դողդողաց և գլորվեցավ գետին...

Այսպես խոսում էին խավարի մեջ, հետո մտաբերեցին փաթաթել Պետրոսի գլխի վերքը, և ապա վեր առնելով ջրի տիկը, որ պարունակում էր իր մեջ հազարավոր անձինքների կյանքը, նրանք սկսեցին դիմել դեպի բերդի բակը:

— Տղերք, — ասաց նրանցից մեկը, — թուրքերին մի կաթիլ անգամ պետք չէ տալ. հանաք բան չէ. այս գիշեր մենք չորս հոգի կորցրինք այս մի տիկ ջրի համար, բայց նրանցից ոչ մեկը չուզեց բերդից դուրս գալ:

— Չէ՛, լավ բան չէ, — ասաց Պետրոսը, — պետք է նրանց էլ տալ:

— Ի՞նչ վատ բան է, — պատասխանեց առաջինը, — մի քանի օր առաջ նրանք էլ ջուր բերեցին, բայց գողի նման թաքցրին և իրանք միայն խմեցին:

— Նրանք վատ վարվեցան, բայց մենք պետք է ցույց տանք, թե ինչ բան է զինվորական եղբայրությունը:

Նրանք մտան զինվորանոցի բակը:

— Ջո՜ւր... ջո՜ւր... — լսելի եղան ամեն կողմից ուրախության աղաղակներ, և բազմությունը հավաքվեցավ մեր երիտասարդների շուրջը:

Անկարելի է նկարագրել այն հոգեկան բերկրանքը, այն

կատաղի ուրախությունը, որով այդ ծարավի բազմությունը դիմեց դեպի ջրի տիկը: Բոլորը իրար խառնվեցան, և մինը մյուսի գլխովն էր ուզում թռչել, որ առաջ ինքը խմե:

— Մի ճրագ վառեցեք և մեզ մի խանգարեք, ամենքիդ բաժին կհասնի, — ասաց ջուր շալակող երիտասարդը և տիկը դրեց գետին:

Վառեցին մի ջահ, որի գունատ-կապտագույն լույսը տարածվեցավ խռոված, և ուրախությունից իրան կորցրած, բազմության վրա:

Հայ երիտասարդը առեց իր ձեռքը արաղի մի ամենափոքրիկ բաժակ և սկսեց նրանով բաժանել ջուրը: Նա խիստ սաստիկ զզվելի հոտ ուներ, իսկ համը չափազանց անախորժ էր: Մի քանիսը խմեցին և ոչինչ չնկատեցին: Մեկը բացականչեց.

— Այդ ի՞նչ գույն ունի ջուրը:

— Խմի՛ր, — խոսեց Պետրոսը, որ այնտեղ կանգնած էր. — քրդերը հիմա ջուրը այսպես ներկած են տալիս մեզ...

— Ի՞նչպես ներկած... — ձայն տվեցին ամեն կողմից:

— Ներկում են մեր արյունով... դուք մի տեսնեիք, թե քանի դիակներ էին ընկած այն աղբյուրի մեջ, որտեղից ես գողացա այդ ջուրը:

Բազմությունը սոսկաց, բայց դարձյալ ուշադրություն չդարձնելով, խմեց պղտոր կարմրագույն հեղուկը, որի մեջ թափված էր այնքան մարդկային արյուն... որի մեջ լուծված էին այնքան մարդկային մարմիններ... Մեկը մինչև անգամ իրան թույլ տվեց ասել մի այսպիսի բարբարոսական սրախոսություն.

— Դա շա՜տ լավ է... ջուրը կպարարտանա և ավելի ուժ կտա:

Ուրախացած զինվորների կատակները շուտով ընդհատվեցան:

Թնդանոթների խուլ որոտը կրկին լսելի եղավ հեռվից, և կրկին ռումբերը սկսեցին մռնչելով սլանալ բերդի վրայից: Նրանցից մեկը ընկավ զինվորներից մի փոքր հեռու, և պայթելով տարածեց դեպի ամեն կողմ իր մահաբեր հարվածները...

Այդ միջոցին ամրոցի սենյակներից մեկի մեջ, ուր մի ժամանակ կենում էր օսմանցի բերդապահը, այժմ ռուս բերդապահը, Շտոկվիչը, մի քանի օֆիցերների հետ կազմել էին զինվորական խորհուրդ: Խորհրդին մասնակցում էին հայ և թուրք միլիցիայի գլխավորները: Փոքրիկ սեղանի վրա վառվում էր լամպա և աղոտ կերպով լուսավորում էր նրանց տխուր և բազմահոգ դեմքերը:

Վերջին օրերում անդադար նամակներ էին ստացվում թշնամի բանակից, որոնցմով հայտնում էին անձնատուր լինել: Նամակները գրում էր ռուսաց հին ոխերիմ, երևելի Շամիլի որդի գեներալ-լեյտենանտ Շամիլը, որ այժմ թշնամու բանակի մեջն էր գտնվում և նորին մեծության սուլթանի սվիտայի համհարզ էր: Վերջին նամակը լի էր սպառնալիքներով և խոստումներով: Զինվորական խորհրդի առարկան այդ նամակն էր. մտածում էին, թե ինչ պետք է պատասխանել:

— Անձնատուր չենք լինի, — խոսեց բերդապահը, — քանի որ դեռ կենդանի ենք:

— Եթե մի քանի օր ևս կտևե պաշարումը, մեզ անհնարին կլինի դիմանալ, — խոսեց մի օֆիցեր:

— Մեր դրությունը հենց այս օրից անտանելի է, — խոսեց մի ուրիշը, — ոչ ուտելու հաց ունենք և ոչ կռվելու պատրաստություն: Չգիտեմ ինչո՞ւ այդ հիմար քրդերը միանգամով վրա չեն տալիս, ի՞նչով կարող ենք պաշտպանվել, — ավելացրեց նա մի փոքր վրդովված ձայնով:

— Այո՛. շատ անխոհեմ վարվեցանք...-ասաց մի այլ օֆիցեր:

— Անցյալը ուղղել չենք կարող, խոսենք ներկայի վրա, — նկատեց բերդապահը, որ նախագահում էր խորհրդին, և զինվորական օրենքի համեմատ, պաշարման ժամանակ էր բոլորի բարձրագույն հրամանատարը, խիստ ընդարձակ իրավունքներով:

— Անձնատուր չենք լինի, քանի դեռ կենդանի ենք, — կրկնեց նա իր առաջին խոսքը:

— Եթե դրսից մեզ օգնություն չհասնե, կորած ենք, — պա՛տասխանեց մի խան, որ թուրք կամավորների գլխավորն էր:

— Օգնություն սպասելու զորություն չէ մնացել, — խոսեց մի բեկ, — իմ կարծիքով պետք է բաց անել բերդի դռները, պատառել մեզ շրջապատող թշնամու շղթան և անցկենալ, կա՛մ կհաջողվի ազատվել, կա՛մ կընկնենք թշնամու ձեռքը:

— Վերջինն ավելի հավանական է, — պատասխանեց հայ կամավորների գլխավորը, — բայց հետևանքը սարսափելի կլինի: Այս բերդը այժմ, գոնե որպես պատնեշ, պահում է օսմանցի զորքերի առաջ գնալը, երբ սրան կորցնենք, այն ժամանակ բաց կանենք Սմայիլ փաշայի բաշիբոզուկների ճանապարհը, և նրանք մի քանի օրվա մեջ անարգել կերպով կտիրեն Երևանը, Նախիջևանը և գուցե շատ հեռու կգնան: Տեղային մահմեդա-կանությունը, որքան ինձ հայտնի է, անհամբեր սպասում է այդ ինքնակոչ հյուրերին, իսկ քրիստոնյա հայերի ձեռքում զենք չկա: Մեր երկիրը պահպանելու համար խիստ աննշան թվով զորք է թողած, որովհետև մեր գլխավոր ուժերը այժմ կենտրոնացած են Ղարսի մոտակայքում: Մինչև նրանց հասնելը, օսմանցիք ամեն ինչ ոչնչացրած կլինեն:

Հայ աստիճանավորի խոսքերը գրգռեցին թուրք խանի բարկությունը, և նա խոսեց խռովված կերպով.

— Դուք մահմեդականների մասին կասկած եք հայտնում:

— Իմ կասկածը անտեղի չէ, որովհետև ինձ հայտնի են փաստեր, որ հաստատում են ասածս: Հենց այս րոպեիս մեզ պաշարող քրդերի թվում գտնվում են շատ զիլանցիներ, որոնք պատերազմից առաջ ռուսաց հպատակներ էին: Իսկ Նախիջևանի կողմերում մի ցնորված մոլլա ամեն գիշեր երազներ է տեսնում, թե շուտով իսլամը կտիրե այդ երկրին:

Նախագահը դադարեցրեց վիճաբանությունը ասելով.

— Պետք է սպասել և մինչև վերջին շունչը դիմադրել: Ես հուսով եմ, որ շուտով օգնություն կստանանք: Գեներալ Տեր-Ղուկասովը շատ հեռու չէ մեզանից: Նա հենց որ իմացավ մեր դրությունը, կշտապե Բայազեդը ազատելու: Միայն պետք է շուտով նրան իմացում տալ:

— Ի՞նչ միջոցով, — հարցրին նրանից:

— Նամակո՛վ, — պատասխանեց նա:

— Ո՞վ կտանե:

— Կարծեմ, մեր այսքան բազմության մեջ կգտնվի մի սիրտ ունեցող տղամարդ:

— Դիցուք թե գտնվեցավ, բայց ի՞նչպես կարող է անց կենալ, թշնամին մեր բոլոր կողմերը բռնել է:

— Կփորձենք:

Խորհուրդը վճռեց նամակ գրել Տեր-Ղուկասովին, և քառորդ ժամից հետո բերդապահը, պատրաստ նամակը ձեռին, մյուսների հետ դուրս եկան խորհրդարանից:

Թմբուկի թեթև ձայնը հավաքեց զինվորներին բերդի հրապարակի վրա: Բերդապահը բարձր ձայնով խոսեց.

— Տղե՛րք, ձեզ հայտնի է մեր դրությունը, այդ մասին խոսալը ավելորդ է: Այժմ մեր հույսը մնացել է աստուծո վրա և նրա հաջողությամբ դրսից գալու օգնության վրա: Եթե օգնությունը ուշացավ, մենք կորած ենք: Ուրեմն պետք է շտապենք մեր վիճակի մասին շուտով իմացում տալ, ուր որ հարկն է: Ահա այդ նամակը պետք է հասցնել գեներալ Տեր-Ղուկասովին, որը մեզանից շատ հեռու չէ գտնվում: Նա այդ նամակը ստացածին պես, կշտապե մեզ ազատելու: Հիմա ո՛վ կլինի ձեզանից այն քաջը, որ հանձն կառնե կատարել այդ մեծ ծառայությունը, թո՛ղ մոտենա և ընդունե նամակը: Ես խոստանում եմ, որ նա կստանա մի այնպիսի պարգև, որը վայել է մի անձնազոհ տղամարդի, որ այսքան բազմության ազատության պատճառ է լինելու: Թո՛ղ ձայն տա, ով որ ցանկանում է տանել նամակը:

Տիրեց ընդհանուր լռություն և բազմության միջից ոչ մի ձայն լսելի չեղավ:

— Կրկնում եմ, — շարունակեց բերդապահը ավելի զգալի ձայնով, — որ այս նամակի հետ կապված է մեր ամեն փրկությունը. ո՛վ է ցանկանում վայելել այդ փառքը և մեր բոլորի ազատիչը լինել:

Դարձյալ ոչ մի ձայն լսելի չեղավ:

— Մի՛թե ձեր մեջ չկա՞ սիրտ ունեցող մի տղամարդ, — կոչեց նա դողդոջուն ձայնով, — ո՞վ է հանձն առնում տանել նամակը:

— Ես, — լսելի եղավ բազմության միջից մի ձայն և մի հայ երիտասարդ մոտեցավ, ընդունեց նամակը:

Այս երիտասարդը Վարդանն էր:

Բ

Հետևյալ ավուր առավոտյան պահուն, երբ արեգակի առաջին ճառագայթները տարածվեցան երկրի վրա, Բայազեդի մեջ և նրա շրջակայքում բացվեցավ մի սարսափելի տեսարան: Այժմ պարզ տեսնվում էր հետևանքը այն կոտորածի, որ ամբողջ երեք օր և երեք գիշեր կատարվել էր բարբարոսի ձեռքով: Քաղաքում տիրում էր գերեզմանական լռություն, որ երբեմն ընդհատվում էր ագռավների կռնչյունով, որոնք խումբերով սավառնում էին այստեղ և այնտեղ՝ մեռելոտիք ուտելու համար: Փողոցները այդ դժբախտ քաղաքի ներկայացնում էին խիստ տխուր և սրտաշարժ պատկեր, — տները դարձել էին մոխրի կույտ... տեղ-տեղ ծխրտում էին դեռ չվառված նյութերը, համարյա ամեն մեկ տան մոտ ընկած էին ծերերի, երիտասարդների, կնիկների և երեխաների դիակներ... սոված շները ագահությամբ քարշ էին տալիս դիակները, և մրթմրթալով, գոմռալով աշխատում էին վանել խումբերով ցած իջնող ագռավներին... Ամեն կողմից, ամեն տնից, ամեն բակից և շուկայից փչում էր լուծվող դիակների խեղդիչ գարշահոտությունը...

Այսպիսի մեռյալ քաղաքի մեջ կանգնած էր Բայազեդի միջնաբերդը և սպասում էր իր ցավալի օրհասին...

Պաշարումը հետզհետե սաստկանում էր: Սար, ձոր, բլուր, դաշտ և տափարակ պատած էին բաշիբոզուկների բազմաթիվ, միևնույն ժամանակ խառնափնթոր հրոսակներով: Բանակները զետեղված էին առանձին խումբերով, և յուրաքանչյուր խումբի մեջ տեսնվում էր շարժում, իրարանցում և աղմուկ: Կրոնական մոլեռանդությունը, խառնված զինվորական անգթության հետ, անցնում էր բարբարոսության ամեն չափից և սահմանից: Մարդը, գազան դարձած, կեղեքում էր, մահացնում էր իր նմաններին:

Արյունից կշտանալուց հետո, նրանք սկսել էին այժմ հագեցնել իրանց ընչասիրության ծարավը: Մի տեղ գետնի վրա տարածել էին քաղաքումը հարուստ համարված հայերին և զանազան տանջանքներով չարչարում էին, որ նրանք հայտնեն, թե որտեղ են թաքցրել իրանց փողերը: Թշվառները լացում էին, աղաղակում էին, ասելով, թե ինչ որ ունեին՝ տվեցին, այլևս ոչինչ չէ մնացել: Նրանց չէին հավատում, և հոր առջև երեխաներին մորթում էին, որ ստիպեցնեն հայտնել իրանց պահեստը: Մի այլ տեղ քրդերը բաժանում էին դիզված ավարը. նրանց կնիկները ուրախ-ուրախ բառնում էին ձիաների վրա, որ տանեն իրանց տները: Մի փոքր հեռու բաժանում էին հայ գերիներին, բայց մի գեղեցիկ կնոջ կամ աղջկա վրա չէին համաձայնում, վիճում էին և սպառնում էին միմյանց սրերով: Մի ուրիշ տեղում գայլերը, վայրենի կատուները, գիշակեր թռչունների հետ, հավաքված անթաղ դիակների վրա, իրանց առավոտյան նախաճաշիկն էին անում: Դրանցից ոչ այնքան հեռու, կրոնասեր մահմեդական զինվորը, խորին ջերմեռանդությամբ իր վաղորդյան նամազն էր անում, և արյունոտ ձեռքերը դեպի երկինք բարձրացնելով, փառաբանում էր իսլամի ալլահին...

Այդ բոլորը կատարվում էր վառոդից և խարույկներից բարձրացած ծխի ու մխի մեջ, որ թանձր մառախուղի նման պատել էին հորիզոնը, և արգելում էին արեգակի ճառագայթների թափանցելուն: Թնդանոթները որոտում էին, վիթխարի բերդի կողքերը ռմբակոծում էին, բայց նա անշարժ, բլուրների բարձրության վրա նստած, տակավին արհամարհում էր թշնամու անդադար հարվածները:

Բայց մի տեղ ամբողջ բանակի ուշադրությունը գրավել էր մի մարդ: Նա երբեմն թռչկոտելով, երբեմն ծափ տալով, անցնում էր բանակի միջից, և միևնույն ժամանակ եղանակում էր մի այսպիսի հիմար քրդերեն երգ.

«Պառավ տատը գորտ դարձավ,
Գորտ դարձավ, ծովը մտավ,
Ծովից ավազ դուրս հանեց,
Ավազը ոսկի դարձավ,
Ոսկին տվեց մի այծ առեց,
Կաղլիկ, քոսոտ այծ առեց.
— Այծի՛կ, այծի՛կ, ջան այծիկ,
Ջանս քեզ դուրբան, այծիկ,

Աստ՛, ի՞նչու դու եղար
Այսպես քոստ ու կաղլիկ...»

Խե՛նթը... ձայն էին տալիս ամեն կողմից քրդերը, և հավաքվելով նրա շուրջը ստիպում էին կրկնել իր երգը:

Եվ իրավք այդ մարդը խենթ էր, կամ գոնե այսպես ձևացնում էր իրան: Նա հագնված էր այն կերպով, որպես հագնվում են մեզ մոտ լարախաղացների օգնականները, որոնց կոչում են «տակի մասխարա» և որոնք լարի ներքևում զանազան տեսակ խեղկատակություններով ծիծաղեցնում են հանդիսականներին: Նույնը անում էր և այդ խենթը: Նա մի բարձրահասակ երիտասարդ էր վայրենի դեմքով. գլխին դրած ուներ հին թաղիքի կտորից անշնորհք կերպով կարած մի երկայն գդակ, որ վերջանում էր քառանկյունի ձևով, և յուրաքանչյուր անկյունից քարշ էին ընկած մի-մի փոքրիկ զանգակներ, որոնք նրա ամեն մի շարժմունքից զընգզընգում էին և աններդաշնակ ձայներ էին հանում: Երեսը մրոտած էր կոշկաներկով, որի վրա զանազան ուղղությամբ քաշված էին զանազան գույներով գծեր, — կարմիր, դեղին, կապույտ և այլն: Բացի գդակից, ամբողջ հագուստը մի կտորից էր բաղկացած. դա զինվորի քրքրված մի վերարկու էր, որի մեջ փաթաթված էր նա բոլորովին մերկ մարմնով: Մեջքը պնդած էր մի թոկի կտորով, որ գոտիի տեղ էր ծառայում: Ոտքերը բոբիկ էին, ոտնամաններ չուներ:

— Ապա էշի նման մեկ զռա՛, — ասում էին նրան:

Խենթը մատերը կոխում էր ականջների մեջ, կռանում էր, բերանը լայն բաց էր անում և որքան ձայն ուներ, սկսում էր էշի նման զռալ: Բազմությունը ծիծաղում էր և ամեն կողմից ձգում էին նրան պղնձե դրամներ: Նա վեր էր առնում դրամները, զարմացած նայում էր նրանց վրա, և մի կողմ էր ձգում, ասելով, թե ինձ հաց տվեցեք: Նրան տալիս էին հաց, առնում էր, և ահագին պատառներով բերանը դնելով, առանց ծամելու կուլ էր տալիս:

— Դու, երևի, արջի նման պարել ևս գիտես, — ասում էին նրան, — ապա՛ տեսնենք քո հունարը:

Խենթը սկսում էր զանազան անճոռնի շարժմունքներ անել, չորս թաթիկների վրա սողալ, ոտները բարձրացնել, ձեռքերի վրա կանգնել, և ուրիշ տեսակ-տեսակ հիմարություններ անել:

Մի ամբողջ օր խենթը մնաց քրդերի բանակի մեջ. Զը-վարճացնում էր բոլորին, խոսում էր քրդերեն, որպես մի քուրդ, հայհոյում էր, անիծում էր ռուսներին. գոռում և գոչում էր, թե բոլոր «գյավուրներին» պետք է կոտորել: Մինչև կես գիշեր նրա ձայնը ամեն կողմից լսելի էր լինում: Բայց մյուս առավոտյան խենթին բանակի մեջ էլ ոչ ոք չտեսավ...

Գ

Միջօրեի արեգակը սաստիկ այրում էր, տոթը խեղդելու չափ անտանելի էր: Օրվա այն ժամն էր, երբ ճանապարհները դատարկվում են ուղևորներից, և ամեն մարդ քաշվում է մի հովանավոր տեղ զովանալու և մի փոքր ազատ շունչ առնելու համար: Նույն ժամում Բայազեդից դեպի Ալաշկերտի կողմերը տանող ճանապարհով միայնակ գնում էր մի մարդ: Ճանապարհը ոլոր-մոլոր պտույտներով անցնում էր լեռների միջով, և բարձրությունների անդադար ելևէջները սաստիկ դժվարացնում էին նրան: Բայց ուղևորը, երևի, հոգնություն չէր զգում, թեև առանց երիվարի էր, թեև հետի էր գնում և հագին ոտնամաններ անգամ չուներ: Նա գնում էր շտապ քայլերով, առանց կանգ առնելու, առանց իր շուրջը նայելու, կարծես թե մի սաստիկ պահանջ մղում էր նրան դեպի առաջ, կարծես թե ամեն մի կորցրած րոպեն նրա համար շատ թանկ լիներ:

Ուղևորը մի երիտասարդ էր, համարյա միևնույն կերպարանքով, որպես հագնված էր նախընթաց գիշերում խենթը: Միևնույն քրքրված զինվորի վերարկուն ծածկում էր նրա բոլորովին մերկ անդամները, միևնույն թոկի կտորով պնդած ուներ իր մեջքը: Միայն պակաս էր բոժոժներով զարդարած թաղկյա գդակը, և կոշկաներկով սևացրած դեմքը, որի վրա այժմ գույնզգույն գծեր չէին երևում: Նրա գլուխը, արեգակի կիզող ճառագայթներից պահպանվելու համար, այժմ ծածկված էր բոլորովին թարմ, և դեռ տերևները չթառամած պրտուներից հյուսած գլխարկով, որի նմանը իրանց ձեռքով հյուսելով, կրում են մշակները ամառը խոտ հնձելու ժամանակ: Այդ նահապետական պարզ գլխարկը հովանավորում էր նրա այրական, բայց նույն ժամուն տխուր դեմքը, որի վրա նկարված էր խորին հուսահատություն, խառնված ներքին վրդովմունքի հետ... թեև իր օտարոտի հագուստի մեջ անգամ նա երևում էր խիստ տարապայման մի բնավորություն:

Նրա ականջներին զարկեց մի ձայն, որ ավելի նման էր ձիու խրխնջալու ձայնին: Նա կանգնեց և ուշադրությամբ սկսեց նայել իր շուրջը: Ձայնը կրկնվեցավ: Նա ստուգեց, որ ձայնը լսվում էր մերձակա ձորից, և րոպեական մտածությունից հետո իր քայլերը ուղղեց դեպի այն կողմը, որ շեղվում էր ուղիղ ճանապարհից: Փոքր ինչ առաջ գնալուց հետո, նա բարձրացավ մի բլուրի վրա, և արծվի սրատեսությամբ սկսեց դիտել ձորի խորքը: Այնտեղ շռայլաբար աճել էին զանազան տեսակ խոտաբույսեր, որոնց մեջ արածում էր մի թամքած ձի. երևում էին մի խումբ թուփեր, և ուրիշ ոչինչ: Ուղևորն ավելի ուշադրությամբ նայելով, նկատեց, որ թուփերի մոտ ցցված էր մի երկայն նիզակ, որի ծայրը փայլում էր արեգակի ճառագայթներից: «Ուրեմն այստեղ մարդ կա, — մտածեց նա, — և այդ մարդը մենակ պիտի լինի, որովհետև արածող միակ ձին նրան է պատկանում և այդ մարդը պետք է քուրդ լինի, որովհետև նիզակը քրդի է, բացի դրանից, ձիու ասպազենքը նույնպես քրդական են, և այդ քուրդը պետք է քնած լինի, որովհետև ձիու ոտները շղթայած են, որ հեռու չգնա»: Իսկույն նրա գլխում ծագեց մի միտք և նա իջավ բլուրի գագաթից ձորի մեջ:

Ձորի միջով վազում էր մի փոքրիկ վտակ, որի եզերքը հովանավորված էին խիտ եղեգնաբույսերով: Նա թաքնվեց եղեգների մեջ: Այժմ նա սկսեց աննկատելի կերպով սողալ դեպի այն թուփերը, որոնց մոտ ցցված էր նիզակը: Օձը իր բոլոր առաձգական դյուրաթեքությամբ չէր կարող այնպես սողալ որպես այդ համարձակ և ճապուկ մարմինը գալարում էր խիտ եղեգնաբույսերի մեջ: Մեղմիկ քամին նույն ժամուն օրորում էր բույսերի գլխիկները, և նրանցից առաջ եկած սոսափյունը խլացնում էր թաքնված դարանակալի սողալուց պատճառված խշշոցը, երբ նա անում էր մի անզգույշ շարժում: Ամեն ինչ հաջողություն էր խոստանում...

Նա արդեն մոտեցավ թուփերին, որոնց մոտ ցցված էր նիզակը: Այստեղ նա մի քանի քայլ հեռավորության վրա կանգ առեց, և պահպանելով իր առաջին դիրքը, սկսեց եղեգների միջից նայել: Եվ իրավ, թուփերի հովանու տակ պառկած էր մի մարդ, որ կիսով չափ երևում էր: Նրա հագուստը ցույց էր տալիս, որ քուրդ է: Միջօրեի տոթը քշել էր նրան այստեղ հանգստանալու համար: Արդյո՞ք քնած էր նա, թե արթուն, — դժվար էր գիտենալ, որովհետև քրդի երեսը դարձած էր դեպի հակառակ կողմը, իսկ թիկունքը դեպի ուղևորի կողմը: Նա ամբողջ մարմնով տարածվել էր խոտերի վրա, որոնք ծավալվելով նրա ծանրության ներքո, կազմել էին խիստ փափուկ օթոց:

Ուղևորը դեռ իր դարանից դիտում էր: Քրդի արթուն, թե քնած լինելը սաստիկ հետաքրքրում էր նրան: Եթե պառկած մարդու երեսը դեպի իր կողմը դարձած լիներ, նա կարող էր տեսնել, արդյոք աչքերը փակած էին, թե ոչ: Ներքին վրդովմունքը սկսեց խռովել նրան և աչքերի մեջ հայտնվեցավ կատաղի բարկություն: Մտատանջությունը ալեկոծում էր նրան, չգիտեր, թե ինչ պետք էր վճռել: Ինքը անզեն և մերկ գործ պիտի ունենար մի ոտքից ցգլուխ զինված գազանի հետ: Բայց պետք էր վերջացնել... Ժամանակը թռչում էր... Ամեն րոպե թանկ էր նրա համար... Բայց ինչո՞վ և ի՞նչպես վերջացնել...

Մինչ նա այդ մտատանջության մեջ էր, նկատեց, որ քուրդը գլուխը վեր բարձրացրեց, նայեց իր շուրջը, նայեց իր ձիու վրա, և երբ տեսավ, որ նա շատ հեռու չէր գնացել, կրկին գլուխը դրեց իր խուրջինի վրա, որ բարձի տեղ էր ծառայում, և պառկեց: Ուրեմն նա քնած չէր և եթե քնած էր, այժմ զարթեցավ: Խռովության նման մի բան կրկին ցնցեց ուղևորի դեմքը. նրա պնչերը սկսեցին լայնանալ և շրթունքը դողդողալ: Բայց երբ նրա աչքը ընկավ նիզակի վրա, տեսավ, որ նիզակը բավական հեռու ցցած էր գետնի մեջ, և ուղիղ դեպի այն կողմի վրա, որտեղ թաքնված էր ինքը: Այդ առիթը, կարծես, նրան մի փոքր հանգստացրեց, նրա դեմքը այժմ խաղաղ կերպարանք ընդունեց և աչքերի մեջ փայլեց ուրախության նման մի բան: Զե՛նք, — այդ էր հարկավոր նրան իր դիտավորությունը կատարելու համար...: Հանկարծ, որպես մի դարանակալ վագր, նա դուրս թռավ եղեգնաբույսերի միջից, խլեց նիզակը և արձանացավ պառկած քրդի առջևը:

— Տուր զենքերդ, — եղավ նրա առաջին խոսքը:

Քուրդը տեսնելով այդ այլանդակ կերպարանքը, զինվորի քրքրված վերարկուի մեջ և իր ծաղրական գլխարկով, մի արհամարհական հայացք ձգեց նրա երեսին, և առանց փոխելու իր պառկած դիրքը, ձեռքը տարավ ատրճանակին, և ուղղելով դեպի խենթը, ասաց,

— Ա՛ռ, ահա՛...

Ատրճանակը որոտաց և գնդակը անցավ խենթի կողքի մոտից:

— Անիրա՛վ, դու ընդդիմանում ե՞ս, — գոչեց նա և նիզակի ծայրը ուղիղ խրեց քրդի կոկորդի մեջ: Տաք արյունը դուրս ցայտեց վերքից, նրա գլուխը դողդողաց և ընկավ գետին:

Կրկին բարձրացավ քուրդը և մի երկրորդ անօգուտ փորձ փորձեց, ձեռքը տարավ դեպի իր սուրը, կիսով չափ դուրս քաշեց պատենից, բայց ձեռքը թուլացավ և սուրը մնաց իր տեղում:

— Շո՛ւն, ինչո՞ւ ես սպանում ինձ... — հարցրեց նա մահվան տագնապի մեջ:

— Դու շատ ես սպանել իմ ազգից... դու շատ ես հափշտակել... ես ձեզանից սովրեցա սպանելը... ձեզանից սովրեցա հափշտակելը... ես հեռու ճանապարհի պիտի գնամ... տեսնո՞ւմ ես, ո՛չ հագուստ ունեմ, ո՛չ զենքեր և ո՛չ ձի: Քո հագուստը, քո զենքերը և այդ գեղեցիկ ձին, որ արածում է խոտերի մեջ, ինձ պետք էին... Ես գիտեի, որ քանի շունչդ բերանումդ է, ոչինչ չես տա ինձ, դրա համար էլ քեզ հանգստացրի... Գուցե դու զրկվեցար Բայազեդի կողոպուտից, բայց փույթ չէ, քո եղբայրները այնտեղ եռանդով գործում են...

Քուրդը ոչինչ չլսեց. նրա աչքերը արդեն փակվել էին... և անշունչ դիակը տարածվել էր գետնի վրա:

Այդ բոլորը կատարվեցավ մի քանի րոպեի մեջ: Ուղևորը մերկացրեց իր զոհին. նրա դիակը քաշեց տարավ և թաքցրեց եղեգների մեջ. ծածկեց իր քրքրված վերարկուով և ինքը հագնելով նրա զգեստը, կրելով նրա զենքերը, — թռավ գեղեցիկ ձիու վրա և շարունակեց իր ճանապարհը...

Դ

Այդ անցքից մի օր հետո, մի ձիավոր, քրդի ձևով հագնված ծտի նման սլանալով մտավ Տեր-Ղուկասովի բանակը: Նա հայտնեց, թե գեներալի անունով շատ կարևոր նամակ ունի բերած: Նրան տարան դեպի գեներալի վրանը: Մի օֆիցերի ձեռքով նամակը ներս ուղարկեց նա, իսկ ինքը վրանի դրսումը սպասում էր, հոգ տանելով իր ձիուն, որ շատ քրտնած էր: Մի քանի րոպեից հետո նրան ներս կանչեցին:

Վրանի մեջ նստած էր միջահասակ մի զինվորական, լիքը կազմվածքով և առյուծի խրոխտ դեմքով: Դա ինքը՝ Տեր-Ղուկասովն էր: Նա ալևոր գլուխը թեքած ուներ գրասեղանի վրա, ուր ածած էին շատ նամակներ, որ նոր էին բացված: Նա կրկին վեր առեց նրանցից մեկը, կարդում էր և անդադար ծխում էր: Նրա անհանգիստ դեմքը արտահայտում էր ներքին խռովություն և խորին ցավակցություն: Նա դարձավ դեպի նամակաբերը, հարցնելով.

— Դու հա՞յ ես:

— Բացի հայ լինելու, տերտերի տղա եմ, — պատասխանեց երիտասարդը:

Գեներալը մի սուր հայացք ձգեց նրա համարձակ դեմքի վրա և շարունակեց իր հարցուփորձը:

— Բերդում հա՞ց կար:

— Մի քանի օրից հետո կսկսեն մեկմեկու միս ուտել, եթե չէին ցանկանա քաղցած մեռնել:

— Ջուրը ինչպե՞ս:

— Չկա: Պետք է դրսից բերել տալ. ցերեկով դուրս գալու հնար չկա. իսկ գիշերը երբ մթնում է հերթով տասը քսան մարդ իջեցնում են պարիսպներից, որ գնան ջուր բերեն. քրդերը այդ լավ են իմանում, հեռվից հրացանի են բռնում, և գնացողներից շատ անգամ մեկն էլ չի վերադառնում:

— Հրազենների պաշարը ի՞նչպես է, վառոդ, գնդակ ունի՞ն:

— Սպառվել էր: Բայց մի հայ — էլի մեր հայերի երեսը թող սպիտակ լինի — գտավ բերդի մեջ թուրքերից թաքցրած բավական զենքեր, վառոդ և գնդակ. հիմա նրանցով յոլա են գնում:

— Դու ի՞նչպես կարողացար դուրս գալ բերդից:

— Առավոտյան, դեռ արևը չծագած, պարսպից ցած իջա և ուղիղ մտա քրդերի բանակի մեջ: Մի ամբողջ օր նրանց ծիծաղացրի, ուրախացրի, երգեցի, պար եկա և հազար տեսակ օյիններ հանեցի, և այսպես ամեն տեղ մտա, ամեն բան իմացա, հետո մնաք բարով ասելով հեռացա:

Գեներալը զարմացած նայեց երիտասարդի երեսին, հարցնելով.

— Դու խե՞նթ ես, ինչ, ա՞, այդ ինչե՞ր ես խոսում:

— Այո՛, տեր, — պատասխանեց երիտասարդը հանգիստ կերպով. — ինձ վիճակված է իմ ամբողջ կյանքում խենթի դեր կատարել... Վատ չէ, դա ազատում է շատ փորձանքներից... Ես հենց ինձ խենթի տեղ էի դրել և այնպես մտա քրդերի բանակը:

Եվ նա սկսեց նկարագրել իր հագուստը և այն բոլոր ծաղրական ձևերը, որով հայտնվեցավ քրդերի բանակի մեջ:

Գեներալի սառն դեմքի վրա անցավ մի թեթև ժպիտ, և նա ընկերաբար հարցրեց.

— Իսկ այդ հագուստը դու ո՞րտեղից գտար:

— Աստված հասցրուց: Ճանապարհին մի քուրդ գտա, այդ հագուստը, այդ զենքերը և այն սիրուն ձին, որ դրսումը կանգնած է, նրանից խլեցի, — պատասխանեց երիտասարդը, իր սովորական եղանակով պատմելով, թե ինչ հնարքով կարողացավ սպանել քրդին:

— Դու քաջ տղա ես երևում, — ասաց գեներալը, և կրկին ընդունելով իր առաջվա մտախոհ կերպարանքը, շարունակեց հարցափորձը:

— Շա՞տ են քրդերը:

— Ասում են, քսան հազարից ավել են, բայց բոլորը քրդեր չեն, նրանց մեջ խառն են ամեն տեսակ մահմեդական ցեղեր, ով որ մի քանի կտոր զենք է ունեցել և մի ձի, վազ է տվել դեպի Բայազեդ, և այսպես կազմվել է մի ահագին բազմություն: Ես ճանապարհին տեսնում էի, թե ինչպես դիմում են այնտեղ միշտ նոր և նոր խմբեր:

— Թնդանոթներ ունե՞ն:

— Ունեն:

— Ի՞նչ դիտավորություն ունեն:

— Շտապում են Բայազեդի բերդը առնել, հետո անցնել Երևան և մի շաբաթից հետո Թիֆլիսում լինել, որովհետև սիրուն վրացուհիները և հայոց աղջիկ-պարոնները սաստիկ հետաքրքրքըրում են նրանց:

Գեներալի դեմքի վրա դարձյալ երևաց ժպտի նման մի բան. և նա արհամարհական կերպով հարցրեց.

— Քսան հազարո՞վ պիտի Թիֆլիս գնան: Այդ լինել չէ կարող...

— Քսան հազարը քիչ չէ, տեր, երբ առջևում հազար հատ սալդաթ չկա. բացի դրանից, շուտով կմիանան նրանց հետ Սմայիլ փաշայի բոլոր զորքերը: Իսկ մեր կողմերի մահմեդականները գրկերը բացած, անհամբերությամբ սպասում են իրանց կրոնակից հյուրերին:

Կրկին մռայլ տխրությունը սև ամպի նման անցավ գեներալի դեմքի վրա, և նրա սիրտը, որ բախտի ձախողակի փոփոխությունից երբեք խռովել չգիտեր, այժմ սկսեց ալեկոծվել: Նա ձեռքը տարավ դեպի ճակատը, սկսեց անգիտակցաբար շփել նրան, կարծես աշխատում էր վանել նրա վրա դիզված թախծությունը: Եվ րոպեական մտածությունից հետո, ալևոր գլուխը վեր բարձրացրեց, հարցրուց.

— Բայազեդի քաղաքը մտա՞ր:

— Մտա: Հայ-քրիստոնյայի մի շունչ անգամ չէ մնացել. ծերերին, պառավներին և երեխաներին կոտորեցին, լավ-լավ ջահել կնիկներին, աղջիկներին և պատանիներին գերի տարան, տները այրեցին, և ինչ որ ունեին կողոպտեցին: Մի հարյուրի չափ ընտանիք միայն, որոնք առաջուց գիտեին, թե ինչ վտանգ է սպառնում Բայազեդին, դեռ քրդերը չեկած, փախան գնացին սահմանակից պարսից Մարդու քաղաքը: Բայց դրանք էլ միայն իրանց գլուխը կարողացան ազատել, կայքերը թողեցին թշնամու ձեռքը: Ա՜խ, այդ մահմեդականները ո՜րքան անգութ, ո՜րքան անազնիվ կերպով վարվեցան հայերի հետ...

— Ո՞րպես:

— Ե՞րբ պատերազմի սկզբներում ռուսները մոտեցան Բայազեդին, տեղային մահմեդականները սաստիկ երկյուղի մեջ էին, կարծում էին, թե ռուսները կգան, և թուրքերի նման նրանց կկողոպտեն, և կայքը կհափշտակեն: Այս մտքով իրանց ունեցածը թաքցրին հարևան հայերի տներում, ասելով, թե «դուք քրիստոնյաներ եք, ռուսները ձեզ չեն դպչի, և մեր կայքը ձեր տներում ապահով կմնա»: Ռուսները եկան, իհարկե, ոչինչ չարեցին, թե՛ մահմեդականի և թե՛ քրիստոնյայի հետ վարվեցան առանց խտրության: Եվ մահմեդականները այդ տեսնելով, հանգստացան, և իրանց պահ տված իրեղենները ամբողջությամբ ետ ստացան հայերից: Հիմա էլ, երբ ձայն դուրս եկավ, թե քրդերը գալիս են, թուրքերը ասացին իրանց հարևան հայերին. «Դուք մեզ լավություն եք արել, մենք էլ պետք է փոխարենը ձեզ անենք. քրդերը գալիս են ձեզ կկողոպտեն, տվեցեք ձեր իրեղենները, մենք կպահենք»: Հայերը հավատացին և ինչ որ ունեին, նրանց պահ տվին, և ոմանք իրանց կնիկներով ու աղջիկներով թաքնվեցան հարևան թուրքերի տներում: Իսկ երբ քրդերը մտան քաղաքը, թուրքերը ասացին հայերին. «Դուրս եկեք մեր տներից. եթե քրդերը կհասկանան, որ մեր տներում հայեր կան պահված, մեզ էլ ձեզ հետ կկոտորեն»: Եվ այսպես, խեղճ հայերին տվեցին թշնամու ձեռքը, և նրանց հարստությանը իրանք տիրացան: Բայց երբ սկսվեցավ կոտորածը, տեղային թուրքերը առաջինը եղան, որ բաց արեցին իրանց տներից կրակը... այն թուրքերը, որ մի և կես ամիս առաջ ձեզ մոտ երդվեցան, գեներալ, հավատարիմ մնալ ռուսաց իշխանությանը... հրացանները արձակում էին ամեն կողմից, արձակում էին մինչև անգամ թուրքերի կնիկները...

Գեներալը լուռ լսում էր: Երիտասարդը շարունակեց.

— Ա՜խ, եթե գիտենայիք, տեր, թե որքան լավ տղամարդիկ փչացան այն կռվի մեջ, որ մենք ունեցանք քրդերի հետ նախքան

Բայազեդը նրանց ձեռքը տալը: Որպես ձեզ հայտնի է, տեր, բերդի պահպանության համար թողած էին խիստ փոքր թվով ռուս զինվորներ, հայ և թուրք միլիցիայի հետ: Շտոկվիչը, Բայազեդի այդ հերոսը, ռուս զինվորներով պահպանում էր բերդը, իսկ միլիցիան պահպանում էր քաղաքը: Մեզ վաղուց լուրեր էին հասնում, թե ահագին բազմություն քուրդերի, Շեյխ-Ջալալեդդինի և Շեյխ-Իբադուլլահի գլխավորությամբ, դիմում են դեպի Բայազեդ: Այդ լուրերը հաղորդում էին մեզ վանեցի հայերը: Մենք շտապեցինք, պահանջելով, որ վաղօրոք բերդը ամրացնեին, և մեզ մոտ պատրաստվեին բավականաչափ ուժեր թշնամու առաջն առնելու համար: Բայց գտնվեցան այնպիսիները, որ աշխատում էին հավատացնել, թե այդ բոլոր լուրերը սուտ են, թե ոչինչ պատրաստություն պետք չէ: Թե ի՞նչ նպատակով այդ դավաճանները աշխատում էին մեզ անպատրաստ վիճակի մեջ պահել թշնամուն հանդիպելու ժամանակ, այդ ես չեմ կարող ասել, դուք, իհարկե, վերջը կտեղեկանաք, գեներալ, միայն այսքանը կասեմ, որ հայը եղել է միշտ հավատարիմ և կլինի:

Որպես երևում էր, երիտասարդի պատմության մեջ կային այնպիսի կետեր, որ նա դժվարանում էր պարզապես արտահայտել: Գեներալը ընդմիջեց նրա խոսքը, ասելով.

— Դու այն պատմիր, թե ինչ արեցիք քրդերի գալուց հետո:

— Երբ քրդերը եկան, Շտոկվիչը մի քանի անգամ անհաջող կռիվներից հետո, շտապեց ամրանալ բերդի մեջ, նրան պահպանելու համար: Միլիցիայի մի մասը մնաց դրսում, որովհետև բերդի մեջ ոչ այնքան տեղ կար և ոչ պաշար բոլորի համար: Մեր ընկեր թուրք կամավորներից ոմանք փախան Իգդիր և ոմանք Պարսկաստանի կողմերը: Իսկ մենք, հայերս, վճռեցինք կամ կոտորվել, կամ քաղաքը չտալ թշնամու ձեռքը: Թեև մենք փոքր էինք թվով, բայց քաղաքի հայ բնակիչներից շատերը պատրաստ էին միանալ մեզ հետ: Այդ խեղճերը գիտեին, թե ի՞նչ վիճակ է սպասում իրանց, երբ թուրքերը կրկին կտիրեին Բայազեդին: Ձեզ հայտնի է, գեներալ, թե հայերը ո՞րպիսի ուրախությամբ ընդունեցին ռուսաց հաղթական զորքերին, երբ նրանք առաջին անգամ մտան այդ քաղաքը: Հայերի մի այսպիսի համակրությունը չէին կարող մոռանալ օսմանցիք, և իրանց վրեժխնդրությունը պետք է թափեին այդ ժողովրդի վրա, որ ավելի բարվոք էր համարում հպատակել ռուսաց արծվին, քան օսմանցոց կիսալուսնին...

— Դու դարձյալ հեռանում ես հարցից, — երիտասարդի խոսքը կտրեց գեներալը, — դու այն ասա՛, թե ի՞նչպես վերջացավ գործը:

Երիտասարդը զսպելով իր շատախոսությունը, որ հառաջ էր գալիս նրա սրտի վրա ծանրացած, տխուր անցքերի տպավորություններից, շարունակեց.

— Գուցե մեզ կհաջողվեր տեղային բոլոր հայերի հետ միանալով, ազատել քաղաքը, եթե առաջուց կտային նրանց բավականաչափ զենքեր: Բայց զենքեր չստացան նրանք: Այնուամենայնիվ, շատերը միացան մեզ հետ: Կռիվը սկզբում, ճշմարիտ ասած, փառավոր էր: Մի փոքրիկ խումբ պատերազմում էր թվով անհամեմատ ուժի դեմ: Մեզ հետ մասնակցում էին կռվում և մի քանի հարյուր թուրք կամավորներ: Բայց հանկարծ տեսանք, որ մեր մահմեդական ընկերները թողեցին կռվի դաշտը և սկսեցին փախչել: Կարծես նրանց շատ ախորժելի չէր զնդակներ արձակել իրանց կրոնակիցների դեմ... Մենք, հայերս, մնացինք մենակ և երկաթ համառությամբ պաշտպանվում էինք: Այդ տևեց մի քանի ժամ, մինչև մեր հրազենների պաշարը սպառվեցավ: Այն ժամանակ սկսվեցավ ձեռնամերձ կռիվը: Շատերը ընկան, շատերը գերի բռնվեցան, և մնացածները, տեսնելով, որ ամեն ջանքեր իզուր են, թողեցին և փախան: Այն ժամանակ թշնամին տիրեց քաղաքին:

— Հասկանալի է... — ասաց ինքն իրան գեներալը և վերկենալով մոտեցավ մի փոքրիկ արկղիկի, և նրա միջից դուրս բերելով մի խաչ, իր ձեռքով կախեց երիտասարդի կուրծքի վրա, ասելով.

— Դու արժանի ես դրան, ես կառաջարկեմ իշխանությանը,

բացի դրանից, քեզ համար աստիճան և ռոճիկ: Դու այսուհետև կմնաս ինձ մոտ, քեզ նման քաջերը պետք են ինձ:

Երիտասարդը շնորհակալությամբ գլուխ տալով, պատասխանեց.

— Այդ խաչը բավական է ինձ, գեներալ, դուք մեծ շնորհ արած կլինեիք, եթե հենց այս րոպեիս թույլ տայիք ինձ գնալ, ուր որ ես ցանկանում եմ:

Գեներալը զարմանալով երիտասարդի անփառասիրության վրա, հարցրեց.

— Ո՞ւր պետք է գնաս:

— Ազատելու մեկի կյանքը, որ ամեն բանից թանկ է ինձ համար...

— Դու, երևի, մի գաղտնիք ունես, ընկեր, — հարցրեց գեներալը բարեսրտությամբ:

— Այո՛, այդ իմ սրտի գաղտնիքն է...

— Ուրեմն, ընդունիր այդ փոքրիկ ընծան, գուցե պետք կլինի քեզ, — ասաց գեներալը, տալով նրան թղթի մեջ փաթաթած ոսկիների մի ծրար:

— Ես մեծ պարգև կհամարեի, եթե շուտով կարձակեիք ինձ, — պատասխանեց երիտասարդը հրաժարվելով:

— Գնա՛, տերը թող քեզ հետ լինի, — ասաց գեներալը և սեղմեց երիտասարդի ձեռքը:

Նա գլուխ տվեց և հեռացավ:

Ե

Անցնենք պատերազմից մի քանի տարի առաջ:

Բագրևանդի գավառում, Ս. Հովհաննու (Ուչ-Քիլիսայի) վանքից ոչ այնքան հեռու, Եփրատի վերին վտակներից մեկի ափի մոտ, գտնվում էր Օ... հայաբնակ գյուղը: Նա դրված էր մի բավական ընդարձակ հովտի մեջ, ուր բնությունը չէր խնայած այն բոլոր նկարները, ինչ որ պետք էին նրան գեղազարդելու համար: Հովիտը տարածվել էր երկու լեռնաշղթաների մեջ, որոնք ալիքավոր բարձրություններով շուրջանակի սեղմել էին նրան իրանց գրկում, տալով նրա տարածությանը ձվաձև կերպարանք: Մեջտեղից ոլոր-մոլոր պտույտներով անցնում էր Եփրատի վտակը, որին տեղացիք կոչում էին Աղ-սու, այսինքն՝ սպիտակ ջուր: Նա այնքան մաքուր էր, որ արժանի էր այդ կոչմանը: Հովիտի չորս կողմի սարերը պատած էին ճոխ արոտամարգերով, որոնք առատ սնունդ էին տալիս այնտեղ բազմաթիվ անասունների հոտերին, իսկ տափարակի ամբողջ հարթությունը պատած էր ցորենի, գարու, կտավատի և զանազան ընդեղենների արտերով: Այստեղ երկրագործի աշխատող ձեռքը չէր թողել ոչ մի կտոր հող անմշակ: Հովտի մեջ, մինը մյուսից հեռու, գտնվում էին մի քանի հայաբնակ գյուղեր, որոնք թաքնված էին այգիների և ձեռատունկ ծառերի մեջ, և հեռվից նայողի աչքին ներկայանում էին որպես կանաչազարդ անտառիկներ, որոնք առանձին խումբերով որոշվում էին տափարակի մերկությունից, որ զուրկ էր ծառերից:

Հովիտի բոլորովին ծայրումն էր դրած Օ... գյուղը և գոգավորված ձորակի մեջ: Տանուտեր Խաչոյի բնակարանը, նրա իսկական անունը Խաչատուր էր, այն տներից մեկը, որ թե՛ իր մեծությամբ և թե՛ հարստությամբ որոշվում էր մյուսներից: Այս տնից ամեն առավոտ քշում էին դեպի նախիրը հարյուրի չափ անասուններ: Նրա կովերը, գոմեշները, եզները և ձիաները էին ամենաընտիրները ամբողջ գյուղի մեջ: Այս տանն էին պատկանում հազարի չափ ոչխարներ, որոնք սեփական հովիվների հսկողության ներքո արածում էին մերձակա լեռների վրա: Այդ տանն էր պատկանում այն ահագին ձիթհանը, ձեթ դուրս բերելու գործարանը, որ գտնվում էր գյուղի մեջ: Այս տանն էր պատկանում այն գեղեցիկ ջրաղացը, որ գտանվում էր գյուղից դուրս, որի անիվները տարվա բոլոր եղանակներում անդադար բանում էին: Բայց այն, որ ավելի նշանավոր էր Խաչոյի հարստության մեջ, դրանք էին նրա յոթն որդիները, որոնք մինը մյուսի ետևից հասած, ներկայացնում էին նրա տան հարստության սյուները: Որդիները բոլորը ամուսնացած էին և տունը լցված էր ամեն հասակի երեխաներով: Ամուսնացած էին և նրա թոռներից մի քանիսը. նրանք նույնպես զավակներ ունեին: Եվ ծերունի Խաչոն իր աչքի առջև տեսնում էր մի քանի սերունդ, որ ապրում էին միասին, որ կազմում էին մի փոքրիկ աշխարհ: Գյուղում առակի ձև էր ստացել այն խոսքը, թե «Խաչոն այնքան զավակներ ունի, որքան անասուններ»:

Խաչոյի յոթն որդիներից առանց ամուսնանալու մնացել էր ամենակրտսերը, մանկահասակ Ստեփանիկը, որ դեռ նոր էր մտել իր տասն և վեց տարեկան հասակի մեջ: Բայց նրա դեմքին նայելով, կարելի էր իսկույն նկատել, որ տարիները դեռ չէին տվել նրան այն պատանեկական հասունությունը, որ հատուկ էր այդ հասակին, մանավանդ մի այնպիսի տաք երկրում, ուր պատանիները խիստ վաղ այրանում են: Ստեփանիկի դեմքը դեռ կրում էր իր վրա մանկական նուրբ քնքշություններ իրանց հրապուրիչ թարմությամբ: Նրա երեսը ավելի կանացի էր, քան թե այրացի: Խաչոյի բոլոր որդիները դրսում իրանց առանձին պարապմունքները ունեին, թե՛ հողերի մշակության մեջ և թե՛ անասունների դարմանելու մեջ. և խիստ հազիվ էին տանը գտնվում: Միայն Ստեփանիկն էր, որ շատ փոքր էր մասնակցում նրանց աշխատություններին: Նա Խաչոյի Հովսեփ-գեղեցիկն էր, որին ծերունի նահապետը չէր հեռացնում իր աչքից:

Ստեփանիկի և Հովսեփ-գեղեցիկի մեջ կային շատ նմանություններ, ոչ այն պատճառով միայն, որ նա Իսրայելի որդու պես սիրուն էր, հեզ էր, խելացի էր և համակրական էր, այլև այն պատճառով, որ ինչպես Հովսեփի, այնպես էլ Ստեփանիկի հագուստի և զարդարանքի վրա առանձին ուշադրություն էին դարձնում: Նրա հագին միշտ կարելի էր տեսնել Հալեբի ծաղկավոր բեհեզից գույնզգույն զոլերով կարած պատմուճանը, որի վրա հագած ուներ ծիրանի մահուդից պատրաստած թիկնոցը, որ զարդարած էր ոսկի թելերով: Մեջքը պնդած էր Քիրմանի շալե գոտիով: Լայն շալվարը պատրաստված էր Վանա նուրբ կերպասից: Ոտներին հագած ուներ Արզրումի կարմիր կոշիկներ: Գլխին ծածկած ուներ կարմիր ֆես մետաքսյա սև փունջով, որ փաթաթած էր գունավոր տուրբանով, նույնպես մետաքսյա նուրբ գործվածներից: Ֆեսի տակից հիանալի կերպով թափվել էին նրա շագանակի գույն մազերը, որ սփռվել էին ուսերի վրա: Մի բանով միայն որոշվում էր Հովսեփ-գեղեցիկից, որ Հովսեփի եղբայրները նախանձվում էին հորից սիրված որդու վրա, բայց Ստեփանիկի եղբայրները բոլորը սիրում էին նրան:

Ծերունի Խաչոյի տունը հեռվից բոլորովին հին և նախնական ամրոցի տպավորություն էր գործում: Նա գտնվում էր մի բարձրավանդակի վրա, և թե՛ իր շինվածքով, թե՛ դիրքով ուներ այն բոլոր հարմարությունները, որ պետք էին մի բնակություն ազատ պահելու համար արտաքին թշնամիներից: Այդ ամրոցը պատած էր չորս ահագին պարիսպներով, որոնք քառակուսի ձևով միմյանց հետ միանալով, թողնում էին իրանց միջնավայրում բավական ընդարձակ տարածություն, որի վրա կառուցված էին զանազան շինություններ: Դրսից ոչինչ չէր կարելի տեսնել, բացի չորս բարձր աշտարակներից, որոնք միացնում էին պարիսպների չորս անկյունները: Ամրոցի շրջապատի մեջ զետեղված էին բոլոր բնակությունները, բոլոր ծածկոցները, որ պետք էին մի կանոնավոր տնտեսության համար: Այստեղ էր ոչխարների գետնափոր գոմը, այստեղ էր ձիերի, կովերի և գոմեշների փարախը, որ, անասունների տեսակի համեմատ, առանձին-առանձին բաժանմունքներ ուներ: Այստեղ էր սարայը երկրագործական անոթները պահելու համար. այստեղ էր մարագը, հարդանոցը, խոտանոցը, որոնց մեջ պահվում էր անասունները դարմանելու պաշարը. այստեղ կային զանազան մառաններ, զանազան ամբարներ մշակության բերքերի համար: Այստեղ կային և մի քանի խուցեր, որոնց մեջ բնակվում էին ծերունի Խաչոյի հովիվները և ծառաները իրանց ընտանիքներով. դրանք բոլորն ազգով քուրդ էին, կնիկները ծառայում էին որպես աղախիններ, իսկ տղամարդիկը որպես նախրապաններ, հովիվներ կամ երկրագործական մշակներ: Մի խոսքով, այդ ամրոցի մեջ բովանդակում էր մի փոքրիկ գյուղ, որի միակ տերը և պետը ծերունի Խաչոն էր:

Նրա գերդաստանի համար որոշված բնակարանները իրանց շինվածքով և բաժանումներով այնքան բազմատեսակ և բաղադրյալ չէին, որպես այդ հորինել է մեր նոր և քաղաքակրթված աշխարհը: Այլ դեռևս պահպանել էին այն նախնական պարզությունը և ձևը, երբ մի ամբողջ ընտանիք ապրում էր մի վրանի տակ, այն զանազանությամբ միայն, որ այժմ այդ վրանին փոխարինում էր քարեղեն շինվածքը: Նրա բազմաթիվ որդիների համար, որոնց յուրաքանչյուրը իր զավակներով մի մեծ ընտանիք կարող էր կազմել, առանձին սենյակներ չկային, այլ բոլորը ապրում էին միևնույն հարկի տակ, միևնույն սենյակում, որ ուրիշ ոչինչ չէր, եթե ոչ չորս պատ, ծածկած ահագին գերաններով: Այստեղ վառում էին, այստեղ թխում էին, այստեղ կերակուր էին պատրաստում, այստեղ բոլորը միասին ուտում էին և այստեղ բոլորը միասին պառկում էին: Այստեղ կարելի էր տեսնել նորածին հորթեր, փոքրիկ ուլեր, որոնք խառնված երեխաների հետ, վազվզում էին, թռչկոտում էին, աղաղակում էին և տունը լցնում էին կենդանի աղմուկով: Այստեղ հավերը շատ անգամ ներս էին մտնում և հատակից քաղում էին փշրանքներ կամ ուրիշ այլ տեսակ բաներ, որոնք երեխաների ձեռքից անխնա ցած էին թափվում: Մի խոսքով, դա Նոյի տապանն էր, ուր զետեղված էին ամեն տեսակ կենդանիներ: Այդ բնակարանին կից էր մի երկրորդը: Դա առաջինից զանազանվում էր նրանով միայն, որ առջևի ճակատը բոլորովին բաց էր և նայում էր բակին: Դրան կոչում էին սրահ և ծառայում էր որպես ամառվա բնակարան: Սրահի միջից բացվում էր մի դուռն գլխավոր սենյակի մեջ, և այսպիսով նա ներկայացնում էր բուն բնակարանի նախագավիթը: Դրանց կողքին կար մի առանձին փոքրիկ սենյակ, որին կոչում էին օդա. նրա դռները բացվում էին այն ժամանակ միայն, երբ տանը հյուր էր գալիս և միշտ պահվում էր մաքուր և զարդարված:

Զ

Չնայելով կեցության այդ անշուք և պարզ ձևին, կյանքը այդ նահապետական տան մեջ սահում էր ուրախ և լի ամեն բավականություններով: Աշխատանքը անդադար եռ էր գալիս և աստուծո օրհնությունը թափվում էր այստեղ իր բարություններով: Ծերունի Խաչոյի ամբարները միշտ լիքն էին լինում ցորենով, յուղով, ձեթով և գինիով: Տարվա բոլոր եղանակներից օգուտ էր քաղում նա, թե՛ ցուրտ և թե՛ տաք օրվա համար նա միշտ գործ և պարապմունք ուներ:

Ահա՛ լեռների ձյունը սկսեց հալվել, դաշտերը վաղուց ժպտում են գեղեցիկ կանաչով: Գարուն է: Օդը տոգորված անուշահոտ ջերմությամբ կյանք է սփռում դեպի ամեն կողմ: Ձորերի միջից վազում են հարյուրավոր աղմկալի վտակներ և օձապտույտ ընթացքով տարածվում են հովտի մեջ: Նորեկ ծիծեռնակը հրավիրում է մշակին դեպի գործ: Խաչոյի որդիները արդեն պատրաստել են արորը և գութանը:

Արևը դեռ նոր էր սկսել ծագել, դեռ նոր սարերի ձյունապատ գագաթները վառվում են վարդագույն ճառագայթներով: Ծերունին դառնում է առավոտյան ժամից, աջ և ձախ ամեն հանդիպած մար դուն «ողորմի աստված» ասելով: Նրա որդիները այսօր առաջին անգամ պետք է դուրս բերեն եզներին և գոմեշներին, որոնք ամբողջ ձմեռը ախոռում կերել, գիրացել, հանգստացել են և ամեննին դրսի լույսը չեն տեսել: Մեծ զվարճություն է գյուղացու համար այս տեսարանը, և այս պատճառով նրանցից շատերը հավաքվել էին Խաչոյի տան դռան մոտ, որ տեսնեն, թե ինչպես էին պահվել և խնամվել նրա անասունները:

— Աչքդ լույս, տանուտեր Խաչո, — հարցրեց նրան գյուղացիներից մեկը, — այսօր տղերքը ուզում են «խամից հանե՞լ» գոմեշներին:

— Հա՛, ժամանակ է, մինչև ե՞րբ ներսումը պահենք.

տերտերից հարցրի, ասաց «օրը բարի է»․ ես էլ կամեցա, որ այսօր դուրս հանեն, — պատասխանեց տանուտերը, մի առանձին նշանակություն տալով քահանայի խոսքերին։

Այս միջոցին ներսից լսվեցան զանգակի ձայներ և բազմությունը ետ քաշվեցավ ճանապարհ բաց անելու համար։

— Այդ Չորան է, — լսելի եղավ ամեն կողմից։

Չորա կոչում էին տանուտերի նշանավոր գոմեշներից մեկին, որի ճակատը սպիտակ լուսնաձև պսակ ուներ և որը հռչակված էր իր ուժով և մեծությամբ։ Վիթխարի անասունը փռնչալով, մռնչելով, դուրս պրծավ տան դռնից։ Գետինը դողդողում էր նրա ոտների տակ։ Նա հանկարծ կանգ առեց դռան առջևի հրապարակի վրա և գլուխը վեր բարձրացնելով, սկսեց նայել իր շուրջը։ Նույն միջոցին ծերունի տանուտերը զարկեց նրա ճակատին մի ամբողջ անեփ ձու։ Ձուն փշրվեցավ և դեղնագույն հեղուկը տարածվեցավ սպիտակ ճակատի վրա։ Այդ նրա համար էր, որ չարը խափանվի և նրան «աչք չառնե»։ Չորան այդ գործողությունից խրտնեցավ, և եղջյուրները թափ տալով, մի սարսափելի թռիչք գործեց և հարձակվեցավ այնտեղ հավաքված ամբոխի վրա։ Նույն միջոցին վրա հասան ծերունու որդիները և ահագին մահակներով աշխատում էին ետ դարձնել ամեհի անասունին։ Մարդկային ուժը պատերազմում էր վայրենի ուժի դեմ։ Փարախի մթությունից դեպի լույս աշխարհ դուրս գալով, Չորայի անսովոր աչքերին ամեն առարկա անորոշ ձևով և մռայլի մեջ էր տեսնվում։ Նա այժմ մինչև անգամ չէր ճանաչում իր տերերին, որ ամբողջ ձմեռը նրան կերակրել էին և որոնց ձեռքերը շատ անգամ խոնարհությամբ լիզել էր նա իր հանգստության ժամանակ։ Կատաղի մոլեգնության մեջ հարձակվում էր նա այս կողմ և այն կողմ։ Ընդդիմադրությունը անհնարին էր։ Խաչոյի վեց որդիները ամեն կողմից հարվածում էին նրան։ Բայց ահագին մահակների հարվածները ընդունում էր նա որպես մի թեթև տաշեղի զարկ։ Ծերունի տանուտերը, հեռու կանգնած լի հրճվանքով նայում էր այդ սոսկալի կռվին, որ կարող էր պատիվ բերել ամենանշանավոր հռոմեական կրկեսին։ Նրա աչքերի առջև հանդիսանում էին երկու չափազանց ուժեր, մեկը իր քաջ որդիների ուժը, մյուսը իր վիթխարի անասունի ուժը: Երկուսն էլ հավասար նշանակություն ունեին նրա համար: Այդ երկու ուժերից կախումն ունեին նրա տնտեսության բոլոր աշխատությունները: Այժմ կռիվը ավելի սաստկացավ: Որովհետև կտրվեցավ Չորայի վզի հաստ շղթան, որից քաշ էին տված մի ահագին գերանի կտոր, որպեսզի արգելեր նրա համարձակ քայլերը: Գյուղացիները չվաններով վրա վազեցին, որ կաշկանդեն նրան: Բայց ամեհի անասունի ամեն մի շարժումը բավական էր չվանները կտրատելու համար: Նա հարձակվում էր դեպի ամեն կողմ և ամբոխը ճանճերի նման փախչում էր նրա առջևից: Այդ զարհուրելի խռովության միջոցին կատարվեցավ մի հրաշալի քաջություն: Ծերունի տանուտերի միջնակ որդին, որին կոչում էին Ապո, առյուծի ճարպկությամբ վրա վազեց և բռնեց Չորայի պոչից: Կատաղած անասունը, նկատելով այդ արհամարհական հանդգնությունը, շտապեց գլուխը ետ դարձնել, որ իր եղջյուրներով պատժե անզգամին: Գործվեցան մի քանի սաստիկ պտույտներ: Չորան աշխատում էր ետ դառնալ, որ հարվածե իր հակառակորդին, բայց Ապոն նրա պոչից պինդ բռնած, պտույտվում էր նրա հետ: Այդ մենամարտությունը տևեց մի քանի րոպե: Ամեն կողմից լսելի էին լինում զարհուրանքի ձայներ: Զայրացած գազանը մռնչում էր և գետնի մեջ ակոսներ էր ձգում իր ոտների շարժումներով: Թանձր փոշին վեր էր բարձրանում և երկու կռվողները կորած էին հողեղեն ամպի մեջ: Նույն միջոցին վրա հասան Ապոյի եղբայրները և շղթաներով կաշկանդեցին Չորային: Ամեն կողմից այժմ լսելի եղան ուրախության ձայներ:

Ծերունի տանուտերը մոտեցավ Ապոյին, և նրա ճակատը համբուրելով, ասաց.

— Աստուծո աչքը թող քո վրա լինի, որդի, դու իմ երեսը սպիտակացրիր:

Այս խոսքերով նա կամեցավ հայտնել, որ Ապոն չթողեց հորը ամաչել ժողովրդի առջև: Հետո նա մոտեցավ Չորային, որպես իր մյուս զավակին, և ձեռքով նրա գլուխը շոյելով, ասաց.

— Չարաճճի, ինչո՞ւ էիր այսպիսի զժություն անում:

— Բայց Չորան այժմ հանգիստ էր. նրա աչքերի մռայլը փարատվել էր. նա այժմ ճանաչում էր իր տերերին, և, կարծես, փոշմանել էր իր գժության վրա: Նրա պարանոցից կրկին կապեցին հաստ շղթան, կրկին շղթայից քարշ տվեցին ահագին գերանի կտորը, որի մյուս ծայրը հասնում էր գետնին և անցնում էր անասունի առջևի երկու ոտների միջից, և այնուհետև սկսեցին քշել դեպի գետը, որ լվանան, որ զովացնեն նրան սառը ջրի մեջ:

Գյուղացիների բազմությունը դեռ չէր հեռացել ծերունի Խաչոյի տան դռնից, որովհետև Չորայից հետո պետք է դուրս բերեին մյուս գոմեշներին, որոնք մինը մյուսից ավելի ամեհի էին: Բայց այս անգամ ծերունու որդիները ավելի զգուշություններ գործ դրեցին և մի առանձին անկարգություն չպատահեցավ: Նրանք հերթով դուրս էին բերում գեղեցիկ, առողջ, գեր ու պարարտ անասուններին, որոնց յուրաքանչյուրը ամեն մի գյուղատընտեսական հանդիսարանի մեջ կարող էր առաջին մրցանակը ստանալ: Տանուտերը հիացմունքով նայում էր նրանց վրա, և փշրում էր նրանց ճակատին կախարդական ձուն, որ ազատ պահե չար աչքից: Բացի դրանից, նա տերտերին գրել էր տվել մի-մի թիլիսմանական աղոթք, և եռանկյունի ձևով կանաչագույն կաշու մեջ կարելով, քարշ էր տվել իր անասունների պարանոցից: Գյուղացիները տեսնելով, գովում էին Խաչոյի որդիներին, որ կարողացել էին այնպես լավ պահել իրանց անասուններին: Հայրը, լսելով իր որդիների գովասանքը, ուրախանում էր: Այսպես պետք է նրանք ամեն օր դուրս բերեին «խամ պահած» անասուններին, մինչև մի փոքր ընտելանային, մինչև մի փոքր սովորեին դրսի օդին և լույսին, որ այնուհետև սկսեին հերկը հերկել:

Է

Ապրիլ ամիսը բերեց իր հետ ավելի տաք և ավելի պայծառ օրեր: Լեռների վրա կարմիր, դեղին և սպիտակ շուշանները վաղուց արդեն ծաղկել էին և քրդերի աղջիկները քաղելով, փունջեր էին կապում, և հայերի գյուղերում մանածելով, փոխում էին մի կտոր հացի հետ: Սունկը, բոխին, ծնեբեկը, մանդիկը, սիբեխը և լեռնային զանազան բանջարեղենները այս տարի այնքան առատ էին, որ մի ավանակի բեռը քրդի կանայք փոխում էին մի քանի ֆունտ ալյուրի հետ:

Ծերունի Խաչոյի որդիները արդեն սկսել էին դաշտում իրանց վարը վարել: Աշխատությունը սկսվել էր ամեն տեղ: Գյուղի մեջ մի անգործ մարդ չէր կարելի գտնել: Ամեն ոք զբաղված էր իր մշակություններով:

Առավոտյան ժամն էր: Ծերունու տանը թոնիրները վառվում էին, մեկի վրա դրած էին պղնձե ահագին կաթսաներ և խեցեղեն մեծ-մեծ պտուկներ, կերակուր էին եփում, մյուսի մեջ հաց էին թխում: Հարսները, աղախինները, հավաքված թոնիրների շուրջը, ընդհանուր շարժողության մեջ էին: Տունը, լցված էր կերակուրների անուշ շոգիով, ներկայացնում էր մի հսկայական խոհանոց, որի մեջ, տեսնողը կմտածեր, թե պատրաստվում է ճաշ մի ամբողջ բանակ կերակրելու համար: Եվ իրավ, բացի ծերունու ահագին գերդաստանից, նրա սեղանից կերակրվում էին բազմաթիվ հովիվներ, մշակներ իրանց ընտանիքներով, որոնք ծառայում էին նրա տանը: Դա մի ամբողջ լեգեոն էր: Ամեն օր վառվում էին նույն թոնիրները, ամեն օր պատրաստվում էր կերակուրների նույն քանակությունը: Եվ ծերունու ժրաջան հարսները մի րոպե հանգստություն չունեին: Պետք էր ամենի մասին հոգ տանել, պետք էր ամենին գոհացնել:

Բացի դրանից, կային տնտեսական և ուրիշ զանազան հոգսեր: Ահա այնտեղ, բակում հարսներից մեկը կովերին և ոչխարներին է կթում. մյուսը փոքրիկ օջախի վրա կաթ է տաքացնում մածուն շինելու համար. երրորդը պանիր է մակարդում, չորրորդը հարում է խնոցին կարագ պատրաստելու համար: Նրանց շուրջը վազվզում են բազմաթիվ երեխաներ և խաղում են նորածին գառների ու հորթերի հետ: Քա՛ղցր է նայել այդ գյուղական բախտավորության վրա: Մանուկ և գառնուկ, երկուսն էլ աճում են միասին, — երկու հարստություններ, որոնցմով ուրախանում է, որոնցմով պարծենում է գյուղացին:

Բակի արևահայաց կողմում, պատի տակ, մինը մյուսի վրա, կարգով շարված են մի քանի հարյուր մեղրի փեթակներ: Ապրիլյան արեգակը թափում է այստեղ իր ջերմ ճառագայթները: Մինչդեռ հարսները մյուս կողմում զբաղված են իրանց գործով, ծերունի Խաչոն այստեղ բաց է անում փեթակների դռնակները: Ճանճերը ուրախ և զվարթ դուրս են թափվում ծակերից, սավառնում են նրա ալևոր գլխի շուրջը, պըզպըզում են, վըժվըժում են, թըոթըռում են և օդը թնդում է միլիոնավոր միջատների ձայնից: Գտնվում են նրանց մեջ և այնպիսի չարաճճիներ, որ կծու համբույրներ են մատուցանում ծերունու խորշոմած երեսին: Բայց նա ամենևին ցավ չէ զգում, միայն ձեռքով քշելով, ասում է. «Ա՜յ, չար սատանա, ի՞նչ վատություն է արել քեզ Խաչոն»:

Նույն ժամուն Ստեփանիկը հեռու կանգնած, հետաքրքրությամբ նայում էր հոր աշխատություններին:

— Գնա՛, զավակս, ճանճերը կկծեն քեզ, — զգուշացնում է հայրը:

— Ապա ինչո՞ւ քեզ չեն կծում, — հարցնում է որդին:

— Կծում են, բայց ինձ այնքան չեն ցավեցնում:

— Ինչո՞ւ չեն ցավեցնում:

— Իմ մարմինը վաղուց սովորել է նրանց խայթոցներին:

— Թող իմն էլ սովորի, — ասում է պատանին ժպտելով:

Ծերունին ծիծաղում է և համբուրում է որդուն:

Նույն միջոցին հայտնվեցավ գյուղի զզիրը և ասաց, որ քուրդ Ֆաթթահ-բեկը մարդ է ուղարկել, թե գալու եմ տանուտերի մոտ հյուր, և ավելացրեց, թե գուցե շուտով կգա նա, որովհետև շատ հեռու չէ գտնվում, այլ մերձակա լեռների վրա որս է անում: Կարծես մի սև թուխպ անցավ ծերունու պարզ ճակատի վրա, և նրա ուրախ դեմքը նսեմացավ տխրությամբ: Բայց նա զսպելով իր ներքին տհաճությունը, պատվիրեց զգիրին, որ դաշտից կանչե իր որդիներից մի քանիսին, որ սպասավորություն անեն, իսկ ինքը խոտի և դարմանի պատրաստություն տեսնե նրանց ձիաների համար:

Ֆաթթահ-բեկի երթևեկությունը այնպիսի մի սովորական բան էր ծերունի Խաչոյի մոտ, որ տանեցիք գիտեին, թե ինչ պատրաստություններ պետք էին նրան հյուրասիրելու համար: Այս պատճառով հենց որ հարսները իմացան, թե նա գալու է, իսկույն մի քանի գառներ մորթել տվին, և սկսեցին մեծ կաթսաներով փլավ պատրաստել, որովհետև իմանում էին, որքան էլ սակավ լիներ, դարձյալ բեկը իր հետ մի քսան կամ երեսուն մարդ կունենար:

Ֆաթթահ-բեկը քրդերի մի ամբողջ ցեղի պետն էր, որոնց ոչխարները արածում էին O... գյուղի սահմանակից լեռների վրա: Սակավ չէր պատահում, որ հայ և քուրդ հովիվների մեջ ծագում էին կռիվներ, երբ քրդերը կամ ոչխար էին գողանում, և կամ անցնելով սահմանից, սկսում էին իրանց հոտերը արածացնել հայերի արոտների վրա: Բայց այդ կռիվները միշտ վերջանում էին առանց ծանր հետևանքների, որովհետև քրդերի ցեղապետ Ֆաթթահ-բեկը տանուտեր Խաչոյի ոչ միայն լավ բարեկամն էր, բայց և քիրվան էր: Նա կնքահայր էր դարձել տանուտերի թոռներից մի քանիսին մկրտության խորհրդի ժամանակ, իսկ տանուտերը փոխադարձաբար կնքահայր էր եղել բեկի մի քանի որդիների թլփատության ծեսը կատարելու ժամանակ: Այսպիսով հայ տանուտերի և քուրդ բեկի մեջ կազմվել էր խիստ սերտ հարաբերություն:

Բայց ինչո՞ւ նա տխրեց, երբ լսեց բեկի գալուստը: Խաչոն ժլատ մարդ չէր, որ վախենար նրան իր մի խումբ ծառաների հետ հյուրասիրելուց: Խաչոյի սեղանը հայր Աբրահամի սեղանի նման ամեն մարդու առջև բաց էր: Ամեն օր իրա տանը հաց էին ուտում բազմաթիվ պանդուխտներ և օտարականներ: Խաչոն միշտ մի առանձին բավականությամբ էր արտասանում այն խոսքերը, թե իր կյանքում առանց հյուրի սեղան չէ նստել: «Հացը, ասում էր նա, աստուծո տվածն է և նրան է պատկանում: Աստուծո աղքատները պետք է կերակրվեն նրանից»: Բայց ինչո՞ւ տխրեց նա, երբ լսեց բեկի գալուստը...

Նա լուռ մտածության մեջ դուրս եկավ տանից, այնտեղ դռանը կանգնած, սպասում էր, որ ընդունե հյուրին: Մի քանի գյուղացիներ, տեսնելով տանուտերին, մոտեցան նրան:

— Ասացին, բեկը գալիս է, — խոսեց նրանցից մեկը: — Ով գիտե ինչ փորացավ կունենա:

— Քուրդը, երբ հայի տունն է գալիս, առանց փորացավի չի լինում, — պատասխանեց տանուտերը ներքին դժգոհությամբ:

Բլուրների ետևից երևացին նիզակների սուր ծայրերը, և մի քանի րոպեից հետո հայտնվեցան մի խումբ ձիավորներ:

— Գալիս են, — ասաց գյուղացիներից մեկը:

Տանուտերի աչքերը հեռվից լավ չէին տեսնում, նայեց դեպի այն կողմը և ոչինչ չնկատեց:

— Նրանք են, — ձայն տվեց մի ուրիշ գյուղացի:

— Տղերք, — ասաց տանուտերը իր մոտ կանգնած գյուղացիներին, — դուք այստեղ մնացեք, նրանց ձիաները բռնեցեք, խոտ և գարի տվեցեք, մինչև մերոնք կգան դաշտից:

Մոտեցավ բեկը մի խումբ զանազան տեսակ որսորդական շներով և քանից ավելի ձիավորներով, որոնք իր հեռու և մոտ ազգականներն էին, և որոնց թիկնապահների նման իրանից չէր հեռացնում: Նա այսօր նստած էր մի գեղեցիկ կապտագույն արաբական նժույգի վրա, որի բոլոր ասպազենը զարդարված էր արծաթով և փայլուն ակներով: Ինքը բեկը քառասուն տարեկան հասակից անցած մի տղամարդ էր, բայց տեսնողը կմտածեր, թե երեսուն տարեկան երիտասարդ է, վայելչակազմ, հսկայատիպ և այրական դեմքով: Նրա հագուստը ոտքից ցգլուխ բաղկացած էր բեհեզից, թանկագին կերպասից, ասեղնագործած ոսկի թելերով, զենքերը նույնպես զարդարած էին ոսկով և արծաթով:

Տանուտերը, տեսնելով նրան, մի քանի քայլ առաջ գնաց և կանգնեց խրամի մոտ, որ փորած էր ջուր անցկացնելու համար: Խրամի վրա ձգած էր մի կամուրջ, որտեղից պիտի անցկենար բեկը, բայց նա, փոխանակ կամուրջից անցկենալու, խթեց իր ձիու կողքը, ձին փռնչաց, ծտի նման թռավ սիգ խրամից, և մի քանի զարմանալի պտույտներ գործելով, սիգալով կանգնեց տանուտերի մոտ:

— Ի՞նչպես է, հավանում ե՞ս, քավոր Խաչո, — հարցրեց բեկը, ձեռքով գգվելով նժույգի սիրուն բաշը, — դու ձիաներ ճանաչում ես, ի՞նչպես է:

— Աստված թող հեռու պահի չար աչքից, շատ գեղեցիկ է, ինքը Քորօղլին էլ չէ ունեցել մի այսպիսի ձի, ուղիղ քեզ արժանի է, — պատասխանեց տանուտերը մոտենալով և իր ձեռքը քսելով նժույգի պարանոցին: — Ո՞րտեղից գտար, դու այսպիսի ձի չունեիր:

— Նոր ընծա եմ ստացել Արզրումի վալիից, — պատասխանեց ուրախացած բեկը: — Վալին այդ նժույգը իր զույգ աչքերու հետ չէր փոխի, բայց ուղարկեց իր բարեկամին, նա այդ ձին ընծա էր ստացել Հալեբի շեյխից:

— Գեղեցիկ ձի է, — կրկնեց տանուտերը:

Բեկը ոգևորված այդ գովաբանություններով, կրկին խթեց, նժույգի կողքը: Նա մի քանի զարմանալի թռիչքներ գործեց, մի քանի ճարպիկ պտույտներ տվեց տանուտերի դռան հրապարակի վրա, և այդ բոլոր գործողությունների մեջ երևում էր ազնիվ երիվարի գեղեցիկ հատկությունները և նրա սանձը կառավարող տղամարդի հմտությունը ամեհի ձիաներ զսպելու մեջ:

Հետո նա ցած իջավ, և սանձը հանձնելով իր ծառաներից

մեկի ձեռքը, պատվիրեց, որ ման ածե, որովհետև ձին բավական քրտնած էր:

Տանուտերը իր պատվելի հյուրի ձեռքից բռնած, մտան օդան (հյուրանոցը), որ մինչև նրանց գալը, բավական զարդարած և կարգի էր դրած:

Հատակը սփռած էր պարսական թանկագին գորգերով. պատերի մոտ մինը մյուսի վրա շարած էին փափուկ բարձեր նստելու և թիկն տալու համար, և մի գեղեցիկ օթոց հատկապես պատրաստված էր բեկի բազմոցի համար:

Այժմ տանուտերը, հրավիրելով իր հյուրին նստել, ասաց իրանց երկրում ընդունված քաղաքավարական ոճով:

— Իմ տունը ձեր տունն է. աչքիս և գլխիս վրա տեղ ունիք, ես ձեր խոնարհի ծառան եմ. որդիքս ձեր ստրուկներն են, իսկ կանայքս՝ ձեր աղախինները, բարով և հազար բարով եք եկել, ամեն ինչ որ ունեմ, ձեզ «փեշքեշ» է: Հրամեցեք, հրամեցեք, նստեցեք, խնդրեմ:

Բեկը շնորհակալություն հայտնեց, և Խաչոյի որդիներից մեկը մոտենալով ոտներից հանեց նրա կարմիր կոշիկները, և նա առաջացավ, նստեց իր համար պատրաստված բարձի վրա, որ բռնում էր հյուրանոցի պատվավոր կողմը: Նրա մոտ նստեցին որպես մերձավորներ իր հորեղբոր որդիներից երկուսը, և մի քանի ուրիշ ազգականներ: Ծառաների մի մասը մնաց օդայի մեջ, և ձեռքերները իրանց գոտիներում խրած ատրճանակների վրա դրած, խոնարհությամբ կանգնել էին բեկի սպասում: Իսկ ծառաների մյուս մասը դուրս գնաց, հոգ տանելու որսորդական շներին և ձիաներին, որ նույն ժամանակ վայելում էին տանուտերի մարագի բարիքները: Թե՛ բեկը և թե՛ իր ծառաները բոլորը զինվորված էին սրերով, վահաններով, ատրճանակներով, հրացաններով և նիզակներով, որոնց իրանցից չհեռացրին, թեև բարեկամի տուն մտան: Քուրդը թե՛ իր տնում և թե՛ դրսում, թե՛ խաղաղության ժամանակ և թե՛ կռվի ժամանակ զենքերը իր մարմնից չէ հեռացնում: Զենքը քրդի մարմնի անբաժան անդամներից մեկն է:

Խաչոյի որդիներից մի քանիսը, որ այդ ժամանակ դարձել էին դաշտից, անդադար դուրս էին գալիս և ներս մտնում, կատարելով հոր զանազան պատվերները: Բայց նրանց վրա զենքեր չկային: Սկզբում փոքրիկ նախշուն ֆինջանների մեջ մատուցին սուրճ առանց շաքարի:

— Ո՞ւր է Ստեփանիկը, չէ երևում, — հարցրեց բեկը, — ես սովորել եմ այստեղ գալու ժամանակ սուրճը միշտ նրա ձեռքից ընդունել:

Տանուտերը, թաքցնելով իր ներքին տհաճությունը, հրամայեց, որ կանչեն Ստեփանիկին:

Ներս մտավ Ստեփանիկը, ուրախության ժպիտը փայլում էր նրա անմեղ դեմքի վրա. նա մոտեցավ բեկին և համբուրեց նրա ձեռքը: (Քրդի ցեղապետները իրանց ձեռքը համբուրել են տալիս): Բեկը շոյելով նրա մետաքսանման մազերը, ասաց.

— Դու գիտե՞ս, թե ինչ լավ բան եմ բերել քեզ համար:
— Գիտեմ, — պատասխանեց Ստեփանիկը կարմրելով, — մի գեղեցիկ այծյամի ձագ է, տարա խոտ տվեցի, չկերավ:

— Տեսնում ե՞ք նա արդեն ստացել է իր ընծան, — ասաց բեկը դառնալով դեպի տանուտերը:

— Գիտեի, որ ինձ համար է, — պատասխանեց Ստեփանիկը, — ես էլ տարա:

— Դե՛, հիմա գնա՛, խաղա՛ քո այծյամի հետ, — ասաց բեկը:

Պատանին գլուխ տվեց և հեռացավ:

— Շատ խելոք տղա է, — խոսեց բեկը Ստեփանիկի գնալուց հետո: — Երևի, նա դժգոհ է մնում, երբ ամեն անգամ ես այստեղ գալու ժամանակ, ինձանից մի ընծա չէ ստանում:

— Նա մեղ չունի, դուք եք այդպես սովորացրել, բեկ, — պատասխանեց տանուտերը, ակամա ծիծաղելով:

— Ա՜խ, ինչ լավ սարեր են ձեր սարերը, քավոր Խաչո,- փոխեց բեկը իր խոսքը. — ամեն քայլում հանդիպում ես որսի, այծյամներ, եղնիկներ, եղջերուներ խումբերով են ման գալիս. կաքավներին և վայրենի աղավնիներին հաշիվ չկա: Այդ այծյամը, որ ստացավ Ստեփանիկը, բարակները բոլորովին կենդանի բռնեցին: Բայց մի տեսնեիք, ինչ լավ բարակներ ունեմ այժմ. մի զույգ նոր ստացա զելանցիների ցեղապետից. փոխարեն ես մի զույգ ջորի ուղարկեցի: Բայց խոսքը մեր մեջ թող մնա, ջորիները մենք դեռ նոր էինք խլել Մեքքայի պարսիկ ուխտավորներից: Բայց բարակները հրաշալի են, մտքից ավելի արագ են թռչում:

Բեկի խոսակցությունը ամբողջ ժամանակ վերաբերում էր իր շներին, որսորդություններին, ձիերին, ավազակություններին և զանազան տեսակ քաջագործություններին, որոնց մասին մի առանձին բավականությամբ էր խոսում: Տանուտեր Խաչոյին, թեև ձանձրալի էին այդ «հիմարությունները», բայց նա համբերությամբ լսում էր և երբեմն իր կողմից համակրություն էր ցույց տալիս:

Արդեն ճաշի ժամանակ էր: Հատակի վրա տարածեցին սեղանի սփռոցը և նրա վրա շարեցին ահագին ափսեներով փլավ և խորոված ամբողջ գառներ: Մի քանի ամանների մեջ դրած էին զանազան տեսակ քաղցր շերբաթներ, կամ մածունից պատրաստած թանապուր, որ խմում էին մեծ շերեփներով: Ոգելից ըմպելիքներ չկային: Սկսեցին ուտել և խմել:

— Դուք ձեր ոչխարները դեռ չե՞ք ուղարկել արոտ, — հարցրեց բեկը տանուտերից:

— Դեռ չենք ուղարկել, — պատասխանեց տանուտերը, — դեռ եղանակի վրա հույս չէ կարելի դնել. այդ մեր ապրիլ ամիսը իր վերջին գժություններն ունի, սպասում եմ, մինչև անցկենա:

— Զերմ ու ցուրտը աստուծո ձեռքումն է, քավոր Խաչո, ինչ որ լինելու է, կլինի, — պատասխանեց բեկը: — Մեր ոչխարները մի շաբաթից ավել կլինի, որ տարել են արոտ: Բայց գիտե՞ք այս տարի որքան շուտ սպառվեցավ մեր պաշարը. հովիվները քանի օր է ուտելու հաց չունեն:

Տանուտերը հասկանալով, թե ինչ է ուզում ասել բեկը, պատասխանեց.

— Մի՞թե մեր հացը ձերը չէ՞, հրամայեցեք, որքան ալյուր պետք է, ես կուղարկեմ:

— Թող շեն ու հաստատ մնա ձեր տունը, — ասաց բեկը, — իհարկե այդպես է. ո՞վ է մեր մեջ ջոկություն դրել: Ինչ որ իմն է՝ քոնն է, ինչ որ քոնն է՝ իմն է: Այդպես չէ՞, քավոր Խաչո:

— Աստված էլ գիտե, որ այդպես է... Որքա՞ն ալյուր ուղարկեմ:

— Առ այժմ մի տասն եզան բեռն բավական է, երբ սպառվի, էլի կտանենք, ձեր ամբարները խո պրծնելու չեն:

Տանուտերը մի ակամա ժպիտ գործեց իր տխուր դեմքի վրա, և գլուխը շարժեց, որ նշան էր նրա համաձայնությանը:

Ճաշից հետո Ստեփանիկը ձեռքերը լվանալու ջուր բերեց, բոլորը լվացվեցան, և ապա պատանին իր ձեռքով սուրճ տվեց: Բեկը հրամայեց իր սպասում կանգնած ծառաներին, որ գնան դրսում իրանց ընկերների հետ ճաշեն, ուր պատրաստված էր առանձին սեղան, բակի մեջ տարածված կապերտների վրա: Հյուրանոցում մնացին բեկը, իր մի քանի ազգականները և տանուտեր Խաչոն: Այժմ խոսակցության առարկան Արզրումի վալիի ընծայած ձին էր: Բեկը պատմում էր նժույգի ցեղական ազնվությունը և ասում էր, թե նրա տոհմային վկայականները հասնում են մինչև երևելի Անթարի ժամանակներին, թե այդ ձին սերվում էր արաբական ամենաընտիր նժույգների տոհմից և այլն:

— Բայց շատ թանկ պիտի նստի իմ վրա այդ գեղեցիկ ընծան, — վերջացրեց բեկը իր պատմությունը:

— Ի՞նչպես, — հարցրեց տանուտերը:

— Միթե չե՞ս իմանում, ամենափոքրը՝ պետք է հարյուր ոսկի պարգևել վալիի ծառային, որ բերել է այդ ձին:

Տանուտերը այժմ հասկացավ բեկի «փորացավը», թե ինչ մտքով էր եկել իր տունը: Բայց որպես ասում են, «խոսքը կտուր գցելով», պատասխանեց.

— Ինչ կա, — ավելացրեց, — հարյուր ոսկին շատ չէ մի այդպիսի ձիու համար:

— Քրդին ով է տվել փող, — ասաց բեկը մի փոքր բարկացած ձայնով, — այդ անիծած արծաթը ձեր, հայերիդ մոտ է գտնվում միշտ:

Բեկի մոտ նստած ազգականները, որ բոլոր ժամանակ լուռ էին, խոսակցության մեջ մտան: Նրանցից մեկը ասաց.

— Դուք էլ մի՞թե փողի դարդ եք քաշում, բեկ, քավոր Խաչոն ե՞րբ է թողել, որ դուք փողի կարոտություն ունենաք:

— Աստված վկա է, որ այդպես է, — ասաց մյուսը:

— Քավոր Խաչոն շատ լավ մարդ է, — ավելացրեց երրորդը, — նրա հատը բոլոր հայերի մեջ չկա:

Ծերունի Խաչոն նկատեց, որ հակառակ իր հաճության և կամքին, իր վզին դրեցին հարյուր ոսկին, և կասկածանքի տեղիք չտալով, պատասխանեց.

— Ես հազար ոսկու համար ևս բեկի սիրտը չեմ կոտրի:

— Շեն մնա ձեր տունը, — ձայն տվեցին քրդերը:

Տանուտերը վեր կացավ, և դուրս գալով օդայից, իր մոտ կանչեց մեծ որդուն և ասաց, որ ծածուկ գնա հարդանոցում թաքցրած ոսկիներից հարյուր հատ բերե:

— Ինչի՞ համար է, — հարցրեց որդին:

— Դու չե՞ս իմանում, որ անօրենները եկան, կերան, խմեցին, հիմա պետք է մի «դիշքիրասի» էլ տանք, — պատասխանեց հայրը տխուր ձայնով:

— Աստված ձեր քոքը (արմատը) կտրե, անիծածներ, — ասաց որդին, և քթոցը վեր առնելով, դիմեց դեպի հարդանոցը, որպես թե գնում է հարդ բերելու:

«Դիշքիրասի» նշանակում է ատամների վարձ, մի այսպիսի վարձ ստանում էին քրդերը մի ժամանակ, երբ շնորհ էին անում հայի հացը ուտել, կամ նրա տանը հյուր լինել: Հյուրընկալը պարտավոր էր վճարել, եթե չտար, գուցե կենթարկվեր իր հյուրի անգութ զանահարությանը: Այժմ թեև այդ սովորությունը մասամբ վերացել էր, բայց ոսկիներ դարձյալ ստացվում էին, միայն ստանալու եղանակը փոխվել էր և ավելի քաղաքավարի ձև էր ստացել: Մինչև ծերունու դառնալը, հյուրանոցում քրդերի մեջ անց էր կենում հետևյալ խոսակցությունը.

— Եթե չբերե ծերուկը ոսկիները, ես կհրամայեմ այս րոպեիս նրա տանը կրակ տան, — ասաց բեկը կատաղած կերպով:

— Հարկավոր չէ, — հանգստացնում էր նրան ազգականներից մեկը, — Խաչոն բարի հայ է, հարկավոր չէ նրան վշտացնել: Նրա դուռը միշտ բաց է եղել մեր առջև, և ինչ որ կամեցել ենք, տարել ենք: Խաչոն լավ մարդ է, պետք չէ նրա աղ ու հացը մոռանալ:

Նույն միջոցին ներս մտավ ծերունին և ոսկիների քսակը դնելով բեկի առջև, ասաց.

— Աստված է վկա, որ հոգուս համար էի պահել, որ Երուսաղեմ ուխտ գնամ և մուղդուսի դառնամ, բայց ձեր խաթրը չկոտրեցի, բեկ:

— Սուտ մի՛ խոսիր, քավոր Խաչո, շա՛տ ունես, շա՛տ, այդ

ես իմանում եմ, — պատասխանեց բեկը, վեր առնելով քսակը և առանց համբարելու, իր գրպանը դնելով:

Երեկոյան զով ժամանակն էր արդեն: Բեկը հրամայեց ձիաները պատրաստեն, որ ճանապարհ ընկնի: Նա դուրս եկավ օդայից և բակում տանուտերի հետ ման էր գալիս, մինչև ամեն ինչ կպատրաստեին: Նա տեսավ Ստեփանիկին, որ այծյամի հետ խաղում էր: Մոտեցավ նրան:

— Լա՞վն է, — հարցրեց նրանից:

— Լավն է, բայց այդ մեկ ոտը շները կծել են, վիրավորվել է, այդ ոչինչ, ես կբժշկեմ: Խեղճ անասուն, երևի, ցավում է, դրա համար ոչինչ չէ ուտում, — պատասխանեց պատանին, կապելով այծյամի վերքը:

— Ստեփանիկ, ես տեսնում եմ, դու անասուններ սիրում ես, դրա համար ես կուղարկեմ քեզ իմ նորահաս քուռակներից մեկը:

— Ձիաներ չեմ սիրում:

— Ապա ի՞նչ ես սիրում:

— Ահա այսպիսի այծյամներ, եղջերուներ, կաքավներ եմ սիրում:

— Շատ լավ, դրանից հետո իմ որսերից որն կենդանի մնացած կլինի, քեզ համար կուղարկեմ:

Ծառաները իմացում տվին, թե ձիաները պատրաստ են:

Բեկը շնորհակալություն հայտնելով տանուտերին, դուրս եկավ նրա տնից, դռան առջև կանգնացրել էին գեղեցիկ նժույգը: Ինքը ծերունի Խաչոն ձիու ասպանդակը բռնելով, նստեցրեց բեկին: Դա պատվի մեծ նշան էր, որով տանուտերը ցույց էր տալիս իր ծառայությունը դեպի պատվելի հյուրը: Նստելով ձիու վրա, քուրդ ցեղապետը շարժեց ձեռքի երկայն նիզակը, խաղացրեց ձին, և մնաք բարով ասելով տանուտերին, հեռացավ: Ծերունին երկար անշարժ կանգնած, նրա ետնից նայում էր: Նա տեսավ, թե որպես բեկը իր ձին կրկին թռցրեց խրամից, արհամարհելով կամուրջը, որի վրայից անց էին կենում, նրա կարծիքով, թույլ և անզոր արարածները միայն: Նա տեսավ, թե որպես հետամուտ եղավ նա թփերի միջից հայտնվող նապաստակին, և արծվի արագությամբ նրա ետնից հասնելով, ցցեց նիզակը խեղճ անասունի կողքին: Այդ բոլորը տեսնում էր նա, միևնույն ժամանակ նրա գլխում անց էին կենում այսպիսի մտածություններ. «Ինչո՞ւ այսպես է երկրի և երկրնքի դատաստանը. քուրդը հաց չունի ուտելու, հայը վարում է, ցանում է և նրա համար պաշար է պատրաստում... քուրդը գեղեցիկ նժույգ ընծա է ստանում, նստում է, զվարճանում է, գետինը դողացնում է իր ոտների տակ, իսկ հայն է տալիս նրա փողը... հայը, որ բացի ավանակից մի ուրիշ անասունի վրա նստելու իրավունք չունի»...

Ը

Նույն ավուր գիշերային պահուն ծերունի Խաչոյի որդիները բոլորը դարձել էին դաշտային աշխատություններից: Սրահի մի անկյունում վառվում էր յուղային ճրագը և նրա բեկբեկվող լույսը տարածում էր իր չորս կողմը աղոտ ճառագայթներ: Տանուտերը իր որդիների հետ բոլորել էին ընթրիքի սեղանի շուրջը, նրանք լուռ ուտում էին. խոսում էր երբեմն ծերունի հայրը միայն: Գարնանային թարմ օդը անուշ զովությամբ թափվում էր սրահի մեջ, և հեռվից լսելի էր լինում ոչխարների բառաչելու ձայնը, որ դառնում էին արոտից: Թոնրատնում հարսները ընթրիք էին պատրաստում հովիվների և մշակների համար: Նրանք դեռ ոչինչ չէին կերել, պետք է բոլորին կերակրեին, հետո իրանք ևս սեղան նստեին աղջիկների հետ: Փոքրիկ մանուկները խաղալուց հոգնած, վաղուց քնած էին, առանց մի բան ուտելու:

Ընթրիքից հետո ծերունի Խաչոյի որդիները գնացին իրանց բանին: Նրանք դեռ շատ գործ ունեին կատարելու, պետք էր անասուններին նայել, պետք էր արտը ջրել, որովհետև այս գիշեր ջրի հերթը նրանց էր պատկանում. պետք էր ջրաղացը գնալ ալյուր աղալու համար, մի խոսքով, հազար ու մեկ գործեր կային:

Սեղանը վեր քաղեցին: Խաչոն դեռ նստած էր, իսկ նրա մեծ որդին, Հայրապետը, որ մնաց հոր մոտ, չիբուխ էր պատրաստում նրա համար: Հոր և որդու մեջ տիրում էր խորին լռություն: Կարծես այս գիշեր տխրության դևը իր սև թևքերով նստած լիներ այդ խաղաղ ընտանիքի սրտի վրա:

— Ո՞րքան ալյուր տարան քրդերը, — հարցրեց հայրը չիբուխը փոքր ինչ ծխելուց հետո:

— Ուղիղ տասն և երկու բեռն, — պատասխանեց որդին վրդովված ձայնով:

— Ինքը բեկը ախար տասն բեռ խնդրեց:

— Ջվալները իրանց հետ էին բերել, շատ մեծ էին, մինչև բերանները լցրին, կարծես, փողը նաղդ էին տվել անիծածները:

— Ո՞ւմ եզներով տարան:

— Մեր եզներով. փառք տվեք աստծուն, երբ գոնե եզները կդարձնեն: Ես վախենում եմ, որ եզներին էլ ալյուրի հետ ուտեն:

— Այդպիսի անազնվություն չի անի բեկը:

— Քրդին ազնվություն ո՞վ է տվել: Միթե քի՞չ է պատահել, որ բեռն էլ տանող անասունի հետ կուլ են տվել: Ես իրավն ասեմ, այնքան չեմ ցավում այնօրվա հարյուր ոսկու համար և տասներկու բեռ ալյուրի համար, բայց ինձ այն է նեղացնում, որ ձրի հաց ենք տալիս և այդ հացը մեր ձեռքով, մեր անասուններով պետք է տանենք և հասցնենք նրանց տանը, որ վայելեն: Այդ ի՞նչ աստուծո պատիժ է: Ես չեմ իմանում մինչև ե՞րբ այդ քրդերը մեզ թալանեն: Գալիս են, տանում են ու տանում են, և տարածը ետ չես կարող առնել: Միշտ ուզում են, միշտ ուզում են, ոչ ամոթ ունեն և ոչ խղճմտանք: Կարծես, մեզ աստված նրանց համար կերակրող է ստեղծել:

— Դու չե՞ս իմանում, որ այդպես է, — պատասխանեց ծերունին, ավելի թունդ կերպով ծխելով իր չիբուխը, կարծես թե աշխատում էր նրա ծխով խեղդել սրտի բարկությունը: — Ի՞նչ կարող ենք անել, որդի, եթե մեր կամքով, մեր ձեռքով չտանք, նրանք զոռով կտանեն: Այդ էլ լավ է, որ խնդրելով և բարեկամության անունով են կողոպտում մեզ:

— Մենք ինքներս ենք սովորեցրել նրանց այդ ավազակությունը, — ասաց որդին, — կարող ենք չտալ, այն ժամանակ քուրդը ստիպված կլինի ինքն ցանել, և իր քրտինքով աշխատել իր հացը, բայց մենք սովորեցնում ենք նրանց ծուլություն, սովորեցնում ենք մեր հաշվով ապրել:

— Այդ ուղիղ է, — պատասխանեց հայրը տխուր ձայնով. — բայց մեզ դժվար է և շատ դժվար է միանգամով ոչնչացնել այն, ինչ որ մեր պապերը տնօրինեցին մեզ համար: Մենք քաղում ենք նրանց ցանած հիմարությունների դառն պտուղը: Հիմա լսիր, որդի, ես իմանում եմ, որ քո սրտի մեջ եփ է գալիս ատելությունը, ես իմանում եմ, որ ստրկությունը սաստիկ վշտացնում է քեզ. բայց դարձյալ հարցնում եմ, ի՞նչ ճար կա, ի՞նչ կարող ենք անել: Եթե ինչ որ ուզում են, չտանք՝ կթշնամանան մեզ հետ. մեկ էլ տեսար, ոչխարների ամբողջ հոտը սարից հափշտակեցին, տարան: Ո՞ւմը կարող ենք գանգատվել. ո՞վ կլսե մեր ձայնը: Այն մարդիկը, որ նշանակվել են չարությունը բառնալու և արդարությունը պաշտպանելու համար, բոլորը ավազակներ են, սկսյալ վալիից, փաշայից մինչև վերջին մուդիրը և գայմագամը: Մի ավազակ մի ուրիշ ավազակի հետ քույր և եղբայրներ են, և ինչպես ասում են՝ «շունը շնից, երկուսն էլ մի տնից»: Դու ինքդ քո աչքով տեսար, Արզրումի վալին, փոխանակ շղթաներ ուղարկելու, որ մի այսպիսի երևելի ավազակապետին, որպես Ֆաթթահ-բեկն է, տանեն և խեղդեն, փոխանակ այդ անելու, նրա համար մի գեղեցիկ ձի ընծա է ուղարկում, մի եղեռնագործի համար, որ մեր ամբողջ գավառը լցրել է արյունով և արտասուքով: Երբ որ վալին, երկրի նահանգապետը, այսպես է վարվում, էլ ո՞վ է մնում, որ մենք հայտնենք նրան մեր սրտի ցավը, մնում է միայն աստված, բայց աստված էլ մեր ձայնը չի լսում, երևի շատ են մեր մեղքերը...

Որդին ոչինչ չպատասխանեց, հայրը շարունակեց.

— Մենք հայ ենք. աստուծո անեծքը գրած է մեր ճակատի վրա. մենք մեր ձեռքով մեր տունը քանդում ենք: Անմիաբանությունը, երկպառակությունը, նախանձը, թշնամությունը և հազար ու մեկ այս տեսակ չարություններ շատ ժամանակներից բույն են դրել մեր հոգու մեջ, և մենք կրում ենք այդ մեղքերի պատիժը: Քուրդը մեղավոր չէ: Եթե մեր մեջ միություն լիներ, եթե մեր մեջ սիրտ լիներ, քուրդը, հիմար և ծույլ քուրդը ի՞նչ կարող էր անել:

Նա հրամայեց կրկին վառել չիբուխը, և որդին կատարելով հոր ցանկությունը, խոսեց.

— Մենք վեց եղբայրներ ենք, հայր, եթե դու այսօր մի ակնարկություն արած լինեիր, մեր վեցը բավական կլիներ արտաքսելու մեր տնից Ֆաթթահ-բեկի մոտ երեսուն ձիավորներին, և նրանք մյուս անգամ չէին համարձակվի այսպես լրբությամբ ոտք կոխել մեր շեմքի վրա:

— Այդ ես իմանում եմ, որդի, բայց ի՞նչ շահ: Դուք կկռվեիք նրանց հետ, գուցե մեկին, երկուսին, շատերին կսպանեիք, բայց էգուց քրդերի ամբողջ ցեղը կթափվեր մեր տան վրա, և մեզ մեր տան հողի հետ հավասար կանեին: Ո՞ր հայը կգար մեզ պաշտպանելու: Ոչ ոք: Կարելի է շատերը կուրախանային: Այդպես է հայը: Բայց քուրդը այդպես չէ: Եթե մի ցեղից մեկին սպանում ես, ամբողջ ցեղը վրեժխնդիր է լինում նրա արյան համար, որովհետև քրդերի մեջ միություն կա, ցեղի մեկ անդամի արյունը ամբողջ ցեղին է պատկանում, կարծես թե բոլորը մի ընտանիքի զավակներ լինեին: Բայց մեր մեջ կա՞ այսպիսի միություն: Ամեն մարդ իր գլխի դարդն է քաշում, ամեն մարդ իր անձի համար է մտածում. ուրիշին ինչ լինում է, թող լինի. նրան ինչ հոգ, երբ ինքը հանգիստ է, երբ իր մազին չեն դիպչում: Բայց չեն իմանում տխմարները, որ «մեկը ամենի համար է, իսկ ամենը մեկի համար»:

Ծերունի Խաչոն կարդացած մարդ չէր, բայց կյանքը, փորձը, աշխարհը շատ բաներ սովորեցրել էին նրան: Բնական խելքը զարգացել էր կյանքի փոթորիկների մեջ, այս պատճառով նրա դատողությունների մեջ երբեմն գտնվում էին այնպիսի ճշմարտություններ, որ միայն կարող էին մատչելի լինել այն տեսակ անձերի, որոնք շատ խորին կերպով իմաստասիրել էին մարդկային կենցաղավարության պայմանները: Նա խոսեց.

— Հանգամանքները մեզ այնպիսի դրության մեջ են դրել, որ ուրիշ կերպ գլուխ պահել չենք կարող. ստիպված ենք աշխատել, վաստակել և մեր աշխատանքով մեր թշնամուն կերակրել: Ուրիշ ճար չկա: Մենք պետք է բարեկամություն պահպանենք մեզ կողոպտողի հետ: Ֆաթթահ-բեկը, իրավ է, մեզ կողոպտում է, բայց դարձյալ չենք կարող մերժել նրա բարեկամությունը, որքան էլ կեղծ լիներ:

— Ինչո՞ւ, — հարցրեց որդին:

— Նրա համար որ, մեծ ավազակի հետ բարեկամ լինելով, մարդ ազատվում է փոքր ավազակների ձեռքից: Դրանք բոլորն միմյանց հետ կապված են: Հիմա օտար քրդերը գիտենալով, որ Ֆաթթահ-բեկը մեզ հետ լավ է, էլ մեր ոչխարներին, անասուններին և վարուցանքին չեն դիպչում, և եթե մի բան գողանում են, նա գտնում է և ետ է դարձնում մեզ:

— Դրանից ի՞նչ շահ. հաշիվը միևնույնն է դուրս գալիս, — պատասխանեց որդին,-Ֆաթթահ-բեկը մեզ «մի ձու է տալիս, բայց փոխարենը մի ձի է ստանում»: Նա չէ թողնում, որ մի ուրիշ քուրդ մեր ոչխարը գողանա, բայց ինքը, հարկավորած ժամանակ, հարյուրներով ոսկիներ է առնում մեզանից: Մենք նրա կաթնատու կովն ենք, պահում է, պաշտպանում է նրա համար միայն, որ ինքը վայելէ մեր կաթը:

— Այդ բոլորը ճշմարիտ է, որդի, ես հասկանում եմ, — պատասխանեց հայրը. — բայց պետք է այն ևս հասկանալ, որ հայր մեր պապերից շատ առաջ սովորել է այդ կերպով իր գլուխը պահել: Ես, իհարկե, չեմ կարդացել, թե ինչ է գրված գրքերի մեջ, բայց մի ժամանակ Ուչքիլիսայի վանքում կար մի վարդապետ, նա ինձ պատմում էր, թե ամեն ժամանակ, երբ մեր երկրի վրա հարձակվել են թշնամիներ, հայերը փոխանակ սրով և կրակով դուրս գալու նրանց առջև, հանդիպել են թշնամուն թանկագին ընծաներով՝ մատուցարանի մեջ լցրած ոսկիներով: Նրանք մեզ սովորեցրին փոխանակ պատժելու, կաշառել մեր թշնամիներին: Նրանք սովորեցրին կայքը տալ գլուխը ազատելու համար:

— Բայց պետք չէ, որ մենք պապերի սխալը շարունակենք մինչև հավիտյան,-կտրեց որդին հոր խոսքը:

— Հին սխալը միանգամով ուղղել շատ դժվարին է, նա կատարվել է հարյուրավոր տարիների ընթացքում, և այսքան տարիներ պետք են նրան ուղղելու համար: Եկ դու ժողովրդին հասկացրու, թե թշնամու հետ այլ կերպ կարելի է վարվել, թե նա էլ մեզ նման մարդ է, թե նրա մարմինը երկաթից շինված չէ, թե երբ նա զենքերով գալիս է մեզ կողոպտելու, կարելի է զենքով պատասխանել նրան. վերջապես հազար ու մեկ այս տեսակ քարոզներ կարդա, դու կարծում ես ժողովուրդը կհասկանա՞ քեզ: Նա քեզ խենթի տեղ կդնե և կծիծաղե քո հիմարությունների վրա: Բայց այս հասկացողությունը նրա մեջ նոր բան չէ, նա ժառանգել է իր պապերից:

Որդին չպատասխանեց, նա գտնում էր հոր խոսքերի մեջ մի ճշմարտություն, որ անհերքելի էր: Բայց միևնույն ժամանակ մտածում էր, միթե չէ կարելի փոխել ժողովրդի նախապաշարմունքը: Այս պատճառով հարցրեց նա.

— Լավ, դիցուք թե մեր պապերը այս ճանապարհով են գնացել և մենք էլ հետևում ենք նրանց օրինակին: Բայց պետք չէ՞ փոխել ճանապարհը, երբ տեսնում ենք, որ նա տանում է դեպի կորուստ: Պետք չէ՞ հասկացնել ժողովրդին, որ նա մոլորված է:

— Հարկավոր է, բայց ո՞վ պետք է հասկացնե: Այդ պետք է անեն այն մարդիկը, որոնք ընդունել են իրանց վրա ժողովրդին խրատելու, ճանապարհ ցույց տալու և բան հասկացնելու պարտավորությունը: Այդ պետք է անեն մեր տերտերները, վարդապետները, բայց նրանք քարոզում են «եթե աջ երեսիդ խփելու լինեն, ձախն էլ դարձրու»: Այդ պետք է անեն մեր որդիների վարժապետները, բայց մեր ամբողջ գավառում մի հատ օրինավոր վարժապետ չկա:

— Այդ խոսքերի մեջ քեզ հետ չեմ կարող համաձայնվել, հայր, — ասաց որդին, — ապա ինչո՞ւ քուրդը, որ ո՛չ տերտեր ունի, ո՛չ վարդապետ ունի և ո՛չ էլ վարժապետ ունի, բայց իմանում է, թե մարդ ինչպես պետք է վարվի իր նմանների հետ: Ո՞վ սովորեցրեց նրան, թե մարդը առանց զենքի կույր հավի նման է լինում, ով հասնի, գլխին կտա:

— Քուրդը տերտեր, վարդապետ և վարժապետ չունի, բայց շեյխ ունի, նրա շեյխը, թեև հոգևոր գլուխ է, բայց ինքն է զենքը կրում, և իր ժողովրդի հետ միասին գնում է հափշտակելու անզեն մարդերի հարստությունը: Նա երբեք չէ քարոզում, թե այդ բաները մեղք են: Բայց ի՞նչ են քարոզում մեր տերտերները...

Որդին լուռ էր: Հայրը շարունակեց.

— Այդ բոլոր անբախտությունների մեջ մի մխիթարություն կա, այն է, որ որքան էլ գողանում են մեզանից, որքան էլ հափշտակում են, դարձյալ մեր ամբարները լիքն են մնամ, բայց քուրդը ուտելու հաց չէ գտնում:

— Գիտե՞ք, հայր, այն առածը, թե «գողը իր համար տուն չի կարող շինել, բայց տուն ունեցողի տունը կքանդի»: Քուրդը թեև չէ վարում, չէ ցանում, չէ հնձում, իր տանը հաց չէ գտնում, միշտ քաղցած է մնում, բայց աշխատող հայի հացը ձեռքիցը խլելով, նրան էլ իր նման քաղցած է թողնում: Դու մեր տունը օրինակ մի բեր, հայր, մտածիր, թե որքան հայեր կան, որոնք քրդերի պատճառով աղքատ են և ուտելու հաց չունեն:

— Այդ իրավ է, որդի, բայց մի ուրիշ բան էլ կա, այն էլ պետք է գիտենալ: Դու տեսնում ե՞ս ոչխարներին, այսքան մորթում են, այսքան փչացնում են, բայց դարձյալ նրանք աճում են, բազմանում են և ահագին հոտեր են կազմում: Իսկ գայլը, թեև կեղեքում է, ուտում է ոչխարներին, բայց միշտ քաղցած է մնում, և երբեք չէ բազմանում: Դու տեսե՞լ ես գայլերից մի հոտ: Գայլը գազան է, այսօր հափշտակեց մի ոչխար, կերավ, կշտացավ, էգուց չգիտե, թե ինչով պետք է կերակրվի: Նա պետք է միշտ որսա, բայց որսը ամեն անգամ չէ պատահում: Որսով ապրողը մի օր կուշտ է լինում, մյուս օրը քաղցած: Քուրդը — գայլ է, իսկ մենք — ոչխար:

Այսպես էր բացատրում ծերունին իր լեզվով այն բանը, որ գիտնականների լեզվում կոչվում է «կուլտուրական խաղաղ, անարյուն մրցություն»...

Որդին պատասխանեց նրան.

— Ես կարծում եմ, հայր, եթե ոչխարները հովիվներ և պահպանողներ չունենային, այսօր գայլերը ոչ մի ոչխար չէին թողնի աշխարհում, և դժվար կլիներ ոչխարներին հոտեր կազմել: Մենք, իրավ է, ոչխարներ ենք, բայց առանց հովիվի: Երբ մեր վիճակը այդպես է, մնում է մեկ բան միայն գայլերից ազատվելու համար — որ մենք էլ գայլերի նման ատամներ և ճանկեր ունենանք...

Թ

Արզրումից դեպի Բայազեդ տանող ճանապարհի մի կողմում, որ միակ քարավանի ճանապարհն է Տրապիզոնից Պարսկաստան, մի ձորի մեջ զետեղված էին քրդերի մի առանձին ցեղի չադրները: Չադրների բազմությունից, որ ծածկել էին մի գեղեցիկ, կանաչազարդ դաշտի մեծ մասը, կարելի էր նախագուշակել ցեղի քանակության մեծ թիվը: Ձիաների երամակներ, ոչխարների հոտեր, կովերի նախիրներ, սփռված շրջակա լեռների վրա, ցույց էին տալիս, որ այդ հովիվ ժողովուրդը վայելում էր հարստության հետ և բարօրություն:

Վերադառնալով ծերունի Խաչոյի տնից, բոլորովին մութն էր, երբ Ֆաթթահ-բեկը իր խմբով հասավ հիշյալ չադրներին, որոնց մեջ բնակվող ցեղի պետը և գլխավորն էր ինքը: Մի քանի վրանների առջև դեռ վառվում էին գիշերային խարույկները կաթ տաքացնելու և կերակուր պատրաստելու համար, և սփռում էին իրանց շուրջը գեղեցիկ լուսավորություն: Երբ բեկի խումբը մոտեցավ, շները բարձրացրին մի խառնաձայն աղաղակ, և ամեն կողմից լսելի եղան գիշերապահ հովիվների խորհրդավոր ձայները, որով իմացում էին տալիս միմյանց, թե ձիավորներ են մոտենում: Բեկի խումբի միջից պատասխանեցին նույն տեսակ ձայներով. հովիվները հասկացան միմյանց, և այժմ առանց տեսնելու գիտեին, թե եկողները ովքեր են: Բեկը իր ձին քշեց ուղիղ դեպի այն վրանը, որ պատրաստված էր վաղիից ընծա բերող հյուրի համար: Դա մի թուրք աստիճանավոր էր, հասակն առած, փորձված և մխված ամեն տեսակ խարդախությունների մեջ: Նա մի ժամանակ Վանի կողմերում մուդիրի պաշտոն է վարել և փոխված է եղել չափազանց կաշառակերության համար:

— Դուք ինձ բավական սպասել տվեցիք, բեկ, — ասաց մուդիրը տեղից վեր կենալով, երբ բեկը մտավ նրա վրանի մեջ, — ես միտք ունեի այս երեկո մնաք բարով ասել ձեզ:

— Շեյխի գլուխը վկա, որ դուք շատ անհամբեր մարդ եք, — պատասխանեց բեկը ծիծաղելով, — ես զարմանում եմ, թե դուք ինչպես եք ինն ամիս համբերել ձեր մոր արգանդում: Մենք դեռ բոլորովին չենք կշտացել մեկ-մեկուց – ինչո՞ւ եք շտապում, չլինի՞ թե իմ վրանը ձանձրացրեց ձեզ:

— Ամենևին ոչ. ինձ շատ քաղցր է ձեր հյուրասիրությունը. եթե ինձ մի օր դրախտը տանեին (որի վրա մեծ հույս չունեմ), ես կցանկանայի, որ այդ ձեր վրանը լիներ: Այսուամենայնիվ, ես կխնդրեի, որ առավոտյան ինձ ճանապարհ դնեիք:

— Լավ, լավ, օսմանլիի խասիաթը ես իմանում եմ. սովորել

են հոտած քաղաքներում, փափուկ բարձերի վրա առավոտից մինչև իրիկուն ձգվել, նարգիլե ծխել և դաhիվե խմել: Բայց այդ անապատի մեջ ի՞նչ կա: Իրավն ասեմ, ես ինքս եմ մեղավոր, ես չկարողացա ձեզ զբաղեցնել, որպես hարկն էր: Ի՞նչ անեմ, որսորդություն չեք սիրում, ձիով ման գալ չեք սիրում, իսկ մեր սարերում ուրիշ զվարճություններ չկան:

Մուղիրը կրկին գործ դնելով իր թուրքական կոմպլիմենտները, պատասխանեց.

— Ձեր դեմքի լույսը ինձ hամար ամեն զվարճություններից բարձր է. ես ինձ միշտ երջանիկ կհամարեմ, որ արժանացա ձեր տեսությանը: Բայց մտածեցեք, բեկ, որ ձեր ծառան անկախ մարդ չէ, նրա ժամանակը իրան չէ պատկանում: Վալին ժամանակ նշանակեց, որ տասն օրից ավել չուշանամ:

— Ես կգրեմ վալիին, որ ինքս ուշացրի ձեզ. դուք խո իմանում եք, թե նա որքան պատվում է իմ խոսքը:

— Այդ ես իմանում եմ, վալին ձեզ իր երկու աչքերի հետ չի փոխի. ձեր խոսքը նրա մոտ մարգարիտի գին ունի: Նա ամենի մոտ ասում է, թե սուլթանը Ֆաթթաh-բեկի նման քաջ և hավատարիմ ցեղապետ չունի, և այդ պատճառով առաջարկել է ձեզ hամար մաջիդիեի առաջին կարգի շքանշանը:

Բեկը արհամարհական ժպիտ գործեց իր այրական դեմքի վրա և պատասխանեց.

— Ես այդ շքանշան ասած բաները չեմ սիրում, կնիկների զարդարանք են, և ավելի ոչինչ:

— Ապա ի՞նչ եք սիրում:

— Ես սիրում եմ ոսկի մաջիդիաներ:

— Այդ էլ կլինի, բեկ, վալին մեծ շնորհ ունի ձեզ վրա: Տեսա՞, նա նշանակել տվեց ձեզ hամար ռոճիկ, որ այժմ ստանում եք արքունի գանձից, որպես սահմանապահ և այս կողմերում խաղաղություն պահպանող: Նա ընդունեց ձեր խնդիրքը, որով ցանկանում էիք, որ այս կողմերում ոչ մի մուդիր և գայմագամ չլինի, այլ բոլոր վարչությունները հանձնվին ձեր կառավարությանը: Վերջապես ինչ որ պահանջել եք, կատարել է նա, և մի անգամ նս ձեր խոսքը գետին չէ ձգել:

— Ես շնորհակալ եմ վալիից:

Այդ խոսակցության միջոցին բեկի ծառաները վրանի շուրջը պատած, և գետնի վրա նստոտած, զվարճանում էին բոլորովին այլ տեսակ խոսակցություններով: Յուրաքանչյուրը պատմում էր իր կատարած քաջագործությունները, թե քանի մարդ է սպանել, որքան ավազակություններ է արել և որքան կնիկներ է փախցրել և այլն:

— Օսմանը իր գլխի մազերի համբարքով ոչխար է գողացել, — ասում էր Օմարը:

— Իսկ դու, Օմար, շատ բարի պտուղ չես, — պատասխանում էր նրան Օսմանը, — ես որքան ոչխարներ եմ գողացել, դու այնքան հայի աղջիկներ ես փախցրել:

— Շաբանը հայի աղջիկներ չէ սիրում, ասում է շուտով լաց են լինում, — մեջ մտավ մի ուրիշը:

— Այդ սուտ չէ, — խոսեց Շաբանը, — այդ քածերի սիրտը կարծես շուշայից է շինած, հենց որ դիպչում ես, իսկույն կոտրվում է: Բայց մերոնք, աստված է վկա, քարե սիրտ ունեն, գայլի, գազանի ճանկը զգի, էլի չեն լաց լինի: Ես համբերել չեմ կարող, երբ կնիկները լաց են լինում, կարծես, արտասուքը նրանց է տված:

(Ի՞նչ բարբարոսական զգացմունք, հայ կնոջ արտասուքը բարկացնում է քրդին):

— Մի ուրիշ բան էլ կա, — նրանց խոսքը կտրեց մի քուրդ, որ հասակով բոլորից ծեր էր. — այդ անհավատները երբեք ձեռը չեն վեր առնում իրանց անիծած կրոնից: Ես, դուք գիտեք, որ երեք հատ պահում եմ, ուղիղն ասեմ, խիստ քիչ անգամ ծեծում եմ նրանց, բայց էլի տեսնում եմ, որ թաքուն ինչ որ աղոթքներ են անում: Բայց մի բան լավ է, որ նրանք եզան չափ գործ են կատարում, մերոնց նման շատ չեն քնում:

— Բայց ինչ սիրուն հարսներ ունի տանուտեր Խաչոն, — խոսեց մի երիտասարդ քուրդ առանձին ոգևորությամբ. — եթե այդ հայը մեր բեկի քիրվան չլիներ, ես նրա հարսներից մեկին կգողանայի:

Ծառաների խոսակցությունը ընդհատվեցավ շների աղաղակով. հեռվից կրկին լսելի եղավ գիշերապահ հովիվների խորհրդավոր ձայնը: Ծառաներից մի քանիսը զենքերը առած, վազեցին դեպի այն կողմը, որտեղից բարձրացավ աղմուկը: Մոտենալով, խավարի միջից նրանք լսեցին հառաչանքներ — «ի սեր աստուծո, մեզ տարեք բեկի մոտ, մենք աղաչանք ունինք»... Շները փոքր էր մնացել, որ զզզեին այդ ողորմելիներին, եթե ծառաները շուտով հասած չլինեին: Գիշերով անհնարին է մոտենալ քրդերի օբաներին (օթևան, իջևան) առանց վտանգի հանդիպելու, մեկ էլ տեսար գիշերապահի նիզակը ցցվեցավ կողքիդ մեջ:

Անծանոթները մի քանի հոգի էին, նրանց բերեցին այն վրանի մոտ, որի մեջ բեկը նստած էր իր հյուրի հետ: Վրանի առջև կախած լապտերների լույսով երևաց, որ նրանք վաճառականներ էին և բեռ տանող չարվադարներ, որոնց մեկի արյունաշաղախ գլուխը, մյուսի թևքը, երրորդի մարմնի մի այլ մասը, փաթաթած էին և արյունը դեռ հոսում էր վերքերից:

Բեկը լսելով դրսի աղմուկը, կանչեց ծառաներից մեկին և հարցրեց.

— Ի՞նչ է պատահել:

— Մի քանի վաճառականներ ձեզ մոտ խնդիրք ունին, ասում են, թե կողոպտեցին մեր քարավանը:

Տհաճության նման մի բան անցավ բեկի ուրախ դեմքի վրա, բայց նա ծածկելով իր ներքին վրդովմունքը, հրամայեց կանչել կողոպտվածներին:

— Զարմանալի բան է, — դարձավ նա դեպի մուդիրը, — «իմ հողի» վրա երբեք այսպիսի անկարգություններ չեն պատահել. հիմա ի՞նչպես է եղել, որ կողոպտել են դրանց քարավանը:

Բեկը, սովորություն ուներ իր ցեղի բնակած երկիրն իր հողը կոչել, թեև այնտեղ մի ափ հող անգամ որևիցե քրդի չէր պատկանում, այլ բոլորը անհաստատաբնակ բոշաների նման թափառում էին մի տեղից մյուս տեղ:

— Ավազակություններ ամեն տեղ պատահում են, — պատասխանեց մուդիրը հանդարտությամբ, — երկիրը առանց ավազակի չէ լինում: Երկնքի մեջ էլ հայտնվեցան սատանաներ: Արզրումի մեջ օր չէր անցնում, որ վալիի մոտ գանգատավորներ չգային:

Բեկը, խրախուսվելով մուդիրի շողոքորթություններից, ասաց.

— Հավատացեք, մուդիր, շեյխի գլուխը վկա լինի, որ ես այս կողմերը այնպես եմ պահում, որ երկնքի թռչունն էլ համարձակ չէ կարողանում «իմ հողի» վրայով անցկենալ: Զարմանում եմ, ո՞ր սատանան պետք է կողոպտած լինի այդ խեղճերին:

Հայտնվեցան վիրավորված և արյունաշաղախ վաճառականները: Նրանցից մեկը, որ փոքր ինչ առողջ էր, առաջացավ և խոսեց.

— Ձեր ոտքերի փոշին համբուրելու ենք եկել, բեկ, վերևում աստծուն ենք ճանաչում, ներքևում ձեզ, մարգարեի սիրո համար, օգնեցեք մեզ. խեղճ վաճառականներ ենք. մեր քարավանը կողոպտեցին, մեր ընկերներից շատերին սպանեցին, մնացածներին ձեր բարի աչքերի առջև տեսնում եք, վիրավորված են, շատ չեն ապրի: Ամենը, ինչ որ ունեինք, տարան ոչինչ չթողեցին:

Վիրավորվածները, չկարողանալով իրանց ոտքի վրա պահել, նստեցին վրանի առջև, առողջները կանգնած մնացին:

— Ո՞րտեղ կողոպտեցին ձեզ, — հարցրեց բեկը:

— Այստեղ, այստեղից ոչ այնքան հեռու լեռների մեջ կողոպտեցին մեզ. մեր քարավանը դուրս բերեցին ճանապարհից, քշեցին մի խուլ ձորի մեջ, այնտեղ մեր բոլորին կապկապեցին և ձգեցին մի փոսի մեջ, հետո սկսեցին հակերը ցրվել, ինչ որ լավ բան կար, բոլորը տարան:

— Օրվա ո՞ր ժամն էր:

— Կեսօրին մոտ էր: Մենք մինչև իրիկուն կապված մնացինք այն փոսի մեջ: Աստուծո ողորմությունը հասավ, մեզանից մեկը քանդեց իր կապերը և մեր կապերն էլ արձակեց, թե չէ պետք է մնայինք այն փոսի մեջ, և սովից մեռնելով, գազանների կերակուր դառնայինք:

— Դուք ո՞րտեղացի եք, քարավանը ո՞րտեղից էր գալիս և ո՞ւր էր գնում, — շարունակեց բեկը իր հարցուփորձը:

— Ձեր ծառաները պարսկաստանցի վաճառականներ են. քարավանը բեռները ընդունեց Տրապիզոնում, որ Պոլսից նավով էին բերված. անցանք Արզրումից մինչև այստեղ անվտանգ, պետք է շարունակեինք մեր ճանապարհը, և Բայազեդից Պարսկաստան գնայինք, բայց այստեղ այս դժբախտությունը պատահեց մեզ: Մեր քարավանը բեռնավորած էր ամենա թանկագին ապրանքներով, բայց ոչինչ չթողեցին, ինչ որ տանելու էին, տարան, մնացածը այրեցին:

— Շեյխի գլուխը վկա լինի, որ այսպիսի բարբարոսություն ես առաջին անգամն եմ տեսնում, — դարձավ բեկը դեպի մուդիրը, որ հետաքրքրությամբ լսում էր վաճառականների պատմությունը:

— Դուք կարողացա՞ք ճանաչել ավազակներին, — հարցրեց մուդիրը ինքն ևս հարցուփորձի մեջ մտնելով:

— Ի՞նչպես ճանաչեինք, — պատասխանեց խոսող վաճառականը. — բոլոր ավազակների երեսները կապած էին, միայն աչքերն էին երևում: Եվ երբ մեզ բռնեցին, մեր աչքերն էլ կապեցին, հետո սկսեցին ապրանքները բաց անել: Բայց այսքանը տեսանք, որ քրդեր էին:

— Քանի հոգի կլինեին, — դարձյալ հարցրեց մուդիրը:

— Հիսունի չափ:

— Դեպի ո՞ր կողմը գնացին:

— Մենք տեսնել չկարողացանք, ասեցի, որ մեր բոլորի աչքերը կապած էին, և մեզ ձգել էին մի փոսի մեջ, ձեռներից և ոտներից նույնպես կապված:

— Բավական է, — մեջ մտավ բարկությամբ բեկը ընդմիջելով մուդիրի հարցուփորձը, — ես բոլորը հասկացա:

Հետո նա դարձավ դեպի վաճառականները:

— Հիմա գնացեք և հանգստացեք, եթե ավազակները մեր կողմերի քրդերից լինեն, ես կաշխատեմ անպատճառ գտնել նրանց և ձեր մի չոփը (շյուղը) չի կորչի: Իսկ եթե ուրիշ կողմերից եկած լինեն, այն ևս կարող եմ ցույց տալ. դուք անհոգ կացեք: Ես չեմ ներում որ «իմ հողի» վրա անիրավություններ գործվեն:

Վաճառականները գլուխ տվեցին բեկին և սկսեցին օրհնել բեկի կյանքը:

— Կրպո, — դարձավ նա իր ծառաներից մեկին, — տար այդ մարդերին քո վրանը և պատվիր, որպես արժան է պատվել աստուծո հյուրերին. շուտով կանչիր բժշկին, որ դրանց վերքերը դարմանե. քեզ եմ հանձնում, եթե զանգատվելու լինեն, ձեռքիցս չես պրծնի:

Վաճառականները կրկին օրհնեցին բեկի կյանքը, կրկին գլուխ տվեցին և հեռացան:

Նրանց հեռանալուց հետո բեկը դարձավ դեպի իր հյուրը այս խոսքերով.

— Տեսնո՞ւմ եք, պատվելի մուղիր, ահա այսպիսի դեպքեր են պատահում, եկ դու հիմա իմացիր, թե ո՞ր ստանան է տարել դրանց ապրանքները: Ես հավատացած եմ, որ ավազակները մեր կողմերի քրդերից չեն լինելու: Ես սաստիկ պատժում եմ ավազակներին. իմ երկյուղից ոչ ոք չի համարձակվի այսպիսի բան անել. բայց գալիս են զանազան տեղերից, շատ անգամ Պարսկաստանից, և մեր կողմերում ավազակություն են անում: Ո՞վ կարող է ճանաչել, երբ պարսիկը քրդի հագուստ է հագնում: Այդ շատ անգամ պատահում է և մեզ գլխացավանք է պատճառում: Այսուամենայնիվ, ես պետք է աշխատեմ. գուցե ինձ կհաջողվի բռնել տալ ավազակներին: Ահմե, — դարձավ նա իր հորեղբոր որդուն, որ ամբողջ ժամանակը այնտեղ լուռ նստած էր. — այս րոպեիս կվեր առնես քեզ հետ քան ձիավոր մեր քաջերից, նախ քարավանի կողոպտված տեղը կգնաս, ավազակների ձիաների հետքերը կհետազոտես և շրջակա հովիվներից հարցուփորձեր կանես, մի խոսքով ամեն հնարք գործ կդնես գտնելու չարագործներին, քեզ խրատներ պետք չեն, դու այդ բաները լավ ես իմանում: Ես չեմ ների, որ «իմ հողի» վրա մարդիկ կողոպտեին, դա իմ անվանը պակասություն է բերում:

Ահմեն գիշերով ճանապարհ ընկավ կատարելու բեկի հրամանները:

— Ահմեն շան հոտառություն ունի, եթե ավազակները շատ հեռու գնացած չլինեն, անպատճառ կգտնի,-խոսեց բեկը:

— Երևում է... — պատասխանեց մուղիրը խորհրդավոր ձայնով:

Արդեն գիշերից բավական անցել էր, բեկը հրամայեց ընթրիք տան, կերան, խմեցին, հետո բարի գիշեր և հանգստություն մաղթելով իր հյուրին, նա խոստացավ, որ առավոտյան ճանապարհ կդնե մուղիրին, իսկ ինքը գնաց իր վրանը քնելու:

Բայց մուղիրը երկար անքուն մնաց և ինչ որ բանի վրա մտածում էր...

Ժ

Բեկի անձնական վրանը բաղկացած էր երկու մասներից, որոնցից մեկի մեջ զետեղված էր նրա կանանոցը, իսկ մյուս բաժինը նրա ընդունարանն էր: Վրանի կազմվածքը պարզ էր, որպես առհասարակ լինում են խաշնարած քրդերի չադրները. նա կարված էր ամբողջապես սև կապերտից, որ գործված էր նրա կնիկների և աղախինների ձեռքով:

Բեկը մտավ ընդունարանը և հրամայեց իր հետ եկող ծառային, որ վարագույրները ցած թողնե ու գնա: Այստեղ մենակ նստած, կարծես, մեկին սպասում էր նա: Վրանի առաստաղից քարշ ընկած լապտերը ծխրտում էր աղոտ լույսով: Կանանոցի բաժնից ձայն չէր լսվում, երևի բոլորը քնած էին:

Հայտնվեցավ Կրպոն, այսինքն՝ նույն քուրդը, որին հանձնեց բեկը կողոպտված վաճառականներին հյուրասիրելու:

— Հանգի՞ստ են քո հյուրերը, — հարցրեց բեկը, մի խորհրդավոր ժպիտով նայելով ծառայի երեսին:

— Իմ բարի տիրոջ շնորհիվ հանգիստ են... — պատասխանեց խորամանկ քուրդը, — կերան, խմեցին, օրհնեցին քո կյանքը և քնեցին. գուցե երազի մեջ կտեսնեն, թե գտնելու են իրանց ապրանքները...

— «Դժոխքից մեռելը ետ չէ դառնում»... — ասաց բեկը հեգնությամբ, — որտե՞ղ պահեցիք ապրանքները:

— Մեր գյուղում, կաղ Ալոյի տանը:

— Լա՞վ բաներ են:

— Աստված ոչ մի անգամ այսպիսի թալան չէ ձգել մեր ձեռքը, բեկ, ոսկի, արծաթ, աբրեշումի և շալի գործվածքներ, մի խոսքով, ինչ որ ուզես, կգտնես:

— Ձեզ չտեսա՞ն գյուղը մտնելու ժամանակը:

— Ո՞վ պիտի տեսներ, գյուղում մարդ չի մնացել, բոլորը իրանց անասունների հետ գնացել են յայլաղ. մնացել են մի քանի հայի ընտանիքներ, նրանք էլ կույր հավի նման, հենց որ մութը պատում է, երկյուղից իրանց խրճիթներից դուրս չեն գալիս, փակվում են, գլուխները դնում, քնում են:

— Ո՞րտեղ պահեցիք ապրանքները:

— Ալոյի տանը, ասացի, այդ հին գայլի տան մեջ հարյուրավոր ծակեր կան, մեկի մեջ լցրեցինք, դռները կողպեցինք: Սատանան էլ չի կարող գտնել: Ահա բանալիները բերել եմ հետս, — ասաց նա և տվեց բեկին երկու բանալիներ:

— Ալոն մեր հավատարիմն է, վնաս չունի, — նկատեց բեկը, — առաջին անգամը չէ, որ նա այսպիսի ծառայություններ է անում մեզ:

Վերջացնելով իր կարգադրությունների պատմությունը, Կրպոն սկսեց նկարագրել, թե որպես հարձակվեցին քարավանի վրա, որպես կողոպտեցին, ով ինչ քաջություններ գործեց և այլն:

— Շատ ապրես, Կրպո, ես քո քաջությունները միշտ գնահատել եմ, — պատասխանեց բեկը: — Երբ այդ անպիտանին կհեռացնենք այստեղից (խոսքը մուղիրի մասին էր), ես կբաժանեմ կողոպուտը և ձեզանից ամեն մեկը կստանա իր արժանավոր բաժինը:

Կրպոն գլուխ տվեց և ոչինչ չխոսեց:

— Բայց ինձ տանջում է մի միտք, — առաջ տարավ բեկը ծանրությամբ, — ես կցանկանայի, որ այդ գործը չկատարվեր, քանի որ այդ մարդը այստեղ էր:

— Մուղիրի համա՞ր ես ասում:

— Այո՛, մուղիրի համար:

— Մեծ ցավ չէ, — խոսեց Կրպոն ծիծաղելով, — մենք մուղիր էֆենդիին այստեղից փառքով և ընծաներով ճանապարհ կղնենք, այնպես որ, նա շատ գոհ կգնա մեր մոտից: Բայց ետնից երկու ձիավոր կուղարկենք, դեռ Արզրում չհասած, գլուխը կկտրեն և մեր տված ընծաները ետ կբերեն: Եվ մուղիր էֆենդին էլ չէ կարող գնալ վալիի մոտ, որ պատմե, թե ինչ տեսավ այստեղ: Լա՞վ եմ մտածել:

Բեկը իսկույն չպատասխանեց, նա լուռ մտածում էր:

— Սպանությունը, իհարկե, կկատարվի մեր երկրի սահմաններից դուրս, Արզրումի մոտակայքում, — ավելացրեց Կրպոն, — այն ժամանակ մեղքը մեզանից հեռու կլինի, ոչ ոք չէ կարող կասկածել մեր մասին:

— Հարկավոր չէ, — պատասխանեց բեկը րոպեական մտածությունից հետո, — եթե վալիին տեղեկություն տան, ես նրան ուրիշ կերպով կգոհացնեմ և նա սուս կկենա...

Կրպոն, որպես թե մի նոր բան միտը բերելով, ձեռքը տարավ իր լայն ծոցը և այնտեղից դուրս բերեց թաշկինակի մեջ փաթաթած մի արծաթե արկղիկ, որը զարդարած էր գեղեցիկ քանդակներով: Արկղիկը տվեց բեկին, ասելով.

— Այդ բանը չթողեցի, որ Ալոյի տանը մնար, փոքր էր, կարող էր կորչել:

Բեկը բաց արեց արկղիկը, նրա մեջ իրանց պատշաճավոր տեղերում դարսված էին զանազան տեսակ կանացի զարդեր՝ մատանիներ, ապարանջաններ, մանյակներ — բոլորը ոսկուց և զարդարած թանկագին քարերով:

— Դրա տերը մի հրեա էր, ասում էր, որ այդ իրեղենները Պոլսում շինել է տվել մի պարսիկ իշխանի համար, որը այս ձմեռ պետք է հարսանիք աներ, — խոսեց Կրպոն ծաղրական կերպով: — Խեղճ հարսը զրկվեցավ իր զարդարանքից: Հրեան շատ էր ճվճվում, որ իրեղենները նրան ետ տան. ես նրան հանգստացրի, որ ձայնը կտրի:

Հանգստացնելը Կրպոյի լեզվում սպանելու նշանակություն էլ ուներ:

— Հիմա կարող ես գնալ, Կրպո, — հրամայեց բեկը, — հյուրերիդ լավ պատիվ տուր: Առավոտյան կմտածենք, թե ինչ պետք է անել:

Ավազակապետը գլուխ տվեց և հեռացավ:

Ընթերցողը նկատեց, որ Կրպոն նույն իսկ ավազակապետն էր, որ վաճառականների քարավանը կողոպտել էր, իսկ այժմ հյուրասիրում էր նրանց: Եվ ավազակների այդ խումբը պատկանում էր Ֆաթթահ-բեկին, որի օգնությանը և պաշտպանությանը դիմել էին կողոպտված վաճառականները, որպես տեղային բարեկարգության վրա հսկողի և սահմանա-պահի:

Կրպոյի հեռանալուց հետո բեկը դեռ երկար նստած, զննում էր իր առջև դրած գեղեցիկ իրեղենները: Նա ինքն էլ չէր հասկանում, թե ի՞նչու այն փայլուն գոհարները այնքան գրավում էին իրան: — «Ես այս արկղիկը կուղարկեմ Արզրումի վալիին. դրանից հարմար ընծա չեմ կարող գտնել նրա համար», — մտածում էր նա: Հանկարծ նրա միտքը փոխվեց, կարծես մի նոր արարած պատկերացավ նրա հիշողության մեջ, որ իր համար այս աշխարհի մեջ ամենից բարձր էր: «Չէ՛, չէ՛, այդ գեղեցիկ մանյակը պետք է զարդարե «նրա» սիրուն պարանոցը. այդ թանկագին ապարանջանները «նրա» հիանալի բազուկներին միայն արժանի են. և այդ մատանիների համար են ստեղծված «նրա» հրաշալի մատները», — ասում էր նա խորին զգացմունքով:

Վայրենի մարդը սիրո կախարդական ազդեցության ներքո փոխվել, ազնվացել և ավելի համակրելի էր դարձել: Գազանները ավելի կատաղում են, երբ սկսում են սիրել, բայց մարդը քնքշանում է, և դրանով այժմ բեկը որոշվում էր գազաններից:

— Այդ զարդարանքները «նրա» համար, միայն «նրա» համար պետք է պահեմ...

Իր հափշտակության մեջ նա այն աստիճան մոռացել էր ինքն իրան, որ վերջին խոսքերը բոլորովին լսելի ձայնով արտասանեց, և բնավ չէր նկատում, որ մեկը կանանոցի վարագույրը բարձրացնելով, մոտեցավ նրան, արձանի պես լուռ կանգնած, հետազոտում էր նրա խորին հոգեզմայլությունները: Դա նրա կինն էր, մանկահասակ Խուրշիդը, որ հայտնի էր ամբողջ ցեղի մեջ իր գեղեցկությունով: Բայց մահը միայն կարող էր լինել այնքան գունաթափ այնքան զայրացած, որպես այդ նազելի կինն էր այն րոպեում: Կարծես, մի չար հրեշտակի նման, կանգնած իր ամուսնի ետևում, պատրաստվում էր մարմնից դուրս քաշել իր տղամարդի հոգին, երբ նա ետ նայեց, տեսավ նրան և սարսափեցավ:

Մի քանի րոպե երկու ամուսինները լուռ նայում էին միմյանց վրա, որպես երկու մենամարտողներ, որ կշռում են, թե դեպի ո՛ր կողմը պետք է ուղղել հարվածը:

Բեկի առջև դեռ դրած էր արծաթի արկղիկը իր փայլուն իրեղեններով: Կինը մի հարևանցի հայացք ձգեց նրանց վրա և անցավ, նստեց վրանի մի կողմում, բարձի վրա: Այդ իրեղենները, որ ամեն կնոջ կարող էին խելքից հանել, մանավանդ քրդի կնոջը, որ ամեն պսպղուն բանով երեխայի նման հրապուրվում է, — այդ գոհարները այժմ երևում էին նրան որպես ապակիի կտորտանքներ, որոնց սուր ծայրերը նշտարի նման ծակում էին նրա սիրտը:

Բեկը նկատելով նրա վրդովմունքը, ասաց.

— Ինչո՞ւ ես բարկացած, քեզ համար էլ բաժին կհանեմ դրանցից:

— Ինձ համար մի պատան է հարկավոր, ուրիշ բան չեմ ուզում, — պատասխանեց կինը դողդոջուն ձայնով:

Լապտերի աղոտ լույսը ուղիղ թափվում էր նրա գունաթափ երեսի վրա, որ իր խռովության մեջ ավելի գեղեցիկ էր, որպես զայրացած հրեշտակի դեմքը:

— Ի՞նչ է պատահել, Խուրշիդ, — հարցրեց բեկը մեղմ ձայնով: — Չլինի՞ թե վատ երազներ ես տեսել:

— Ես երազներ չեմ տեսել, ես իմ աչքի առջև տեսնում եմ, թե ինչ է կատարվում...

Բեկը չէր կարող կասկածել, թե իր եղեռնական վարմունքը և իր ձեռքով կատարվող ավազակությունները և սարսափելի արյունահեղությունները կարող էին վրդովեցնել իր կնոջը: Որովհետև նա գիտեր և համոզված էր, որ Խուրշիդը, որպես ամեն մի քրդի կին, նրան հանգստություն չէր տա, եթե իր ամուսին այրը կդադարեր ավազակություններ գործելուց: Ուրեմն մի ուրիշ պատճառ պետք է լիներ, որ գրգռել էր նրա բարկությունը:

Խուրշիդը բեկի միակ կինն էր, թեև որպես մահմեդական, նրան արգելված չէր ունենալ մի քանի կնիկներ, բայց քրդերի սակավակնության սովորությունը մի կողմից, իսկ մյուս կողմից՝ կար մի այլ պատճառ, որ նա չկարողացավ երկրորդ-երրորդ կնիկներ ունենալ: Խուրշիդը քրդերի շեյխի աղջիկն էր, մի հզոր մարդու, որի հոգևոր իշխանությունը տարածվում էր բոլոր ցեղերի վրա, — մի մարդու, որի մի խոսքը բավական էր ամենանշանավոր ցեղապետին իր պաշտոնից զրկելու: Եվ բեկը իր բռնած դիրքով պարտական էր այդ մարդուն, որի միակ փեսան էր: Ավելացնել շեյխի աղջկա վրա մի երկրորդ կին, դա կլիներ անպատվություն Խուրշիդի ազնվատոհմության դեմ: Ահա այդ մտածությունները առաջ եկան բեկի մեջ, երբ նա տեսավ իր կնոջ տխուր-զայրացած դեմքը:

Բեկը այժմ բոլորովին գործնական և աշխարհային կետից էր նայում իր սիրտը լեցնող զգացմունքի վրա, բայց նրա հոգեբանական կողմը, կարծես թե, նա մոռացավ: Նա այժմ անհնարին էր համարում իր կնոջ սերը փոխարինել մի ուրիշ սիրով, որովհետև նա շեյխի աղջիկն էր: Բայց երբ նրա աչքերը կրկին հանդիպեցան իր առջև դրած փայլուն իրեղեններին — կրկին նրա երևակայության մեջ պատկերացավ այն նազելի արարածը, որի համար մի քանի րոպե առաջ պատրաստում էր այդ իրեղենները:

Նա հասկացավ կնոջ վրդովմունքի պատճառը: Այժմ նրա սրտին տիրեց միևնույն վայրենի կատաղությունը, որ հատուկ է գազաններին, երբ նրանք սիրահարված են լինում:

— Խուրշիդ, — ասաց նա զգալի ձայնով, — ի՞նչ ես պահանջում ինձանից:

— Ես պահանջում եմ, որ լուծված լինի մեր քաբինը (ամուսնական կապը), — ասաց նա հանդարտ կերպով, — ես այսուհետև քո կինը չեմ լինելու, առավոտյան ձի կնստեմ և կգնամ իմ հոր տունը:

— Ի՞նչու համար:

— Ես չեմ ների, որ շեյխի աղջկա տիկնությունը բաժաներ մի պիղծ հայ աղջիկ:

— Ես նրան կպահեմ որպես քո աղախին:

— Ես աղախիններ շատ ունեմ:

— Ես նրան սիրում եմ:

— Սիրի՛ր, որքան կուզես, բայց այդ սերը թանկ կնստի քեզ...

— Ի՞նչ կանես:

— Այդ ես գիտեմ...
— Դու ինձ սպառնալիքնե՞ր ես կարդում, անզգամ... Ես քեզ այս րոպեում ոտքերիս տակը կփշրեմ մի կավե ամանի նման:

— Մի՛ շարժվիր տեղիցդ. տեսնո՞ւմ ես... — ասաց կինը ցույց տալով ձեռքում բռնած փոքրիկ ատրճանակը:

Այժմ նա ոտքի վրա էր:

Բեկը սարսափեց: Նա չէր սպասում մի այսպիսի վճռական քայլ իր կնոջ կողմից: Մտքերի պատերազմը պահեց նրան րոպեական անշարժության մեջ, թեև նրա ձեռքը դրած էր գոտիում խրած դաշույնի վրա:

Այդ միջոցին կանանոցի բաժնից լսելի եղավ երեխայի լալու ձայն, որ նոր էր զարթնել քնից: Դա մի խաղաղական ձայն էր, որ կարծես ամոքեց երկու ամուսինների կատաղությունը: Մայրական սերը հաղթեց կանացի նախանձին և նա շտապեց դեպի լացող մանուկը, ասելով այս խոսքերը.

— Ես դարձյալ վրեժխնդիր կլինեմ:

ԺԱ

Տանուտեր Խաչոյի ամուսինը իր վերջին զավակի՝ Ստեփանիկի ծնունդից հետո վախճանվեցավ: Այնուհետև Խաչոն չամուսնացավ, թեև նրա հասակում գյուղացին առանց կնոջ չէ մնում: Տան կառավարության մեջ հանգուցյալի տեղը բռնեց նրա մեծ հարսը՝ Սառան, որ հայտնի էր ամբողջ գյուղում որպես խելացի և լավ տանտիկին: Ինքը ծերունին շատ անգամ դիմում էր նրա խորհուրդներին և տան բոլոր հարսները հպատակում էին նրա հեղինակությանը:

Մի առավոտ, երբ տան մեջ բոլորը զբաղված էին իրանց սովորական տնտեսությունով, մի աղախին, որ գնացել էր աղբյուրից ջուր բերելու, կուժը ուսին վերադարձավ, և մոտենալով Սառային, ասաց նրա ականջին. «Մի քուրդ աղջիկ դրսումը կանչում է քեզ»:

— Կանչիր այստեղ, — ասաց Սառան, — տեսնում ես, գործ ունեմ:

— Ներս չէ գալիս, ասում է շատ հարկավոր խոսելիք ունեմ, — պատասխանեց աղախինը:

Սառան դուրս գնաց. աղջիկը կանգնած էր դռան մոտ: Դա մի բարձրահասակ աղջիկ էր, ցամաք կազմվածքով և թուխ ու գրավիչ դեմքով:

— Մի քիչ հեռու գնանք, տե՛ս, այն ծառերի մոտ, այնտեղ մարդիկ ման չեն գալիս, — ասաց աղջիկը ձեռքը պարզելով դեպի այն կողմը:

Սառան նայելով անծանոթ աղջկա վառվռուն աչքերին, նրա սրտում ձգեց մի ակամա կասկած: Ինչո՞ւ էր այդ վայրենին տանում նրան այն հեռավոր ծառերի մոտ, ուր մարդիկ չէին ման գալիս: Ի՞նչ գործ ուներ իր հետ:

— Ներս եկ, — ասաց Սառան, բռնելով նրա ձեռքից, — գնանք մեր տունը, եթե ուզում ես, որ քո խոսքերը ուրիշները չլսեն, մեր տանը ծածուկ տեղեր շատ կան:

Անծանոթը առանց հակառակվելու ընդունեց տանտիկնոջ

իրավերը: Մառան տարավ նրան դեպի բակի մի կողմը, որ հովանավորված էր ուռենի ծառերով:

— Այստեղ կնստենք, — ասաց նա, — դու երևի ծառեր շատ ես սիրում:

Նրանք նստեցին միմյանց մոտ խոտերի վրա, որ խիտ կերպով աճել էին ածուի եզրում:

— Հիմա ասա, իմ սիրունիկ, — հարցրեց Մառան մտերմաբար բռնելով աղջկա ձեռքը, — ի՞նչ ունես ասելու ինձ:

— Ջավոյին ուղարկեց քեզ մոտ Խուրշիդ խանումը. դու խո ճանաչո՞ւմ ես Խուրշիդին, նա Ջավոյի տիկինն է: Ջավոն ամեն օր փառք է տալիս աստծուն, որ այնպիսի լավ տիկին ունի: Նա Ջավոյին չէ ծեծում ու ամեն անգամ իր հին շորերը տալիս է, ասում է, հագիր, Ջավո, դու լավ աղջիկ ես: Բայց ո՞վ կասե հին շորեր են, տեսնո՞ւմ ես, բոլորը նոր է, բոլորը տիկինն է տվել: Մի օր հագել է նա, մյուս օրը հին է տիկնոջ համար:

Եվ իրավ, քուրդ աղջիկը բավական մաքուր, և կարելի է ասել, բավական շքեղ կերպով էր հագնված: Բայց նրա անկապ խոսքերից Մառան ոչինչ չհասկացավ: Նա խոսում էր երրորդ դեմքով: Այսքանը իմացավ Մառան, որ աղջկան կոչում են Ջավո, որ նա տիկին Խուրշիդի աղախինն է, որին ինքը առաջուց ճանաչում էր, որովհետև տիկինը իրանց տան բարեկամ Ֆաթթահբեկի ամուսինն էր: Բայց թե ի՞նչ բանի համար էր ուղարկել տիկինը այդ կիսախելք աղախնին իր մոտ, — ահա այդ հարցը հետաքրքրում էր նրան: Բայց ծանոթ լինելով զռեհիկ քրդուհիների բնավորությանը, Մառան թույլ տվեց նրան իր ձևով հաղորդել այցելության նպատակը:

— Քո անունը Ջավո է, հա՞, ի՜նչ սիրուն անուն է:

— Մայրս Ջավահիր էր կանչում, բայց տիկինը Ջավո է կանչում, ասում է Ջավահիր շատ երկար է:

— Ես էլ քո տիկնոջ նման կկանչեմ. Ջավո, աղջիկս, ի՞նչ ասաց տիկինը, երբ քեզ ուղարկեց ինձ մոտ:

Բայց աղախինը միշտ շեղվում էր հարցին ուղղակի պատասխանելուց, երևի, նրա գլխում այնքան խառնված էին զանազան տարբեր մտածություններ, որ նա չէր կարողանում դասավորել, և չգիտեր, թե որը պետք է առաջ ասել և որը հետո: Նա պատասխանեց.

— Ջավոյի տիկինը այս գիշեր կռվեց աղայի հետ: Դու այդպես մի՛ մտիկ տուր, Ջավոն երեխա չէ, նա շատ սատանա է: Երբ աղան տիկնոջ հետ կռվում էր, Ջավոն վարագույրի ետևում թաքնված բոլորը լսում էր: Ա՜խ, որքան բարկացած էր տիկինը, իր ծամերը փետում էր, շորերը պատառոտում էր: Ափսո՜ս այն շորերը, Ջավոն էլ չէ կարող հագնել...

Նկատելով, որ թեթևամիտ աղջիկը հագուստի շատ սեր ունի Սառան ասաց.

— Ջավոն խո կարել իմանում է, կկարկտնե, հետո կհագնե:

— Կարե՞լ, ինչպես չէ իմանում: Տեսնում ե՞ս այդ մատները, — նա ցույց տվեց աջ ձեռքի մատները. — տեսնո՞ւմ ես, ա՜խ, քա՛նի անգամ Ջավոյի մայրը ասեղով ծակծկել է այդ մատները ու ասել. «գետինը մտնես, կար սովորիր»:

— Տեսնում եմ, որ շնորհալի աղջիկ ես, հիմա պատմիր, թե ի՞նչու համար էր կռվում աղան տիկնոջ հետ:

— Աղան ասում էր՝ պետք է մի նոր կնիկ բերեմ. տիկինը ասում էր՝ չէ՛, չպիտի բերես, ես ինձ կխեղդեմ, ասում էր, երբ նոր կնիկ կբերես: Դա մեղք չէ՞. Խուրշիդի նմանը ո՞րտեղ կա: Էլ ի՞նչ պետք է նոր կնիկը:

Սառայի համար փոքր առ փոքր պարզվում էր մթին հանելուկը:

— Խուրշիդի նմանը ոչ մի տեղ չկա, — պատասխանեց նա, — բայց դու այն ա՛սա, Զավո, ի՞նչ նոր կին է ուզում բերել աղան:

— Զավոյի տիկինը կմեռնի, երբ աղան նոր կին կբերե, և Զավոն էլ նրանից հետո շատ չի ապրի... — ասաց աղախինը և նրա աչքերը լցվեցին արտասուքով:

— Ախար ո՞ւմը պետք է բերե, — կրկին հարցրեց Սառան, համբերությունը հատնելով:

— Դու այն հարցրու, թե տիկինը ինչ բանի համար ուղարկեց քեզ մոտ Զավոյին, այն ժամանակ Զավոն քեզ կասե, թե ումը կբերե:

— Լավ, ի՞նչ բանի համար ուղարկեց:

— Երբ գիշերը կռվեցին, առավոտը տիկինը ասաց. Զավո, կգնաս մեր Խաչո քիրվայի տունը, Սառային շատ բարև կանես, քեֆը կհարցնես ու կասես... (Ա՜խ, ես մոռացա, որ քո քեֆը հարցնեի):

— Վնաս չունի: Ի՞նչ ասաց տիկինը:

— Տիկինը ասաց. Սառային կկանչես մի ծածուկ տեղ ու կասես... (Դրա համար էի քեզ կանչում այն ծառերի տակը, այնտեղ ձածուկ էր):

— Այստեղ էլ ծածուկ է, մեզ ոչ ոք չի լսում: Ի՞նչ ասավ տիկինը:

— Տիկինը ասաց, որ դուք Ստեփանիկին շուտով հեռացնեք և մի ուրիշ երկիր տանեք: Թե որ մարդիկ չունեք, ասաց տիկինը, ես մարդիկ կտամ, որ տանեն, և ուր որ ուզում եք, այնտեղ հասցնեն: Առավոտը ջեր չէր լուսացել, այդ խոսքերը ասաց տիկինը: Երդվիր, ասաց, Զավո, որ բերնումդ կպահես և ուրիշին չես ասի: Զավոն երդվեցավ:

Հետո աղջիկը պատմեց, թե տիկինը սպառնացավ, որ

կսպանե Զավոյին, եթե մի ուրիշ մարդու հայտնելու լինի այդ գաղտնիքը և ավելացրեց, թե ինքը շատ է վախենում տիկնոջից, որովհետև նա կարող է սպանել, թե ինքը իր աչքով էր տեսել, որպես նա մի օր սպանեց սպասավորներից մեկին, բայց թե ի՞նչ բանի համար էր, Զավոն այդ չի ասի... Բայց խեղճ Սառան չլսեց վերջին խոսքերից և ոչ մեկը: Ստեփանիկի անունը լսածին պես, կարծես, կայծակով նրան հարվածեցին, նա սարսափեցավ, թուլացավ և ուշաթափ գետին պիտի գլորվեր, եթե քուրդ աղջկա զորեղ ձեռքը չբռներ նրան: Միամիտ աղջկան թեև անհասկանալի էր ողորմելի կնոջ ցավալի խռովությունը, բայց զգաց, որ շատ դառն էր հաղորդած լուրը, և սկսեց մխիթարել նրան:

— Թո՛ղ Սառան դարդ չանի. Զավոյի տիկինը քանի կենդանի է, չի թողնի, որ աղան այս տնից աղջիկ տանե:

— Ի՞նչ աղջիկ, — հարցրեց Սառան մի փոքր ուշի գալով, — մեր տանը հասած աղջիկ չկա:

— Աղան գիտե, որ Ստեփանիկը աղջիկ է:

Այդ միջոցին Ստեփանիկը բակում կերակրում էր իր այծյամին, որ մի քանի օր առաջ բեկը ընծայել էր նրան: Արևի ճառագայթները ընկել էին պատանու գեղեցիկ դեմքի վրա, և հեռվից նկարվում էր նրա վայելչակազմ հասակը: Սառան ցույց տվեց աղախնին, ասելով.

— Տեսնո՞ւմ ես, նա է Ստեփանիկը, լավ մտիկ տուր: Նա աղջի՞կ է: Ո՞վ է ասել աղային մի այդպիսի սուտ բան:

— Աղային ասել է ձեր քուրդ աղախիններից մեկը՝ Հիլո հովիվի կինը: Տիկինը ասում էր, ես սպանել կտամ այն անզգամին:

— Հիլոյի կինը սուտ է ասել. նա մեր տնից բան գողացավ, մենք նրան դուրս արեցինք. դրա համար սուտ է ասել:

Սառան նկատեց, որ Զավոն թեև միամիտ աղջիկ էր, բայց այնքան հիմար չէր, որքան ինքը կարծում էր, բացի դրանից, տեսնելով նրա անկեղծ հավատարմությունը դեպի իր տիկինը, որ առհասարակ հատուկ է կիսավայրենի աղախիններին,– պատվիրեց նրան մի քանի խոսքեր, խնդրելով, որ հաղորդե իր տիկնոջը: Նա ասաց, որ Ջավոն իր կողմից փոխադարձապես ողջունի, տիկնոջը և հարցնե նրա քեֆը: Նա խնդրեց, որ Ջավոն հայտնե տիկնոջը Սառայի շնորհակալությունը այն տեղեկությունների համար, որ այսօր ստացավ: Հետո Սառան խնդրեց հայտնել տիկնոջը, որ բոլորովին սխալ է կարծել, թե Ստեփանիկը աղջիկ է, այսուամենայնիվ, քանի որ տիկինը ցանկանում է, որ Ստեփանիկին հեռացնեն այդ երկրից, նրա կամքը կատարված կլինի: Հետո ավելացրեց Սառան, թե ինքը շատ կցանկանար մի անգամ գոնե տեսնվել տիկնոջ հետ, այդ բաների մասին լավ խորհրդակցելու համար, և խնդրում է, որ տիկինը ինքը կարգադրե թե ինչ հնարքով կարող էր կատարվել այդ տեսությունը, որ բոլորովին գաղտնի մնար: Վերջացնելով իր հանձնարարությունները, Սառան հարցրեց.

— Իմ խելացի Ջավո, կարո՞ղ ես այդ բոլորը առանց մոռանալու հաղորդել քո տիկնոջը:

— Ջավոն սուր միտք ունի, Ջավոն չի մոռանա, — պատասխանեց նա, աշակերտի նման մի առ մի կրկնելով Սառայի ասածները, թեև մի քանի սխալներ արեց, թեև նախադասությունները իր եղանակով ետ ու առաջ դարսեց:

Սառան ուղղեց նրա սխալները և Ջավոն մի քանի անգամ կրկնեց իր դասը:

— Հիմա Ջավոն այնպես է ասում, որպես Սառան է ասում, — խոսեց ինքն իրան աղջիկը: — Ճանապարհին Ջավոն միշտ կկրկնե Սառայի խոսքերը, որ չմոռանա:

— Կարող են ուրիշները լսել, — նկատեց Սառան:

— Ջավոն այնքան անխելք չէ, Ջավոն մտքումը կխոսի:

Աղջիկը նայեց արեգակին, տեսավ, որ բավական թեքվել էր

դեպի երեկոյան մուտքը: Նա վեր կացավ, ասելով, որ այլևս ուշանալ կարող չէ, որովհետև բավական երկար ճանապարհ ունի գնալու մինչև աղայի վրանները:

— Սպասիր, Ջավո, ես քեզ համար մի բան բերեմ, դու լավ աղջիկ ես:

Սառան դիմեց դեպի սենյակը: Այդ միջոցին Ստեփանիկը, որ դեռևս իր այծյամով էր զբաղված, տեսնելով մենակ կանգնած աղջկան, մոտեցավ նրան.

— Դու գնո՞ւմ ես, — հարցրեց նրանից:

— Տեսնո՞ւմ ես արևը շուտով կմթնի, — պատասխանեց աղջիկը ձեռքը դեպի երկինքը տանելով:

— Դու մեր տունը եկար, բայց մի բան չկերար, — ասաց Ստեփանիկը:

— Ա՜խ, Ջավոն մոռացավ, որ քաղցած է. Ջավոն այսօր ոչինչ չի կերել:

— Ես քեզ համար ուտելու բան կբերեմ:

Քուրդ աղջիկը հափշտակվելով պատանու բարեսրտությամբ, գրկեց նրան և համբուրեց: Ստեփանիկը վազեց դեպի տունը և բերեց նրա համար լավաշների մեջ փաթաթած մեղր և կարագ:

— Հիմա նստիր ու կե՛ր:

— Ջավոն ճանապարհին ուտելով կգնա:

Նույն միջոցին հայտնվեցավ Սառան, բերելով իր հետ մի գեղեցիկ մետաքսյա քող կարմիր գույնով, որ կազմում էր քուրդ կնոջ գլխի ամենաթանկագին զարդը: Ջավոն տեսնելով՝ ուրախությունից մոռացավ ամեն քաղաքավարություն, և երեխայի նման վրա պրծնելով, խլեց Սառայի ձեռքից գեղեցիկ քողը: Նա սկսեց նույն րոպեում նրանով փաթթել իր գեղեցիկ գլուխը, և որպես հայելու մեջ նայելով, դարձավ դեպի Սառան ու Ստեփանիկը, հարցրեց.

— Հիմա սիրո՞ւն է Ջավոն:

— Սիրուն է, — պատասխանեցին Սառան և Ստեփանիկը:

— Դե՛, համբուրեցե՛ք Ջավոյին:

Սառան գրկեց և համբուրեց նրան:

— Դուն էլ, Ստեփանիկ:

Ստեփանիկն էլ հետևեց Սառայի օրինակին:

— Հիմա Ջավոն էլ ձեզ կհամբուրե:

Պարզամիտ քուրդ աղջիկը իր անկեղծ համբույրները մատուցանելեն հետո, ճանապարհ ընկավ դեպի բեկի վրանները:

ԺԲ

Ջավոյին ճանապարհ դնելուց հետո, Սառան դեռ նոր զգաց քրդուհու հաղորդած տեղեկությունների ամենասաստիկ զարհուրանքը: Ստեփանիկը տակավին նրա մոտ կանգնած էր, և ամենևին չգիտեր, թե որպիսի վիճակ էր սպասում իրան: Նա իր ձեռքը երեխայի նման դրեց Սառայի ուսին և հարցրեց.

— Ինչո՞ւ այդ քրդի աղջիկները այդպես անխելք են լինում:

— Նրանք անխելք չեն, զավակս, — պատասխանեց Սառան

ծնողական գթով. — միայն կրթվում են ու մեծանում են այնպես, ինչպես սարերում աճում են վայրենի անասունները:

— Ինչպես իմ այծյամը, — ավելացրեց Ստեփանիկը: — Այդ քանի օր է ուտեցնում եմ, խմեցնում եմ, շատ անգամ գրկում եմ, համբուրում եմ, բայց էլի չի սիրում ինձ, երբ մոտն եմ գնում, փախչում է ինձանից:

Այդ խոսքերը ասելու միջոցին Սառան մի հայացք ձգեց բարեսիրտ պատանու վրա և նրա աչքերը լցվեցան արտասուքով: Մինչև այսօր նա այնպես քննական աչքով դեռ չէր նայել այդ նազելի դեմքի վրա, այդ քնքուշ կազմվածքի վրա, որ ներկայացնում էր մանկության բոլոր գեղեցկությունները: Նա երեսը շուռ տվեց և սրբեց արտասուքը, որ պատանին չնկատե:

Բայց պատանին դեռ հետաքրքրվում էր քուրդ աղջկանով:

— Նա քաղցած էր, Սառա, ասում էր, որ այսօր ոչինչ չէ կերել. ես մի կտոր հաց տվեցի մեղրի ու կարագի հետ, խնդրեցի որ այստեղ նստե և ուտե: Բայց նա վեր առեց հացը, տեսա, ճանապարհին ուտելով գնում էր, երևի, շտապում էր, Սառա, այդպես չէ՞:

— Շտապում էր, նա շատ հեռու պիտի գնա:

— Մինչև ո՞րտեղ:

— Մինչև կապույտ սարերը:

— Հիմա խո կմթնի՞, ինչպե՞ս պիտի անցկենա այնքան լեռներ, այն էլ ոտով, մենակ, առանց ընկերի... Սառա, ինչպե՞ս չէ վախենում նա:

— Չէ վախենում. նրանք այդպես սովորել են, գայլի ձագը ի՞նչ բանից պիտի վախենա...

Այդ միջոցին կանչեցին Սառային և նրանց խոսակցությունը ընդհատվեցավ:

Խեղճ կինը ամբողջ օրը անցկացրեց դառն մտատանջությունների մեջ: Նա արբած կամ ուշքումիտքը ցրված մարդու նման, չգիտեր թե ինչ էր անում. իր ուզած իրեղենը վեր առնելու տեղ մի ուրիշ բան էր վեր առնում, իր կամեցած կողմը գնալու փոխարեն՝ մի այլ տեղ էր գնում. անդադար սխալվում էր, անդադար հոգվոց էր հանում նա: Ամբողջ օրը անցկացրեց տենդային անհանգստության մեջ: Մորից որբ մնալով Ստեփանիկը, նրա սիրելին էր, նրա կուրծքի վրա և նրա ձեռքի տակ էր մեծացել: Այժմ սպառնում էր նրան մի ցավալի վիճակ: Ո՞ւմը ասեր, ինչպե՞ս հայտներ այն բոլորը, ինչ որ լսեց այսօր քուրդ աղախնից: Նա գիտեր և համոզված էր, որ Ստեփանիկի ծերունի հայրը, լսելով բեկի դիտավորությունները, չպիտի կարողանար դիմանալ այդ ցավին: Ծերունին առանց դրան ևս սրտումը մի անբժշկելի վերք ուներ... Մյուս կողմից, Սառան մտածում էր, որ թաքցնելը անհնարին և մինչև անգամ վնասակար է. պետք էր կանխապես հոգ տանել գալոց անբախտության առաջը առնելու համար: Բայց ո՞ւմը հայտնել:

Այդ մտածություններով նա անցկացրեց ամբողջ օրը և տակավին մի վճռական եզրակացության չհասավ: Երբ գիշերը նա առանձնացավ իր ամուսնի՝ Հայրապետի հետ, վերջինը հարցրեց.

— Սառա, դու այսօր ինչ որ մի ուրիշ տեսակ ես երևում ինձ. ի՞նչ է պատահել, խո հիվանդ չես:

— Գլուխս մի քիչ ցավում է. այդ ոչինչ, կանցնի, — պատասխանեց կինը, չկամենալով սարսափեցնել իր տղամարդին մի ծանր հարվածով:

— Մի քիչ քացախ քսիր ճակատիդ:

— Ամեն բան փորձեցի...

Փոքր առ փոքր նախապատրաստելով իր ամուսնին, Սառան մտածում էր հաղորդել նրան իր այնօրվա տեղեկությունները. բայց չգիտեր, թե որպես պետք էր սկսել, մինչև ինքը Հայրապետը առիթ տվեց, հարցնելով.

— Այսօր մի քրդի աղջիկ էր եկել մեր տունը, ո՞վ էր նա:

— Ֆաթթահ-բեկի կնոջ՝ Խուրշիդի աղախինն էր:

— Ամեն անգամ, երբ այդ անիրավը կամ նրա մարդիկը մեր տունն են գալիս, — խոսեց Հայրապետը դառն կերպով, — ես միշտ սպասում եմ մի չար բան: Ա՜խ, ե՞րբ կլինի, որ այդ անպիտանների ոտքը մեր շեմքից կկտրվի...

— Բայց մինչև այսօր նրանցից կրած վնասները պետք է աստուծո բարությունը համարել... — պատասխանեց կինը խորհրդավոր ձայնով:

Հայրապետը գունաթափվեցավ: Սառան նկատելով այդ, ասաց.

— Բոլոր անբախտությունները մարդու համար են... ինչ ցավ, որ աստված ուղարկում է, մենք պետք է տանենք համբերությունով...

Խեղճ մարդիկ, ամեն մի անբախտության մեջ մխիթարություն են գտնում աստծուն և միայն աստծուն վերաբերելով այն բոլոր տառապանքները, որ կրում են այս աշխարհում: Կարծես թե աստված անբախտությունների հեղինակ լիներ:

— Ի՞նչ կա, — հարցրեց Հայրապետը սարսափելով. — ի՞նչ է պատահել:

Սառան սկսեց պատմել ինչ որ լսել էր քուրդ աղախնից: Նրա պատմության ժամանակ խեղճ Հայրապետի դեմքը ամեն տեսակ գույներ և ամեն տեսակ արտահայտություն ընդունեց: Նրա հոգեկան կրքերը փոփոխակի կերպով հաջորդում էին մինը մյուսին, և երեսի վրա կարելի էր նշմարել երբեմն սոսկում, երբեմն դառն ատելություն, երբեմն կատաղի բարկություն և երբեմն տխուր ափսոսանք...

— Ես այդ վաղուց սպասում էի... — խոսեց նա առժամանակյա խռովությունից հետո: — Խեղճ հայր, նա կմեռնի, երբ կլսե այդ բոլորը...

— Ես ամբողջ օրը դրա վրա էի մտածում, — ասաց Սառան. — նա կմեռնի, անպատճառ կմեռնի:

Երկու ամուսինների մեջ տիրեց լռություն. երկուսն էլ այն խորհրդածության մեջ էին, թե ինչ պետք էր անել:

— Հորս հայտնել հարկավոր չէ, — ընդհատեց Հայրապետը տիրող լռությունը:

— Բայց եղբայրներիցդ չէ կարելի ծածուկ պահել, — ասաց նրան Սառան:

— Եղբայրներիս ես կհայտնեմ:

— Ուրեմն ժամանակ կորցնելու չէ, հենց այս գիշեր հայտնիր, — շտապեցնում էր Սառան. — ամեն մի րոպե թանկ է մեզ համար, ինչ որ անելու եք, շուտով արեցեք, ո՞վ գիտե, էգուց ի՞նչ կպատահի:

Հայրապետի եղբայրներից մի քանիսը տանն էին, իսկ մի քանիսը դեռ չէին վերադարձել դաշտից: Նա վեր կացավ, պատվիրեց իր կնոջը, որ հարսներից ծածուկ պահե իր տեղեկությունները, մինչև եղբայրների հետ խորհուրդ կանեին: Նա առեց իր հետ տանը գտնվածներին և միասին դուրս գնացին: Ճանապարհին հայտնեց նրանց, թե մի առանձին խոսելիք ունի, միայն պետք է բոլոր եղբայրները մի տեղ հավաքվեին: Նա ընտրեց խորհրդի համար մի խուլ տեղ, իրանց ջրաղացի փոքրիկ անտառում, որովհետև տանը կարող էին խանգարել նրանց, և գուցե հայրը պատահմամբ կխառնվեր խոսակցության մեջ:

Երբ բոլորը հավաքվեցան, Հայրապետը հայտնեց նրանց ինչ որ լսել էր իր կնոջից: Ինքնըստինքյան հասկանալի է այն դառն տպավորությունը, որ գործեց եղբայրների վրա հաղորդած լուրը: Բոլորը քարացածի նման սառած մնացին իրանց տեղում: Ոչ մեկը չզտավ մի բառ անգամ խոսելու: Նրանց դրությունը նմանում էր այն տեսարանին, երբ ամառային զով երեկոյան պահուն, ճնճղուկների հազարավոր բազմությունը, կուշտ, ուրախ, օրական աշխատանքից հետո հավաքված ծառերի ոստերի վրա, ճլվլում են, չկչկում են և ամբողջ անտառը լցնում են մի կենդանի աղմուկով: Հանկարծ նրանց մոտից սլանում է բազեն և ամբողջ խորը միանգամից լռում է...

Այս տպավորությունը գործեց վեց եղբայրների վրա, երբ նրանք լսեցին Ֆաթթահ-բեկի անունը և նրա չար դիտավորությունը:

— Ահա՛ քրդի բարեկամությունը, — խոսեց եղբայրներից մեկը. — բեկը մեր երեխաների կնքահայրն է. նա էլ է մոռանում մեր տնում կերած աղ ու հացը:

— Ինչ բարեկամություն կարող է լինել գայլի և ոչխարի մեջ, աղվեսի և հավի մեջ, — խոսեց Հայրապետը զայրացած ձայնով: — Բայց մենք ոչխարից էլ վատ ենք, հավից էլ վատ ենք... ոչխարը գոնե եղջյուրներ ունե, երբեմն նրանցով կռվում է, հավը սուր եղունգներ ունե, երբեմն նրանցով ծվատում է... իսկ մենք մեզ պաշտպանելու համար ոչինչ չունենք... Մենք մարդկության կեղտն ենք, նրա կղկղանքն ենք, որ պետք է մաքրել, ոչնչացնել, որ մարդկությունը չապականվի...

Այդ խոսքերը այնպիսի մի մաղձային դառնությամբ արտասանեց նա, որ եղբայրները սարսափեցան:

— Ի՞նչ ենք մենք, — շարունակեց նա առաջին եղանակով. — ժիր և գործունյա մշակնե՛ր... և դրանով պարծենում ենք... բայց էշը, ձին, եզը, գոմեշը մեզանից ավելի ուժեղ են և մեզանից ավելի շատ են բանում... մենք բանվոր անասուններ ենք և ավելի ոչինչ...: Քրդի նիզակը ավելի մեծ գործ է կատարում, քան թե մեր աշխատասեր արորը և գութանը... Մենք վաստակում ենք, նրանք ուտում են... մենք գեղեցիկ աղջիկներ ենք հասցնում, նրանք են վայելում մեր աղջիկների սերը... Ինչ որ գեղեցիկ է, ինչ որ լավ է, մեզ համար չէ... մեզ համար են պահված բոլոր տգեղությունները, որովհետև մի լավ բանի արժանավորություն չունենք...

— Քանի օր առաջ, — շարունակեց նա, — մի այսպիսի խոսակցություն ունեի հորս հետ. հայրս աշխատում էր ինձ համոզել, թե մեր դրությունը այնքան աննախանձելի չէ, որքան մենք կարծում ենք, և ցույց էր տալիս մեր օդի մեջ կանգնած հարստությունը, որին բավական են մի խումբ քրդեր, մի արշավանք, և ահա բոլորը ոչնչացավ: Հիմա եկ, դու նրան ասա՛, թե տնիցդ քարշելու, տանելու են քո սիրելի զավակը, և դու աչքերդ բաց-բաց պիտի նայես, և մի խոսք անգամ ասելու համարձակություն չպիտի ունենաս... Ա՞յդ էլ լավ դրություն է: Այդպիսի դրության կարող է համբերել հայը միայն, անամո՛թ, անպատի՛վ հայը միայն... Ե՛կ, դու գնա՛, վագրի որջից դուրս քաշիր նրա ձագը, նա իսկույն քեզ իր բույնի մեջ պատառ-պատառ կանե: Այսպես է և քուրդը: Բայց մենք ի՛նչ ենք... մենք ոչինչ ենք...

Հայրապետի խոսքերը այն աստիճան բարկությամբ վառեցին իր եղբայրներից մի քանիսի սիրտը, որ նրանք միաձայն վճռեցին ընդդիմանալ, մեռնել և չտալ Ստեփանիկին քրդի ձեռքը:

— Այդ ոչինչ նպատակի չի հասցնի, — պատասխանեց խոհեմ և բազմափորձ Հայրապետը, — մենք կմեռնենք, բայց Ստեփանիկին դարձյալ կտանեն...

— Գոնե մեռնելուց հետո մենք չենք տեսնի մեր քրոջ անպատվությունը և հանգիստ կլինենք մեր գերեզմանում... — մեջ մտավ եղբայրներից մեկը, Ապոն:

Բայց մյուս կողմից հայտնվեցան հակառակորդներ:

— Մենք պիտի մեռնենք, այն էլ մի աղջկա համար, ու մեր երեխաներին անտեր պիտի թողնենք, դա ի՞նչ խելք է, — խոսեց եղբայրներից մեկը, որին կոչում էին Օհան... — Ես իմ ձեռները լվանում եմ այդ գործից. մեկ քույր ունենք, թող չլինի, դա մեծ ցավ չէ. ի՞նչու մենք մեր գլուխը պետք է մահի տանք նրա համար:

Եղբայրներից մի ուրիշը, որին կանչում էին Հակո, ավելի շահավոր և ավելի գործնական կետից նայելով Ստեփանիկի վիճակի վրա, սկսեց պաշտպանել Օհանի կարծիքը, ասելով.

— Ես դրա մեջ ոչինչ անբախտություն չեմ տեսնում, մի կողմից շատ լավ է, երբ մենք Ֆաթթահ-բեկի նման փեսա կունենանք, այն ժամանակ բոլոր հայերը մեզանից կվախենան: Օրինակ ձեզ, — ավելացրեց նա, — մեր դրացի Մկոն, նա ի՞նչ մարդ է, տանը ուտելու հաց չունի, բայց որովհետև նրա աղջիկը մի քրդի կին է, դրա համար մենք ամենքս Մկոյից վախենում ենք, հետը խոսել չենք կարողանում, հենց որ մի բան ասենք, Մկոն կսովորեցնե քուրդ փեսային և քուրդը մի գիշեր կգա մեզ մեր տանը մեջ կմորթե: Լավ չէ՞ մի այդպիսի փեսա ունենալ:

Այդ խոսքերը գրգռեցին Ապոյի բարկությունը, որ առաջարկում էր ընդդիմանալ, և մինչև անգամ մահ հանձն առնել, և պաշտպանել իրանց քրոջ պատիվը: Նա ասաց.

— Հիսուս Քրիստոսը վկա, խելքդ կորցրել ես, Հակո, այդ ինչե՞ր ես խոսում, գիժն էլ այդպես չի խոսի: Մենք պետք է մեր լույս հավատը կորցնենք, մեր քույրը անօրեն և անհավատ քրդի ձեռքը պետք է տանք, նրա համա՞ր միայն, որ հայերը մեզանից կվախենան և մեզ կպատվեն... Թո՛ղ չլինի այսպիսի պատիվը: Բայց գիտե՞ս, որ երեսից կարելի է պատվեն, բայց սրտում ամեն մարդ կանիծե մեզ: Ո՞վ է սիրում Մկոյին, որ աղջիկը քրդի տվավ: Այդ ուրիշ բան է, որ նրանից վախենում են, շնից էլ, գայլից էլ վախենում են...

Եղբայրներից մեկը, որ բոլոր ժամանակը լուռ էր, իր հատուկ կրոնական փիլիսոփայությամբ, սկսեց հակառակել Ապոյին առաջ բերելով այն փաստերը, թե չէ կարելի փոխել աստուծո կարգադրությունները. ինչ որ լինելու է կլինի. թե աստված քրդին քուրդ է ստեղծել, հային՝ հայ, քրդին զենք է տվել, հային՝ բահ. թե մեկը մյուսի տեղը բռնել չէ կարող, թե այդ բոլոր բաները աստուծո ձեռքումն են և վերջացրեց իր խոսքերը հետևյալ օրինակով.

— Ագռավը շատ կցանկանար սիրամարգի փետուրներ ունենալ, բայց ո՞վ կտա: Աստված մեկին այսպես է ստեղծել, մյուսին այնպես:

Ապոն պատասխանեց նրան.

— Դուն մոռանում ես, եղբայր, որ ագռավը և սիրամարգը զանազան թռչուններ են, բայց քուրդը և հայը երկուսն էլ մարդիկ են: Քուրդը մորից զենքով չէ ծնվում. նա ծնվում է նույնպես մերկ, նույնպես թույլ, որպես հայը: Ինչո՞ւ ես դու ամեն բան աստուծո վզին դնում, մի թե նա է քրդի ձեռքը զենք տվել, որ գա մեզ կոտորե, որ գա մեր աղջիկները մեր տնից քարշե ու տանե. մի՞թե նա է մեզ այդպես խեղճ և վախկոտ շինել: Աստված այդ բաների մեջ չէ խառնվում. նա մեզ խելք է տվել, որ ընտրենք՝ ինչ որ լավ է, ինչ որ օգտավետ է: Եթե դու կգնաս այս րոպեիս քեզ այդ գետը կգցես, աստված երբեք քո ձեռքից չի բռնի, որ արգելե, դու ինքդ ես քեզ կորցնում...

Հայրապետը, երեց եղբայրը, խորին լռությամբ լսում էր վիճաբանությունները: Նա պատրաստ էր վեր կենալ և Ապոյի ճակատը համբուրել, բայց չկամեցավ վիրավորել մյուս եղբայրներին:

— Տեսնում եք, — ասաց նա ծանր կերպով. — մենք վեց եղբայրներ ենք հավաքված այստեղ, բայց միմյանց չենք հասկանում և միմյանց հետ չենք միաբանվում: Բայց որքան դժվար է միաբանվել մի ժողովուրդ և մի ամբողջ ազգ... Քանի որ մենք այսպես կլինենք, մեր վիճակը միշտ այսպես կմնա... Մեր գլխին կտան, մեր երեսին կթքեն, մեր կինը, մեր աղջիկը, մեր ապրանքը, մեր հողը մեր ձեռքից կխլեն... և մենք ստիպված կլինենք համբերել ամեն տեսակ անպատվությունների, ամեն տեսակ չարչարանքների, և մի ողորմելի գրաստի նման պետք է մեր թշնամու համար աշխատենք, որ նա զոհ և բախտավոր ապրի: Իսկ մենք պիտի փառք տանք աստծուն, որ գոնե խնայում է մեր կյանքին, գոնե թույլ է տալիս մի չնչին զեռունի նման քարշ գալ երկրի վրա...

Խորին տխրությամբ վերջացնելով իր խոսքերը, Հայրապետը առաջարկեց, որ Ստեփանիկին հեռացնեն իրանց տնից և առժամանակ պահեն ս. Հովհաննու վանքում, մինչև հնար կգտնեն այնտեղից տանել, ռուսաց սահմանը անցկացնել, և այնտեղ ռուսաց հողի վրա նա ազատված կլինի:

Օհանը և Հակոն չհամաձայնվեցան մինչև անգամ այդ առաջարկությանը, ասելով, թե դա կլիներ մի ուրիշ տեսակ ընդդիմադրություն բեկի կամքին: — Թաքցնելով մեր քրոջը, ասացին նրանք, մենք պատճառ կտանք բեկի բարկությանը և հետևապես նրա վրեժխնդրությանը:

Նրանք առաջարկում էին թողնել Ստեփանիկին տանը, դարձյալ կրկնելով միևնույն խոսքերը, թե աստված ինչ որ կամեցել է, այն կլինի, թե աստուծո գրածը մարդ չէ կարող ջնջել և այլն...

Մի քանիսը պահանջում էին հայտնել իրանց հորը, և նա որպես տան մեծը և ընտանիքի գլխավորը, որպես կկամենա, թող այնպես կարգադրե: Այսպես վիճաբանությունը երկարում էր և ոչ մի հետևանքի չէին հասնում:

Հանկարծ խորհրդի մեջ խառնվեցավ բուն, բոթաբեր և զզվելի բուն: Ծառերի միջից լսելի եղավ նրա չարագուշակ ձայնը: Բոլորը սարսափեցան:

— Լսեցե՛ք, մենք ուղիղ էինք ասում, — ձայն տվեցին Օհանը և Հակոն, — ահա բուն ևս հաստատում է մեր խոսքը, վերջը վատ կլինի, եթե Ստեփանիկին հեռացնենք տնից:

Միայն Հայրապետն ու Ապոն մնացին հաստատ իրանց համոզմունքի վրա: Խորհուրդը վերջացավ անորոշ կերպով, առանց մի վճռական եզրակացության հասնելու:

ԺԳ

Բայց ի՞նչ հանելուկ էր այդ. Ստեփանիկը առաջ տղա, իսկ այժմ աղջիկ:

Պարզենք այդ հանելուկը: Բայց նրա բանալին թաքնված է մի փոքրիկ և տխուր պատմության մեջ:

Ծերունի Խաչոյի տան բակի մի խուլ կողմում, հովանավորված չորս կաղամախի ծառերով, գտանվում էր մի գերեզման: Ոչ խաչ, ոչ տապանաքար, և ոչ մի տառ անգամ չկար նրա վրա: Դա մի փոքրիկ քառակուսի թումբ էր, ծեփած գաջով, որ փոքր ինչ բարձրացած էր գետնի մակերևույթից: Շատ անգամ գիշերային լռության պահուն, կարելի էր տեսնել ծերունուն, տարածված այդ անշուք հողադամբարանի մոտ, թափում էր իր աչքերից հորդ արտասուքներ: Տանեցիք նույնպես մի առանձին տխրությամբ էին անցկենում այդ գերեզմանի մոտից, որ կարծես թե ամփոփում էր իր մեջ ամբողջ գերդաստանի ուրախությունը: Ո՞վ էր թաղված այնտեղ:

Ծերունի Խաչոն ուներ մի աղջիկ Սոնա անունով. նա իր դեմքով շատ նման էր Ստեփանիկին: Երբ Սոնան տասն և վեց տարեկան դարձավ, ամեն կողմից խնդրում էին նրա ձեռքը, ոչ միայն նրա համար, որ Սոնան մի հարուստ ընտանիքի զավակ էր, այլ առավել այն պատճառով, որ Սոնան շատ սիրուն էր: Հայրը երկար տարուբերվում էր փեսաների ընտրության մեջ, չգիտեր որին տալ: Բայց մի ցավալի անցք վերջ տվեց Սոնայի բախտավորությանը: Մի անգամ գնաց նա դաշտ բանջար քաղելու, այլևս չվերադարձավ: Շատ զրույցներ եղան նրա կորստյան մասին, ոմանք ասում էին, թե գետումը խեղդվել է, ոմանք ասում էին, թե գազանները գիշատել են, և ոմանք սնահավատությամբ հաստատում էին, թե չարքերը գողացել են, և ոմանք ասում էին, թե քրդերը հափշտակել են: — Ո՞րն էր ուղիղ, դժվար էր որոշել: Շատ որոնեցին, շատ այս կողմ այն կողմ ընկան, բայց ոչինչ չօգնեց, և կորած աղջկա մասին ոչինչ տեղեկություն ստանալ չկարողացան, թեև նրա հայրը խոստացել էր լավ վարձատրություն, ով որ ճիշտ լուր կբերե:

Անցան մի քանի շաբաթներ:

Մի օր հայտնվեցավ Խաչոյի տանը մի քուրդ, բերելով իր հետ ջրրու վրա բարձած մի դագաղ: Նրա մեջը դրած էր Սոնայի մարմինը:

Քրդի պատմությունից երևաց, որ անբախտ աղջկան դաշտից առևանգել էր մի քուրդ ազնվական, որը թեև իր տոհմով այնքան երևելի չէր, բայց իր ցեղի մեջ հայտնի էր, որպես մի նշանավոր եղեռնագործ: Սոնան ուրիշ հնարք չգտնելով այդ ատելի մարդու ձեռքից ազատվելու համար, իր գլխի արախչինի վրա կարած ոսկի դրամներից մի քանիսը տալիս է մի պառավ քրդուհու, խնդրելով իր համար թույն գտնել: Քրդուհին, կաշառված ոսկիներից, կատարում է նրա խնդիրքը: Սոնան մեռնում է թույնից: Քրդերը նրա մարմինը չեն ընդունում իրանց գերեզմանատան մեջ, որովհետև հանգուցյալը մինչև իր վերջին շունչը ասում էր. «Ես քրիստոնյա եմ. ես հավատս չեմ փոխի»: Մարմինը մնում է անթաղ: Այդ հանգամանքից օգուտ է քաղում մի քուրդ, և իմանալով ում աղջիկն է նա, վեր է առնում նրա մարմինը և բերում հոր տունը, հույս ունենալով, որ մի բան կստանա:

Ոչ սակավ մոլեռանդությամբ է վարվում անբախտի դիակի հետ և հայ եկեղեցականությունը: Պատճառ բերելով, թե նա ինքնասպան է եղել, անօրենի ձեռքումն է մեռել, չէ խոստովանվել, չէ հաղորդվել և այլն, տերտերները թույլ չեն տալիս նրան թաղել հայոց գերեզմանատնում: Ահա այդ էր պատճառը, որ նրա գերեզմանը գտնվում էր հայրական տան մեջ: Այն որ հալածեց իր միջից եկեղեցին, ընդունեց իր մեջ ընտանիքը...

Ինքնըստինքյան հասկանալի է, թե այդ անբախտությունը ինչ դառնություն կբերեր Խաչոյի գերդաստանի վրա: Բայց նա ունեցավ և ուրիշ ցավալի հետևանքներ: Սոնայի մայրը, Ռեհանը, Ստեփանիկի ծնունդից հետո, չկարողանալով տանել իր դստեր այս օրինակ վախճանի դառն կսկիծը, օրըստօրե հալվեցավ, մաշվեցավ և վերջապես մեռավ: Եվ նույնիսկ Ստեփանիկի վիճակի վրա այդ անցքը ունեցավ իր առանձին ազդեցությունը: Ստեփանիկը իսկապես աղջիկ էր, թեև տղայի անունով և տղայի հագուստով պահված: Նրա մկրտության անունը Լալա էր: Բայց ի՞նչ նպատակով նրան այսպես ծպտյալ կերպով էին մեծացնում:

Սոնայի մահը մի այնպիսի ցավալի տպավորություն թողեց հոր վրա, որ Ստեփանիկի ծնվելուց հետո, նա մի առանձին սնահավատությամբ նախազգուշակում էր նույնպիսի մի վախճան և այդ աղջկա համար: Նրա կասկածանքը անտեղի չէր, մանավանդ իր երկրի վերաբերությամբ, ուր իր աչքով տեսել էր հարյուրավոր օրինակներ, ուր կույս աղջիկների հափշտակությունը մահմեդականներից համարյա սովորական էր դարձել: Այդ պատճառով հայրը մտածեց Ստեփանիկին իբրև տղա ներկայացնել և տղայի անունով պահել մինչև նրա չափահաս լինելը: Հոր դիտավորության համաձայն էր և թշվառ մայրը, որ շուտով վախճանվեցավ, և չկարողացավ սնուցանել իր զավակին: Խաչոյի ընտանիքի մեջ այդ խորհուրդը պահվում էր որպես գաղտնիք ամենայն զգուշությամբ: Օտարներից այդ գաղտնիքը գիտեին երեք հոգի միայն՝ գյուղի քահանան, կնքահայրը և տատմերը, որ վաղուց մեռած էր:

Լալան — մենք այսուհետև երբեմն իր իսկական անունով պետք է կոչենք Ստեփանիկին — այժմ տասն և վեց տարեկան էր. մի հասակ, որի մեջ մտնելուց հետո գյուղացի աղջկան երկար տանը չեն պահում: Հայրը մտածում էր նրան մարդու տալ: Բայց դժվարությունը նրանումն էր, որ Լալան իբրև տղա ճանաչված լինելով, իհարկե, ոչ ոք չէր խնդրելու նրա ձեռքը: Բացի դրանից, հայրը ցանկանում էր, որ իր փեսան մի օտարերկրացի լինի, որ առնե, տանե և հեռացնե իր աղջկան, որպեսզի իր երկրում, իր ծանոթների մեջ չիմացվի հոր գործ դրած խորամանկությունը Լալայի պահպանության մասին, թեև այդ երկրում այդ մի սովորական բան էր: Բայց ո՞րտեղից պետք էր գտնել այդ պայմաններին հարմար մի մարդ Լալայի համար:

Հայրը աչք ուներ մի պարոնի վրա, որ իրան կոչում էր Թոմաս էֆենդի, — մի շատախոս, խաբեբա, կարճլիկ, կլորիկ մարդ, որ բացի մարդից ամեն բանի նման էր: Ո՞րտեղացի էր նա, հայտնի չէր. բայց իր ասելով, պոլսեցի էր և այնտեղ ամիրա ազգականներ ուներ: Լալայի եղբայրները սաստիկ ատում էին այդ հրեշին, ոչ թե այն պատճառով, որ նա չափազանց այլանդակ դեմք ուներ, այլ առավել նրա համար, որ սաստիկ ժանտ և անգութ մարդ էր: Նա բոլորովին իրան հեռու էր պահում հայ հասարակությունից, խոսում էր միշտ թուրքերեն, և միշտ ընկած էր մուդիրների, գայմագամների և քուրդ բեկերի մոտ: Նրանց անունով գյուղացի հայերին սպառնալիքներ էր կարդում և նրանց անունով պարծենում էր: Թոմաս էֆենդին արքունի մուլթեզիմ էր, այսինքն՝ արքունի հարկերի և հասույթների կապալառու:

Մուլթեզիմը նույն նշանակությունը ունի գյուղացու համար, որպես հոգեհան հրեշտակը, դևը, սատանան մի անհավատի համար, — և որպես այն բաները, որոնցից դողում է, սարսափում է գյուղացին: Բայց ինչ բանից ավելի վախենում է գյուղացին, նրան ավելի էլ հարգում է: Եթե սատանան հայտնվեր գյուղացիների մեջ, նրան այնքան չէին ատի, կսկսեին շողոքորթել: Մարդը միշտ այսպես վարվել է և վարվում է: Մարդը իր ռամկության հասակում բարի և չար ոգիներին հավասար կերպով էր պաշտում, երկուսին էլ զոհ էր մատուցանում: Զարմանալին այն է, որ չարը համեմատաբար ավելի շատ զոհեր էր ընդունում: Բարին մերն է, մտածում էր ռամիկը, բայց չարին պետք է գոհացնել, որ չարություն չգործե...

Այս դատողությունները ի նկատի առնելով, կարելի է հեշտ բացատրել, թե ինչո՞ւ Թոմաս էֆենդին ընդունված էր ծերունի Խաչոյի ընտանիքի մեջ, որպես այս տան պատվավոր ծանոթներից մեկը: Տանուտեր Խաչոն, որպես ժողովրդից ընտրված գյուղի գլխավորը, որպես պաշտոնական անձն, միշտ հարաբե-րություններ ուներ կապալառուի հետ, թե՛ տուրքերի, թե՛ հարկերի և թե՛ գյուղացոց մշակությունների տասանորդի պատճառով: Եվ այս առիթով էֆենդին երթևեկություն ուներ Խաչոյի տանը, գալիս էր, շատ անգամ շաբաթներով մնում էր այնտեղ և հավաքում էր իր կապալառության վերաբերյալ արդյունքները: Տանուտերի «օդան» այս տեսակ հյուրերի համար մի կատարյալ պանդոկ է գյուղերում: Գայմագամը, մուդիրը, մուլթեզիմը, «հոգևոր պտուղ» հավաքող վարդապետը, վերջին զափթիան և մինչև անգամ վերջին մուրացկանը, — բոլորը այնտեղ էին վազում: Այդ հասարակությունը իրանց հատկություններով շատ չեն զանազանվում միմյանցից...

Ջրաղացի անտառում, ծերունի Խաչոյի որդիների գիշերային անհաջող խորհրդի առավոտն էր, երբ հայտնվեցավ Թոմաս էֆենդին O... գյուղում, իր հետ բերելով երկու զափթիաներ, որոնք միշտ անբաժան էին լինում նրանից: Նա եկել էր ոչխարների և այլ անասունների հարկերը նշանակելու, որովհետև արդեն գարուն էր և գյուղացիները պետք էր իրանց անասունները «յայլաղ» (արոտատեղ) տանեին արածացնելու և ամառվա տոթերից հեռու պահելու համար: Վերջացնելով իր գործը, Թոմաս էֆենդին տանուտեր Խաչոյի հետ դիմում էին դեպի նրա տունը: Սուլթանը երբեք այն հպարտությամբ չէ անցնում Կ. Պոլսի փողոցներով, երբ գնում է Այա-Սոֆիայի մզկիթը իր ուրբաթ ավուր աղոթքը մատուցանելու, որպես այդ փոքրիկ մարդը անց էր կենում O... գյուղի փողոցներով: Տմբլիկ փորը դուրս ցցած, քիթը դեպի վեր բարձրացրած, նա անդադար նայում էր այս և այն կողմը, տեսնելու, թե որքան գյուղացիներ գլուխ են տալիս նրան: Նա այսօր հագած ուներ մի տեսակ մունդիր, բազմաթիվ դեղին կոճակներով, և հավատացնում էր, թե վեզիրն է ուղարկել նրա համար:

Մտնելով տանուտերի օդան, նա առանց սպասելու, հրամայեց, որ սուրճ տան, և ինքը կարգադրեց, թե ինչ պետք էր պատրաստել ճաշի համար: Արքունի կապալառուն ինչ տուն որ մտնում է, իրան տան տեր է համարում, եթե տանեցիք չկատարեն նրա հաճույքները, նա խստիվ պահանջել գիտե...

Երբ նստեցին, ծերունի Խաչոն ասաց նրան.

— Դուք, էֆենդի, իզուր այսօր ծեծել տվեցիք այն խեղճ գյուղացուն:

— Սխալվում եք, տանուտեր, — պատասխանեց նա իր կատվի ձայնով. — գյուղացուն պետք է ծեծել և շատ ծեծել. «էշին մինչև չծեծես, բեռը չի տանի»:

— Բայց գյուղացին մեղ չուներ:

— Այդ միևնույն է, մեղ ուներ, թե չուներ: Այսօր մեղ չուներ, էգուց կարող է ունենալ: Դու չե՞ս լսել Նասրադին խոջայի առակը. նրա էշերից մեկը կապը կտրեց ու փախավ, նա փոխանակ փախչող էշի ետևից վազելու, որ նրան բռնե և պատժե, եկավ, սկսեց ծեծել մյուս էշին, որ իր կապը չէր կտրել և իր տեղումը հանգիստ կանգնած էր: Նրան ասացին, թե այդ խեղճը ի՞նչ մեղ ունի, որ ծեծում ես: Խոջան պատասխանեց. — դուք չեք իմանում, եթե դա՛ իր կապը կտրելու լինի, ի՞նչպես կփախչի:

— Բայց ինձ հայտնի է, որ գյուղացին սուտ չէր խոսում, ես գիտեմ, որ նրա ոչխարների մեծ մասը քրդերը տարան, — ասաց ձերունին, դարձյալ չհամոզվելով, թե հանգիստ և անմեղ էշին պետք էր պատժել հանցավորի փոխարեն:

— Այդ ես էլ գիտեմ, տանուտեր, որ նրա ոչխարների մի մասը քրդերը գողացել են, — պատասխանեց կապալառու էֆենդին ծանրությամբ: — Բայց եթե ընդունելու լինեմ այսպիսի հաշիվներ, «ջուրը կգա, ջրաղացը կտանե» և ես այն ժամանակ իմ գրպանից պետք է վճարեմ արքունի հարկը: Անցյալ տարվա ցուցակում այդ գյուղացու անունով 100 հատ ոչխար է գրված, ես հարյուրի հարկը կպահանջեմ. բայց եթե նրանցից մի 50 կամ 60 հատ քրդերը գողացել են, ես ի՞նչով եմ մեղավոր, քրդերը ամեն օր գողանում են, եթե մարդ են, թող թույլ չտան, որ գողանան:

— Պետք է խղճմտանքով խոսել, էֆենդի, — պատասխանեց նրան տանուտերը. — դուք իրավունք ունեք պահանջել գյուղացու այն ոչխարների հարկը միայն, որքան նա պատրաստ ունի իր ձեռքում. կորածի, մեռածի և կողոպտվածի համար նա պարտավոր չէ հարկ վճարել:

— Ես ի՞նչով կարող եմ ստուգել, թե գողացել են, — պատասխանեց կապալառուն բարկացած նայելով. — գյուղացին կարող է թաքցնել իր ոչխարները և ինձ ասել, կորել են, գողացել են, մեռել են, ինչ գիտեմ, հազար ու մեկ այս տեսակ պատճառներ կարող է բերել:

Տանուտերը ոչինչ չխոսեց։

— Բայց դուք չեք տեսել այդ նոր ֆիրմանը, որ սուլթանը ուղարկել է ինձ. եթե գիտենայիք նրա մեջ ինչ է գրված, այսպես չէիք խոսի, տանուտեր։

Եվ նա դուրս բերեց իր ծոցից մի մեծ ծրար, հանեց նրա միջից թղթերի մի փաթոթ, և զգուշությամբ մինը մյուսի ետևից բաց անելով, վերջապես դուրս բերեց մի ահագին կարմիր թերթ, խոշոր և զանազան ձևի տառերով տպված։

— Ա՛ռ, կարդա՛, — տվեց նա տանուտերի ձեռքը։

Տանուտերը զարմացած նայում էր խոշոր տառերի վրա (ինչ որ մեծ է, ինչ որ խոշոր է ռամկի համար զարմանալի է) և եթե նա թուրքերեն կարդալ գիտենար, կհասկանար, որ այդ ահագին կարմիր թերթը ուրիշ ոչինչ չէր, եթե ոչ թատրոնական աֆիշա, որ տպված էր մի դերասանուհու բենեֆիսի համար։

Բայց Թոմաս էֆենդին նկատեց նրան.

— Տանուտեր, այսպես անքաղաքավարի կերպով չեն վարվում սուլթանի ֆիրմանի հետ, երբ ֆիրմանը ձեռք են առնում, նախ համբուրում են և ապա սկսում են կարդալ։

Ծերունին համբուրեց և խոնարհությամբ ետ տվեց ֆիրմանը։

— Հազար անգամ ասում ես գյուղացիներին, թե հիմա հրամանը այսպես է, թե հարկերը ավելացրել են, դարձյալ չեն հասկանում, դարձյալ իրանց գիտցածն են ասում, — խոսեց կապալառուն մի առանձին վրդովմունքով։ — Ես էլ մարդ եմ, համբերությունս հասնում է, սկսում եմ ծեծել։ Ախար էշը որ էշ է, մի անգամ ցեխումը խրվում է, մյուս անգամ եթե վիզն էլ կտրես, այնտեղից չի անց կենա։ Բայց այդ գյուղացիները էշի խելք էլ չունեն։ (Թովմաս էֆենդին սովորություն ուներ իր օրինակները և համեմատությունները միշտ էշերի կյանքից վեր առնել)։ Լսիր, մի բան պատմեմ, տանուտեր Խաչո, դու խո իմանում ես, որ Ալաշկերտի շատ գյուղերը իմ ձեռքումն են. մի անգամ մի գյուղացի հունձը հնձել էր, կալը կալսել էր և ցորենի մաքուր շեղջը կիտել էր կալումը. ինձ կանչեց, որ չափել տամ և տասանորդը վեր առնեմ. ես պահանջեցի, որ տասանորդի փոխարեն զուտ փող տա:

Նա պատասխանեց, թե փող չի կարող տալ, և ավելացրեց, թե դուք ցորյան ստանալու իրավունք ունեք և ձեզ պատկանող ցորյանը ստացեք: (Ես երբեք համբերել կարող չեմ, երբ էշ գյուղացին իրավունքի վրա է խոսում): Մտքումս ասացի, ես քո հերը կանիծեմ և քեզ ցույց կտամ, թե ինչ բան է իրավունքը: Կալի ցորենը չչափեցի և թողեցի այնպես մնաց: Անձրևները եկան և ցորենը խոնավությունից ծլեց, այրվեցավ, փտեց և ոչնչացավ: Այլն ժամանակ գնացի և ասացի, թե ես իրավունքից չեմ անց կենա, տուր ցորենը: Բայց ո՞րտեղից պիտի տար, ցորենը դարձել էր մի բորբոսած մոխրի կույտ: — Հիմա տասանորդի փոխարեն փող տուր, — ասացին նրան: Փող չուներ, մի լավ ծեծ տվեցի, հրամայեցի՝ եզները ծախեցին և փողը ստացա: Հիմա այն գյուղացին այնքան փափկացել էր, որ ձիու բեռը կտանե և մի հատ էլ չի կոտրի: Ինձ տեսնելիս, մի վերստ հեռավորությամբ կանգնում է և գլուխ է խոնարհեցնում: Այսպես պետք է վարվել մարդերի հետ:

— Դա խղճմտա՞նք է, — հարցրեց ծերունի Խաչոն այնքան ցած ձայնով, որ կարծես վախենում էր և չէր ուզում, որ իր ձայնը լսվի:

— Ի՞նչ ասել է խղճմտանք, — պատասխանեց կապալառուն արհամարհական կերպով. — կառավարությունը ուրիշ բան է, խղճմտանքը ուրիշ բան: Դու թեև քառասուն տարի այս գյուղի կառավարիչն ես, բայց դեռ չես հասկացել, թե որպես պետք է կառավարել: Դու խո լսեցիր Նասրեդին խոջայի առակը էշերի վերաբերությամբ, բայց ես քեզ մի ուրիշ օրինակ էլ կբերեմ: Տեսնում ես, մի փաշա նշանակվել է մի գավառի կառավարիչ. հենց որ նա անցնում է իր պաշտոնի գլուխը, իսկույն բռնել է տալիս մի քանի հանդիպած մարդիկ, որպես հանցավորներ, բանտարկում է և մինչև անգամ գլխատել է տալիս: Գուցե այն մարդիկը ամեննին հանցավոր չէին, բայց փաշային պետք էր մի քանի մարդիկ ոչնչացնել ժողովուրդը վախեցնելու համար: Ահա ի՞նչ է նշանակում կառավարություն: Ժողովուրդը միշտ պետք է երկյուղի մեջ պահել: Եթե ես այն գյուղացու կալի հետ այնպես չվարվեի, եթե նրա ցորենը չոչնչացնեի, մյուս գյուղացիներն էլ ինձ մարդու տեղ չէին դնի, և ես այնուհետև չէի կարող ուզածս առնել:

Թոմաս էֆենդին այնպես հասարակ կերպով էր խոսում իր վարմունքների մասին, որպես քուրդը պարծենալով պատմում է իր գործած ավազակությունները: Ի՞նչ զանազանություն կար այդ հայի և Ֆաթթահ-բեկի մեջ: Այն զանազանությունը միայն, որ մեկը ցած և խորամանկ հարստահարիչ էր, իսկ մյուսը — քաջ և մեծահոգի ավազակ:

Ահա այդ երկու անձինքներից մեկի հետ պիտի կապվեր թշվառ Լալայի վիճակը: Բայց նրանից ոչ ոք չէ հարցնում, թե ո՛ւմն է սիրում նա...

ԺԴ

Թոմաս էֆենդին դեռ մի քանի օր մնալու էր ծերունի Խաչոյի տանը. նա իր գործերը O... գյուղում բոլորովին չէր վերջացրել:

Ծերունի Խաչոյի տանը ամեն տարի մի քանի անգամ հայտնվում էր մի ուրիշ հյուր ևս. դա մի երիտասարդ էր Արարատա գավառից, որ գնում էր Խաչոյից ոչխարներ, եզներ, բուրդ, պանիր, յուղ և տանում էր Ալեքսանդրոպոլի կամ Երևանի կողմերում ծախելու: Իսկ փոխարենը նա բերում էր այնպիսի վաճառքներ, որ այս կողմերում չկային, օրինակ, հագուստի համար զանազան տեսակ գործվածներ, չիթ, կտավ, մահուդ, թեյ, շաքար, կոֆե և այլ զանազան մանրուքներ: Քաղաքներից հեռու գտնված գյուղերի համար, որպես էր O... գյուղը, մեծ կարևորություն ունեն այս տեսակ մանր վաճառականները: Նրանք տալիս են գյուղացուն այն, ինչ որ պետք է նրա համար, և փոխարենը առնում են այն, ինչ որ գյուղացին ինքը հեռու տեղեր տանելու և վաճառելու համար շատ արգելքներ ունի, մանավանդ մի այնպիսի երկրում, ուր քարավանի բանուկ ճանապարհներ չկային, և ավազակների երկյուղից հարաբերությունները համարյա կտրված էին:

Ամեն անգամ, երբ հայտնվում էր այդ երիտասարդը, մեծ ուրախություն էր պատճառում ծերունի Խաչոյի տանը: Նա այն աստիճան ընտանեցած էր, որ բոլորը վարվում էին նրա հետ, որպես իրանց գերդաստանի անդամներից մեկի հետ: Մտնելով O... գյուղը, նա իր փոքրիկ քարավանը, որ բաղկացած էր մի քանի բեռնակիր գրաստներից, ուղիղ քշում էր դեպի ծերունու տունը, բեռները ցած էր բերում և այնտեղ շաբաթներով մնում էր, մինչև իր առևտուրը վերկացնելով կրկին ճանապարհ էր ընկնում:

Թոմաս էֆենդու գալուց մի օր հետո հայտնվեցավ երիտասարդը, նա հանդիպեց կապալառուին Խաչոյի տան դռանը, երբ իր բեռները ցած էր բերում ձիաներից:

— Ա՜, դու այստեղ ե՞ս, — ասաց երիտասարդը մոտենալով էֆենդուն, և անդադար երեսը խաչակնքելով: — Ախ, սատանայի երես տեսա, էլ այս անգամ իմ գործը չի հաջողվի... հանուն հոր և որդվո...

Էֆենդին խիստ ախորժակով ծիծաղելով, բռնեց երիտասարդի ձեռքը, և ուղիղ նրա երեսին նայելով ասաց.

— Խե՜նթ ես, խե՜նթ, ես հազար անգամ ասել եմ, որ դու խենթ ես: Լավ, դու այն ասա՛, ռոմ բերե՞լ ես ինձ համար:
— Մի քիչ զահրումար եմ բերել, որ խմես, և այդ խեղճ գյուղացիները քո ձեռքից ազատվեն, — պատասխանեց երիտասարդը նույնպես ծիծաղելով:

Այնտեղ հավաքված էին մի քանի գյուղացիներ, որոնք օգնում էին երիտասարդին բեռները ձիերից ցած բերելով և ներս տանելով: Էֆենդին նկատեց, որ անպատշաճ էր խենթի հետ գյուղացիների առջև այս տեսակ կատակներ անել, շուտով հեռացավ, ասելով, որ գյուղումը գործեր ունի, և ավելացրեց, թե ճաշը միասին կուտեն:

— Քեզ հետ հաց ուտելը մեղք է, — ասաց նրան երիտասարդը:

— Ախար էշի պոչը ոչ կերկարի և ոչ էլ կկարճանա, քո խելքն էլ այդպես է, — պատասխանեց կապալառուն: — «Էշին Երուսաղեմ էլ տանես, էլի էշ կմնա», երբեք մուղդուսի չի դառնա, — ավելացվեց նա:

— Ա՜խ, երբ որ դու սկսեցիր քո էշավարի առակները, էլ վերջ չկա, — ասաց երիտասարդը և երեսը շուռ տվեց:

Էֆենդին հեռացավ:

Արդեն ծերունի Խաչոյի տան մեջ մեծից մինչև փոքրը լսել էին, որ Վարդանը եկել է — այսպես էր երիտասարդի անունը — և անհամբերությամբ սպասում էին, մինչև նա իր բեռները կբաց աներ: Ո՞վ ասես նրան մի բան չէր պատվիրել բերելու իր համար: Նա բեռները տարավ և դարսեց տան սրահի մեջ, և ահա վրա թափվեցավ Խաչոյի տան ամբողջ բանակը: Մեկը հարցնում էր. «Բերեցի՞ր իմ պատվիրած կոշիկները», մյուսը հարցնում էր. «Բերեցի՞ր իմ պատվիրած գլխարկը» — մի խոսքով, ամեն կողմից մի ձայն էր լսվում, և ամեն կողմից պահանջումներ էին անում, և մինչև անգամ փոքրիկ երեխաները, նրա փեշերից բռնած, զանազան բաներ էին պահանջում և հանգստություն չէին տալիս:

— Բերել եմ, բերել եմ, — պատասխանում էր երիտասարդը, — ամենից ուզածը բերել եմ:

— Դե՛ տուր, դե՛ տուր, — ձայն էին տալիս ամեն կողմից:

— Տո սատանի լակոտներ, — ասում էր երիտասարդը, —

թողեք մի հանգստանամ, հետո բեռներս բաց կանեմ, ինչ որ ուզում եք կտամ:

— Հիմա, հիմա, — կրկնում էին ամեն կողմից:

Տանեցիք այնքան սովորել էին Վարդանին, որ այլևս ուշադրություն չդարձրին նրա վրա, և սկսեցին իրանք բաց անել հակերը: Երբ կապերը և փոթոթները արձակեցին, այնուհետև բոլորը վրա թափված, սկսեցին խլել պահանջած իրեղենները: Երիտասարդը հեռու կանգնած բարեսրտությամբ նայում էր նրանց ուրախության վրա և ծիծաղելով ասում էր.

— Ա՛, ձեր տունը չքանդվի, քրդերն էլ այդպես չեն թալանում վաճառականի ապրանքները:

Բայց միայն մեկը, որ մոտ չեկավ նրա հակերին, դա Ստեփանիկը կամ այժմյան Լալան էր: Նա հեռու կանգնած, նայում էր և երբեմն ժպտում էր: Երիտասարդը մոտեցավ նրան և հարցրեց.

— Դու ինչո՞ւ մի բան չես վեր առնում:

— Ի՞նչ վեր առնեմ... — պատասխանեց նա կարմրելով:

Եվ իրավ, ի՞նչ վեր առներ նա: Նրա կեղծ և ծպտյալ տղայությունը վաղուց արդեն ձանձրացրել էր նրան, իսկ աղջկա պատկանող մի բան նա վեր առնել կարող չէր: Վարդանը հասկացավ նրա միտքը և հազիվ լսելի ձայնով ասաց.

— Ես քեզ համար մի լավ բան եմ բերել:

— Ի՞նչ բան, — հարցրեց աղջիկը նույնպես մեղմ ձայնով:
— Հետո կտամ, բայց ոչ ոք պետք է չտեսնե...

Լալան կրկին ժպտաց և հեռացավ:

Վարդանը քսան և հինգ տարեկան երիտասարդ էր,

բարձրահասակ, ամուր կազմվածքով և դեմքի խոշոր գծագրությամբ, որ չէր կարելի ասել, թե գեղեցիկ էր։ Նրա մեծ, սևորակ աչքերը ավելի ավազակային արտահայտություն ունեին, իսկ փոքր-ինչ ուռած շրթունքի վրա միշտ կարելի էր նշմարել մի դառն հեգնություն։ Նրա շարժվածքի համարձակությունը և ճարպիկությունները գործի մեջ իսկույն ցույց էին տալիս մի չափազանց մարմնական ուժ։ Իսկապես որտեղացի՞ էր նա, կամ ի՞նչ տեսակ անցյալ էր ունեցել, — այս կողմերում ոչ ոք չգիտեր։ Միայն նրա մասին խոսվում էին շատ բաներ, որ լավ վկայություն չէին տալիս նրա վարքի մասին։ Նրան համարում էին մի «թոկից փախած» մարդ, որ կյանքի ամեն մի մթին խորշերում մտել ու դուրս է եկել։ Մի ժամանակ նա մի վանքում էր եղել, որպես սարկավագ և միաբան, մի ժամանակ վարժապետ է եղել. բայց թե ի՞նչ պատճառով թողեց վանքը և դպրոցը, — հայտնի չէր։ Միայն նրա վանքային և դպրոցական կյանքից պատմվում էին այնպիսի անեկտոդներ, որ հատկանիշ էին մի տարապայման բնավորության։

Բայց ինչ որ ճշմարիտ էր, այն էր, որ Վարդանը հայտնի էր այս կողմերում, որպես մի նշանավոր մաքսախույս (կանտրաբանդիստ)։ Նա ուներ այդ պարապմունքին հարմար բոլոր պայմանները՝ արիություն, ճարպկություն և սատանայական խելք։ Մշտապես վտանգների և արկածների հետ պատերազմելով, նա սեփականել էր իրան երկաթի հաստատամըտություն աներկյուղ քաջասրտության հետ։

Կար մի ուրիշ բան ևս։ Ոչ միայն Թոմաս էֆենդին Վարդանին խենթ էր համարում, բայց թե՛ O... գյուղում և թե՛ նրա շրջակայքում նա ճանաչված էր մականունով «խենթ»։ Ի՞նչ բանի մեջ էր նրա խենթությունը։ Վարդանը հիմար տղա չէր. նա շատ կարդացել էր, նա շատ բազմակողմանի գիտություններ ուներ։ Նա բավական ճանաչում էր կյանքը և գիտեր մարդկանց կենցաղավարության պայմանները։ Նա, չնայելով իր երիտասարդ հասակին, շատ փորձված էր և շատ տանջանքներ էր կրել մարդերից։ Ուրեմն ի՞նչ բանի մեջ էր նրա խենթությունը. — նրանո՞ւմ միայն, որ Վարդանը կեղծել չգիտեր, նա մարդիկների նախապաշարմունքներին դեմ էր գնում։ Վարդանը խիստ բացարձակ սիրտ ուներ, և ամենի երեսին կասեր, ինչ վատ բան նկատելու լիներ: Նա մինչև անգամ չէր թաքցնում իր սեփական սխալները, բոլորը պատմում էր, և մարդիկ այս տեսակներին միշտ խենթ են համարում: Նրանք պահանջում են, որ մարդը դրսից ուրիշ կերպարանք ունենար, իսկ ներսից ուրիշ, և սաստիկ ատում են ճշմարտախոսին:

Հին իմաստասերներից և մարգարեներից շատերը, և մինչև անգամ երևելի Պահլուլը և Նասրադին խոջան խենթեր էին համարվում, թեև նրանց խենթությունների մեջ մի առանձին իմաստություն կար: Բայց Վարդանը ոչ իմաստասեր էր և ոչ մարգարե. միայն նրա դատողությունները, հասկացողությունը, մտածության ձևը և օտարոտի վարմունքը ռամկի աչքում խորթ և խիստ տարապայման էին երևում:

Խոստանալով Լալային, թե «մի լավ բան է բերել նրա համար», և հայտնելով, թե այդ բանը միայն գաղտնապես պետք է հանձնել նրան, — այս դեպքում Վարդանը իր սովորության համեմատ աչքարա լինել չկարողացավ: Կարծես, մի առանձին զգացմունք հարկադրում էր նրան ծածկամիտ լինել. կարծես նրա սրտում թաքնված էր մի նվիրական բան, որ պետք է անմատչելի մնար օտարներից: Նա առիթ էր որոնում հանդիպել Ստեփանիկին և հանդիպել, որքան կարելի է, մի ծածուկ տեղում: Առիթը ինքը իրան տեղի ունեցավ:

Ես բոլորովին մոռացա մի անգամ գոնե նկարագրել ծերունի Խաչոյի տան բակի դիրքը: Նրա ընդարձակության մեծ մասը ծածկված էր խիտ ծառերով և զանազան տեսակ թփերով: Տունկերը այն աստիճան աճել էին, որ մի քանի քայլ հեռավորության վրա մարդուն անկարելի էր տեսնել: Իր ապրանքները որտեղ պետք էր տեղավորելուց հետո, Վարդանը առանձնացավ պարտեզի մեջ: Այնտեղ, այն հովանավոր ծառերի ստվերի ներքո կամենում էր հանգստություն գտնել: Նրա սիրտը սաստիկ տանջվում էր. նրա հոգին գտնվում էր մի քաղցր խռովության մեջ... Այսպիսի րոպեներում, ծառը, ծաղիկը, տերևների շշնջոցը խոսում են սիրահարվածին ավելի մխիթարական խոսքեր, ինչ որ չէր կարող ասել բանավոր մարդու լեզուն: Նա պառկած փափուկ խոտերի վրա, սաղարթախիտ ոստերի միջից երկար անխորհուրդ կերպով նայում էր դեպի կապուտակ երկինքը, հետազոտում էր թե որպես սպիտակ ամպերի պատառները շտապով լողում էին օդի մեջ, միանում էին, կուտակվում էին միմյանց վրա, կազմում էին սև թուխպեր: Դա մրրիկ էր գուշակում... Այսպես էր և Վարդանի սիրտը: Նրա հոգում թաքնված, անորոշ, անկերպարանք կրքերը, կարծես մի անգամից միախառնվեցան և ձևակերպեցին այն սրբազան զգացմունքը, որ հոգեբանների լեզվով կոչվում է սեր...

Վարդանը վաղուց գիտեր, որ Ստեփանիկը աղջիկ է: Նրան հայտնի էին մինչև անգամ այն պատճառները, որ ստիպել էին նրա ծնողներին իրանց զավակին տղայի հագուստով և տղայի անունով մեծացնել: Այդ իսկ հանգամանքները գրավեցան զգայուն երիտասարդի ուշադրությունը դեպի անբախտ աղջիկը, և այդ իսկ հանգամանքները լցրին նրա սիրտը մի հերոսական նախանձով, ազատելու նրան իր անբնական դրությունից: Կարեկցության զգացմունքը տեղի տվեց սիրո զգացմունքին: Բայց մինչև այն օր այդ զգացմունքը լուռ էր Վարդանի սրտի մեջ: Մինչև այն օրը գոնե մի անգամ չէր ունեցել նրա հետ սիրային բացատրություններ, և ոչ որևիցե ցույցով ակնարկել էր նրան, թե իրան հայտնի էր նրա աղջիկ լինելը: Թեև Ստեփանիկը խիստ մտերմաբար էր նրա հետ, թեև երբեմն բնությունը պահանջում էր իրանը և ծպտյալ օրիորդը, չնայելով իր բոլոր զգուշությանը, արտահայտում էր այն խորհրդավոր հատկանիշները, ինչ որ հատուկ են կնոջ, ինչ որ ծածկել չէ կարող հասակ առած աղջիկը...

Վարդանը երկար պառկած էր պարտեզի մեջ, և անհանգստությամբ անդադար մի կողքից մյուսի վրա էր շուռ գալիս: Հանկարծ նրա ականջին դիպավ խշխշոցի ձայն. ետ նայեց, տեսավ, որ Ստեփանիկը գալիս էր իր մոտ: Խեղճ երիտասարդի սիրտը սկսեց դողդողալ. երբեք այնպես չէր բաբախել այն երկաթե սիրտը...

Ստեփանիկը մոտեցավ, և փոքր-ինչ երկչոտ կերպով մի քանի քայլ հեռավորության վրա կանգնելով, ասաց.

— Ճաշը պատրաստ է. հայրս կանչում է քեզ։

— Էֆենդի՞ն էլ այնտեղ է, — հարցրեց Վարդանը, պառկած տեղից վեր կենալով և նստելով մի թումբի վրա, որ շինած էր որպես հովանոց և շրջապատած էր կանաչ պատատուկներով։

Ստեփանիկը մի արհամարհական խոժոռ գործելով իր սիրուն դեմքի վրա, պատասխանեց.

— Է՛հ, գրողը տանե նրան, այնտեղ է։

— Դու էլ չե՞ս սիրում Էֆենդուն, Ստեփանիկ։

— Նրան ո՞վ է սիրում, որ ես սիրեմ։

Վարդանը մտածեց, որ ամենահարմար ժամանակ էր հանձնել Ստեփանիկին նրա համար բերած ընծան։ Եվ խնդրեց նրան, որ մի փոքր սպասե պարտեզում, մինչև ինքը կգնար և կբերեր։ Նա դիմեց դեպի սրահը, ուր բեռների մեջ դարսված էին նրա ապրանքները և մի քանի րոպեից հետո վերադարձավ, բերելով իր հետ մի կապոց։ Նա կրկին մտավ հովանոցի մեջ, հրավիրելով այնտեղ և Ստեփանիկին։

— Հայրս սպասում է քեզ, — ասաց Ստեփանիկը։

— Շատ չենք ուշանա, նստիր ինձ մոտ, Ստեփանիկ, դեռ ճաշի ժամանակ չէ։ Հիմա ես կտամ քեզ այն բանը, որ բերել եմ քեզ համար։

Ստեփանիկը ուրախացած նստեց նրա մոտ, իսկ Վարդանը սկսեց բաց անել կապոցը։ Նրա մեջ դրած էր մի փոքրիկ արկղիկ, շինված սև փայտից և զարդարած գեղեցիկ նկարներով։ Վարդանը հանեց իր գրպանից բանալին և բաց արեց արկղիկը։ Նրա մեջ դարսած էին զանազան կանացի գործիքներ՝ մկրատ, մատնոց, ասղաման և այլն, բոլորը արծաթով շինած և սիրուն կերպով պատրաստած։ Մի կողմում ամրացրած էր փոքրիկ հայելի, իսկ արկղի հատակում կար նվագարան, որը երիտասարդի լարելով

111

սկսեց ածել։ Ստեփանիկը հիացմունքով նայում էր այդ առարկայի վրա, և նա իր կյանքում առաջին անգամն էր տեսնում մի այդպիսի գեղեցիկ բան։

— Լա՞վն է, — հարցրեց Վարդանը, ուղիղ նրա երեսին նայելով, — ա՛ռ. քեզ եմ տալիս։

Ստեփանիկը, որ սկզբում այնքան ուրախացավ Վարդանի ընծայով, հանկարծ տխրեց, կարծես մի բան մտաբերեց նա, կարծես նրան շատ դժվար լիներ այդ ընծայի ընդունելը։ Նա հրաժարվեցավ և րոպեական շփոթությունից հետո պատասխանեց.

— Ես ի՞նչ կանեմ մկրատը, մատնոցը և ասղամանը... դրանք աղջկա բաներ են... ինձ համար մի ուրիշ բան պետք է բերեիր... ինձ համար տղայի բաներ պետք է բերեիր... ես աղջիկ չեմ։

Այս խոսքերը արտասանեց նա մի այնպիսի դողդոջուն ձայնով, որ կարծես թե այրում էին նրա նուրբ վարդագույն շրթունքը։

Վարդանը չէր սպասում Ստեփանիկի կողմից մինչև այս աստիճան ծածկամտություն. նա բոլորովին շվարած մնաց, և չկարողանալով զսպել իր հոգեկան վրդովմունքը, ասաց.

— Դու էլ աղջիկ ես, Լալա...

— Ա՜խ, դու իմ անունն էլ իմանում ես... — գոչեց օրիորդը և ընկավ նրա կուրծքի վրա։

Երիտասարդը գրկեց նրան, որ ցած չընկնի։ Եվ Լալան իր սրտի սաստիկ խռովության մեջ, մի քանի անգամ մեղմ և արտասվախառն կերպով արտասանեց այդ խոսքերը. «Ես աղջիկ եմ... այո՛, աղջիկ եմ...»։ Այդ խոստովանությունը առաջին անգամ դուրս պրծավ նրա այնքան տարի փակված շրթունքներից մի օտար տղամարդի մոտ, որին սիրում էր և իր սերը մինչև այսօր հայտնել չէր համարձակվում...

Բայց երիտասարդը և օրիորդը իրանց քաղցր հափշտակության մեջ ամենևին չէին նկատում, որ մի զույգ աչքեր ծառերի միջից նայում էին նրանց վրա և ուրախանում էին: Դա Սառան էր, որին կոչեց այստեղ նվագարանի ձայնը:

— «Այժմ Լալան ազատված է...», — ասաց նա իր մտքում և հեռացավ:

ԺԵ

Ծերունի Խաչոյի օդայի մեջ արդեն պատրաստ էր ճաշի սեղանը: Տանուտերը և Թոմաս էֆենդին սպասում էին Վարդանին: Այնտեղ նստած էին և կապալառուի երկու զափթիաները, որ կառավարությունից տված էին նրան. — երկու անզգամներ, որ ծառայում էին էֆենդու ամեն տեսակ չարագործությունների մեջ: Բացի դրանցից, օդայի մեջ ոչ ոք չկար, որովհետև Խաչոյի որդիները երբեք չէին համարձակվի սեղանակից լինել, երբ ճաշի էին նստած այնպիսի պատվավոր անձինք:

— Հիմա կգա. այնքան կիաչի, որ հացներս հառամ կանե, — ասաց էֆենդին, խոսելով Վարդանի վրա:

— Նա թեև երբեմն կծու հանաքներ է անում, բայց խիստ բարի սիրտ ունի, — նկատեց տանուտերը:

— Այդ ես էլ գիտեմ, տանուտեր, որ նրա սիրտը չար չէ, բայց բերնումը օձի թույն ունի: Ամեն մարդու հետ չէ կարելի հանաքներ անել: Ես որ հազում եմ, մարդիկ դողում են ինձանից: Պետք է գիտենալ, թե ով է Թոմաս էֆենդին: Դու խո տեսա՞ր սուլթանի ֆիրմանը: Բայց ես քեզ մի ուրիշ բան կասեմ: Արզրումի վալին ինձ միշտ իր ծնկի մոտ էր նստեցնում, տե՛ս եթե չես հավատում, դրանցից հարցրու, — նա ցույց տվեց երկու զափթիաների վրա:

«Աղվեսից վկա ուզեցին, իր պոչը ցույց տվեց»: Այդ երկու խաբեբաները պատրաստի և երդվյալ վկաներ էին էֆենդու ամեն մի ստախոսությունների համար:

— Մի՞թե ես չեմ հավատում, — պատասխանեց տանուտերը:

Թոմաս էֆենդին զայրացած էր Վարդանի դեմ ոչ միայն նրա համար, որ երիտասարդի առավոտյան խոսքերը վիրավորեցին նրան, այլ ամեն անգամ, երբ նա պատահում էր կապալառուին, սովորություն ուներ նրան խայտառակել:

— Ես, — ասաց կապալառուն, — եթե ուզենամ մի րոպեում աշխարհը տակնուվրա կանեմ, և այդ անպիտանին ցույց կտամ, թե ո՛վ է Թոմաս էֆենդին:

— Ջահիլ է, — խոսեց բարեսիրտ ծերունին, — ջահիլի խոսքը կշեռքի մեջ չեն դնում: Բայց ես դարձյալ կասեմ ձեզ, որ նա այնքան վատ տղա չէ. որքան դուք կարծում եք:

Այդ միջոցին ներս մտավ Վարդանը, բոլորովին գունաթափ, մտահույզ և լուռ: Թոմաս էֆենդին, որ րոպե առաջ այնպես բարկացած խոսում էր նրա դեմ, ինչպես ասում են՝ «պոչը քաշեց», և իր հատուկ շողոքորթությամբ, ասաց նրան.

— Օրհնած, որքա՞ն սպասել տվեցիր ինձ, դու գիտես, որ առանց քեզ մի պատառ հաց անգամ Թոմաս էֆենդին բերանը չի դնի:

— Ես գիտեմ... — պատասխանեց երիտասարդը, և առանց նրա վրա նայելու, գնաց իր տեղը նստեց:

Ճաշի ամբողջ ժամանակը Վարդանը նույնպես շատ քիչ

խոսեց, խիստ տխուր էր, և կարելի էր մտածել, թե կամ հիվանդ է և կամ մի տեղը ցավում է: Այդ մշտածիծաղ բնավորությունը այժմ մռայլվել և թխպել էր ամպամած երկնքի նման: Սերը, որ շատերի մեջ ուրախություն էր և բավականություն է ծնեցնում, որ շատերին խելքից հանում է, շատերի սիրտը լեցնում է մի սրբազան զգացմունքով, և քաղցրացնում է նրանց կյանքի դառնությունները, — սերը տխրեցրել էր այդ մարդուն: Նա սեղանի մոտ շատ փոքր կերավ, բայց չափազանց խմեց, կարծես թե, գինու բաժակներով աշխատում էր հանգցնել իր սրտի կրակը:

Թոմաս էֆենդին, իր սովորության համեմատ, շատախոսում էր: Ինչե՞ր ասես չէր պատմում նա իր կյանքից և իր անցյալից: Եվ նրա բոլոր խոսակցությունների մեջ երևում էր, որ Թոմաս էֆենդին մի նշանավոր մարդ է: Ներսես պատրիարքը նրան միշտ «որդի» էր կոչում. Խրիմյանին չէր հավանում, որովհետև շատ հասարակ մարդ է և իրան թույլ է տալիս մշեցի և վանեցի համաշների հետ «մասլահաթներ» անել. Նուբար փաշան իր նամակների մեջ նրան միշտ գրում է «ազնիվ բարեկամ»: Թե Բոսֆորի ափերի վրա նա մի պալատ ունի, որ անգլիացիներին վարձով է տված, թե Երուսաղեմի տաճարին նրա պապերը ընծայել են մի մեծ գումար, որի համար ամեն օր ս. Հակոբա վանքում պատարագ են մատուցանում իրանց ազգատոհմի համար, թե իր և Օտյանի մեջ սառնություն ընկավ, պատճառն այն է, որ նա իր աղջիկը ուզում էր տալ, բայց ինքը չուզեց առնել և այլն, և այլն. հազար ու մեկ այս տեսակ առակներ էր պատմում նա, բայց Վարդանը համարյա չէր լսում, իսկ միամիտ տանուտերը հետաքրքրությամբ լսում էր և զարմանում էր: «Որքա՛ն բախտավոր կլինի իմ Լալան, մտածում էր նա, երբ մի այսպիսի մարդու կինը դառնա, որը Օտյանի աղջիկը չէ առել, որը Ֆոսֆորի ափերի մոտ պալատ ունի»:

Հետո նա սկսեց խոսել պոլիտիկայից: Այդ այն քաղաքական հուզմունքների ժամանակն էր, որ Բալկանյան թերակղզու վրա սլավոնական ժողովուրդը աշխատում էր իր արյունով ազատություն ձեռք բերել. Կ. Պոլսում կոնֆերենցիա էր կազմվել նրանց վիճակը տնօրինելու համար, և Միթհադը, այդ երևելի դիպլոմատիկական ձեռնածուն, հրատարակել էր օսմանլուների սահմանադրությունը: Թոմաս էֆենդին էլ, գյուղական օդայի մեջ նստած, վճռում էր հայոց ազգի ապագան:

Խոսելով սլավոնների «խենթությունների» վրա, որ նրանք համարձակվեցան ապստամբվել մի «բարերար» ազգի դեմ, որպես թուրքն էր, Թոմաս էֆենդին սկսեց սաստիկ հարձակվել հայերի վրա, հայտնելով, թե հայերի մեջ էլ գտնվում են այնպիսի «խենթեր», որոնք թուրքի լուծը ծանր են համարում և քաղաքական ազատության, ինքնավարության վրա են մտածում: Նա հայտնեց, թե առանց թուրքերի հայերը մի կորած ժողովուրդ են, թե հայերը իրանք իրանց կառավարել չեն կարող:

Այդ ժամանակ միայն Վարդանը չկարողացավ համբերել: Նա ասաց.

— Ձեզ նմաններին, որ ծծում եք հայի արյունը թուրք կառավարության անկարգությունների շնորհիվ, ձեզ նման մուլթեզիմներին, կապալառուներին, իհարկե, միշտ օգտակար է թուրքը և նրա անարդար ու անիրավ իշխանությունը: Դուք ջրի պղտորության մեջ ձուկ բռնողներ եք. պարզությունը ատելի է ձեզ: Դուք խավար եք սիրում, որովհետև գողերը ատում են լույսը:

— Պարո՛ն, — ձայն տվեց կապալառուն, — մտածի՛ր, որ քեզ մոտ երկու զափթիաներ են նստած:

— Այդ զափթիաներով դու վախեցրու այն խեղճ և ողորմելի գյուղացիներին, որոնք այն աստիճան տխմար են, որ հավատում են, թե դու Բոսֆորի վրա պալատներ ունես, թե դու Օսմանի աղջիկը չառեցիր, կամ ս. Հակոբա տաճարում ամեն օր քո հոգու համար պատարագ են մատուցանում... Անե՛ծք, միայն անեծքի արժանի են ձեզպիսիները... Դո՛ւք եք հայի տունը քանդողները սկսյալ գյուղական չնչին մուլթեզիմից, որի ներկայացուցիչն ես դու, մինչև Բարձր Դռան այն խոշոր ամիրաները, որոնք իրանց շահերի համար իրանց ազգի շահերը վաճառում են...

Թոմաս էֆենդին բարկանալ չգիտեր, այսինքն՝ կամենում եմ ասել, որ նա բարկանում էր այն ժամանակ միայն, երբ տեսնում էր, որ իր հակառակորդը իր ատամների հարմար մարդ է, որին կարող է զգզգել, կարող է ուզածին պես միսը ծամել: Բայց նա Վարդանին վաղուց ճանաչում էր, այս պատճառով, իր անզգույշ սխալը ուղղելու համար նա աշխատեց բանին կատակի ձև տալ, ասելով.

— Տեսնում եմ, որ գինին շատ թունդ էր. օրհնած, ինչո՞ւ ես այսքան խմում, երբ խմելու շնորհք չունես:

Վարդանը խեթ աչքով նայեց նրա երեսին և ոչինչ չպատասխանեց: Նրա երեսի վրա կարելի էր նշմարել զզվանք միայն դեպի այդ ցած շողոքորթը:

Ծերունին նույնպես լուռ էր. նա զգում էր Վարդանի խոսքերի ճշմարտությունը, բայց միևնույն ժամանակ չէր հավանում նրա համարձակությանը, մտածելով, որ մի պաշտոնական մարդու հետ անվայելուչ էր այսպես խոսել: Այդ պատճառով նա շատ ուրախ եղավ, երբ ճաշը վերջացավ, բայց չէր սպասում, որ մի նոր խռովություն ևս պիտի ծագե:

Ճաշելուց հետո իսկույն ղահվե տվեցին. տեղային սովորության համեմատ, առանց շաքարի: Թոմաս էֆենդին պատվիրած էր, որ ամեն անգամ, երբ ինքը այս տանը ղահվե խմելու լինի, պետք է նրանից հետո ծխելու չիբուխը Ստեփանիկը պատրաստե, «որովհետև Ստեփանիկի ձեռքով պատրաստած չիբուխը ավելի համով է լինում», ասում էր նա: Մի զարմանալի գաղտնիք կար այս խեղճ պատանու ճակատագրի մեջ: Ֆաթթահ-բեկը Խաչոյի տանը հյուր եղած ժամանակը պահանջում էր նրա ձեռքից ղահվե ընդունել, ասելով, թե «շատ համով է լինում», իսկ Թոմաս էֆենդին նույն մտքով չիբուխ էր պատրաստել տալիս: Գոնե քուրդ բեկը գիտեր Ստեփանիկի աղջիկ լինելը և սիրում էր նրան, բայց հայ էֆենդին նույնպես գիտե՞ր այդ գաղտնիքը, նույնպես սիրո՞ւմ էր նրան, որ նրա ձեռքով պատրաստած չիբուխը համով էր լինում...

Երբ Ստեփանիկը տաճկական երկար չիբուխը ներս բերեց, և մոտեցավ, կամենում էր տալ էֆենդուն, Վարդանը բոլորովին գժվեցավ: Նրան հայտնի էր այդ թուրքական սովորության կեղտոտ նշանակությունը, այս պատճառով նա խլեց պատանու ձեռքից չիբուխը, և դուրս ձգելով օդայի պատուհանից, ասաց նրան.

— Հեռացի՛ր, Ստեփանիկ:

Պատանին շվարած դուրս գնաց:

Կարծես չիբուխը էֆենդու գլխին զարկեցին. նա կատաղեցավ:

— Այդպիսի հանաքներ ես չեմ սիրում, — ասաց նա, — դու անպատվում ես ինձ:

— Քեզ նման մարդիկ պատվի վրա խոսելու իրավունք չունեն:

— Ե՞ս, ե՞ս, այս ամբողջ գավառի մուլթեզիմը, — գոռաց կապալառուն:

— Այո՛, դուն, այս ամբողջ գավառի ավազակը:

Կապալառուն մի քանի շարժումներ գործեց, ցույց տալով, թե ուզում է տեղից վեր կենալ:

— Մի՛ շարժվիր, եթե ոչ շան նման կսատկացնեմ, — ասաց Վարդանը, ձեռքը տանելով դեպի իր սուրը:

Զափթիաներից մեկը մեջ մտավ.

— Իզուր եք բարկանում, պարոն, էֆենդին ձեզ խո մի վատ բան չասեց:

Վարդանը, առանց նրա վրա ուշադրություն դարձնելու, կրկին դիմեց կապալառուին, ասելով.

— Ի՞նչ, սովորել եք թուրքերի նման ամեն հայի տուն

մտնել, նրա սեղանը լափել, նրա գինին լակել և նրա հարսին, աղջկան, ջահել տղային անարժան ծառայություններ անել տալ: Լի՛րբ...

Ծերունի տանուտերը մնացել էր քարացած, նրա բերանը փակվել էր, իսկ երբեմն երեսը խաչակնքում էր և աստուծո անունն էր տալիս, որ չարը խափանվի:

Բայց էֆենդին որքան պոռոտախոս էր, որքան պարծենկոտ էր և որքան փքված սպառնալիքներ կարդալ գիտեր, այնքան էլ աղվեսի նման երկչոտ էր: Նկատելով ռուսաստանցի երիտասարդի վայրենի կատաղությունը, հասկացավ, որ նրա հետ չէր կարելի վարվել, որպես վարվում են Ալաշկերտի հայ գյուղացու հետ. նա իր մոտ սուր ուներ և մոսկովների թագավորի հպատակն էր: Այս պատճառով, իր «փասափուսեն» հավաքելով, խիստ մեղմ ձայնով ասաց.

— Աստված էլ գիտե, որ ես թուրքերի սովորություններին չեմ հետևում: Դու իզուր զրպարտում ես ինձ, Վարդան:

Վարդանը պատասխանեց առաջվա խռովված ձայնով.

— Ե՞ս եմ զրպարտում... քե՞զ, որ թուրքերի մոտ նամազ ես անում, իսկ հայոց եկեղեցու սեղանի վրա պատարագ ես մատուցել տալիս ռամիկների համակրությունը գրավելու համար... քե՞զ, որ բոլոր թուրքերի մոտ ասում ես, թե բոլոր հայերը «գավուրներ» են, իսկ հայերի մոտ հայհոյում ես նրանց... քե՞զ, որ թուրքերի կառավարության առջև մատնում ես ամեն մի ազնիվ և իր ազգի շահերը մտածող հային... քե՞զ, որ ավազակների հետ ընկերանում ես և դատարանների առջև սուտ վկայություն ես տալիս, թե հայերը անիրավացի են բողոքում իրանց հարստահարությունների մասին... քե՞զ, որ տասը տեղ պսակվել ես, կին ես առել, քո կնիկները թողել ես և այստեղ կրկին ուզում ես ամուսնանալ... Դո՞ւ չես հետևում թուրքերի սովորությանը... Բայց ես կասեմ, որ թուրքը հազարապատիկ ազնիվ մարդ է, քան քեզ նման հայը, որովհետև դու ոչ հայ ես և ոչ թուրք...

Վերջին խոսքը, թե էֆենդին տասը տեղ պսակվել է և այստեղ կրկին ուզում է ամուսնանալ, — կայծակի նման հարվածեց խեղճ ծերունի Խաչոյին: Ախար նա իր Լալային ուզում էր տալ այդ մարդուն, որ Կ. Պոլսում ամիրա ազգականներ ուներ, որ Բոսֆորի ափերի մոտ պալատ ուներ, որ Օսմանի աղջիկը չէր առել... «Ոչ, ոչ, մտածեց նա, Վարդանը զրպարտում է նրան. Թոմաս էֆենդին խաբեբա մարդ չէ»...

Վարդանը իր սրտի բոլոր մաղձը դուրս թափելուց հետո դուրս գնաց: Նրա բացակայության ժամանակ էֆենդու լեզուն բացվեցավ.

— Ես անպատճառ կգրեմ սուլթանին, — ասաց նա մի առանձին նշանակություն տալով իր խոսքերին, — ես ռուսաց թագավորին էլ կգրեմ, և անպատճառ այդ անպիտանին Միբիր կորցնել կտամ... Թոմաս էֆենդու հետ այս տեսակ հանաքներ անել չէ կարելի... «էշին մինչև չծեծես, իր չափը չի ճանաչի»...

Թոմաս էֆենդին սովորություն ուներ միշտ մեծ մարդերի անունով սպառնալիքներ կարդալ, և ցույց տալ թե ինքը նրանց հետ հարաբերություններ ունի, և ինչ որ կամենա, կարող է կատարել: Ծերունի Խաչոն, թեև հիմար մարդ չէր, բայց այնքան շատ հարվածներ էր կերել այս տեսակ մանր էֆենդիներից, որ մյուս գյուղացիների նման ինքն էլ հավատում էր, թե նրանք ինչ որ կամենան, կարող են կատարել: Այս պատճառով, լսելով էֆենդու վերջին խոսքերը, թե նա Վարդանին Միբիր կորցնել կտա, վեր կացավ, և կապալառուի ծնկները գրկելով, արտասուքը աչքերում սկսեց աղաչել.

— Ի սեր աստուծո, մի՛ կորցնեք նրան, իմ ալևոր գլխին բաշխեցեք, դուք գիտեք, որ նա խենթ է...

Էֆենդին առժամանակյա մտածությունից հետո պատասխանեց.

— Քեզ եմ բաշխում, ծերունի, որովհետև քո տան հացը կերել եմ:

ԺԶ

Փորձանքը խումբերով է գալիս, երբ կամենում է խավարացընել մի խաղաղ ընտանիքի բարօրությունը: Ամեն կողմից դժբախ-տությունը սկսել էր պաշարել ծերունի Խաչոյի տունը. ամեն կողմից սպառնում էին նրան զանազան տեսակ վտանգներ:

Վարդանի կռիվը Թոմաս էֆենդու հետ ծանր տպավորություն գործեց ամբողջ ընտանիքի վրա: Տանեցիներից ոմանք խոսում էին և ծիծաղում էին էֆենդու երկչոտության վրա և գովասանում էին Վարդանին, իսկ ոմանք մեղադրում էին նրան, ասելով, որ նա խենթ է և իր լեզուն պահել չգիտե: Առավել զայրացած էին Վարդանի դեմ Խաչոյի որդիներից մի քանիսը, Օհանը և Հակոն: Նրանք ասում էին, թե ի՞նչպես կարելի է կառավարության մարդուն այնպես խայտառակել: Կառավարության մարդը ոչ միայն իր պաշտոնակատարության ժամանակ, այլև մասնավոր կյանքի մեջ, նրանց կարծիքով, պաշտոնական նշանակություն ուներ, նրան հակառակել անկարելի էր:

Ոչ սակավ անհանգիստ էր և ծերունի տանուտերը: Նա թեև չէր մեղադրում Վարդանին, բայց որքան էլ իրավացի լիներ նա, այսուամենայնիվ, նրա վարմունքը էֆենդու վերաբերությամբ անպատշաճ էր համարում: Ծերունի Խաչոն լավ էր ճանաչում էֆենդու հոգին. այդ հին չարագործը պիտի աշխատեր վնասել Վարդանին, և եթե վնասել չկարողանար, նրան շատ հեշտ էր իր վրեժխնդրությունը թափել խեղճ ծերունու տան վրա: Կապալառուն օրինավոր պատճառներ ուներ մատնելու տանուտերին կառավարության առջև, նրա համար, որ իր տանը ընդունում էր Վարդանի նման նշանավոր կանտրաբանդիստին:

Մյուս կողմից, ծերունի Խաչոն զրկվում էր մի մեծ հույսից: Նրա մտատանջությանը չափ չկար, սկսյալ այն րոպեից, երբ լսեց Վարդանի բերնից, թե Թոմաս էֆենդին մի քանի անգամ ամուսնացած է եղել և զանազան տեղերում կնիկներ է թողել: Այդ մարդու համար էր նշանակել նա իր Լալային, հիմա նրա բոլոր հույսերը ոչնչացան: Բայց ինչո՞վ և ո՞րպես կարելի էր ստուգել, թե

Վարդանը ուղիղ էր ասում: Թեև ծերունին նրան ստախոս չէր համարում, բայց ո՞վ է իմանում, կռվի մեջ հայտնված ամեն ճշմարտություն կասկածավոր է թվում:

Իսկ այդ գարշելի և անամոթ կապալառուի ի՞նչն էր գրավում ծերունի Խաչոյին, որ ցանկանում էր իր սիրելի աղջկա բախտը կապել մի այնպիսի խաբեբայի հետ: Ծերունին գիտեր, որ նա մի անգութ, անխիղճ և ցած հարստահարիչ է, թե նրա համար ոչինչ սուրբ բան չկար, թե նա պատրաստ էր իր շահերին ամեն բան զոհել: Այսուամենայնիվ, ծերունին ամեն բան մոռանում էր, երբ իր առջև տեսնում էր իշխանություն: Նա մի հին նախապաշարմունքով միշտ պատրաստ էր խոնարհվել մուդիրի առջև: Նրա կարծիքով, արքունի մուլթեզիմի, այդ փոքրիկ պաշտոնական մարդու մունդիրի մեջ ծածկվում, անհայտանում և ոչնչանում էին ամեն տեսակ անազնվություններ: Պաշտոնը սրբում էր կեղտերը:

Այս պատճառով ծերունի Խաչոյին խիստ հրապուրիչ էր ունենալ էֆենդու նման մի փեսա, որ բարձր էր հասարակ ամբոխից, որի առջև բոլորը խոնարհվում էին: Ծերունին որքան էլ պարզ և արդարամիտ մարդ լիներ, բայց որպես տանուտեր, որպես մի ամբողջ գյուղի գլխավորը, ուներ իր փոքրիկ փառասիրությունները: Նա դժվար կհամաձայնվեր իր աղջիկը տալ մի հասարակ գյուղացու, մանավանդ երբ այնպիսի խորհրդավոր պայմանների մեջ էր պահել և մեծացրել նրան: Թոմաս էֆենդու ընտրության մեջ նա ուներ մի ուրիշ գործնական նպատակ ևս: Ինքը որպես տանուտեր, անդադար հարաբերություններ ունենալով տեղային կառավարության հետ, էֆենդին կարող էր շատ դժվարությունների մեջ օգնել նրան: Իսկ այժմ նրա հույսերը միանգամով ոչնչացավ...

Այդ բոլորի հետ, եթե նրան հայտնի լիներ, թե ի՞նչ վիճակ է սպասում իր սիրելի Լալային քուրդ Ֆաթթահ-բեկի կողմից, այն ժամանակ գուցե գերեզմանը միայն կարող կլիներ վերջ դնել խեղճ ծերունու ցավերին: Բայց որդիները դեռ նրան ոչինչ չէին հայտնել: Այդ գաղտնիքի կսկիծը ցեցի նման ուտում և մաշում էր նրա որդիների, մանավանդ Հայրապետի և Ապոյի սրտերը միայն, որոնք, իրանց եղբայրների հետ ունեցած անհաջող խորհուրդից հետո, չգիտեին, թե ի՞նչ պետք էր անել իրանց քրոջը կորուստից ազատ պահելու համար: Ի՞նչ կլիներ խեղճ Լալայի վիճակը, երբ քուրդ բեկը կհափշտակեր, կտաներ նրան հոր տնից. կարո՞ղ էր նա մահմեդականի կին լինել, թե իր քույր Սոնայի նման իր կյանքի դառնությունները կվերջացներ անձնասպանությամբ...

Այդ բոլոր մտատանջությունները, այդ բոլոր տխուր թախիծները Լալայի համար էին, բայց նա միայն էր, որ այն ժամանակ իրան ուրախ էր զգում և իրան բախտավոր էր համարում: Իր սիրած տղամարդի ձեռքից խորհրդավոր արկղիկը ընդունելուց հետո, այժմ, կարծես, նրա այրական հագուստը այրում լիներ նրա մարմինը: Նա աղջիկ էր, ցանկանում էր աղջկա նման հագնվել, ցանկանում էր կին լինել... Նա դեռ զգում էր իր շրթունքի վրա Վարդանի ջերմ համբույրները, և նրա ականջներին դեռ զարկում էին երիտասարդի քաղցր խոսքերը: Բայց սկսյալ այն րոպեից, երբ նա իր աչքով տեսավ Վարդանի հաղթությունը էֆենդու դեմ, մի մարդու դեմ, որի առջև դողում էր ամբողջ գավառը, — Վարդանի նշանակությունը ավելի բարձրացավ օրիորդի աչքում: Չգիտեմ ի՞նչու կնիկները սիրում են տղամարդի մեջ տեսնել մեծություն, գերազանցություն և զորության անհամեմատ առավելություն: Նրանք հիանում են, երբ տղամարդի մեջ նկատում են մի հատկություն, որ բարձր էր կանացի ուժից: Վարդանը պաշտելի դարձավ Լալային, երբ իր զորության ներքո ճնշեց, ոչնչացրեց հպարտ կապալառուին, որին Լալան բոլոր սրտով ատում էր: Լալային շատ անգամ պատահել էր համբերել այդ անամոթի լրբություններին, և ամեն անգամ, երբ նա իր հոր տունն էր գալիս, նա միշտ աշխատում էր փախչել և թաքնվել նրանից, բայց հայրը դարձյալ կանչել էր տալիս նրան, որ էֆենդու համար չիբուխ պատրաստե, որովհետև նրա ձեռքով պատրաստված չիբուխը համով էր լինում...

Լալան օդայի մեջ տեսած և լսած բոլոր բաները պատմեց իր երեց եղբորը՝ Հայրապետին, թե որպես վարվեցավ Վարդանը էֆենդու հետ:

— Շա՜տ լավ է արել, — պատասխանեց Հայրապետը, —

պետք է սատկացներ այդ գարշելիին, սովորե՛լ է խեղճ գյուղացիներին տանջել, կարծում է, թե ամեն մարդ նրանց նման կլինի:

Լալան պատրաստվում էր իր եղբոր պարանոցին փաթաթվել և նրա առջև բաց անել իր սիրտը, բոլորը պատմել նրան, թե ինքը սիրում է, վաղուց սիրում էր Վարդանին, և խնդրել, որ նա այդ մասին խոսե իր հոր հետ: Բայց Հայրապետը շուտով տանից դուրս գնաց, կարծես մի շատ հարկավոր գործ դրսում սպասում էր նրան:

Նրա կինը՝ Սառան այսօր պետք է տեսություն ունենար Ֆաթթահ-բեկի կնոջ՝ Խուրշիդի հետ: Վաղ առավոտյան հայտնվեցավ Ջավոն և ասաց, թե իր տիկինը ուխտագնացության պատրվակով պիտի գա O... գյուղին մերձավոր հին մատուռի մեջ մատաղ կտրելու, որովհետև նրա փոքրիկ որդին հազում էր, և նշանակել է այնտեղ տեսություն Սառայի հետ: Այդ մատուռը հավասար կերպով պաշտվում էր թե՛ քրդերից և թե հայերից: Սառան շատ ուրախացավ, երբ տեսավ, որ Խուրշիդը կատարել է նրա ցանկությունը, որովհետև նա ինքը առաջուց Ջավոյի միջոցով խնդրել էր այդ տեսության մասին:

Բաժանվելով Լալայից Հայրապետը շտապում էր գնալ, տեսնել, թե ի՞նչ եղավ տեսության հետևանքը: Նա դուրս եկավ գյուղից և կես ճանապարհի վրա նստած, մի ահագին ժայռի հովանու ներքև անհամբերությամբ սպասում էր Սառային, որ մատուռից պիտի վերադառնար նույն ճանապարհով:

Խիստ հետաքրքիր տեսարան էր ներկայացնում այն տեղը, ուր նստած էր Հայրապետը: Դա մի լեռան ստորոտ էր, որ ծածկված էր ժայռերի բեկորներով, որոնք Ժամանակի խորտակիչ ձեռքով ջարդուփշուր եղել և թափվել էին ցած: Նրա շրջակայքը պատած էր վայրենի մացառներով և զանազան տեսակ թփերով, որոնց միջից տեղ-տեղ բարձրանում էին ծառեր: Հայրապետի ուշադրությունը գրավեց մի խնձորենի. նա տեսավ, որ ժիժքը փաթաթվել էր նրա բունին, վեր էր բարձրացել և աճելով դեպի ամեն կողմը տարածել էր իր օձի նման ոլորուն ոստերը: Նա, կարծես, աշխատում էր իր ծանրության ներքո ճնշել, խեղդել, մաշել և միանգամից կլանել խեղճ խնձորենուն, որի վերին ճյուղերը արդեն գոսացել, տերևներից զրկվել և չորացել էին... Լինում են րոպեներ, որ հասարակ մարդն անգամ փիլիսոփա է դառնում: «Ահա՛ մի գեղեցիկ օրինակ, մտածում էր Հայրապետը, ահա մի վայրենի բույս, որ ինքը չէ գործում, չէ աշխատում, մայր հողի մեջ արմատներ չունի, այլ իր ճանկերի մեջ հափշտակելով մի ավելի քաղաքակրթված և պտղատու բույսին, ձրի կերակրվում է նրա հաշվով, ագահությամբ ծծում է նրա հյութը, և վերջապես սպառելով նրա կենսական ուժերը, սպանում է նրան... Միթե այսպես չէ՞ վարվում մեզ հետ քուրդը, միթե նա էլ մի այսպիսի ժիժք չէ՞, որ ապրում է խեղճ հայի հաշվով»:

Հայրապետը զգայուն մարդ էր և բավական պարզ հասկացողություններ ուներ: Ո՞րտեղից նա սեփականեց իրան այդ հասկացողությունները: Իհարկե, եթե նա իր հայրենի աշխարհի հորիզոնից մի անգամ ևս ոտքը դուրս դրած չլիներ, անտարակույս, կմեծանար, կզարգանար նույն սահմանափակ նախապաշարմունքներով, որպես էին նրա հայրենակիցները: Բայց բախտը ուրիշ կերպ տնօրինեց նրա կյանքը: Նա իր երիտասարդությունը անց էր կացրել օտար աշխարհներում: Դեռ պատանի հասակում Հայրապետը, չգիտեմ ինչ պատճառով անբավականություն ունեցավ հոր հետ, և որպես այդ շատ անգամ պատահում է գավառներում, թողեց հոր տունը և սկսեց թափառել երկրե երկիր: Ճակատագիրը նրան ձգեց Կ. Պոլսի մեջ, որ ներկայացնում է Եվրոպայի և Ասիայի հանգույցը: Այստեղ անցավ նա կյանքի զանազան շրջաններից, և թեև մի հիմնավոր բան չսովորեցավ, բայց սեփականեց շատ լուսավոր գաղափարներ, որ ծանոթ չեն հասարակ գյուղացուն:

Հայրապետը երկար նստած այն քարաժայռի հովանու ներքո, սպասում էր կնոջը: Արևը մոտ էր մայր մտնելու և նրա վերջին ճառագայթները գեղեցիկ կերպով լուսավորում էին լեռների գագաթները:

Վերջապես հայտնվեցավ Սառան: Հայրապետը հեռվից նշմարեց նրա պայծառ դեմքը, որով նախազուշակեց, թե կինը բերում էր ուրախալի լուրեր:

— Տղա՞ է, թե աղջիկ, — հարցրեց Հայրապետը հեռվից:

— Տղա է, — պատասխանեց կինը ժպտալով, և նստեց ամուսնի մոտ, որովհետև շատ հոգնած էր:

Այդ ռամկական հարց ու պատասխանը նշանակում էր, թե ծնունդը որ սեռին է պատկանում, այսինքն՝ տեսության հետևանքը ուրախալի է, թե տխուր, որովհետև գյուղացու հասկացողությամբ տղան ուրախություն է նշանակում, իսկ աղջիկը տխրություն:

Սառան սրբեց ճակատի քրտինքը, մի փոքր շունչ առեց, հանգստացավ, և ապա սկսեց պատմել, թե ինչ խոսեց և ինչ լսեց քուրդ տիկնոջից: Նրա պատմության բովանդակությունը այս էր: — Խուրշիդը հայտնել էր, թե բեկը այժմ շատ չէ մտածում Ստեփանիկի մասին, թե նա զբաղված է այնպիսի ծանր հոգսերով, որ առժամանակ գոնե նրան մոռանալ են տվել Ստեփանիկի սերը: Նա ասել էր, թե բեկը հրահանգներ է ստացել Արզրումի վալիից և այժմ ինչ որ պատրաստություններ է տեսնում, — իր ցեղի տղամարդերի անձնահամարն է հաշվում, նրանց զենքեր է բաժանում, փող է տալիս, որ իրանց համար ձիաներ առնեն, հագուստ պատրաստեն և այլն: — Բայց թե ի՞նչ ձեռնարկության համար են այդ պատրաստությունները, ինքը Խուրշիդը չգիտե: Միայն նա դարձյալ խորհուրդ է տալիս, որ Ստեփանիկին կամ մի հեռու տեղ փախցնեն և կամ շուտով մի մարդու հետ ամուսնացնեն, որովհետև ինքը հաստատ գիտե, որ բեկը վերջ ի վերջո կկատարե իր մտադրությունը խեղճ աղջկա մասին: «Թեև, ավելացրել էր տիկինը, ես այդ մասին խոսել եմ իմ հոր հետ, թեև իմ հայրը խոստացավ սանձ դնել բեկի կրքերին, բայց ինքը, Խուրշիդը, շատ չէ հավատում բեկի խոստմունքներին, և գուցե գործը այն հետևանքը կունենա, որ ինքը ստիպված կլինի թողնել իր ամուսնի տունը և բաժանվել նրանից»:

Հայրապետը խորին ուշադրությամբ լսում էր Սառայի պատմությունը, երբ վերջացրեց, նա ասաց.

— Դրանով վտանգը չէ կարելի անցած համարել: Այս բոլոր պատմության մեջ միայն մի ուրախալի բան կա, այն է, որ գործը կհետաձգվի և մենք ժամանակ կվաստակենք Լալայի վիճակը տնօրինելու համար:

— Ես էլ այսպես եմ մտածում, — պատասխանեց Սառան:

— Ուրեմն ի՞նչ պետք է անել, — հարցրեց Հայրապետը:

— Ուրիշ ճար չկա, պետք է Լալային մեկի հետ պսակել:

— Այդ բոլորովին չի ազատի նրան: Բեկը կարող է պսակված կինն էլ ամուսնի գրկից դուրս քաշել և տանել:

— Պետք է մի այնպիսի մարդու հետ պսակել, որ Լալային այստեղ չպահե, այլ վեր առնե և տանե մի ուրիշ երկիր, — ասաց Սառան:

— Շատ գեղեցիկ միտք է, — պատասխանեց Հայրապետը, — բայց ո՞րտեղից կարելի է գտնել մի այսպիսի մարդ: Դու գիտես, որ մեր գյուղացիներից ոչ մեկը չի հանձն առնի մի այսպիսի ամուսնություն, նրա համար, որ կվախենա և կմտածե, եթե Լալային տանելու լինի մի ուրիշ երկիր, այն ժամանակ բեկը տունը կրակ կտա և նրա բոլոր ազգականներին սրից կանցկացնե: Ո՞վ է այն մարդը, որ հանձն առնե այս տեսակ զոհաբերություններ:

— Մարդը պատրաստ է, — պատասխանեց Սառան ուրախ ձայնով:

— Ո՞վ է:

— Վարդանը:

Հայրապետի տխուր դեմքը ընդունեց խիստ ուրախ արտահայտություն, երբ Սառան սկսեց պատմել նրան, իր այն օրվա տեսածը տան պարտեզի ծառերի մեջ, թե ո՛րպես Վարդանը և Լալան գրկախառնվել էին միմյանց հետ, համբուրվում էին և խոստանում էին միմյանց մշտական սեր:

— Այդ լավ է, — ասաց Հայրապետը, — Վարդանը, միայն Վարդանը կարող է ազատել Լալային:

Արևը արդեն մայր էր մտել: Երկու ամուսինները վեր կացան և սկսեցին շտապել դեպի տուն: Ճանապարհին Հայրապետը մտածում էր այն բանի վրա, թե ի՞նչ պատրաստություններ է տեսնում բեկը, ի՞նչու համար է նա զենքեր բաժանում: Միթե այդ մի սարսափելի ձեռնարկության նախապատրաստություն չէ՞ր...

ԺԷ

Բոլորովին մութն էր, երբ Հայրապետը և Սառան վերադարձան տուն: Նրանք իմացան, որ Թոմաս էֆենդին Վարդանի հետ ունեցած անքաղաքավարությունից հետո դժգոհությամբ հեռացել էր իրանց տնից, և ծերունի Խաչոն այդ մասին շատ անհանգիստ էր վախենալով, մի գուցե կապալառուն իրանց համար մի չար որոգայթ լարե:

Բայց Վարդանը, չնայելով իր դյուրաբորբոք և դյուրագրգիռ բնավորությանը, այնքան անքաղաքավարի չէր, որ իզուր տեղը անպատվեր մեկին: Նա համարում էր էֆենդուն մի զարշելի մարդ, որ թուրք կառավարության ներկայացուցիչների ձեռքում գործիք դարձած, ծծում էր իր համազգիների արյունը, հարստահարում էր և աղքատացնում էր նրանց: Բացի դրանից, նրան հայտնի էր կապալառուի անցյալը: Այդ մոլաշրջիկ խաբեբան միևնույն պաշտոնով եղել էր Հայաստանի շատ կողմերում, և իրավ, շատ տեղերում պսակվել էր, կնիկներին թողել էր և շատ տեղերում խելքից հանել էր անմեղ աղջիկներին: Այժմ միևնույն կեղտոտ նպատակներն ուներ և Լալայի վերաբերությամբ, և օգուտ քաղելով նրա հոր միամտությունից, կամենում էր մի զզվելի դեր խաղալ: Այդ, իհարկե, տանել չէր կարող Վարդանը, մանավանդ մի աղջկա վերաբերությամբ, որին ինքը սիրում էր:

Բայց էֆենդու շուտափույթ կերպով ծերունի Խաչոյի տնից հեռանալու պատճառը միայն այն չէր, որ նա անբավականություն ունեցավ Վարդանի հետ և չկամեցավ մյուս անգամ տեսնել նրա երեսը: Էֆենդին բավական համբերող էր դեպի վիրավորանքները. նա վաղուց սովորել էր լռությամբ տանել դրանից ավելի խիստ անարգանքներ: Բայց նա այսօր մի առանձին սուրհանդակի ձեռքով թուղթ ստացավ, որով հրամայում էին նրան հավաքել իր ձեռքի տակ գտնված արքունի ցորենները և գարիները առանձին ամբարներում, և բնավ չծախել, որովհետև կառավարությանը պետք էին: Կարծես, մի բան գաղտնի կերպով պատրաստվում էր. այստեղ՝ պաշար, իսկ այնտեղ, Ֆաթթահ-բեկի բանակի մեջ՝ զենքեր...

Երբ տանը հյուր կար, ծերունի Խաչոն միշտ օդայի մեջ էր անցկացնում և իր հյուրի մոտից չէր հեռանում: Վարդանին իսկապես հյուրի տեղ չէին դնում. նա տան տղա էր: Բայց Թոմաս էֆենդու գնալուց հետո նրա տանը հայտնվեցավ մի նոր հյուր: Դա մի երիտասարդ էր նիհար և գունաթափ դեմքով, և թույլ, ավելի քնքուշ կազմվածքով, — մի երիտասարդ, որի արտաքին կերպարանքը մտածել էր տալիս, թե երկար տարիներ մաշվել և թառամել էր դպրոցների նստարանի վրա: Ի՞նչ կոչումի և ի՞նչ պարապմունքի մարդ էր դա, հայտնի չէր, միայն այսքանը հայտնի էր, որ պոլսեցի է, հայ է, և ծերունի Խաչոն պարտ էր համարում հարգել մայրաքաղաքից եկած հային: Բացի ճանապարհորդական խուրջինից նա իր հետ ուրիշ ոչինչ չուներ, և կիսամաշ եվրոպական հագուստը ցույց էր տալիս, որ աղքատ մեկը պետք է լինի: Նրա բերող չարվադարը ձգեց նրան գյուղի մեջ և հեռացավ: Նա ման էր գալիս, որ իր համար գիշերելու օթևան գտնե, երբ հանդիպեց Վարդանին: Ասում են սրտերի մեջ մի գաղտնի ճանապարհ կա: Այդ երկու երիտասարդները կարճ խոսակցությունից հետո մտերմացան, և որպես մի գաղտնի աղանդի պատկանող երկու անդամներ, առանց նախապես միմյանց հետ ծանոթ լինելու, եղբայրական ձեռք մեկնեցին միմյանց: Վարդանը նրան վեր առավ և բերեց ծերունի Խաչոյի տունը:

Նոր հյուրը իրան կոչում էր Միքայել Դուդուկջյան: Որպես

տաձկաստանցոց բոլոր տոհմանունները առած են լինում հոր կամ պապի արհեստից, պարոնի հայրն էլ դուդուկներ է շինելիս եղել, այսինքն՝ մի տեսակ շվիներ, որ երեխաները ածում են: Իսկապես ծերունի Խաչոյին շատ դուր չեկավ ոչ նրա տոհմանունը, որ դժվարությամբ էր արտասանում, ոչ նրա հիվանդոտ և գունաթափ դեմքը, ոչ նրա անհանգիստ աչքերը իրանց տենդային փայլով և ոչ էլ նրա մթին ու ծածկամիտ բնավորությունը, որ իսկույն կասկած էր հարուցանում: Բայց Վարդանը ծածուկ ասել էր ծերունուն, թե «լավ տղա է, երբ ճանաչես, կսիրես դրան»:

Մտնելով ծերունի Խաչոյի տունը, անծանոթ հյուրը միայն մի բան հարցրեց Վարդանից.

— Կարելի՞ է հավատալ դրանց...

— Կարելի է... — պատասխանեց Վարդանը:

Երբ օդայի մեջ ճրագը վառվեցավ, գյուղական սովորության համեմատ, իսկույն ընթրիք տվեցին: Այս գիշեր սեղանակից էին ծերունի հոր հետ նրա բոլոր վեց որդիները, որովհետև Թոմաս էֆենդին այնտեղ չէր, և մի ուրիշ բարձրաստիճան հյուր չկար, որի պատճառով որդիները համարձակություն չունենային սեղան նստելու: Վարդանը տան տղա էր համարվում, իսկ նոր հյուրի վրա նայում էին որպես մի մարդու վրա, որ այնքանով ևս գոհ պետք է լիներ, որ այս գիշեր կուշտ փորով հաց էր ուտելու:

Ընթրիքի ժամանակ խիստ տխուր անցավ: Վարդանը և նոր հյուրը համարյա չէին խոսում: Իսկ ծերունին նույնպես խիստ հազիվ անգամ խոսք էր փոխում իր որդիների հետ: Սեղանակիցների սրտերը լցված էին զանազան տեսակ, միմյանցից տարբեր ցավերով:

Ծերունին կապալառուի վրա էր մտածում, թե նա դժգոհությամբ հեռացավ իր տնից: Հայրապետը զբաղված էր քուրդ բեկով և Լալայի վիճակով. նա կրկին միտքն էր բերում Սառայի պատմությունը և մտածում էր, թե ի՞նչ պետք է անել: Ծերունու մյուս որդիները մտածում էին իրանց մշակությունների վրա, թե առավոտյան ով ի՞նչ գործ պետք է կատարե: Վարդանի գլխի մեջ պտտվում էր Լալայի գեղեցիկ ուրվականը: Իսկ նոր հյուրը, աստված գիտե, թե ինչ բանի վրա էր մտածում...

Երբ սեղանը հավաքեցին, Ստեփանիկը բերեց իբրիղը և լագանը, իր ձեռքով ջուր ածեց, և տեղային սովորության համեմատ, նրանք լվացին իրենց ձեռքերը, զոհացան և փառք տվին աստծուն: Ծերունին սկսեց ծխել իր երկայն չիբուխը, իսկ պարոն Դուդուկջյանը հանեց իր ծոցից մի գեղեցիկ պորտ սիգար, որ ամենևին չէր համապատասխանում նրա հնամաշ հագուստին, և դուրս բերելով նրա միջից մի թանկագին սիգար, երկար եղունգներովը ծայրը կտրեց, և սկսեց ծխել: Փոքրիկ սենյակը լցվեցավ հավանյան ծխախոտի անուշահոտությամբ: Երևում էր, որ այդ մարդը մի ժամանակ զուրկ չէ եղել կյանքի վայելչություններից, իսկ այժմ հանգամանքները ձգել էին նրան մի տարօրինակ կյանքի մեջ:

Ընթրիքից հետո խոսակցության առարկան Թոմաս էֆենդին էր: Վարդանը մասնավորապես պատմել էր պարոն Դուդուկջյանին այդ մարդու մասին, և այդ պատճառով խոսակցության առարկան նրան բավական ծանոթ էր: Ծերունի Խաչոն խիստ քաղաքավարի կերպով նկատեց Վարդանին, թե նրա այն օրվա վարմունքը էֆենդու հետ անխոհեմ էր:

— Ես, — ասաց նա, — դու գիտես, որ քեզ չեմ ջոկում իմ այս յոթն որդիներից, — նա ցույց տվեց վեց որդու վրա, որ նստած էին և Ստեփանիկի վրա, որ կանգնած էր:

Ծերունին սովորություն ուներ միշտ յոթն որդիների անունով խոսել և նրանց անունով երդվել, Ստեփանիկին ևս նրանց հետ հաշվելով, բայց չգիտեր, որ Վարդանին վաղուց հայտնի էր Ստեփանիկի աղջիկ լինելը:

— Այս յոթը որդիներիս արևը թող վկա լինի, եթե սուտ լինեմ ասելու, — շարունակեց նա, — դու էլ իմ որդին ես, իմ տունը քո տունն է, գալիս ես, գնում ես, և որքան սիրտդ ուզում է մնում ես: Իմ դուռը քո առջև միշտ բաց է: Բայց պետք է գիտենալ, որ այստեղ ուրիշ երկիրների նման չէ, այստեղ Թոմաս էֆենդու նման մարդիկը՝ մեծ մարդիկ են, շա՜տ մեծ մարդիկ... նրանք ինչ որ կամենան, կարող են կատարել: Այս պատճառով, նրանց պետք է ակամա հարգել և երբեմն նրանց խոսքերի ու արարմունքների մասին պետք է լռել... Ի՞նչ կարող ենք անել: «Մի չարագործի ձեռք, ասում է առակը, եթե չես կարող կտրել, պետք է համբուրես և գլխիդ վրա դնես»: Էֆենդին, կարելի է, քեզ մի վնաս չկարողանա հասցնել, որովհետև այստեղացի չես, բայց մենք քո փոխարեն պիտի տուժենք նրա հասցրած վնասը: Դու խո լսե՞լ ես թուրքի առածը. «Էշից վախեցավ և սկսեց փալանին ծեծել»...

Ծերունու խոսքերը կրկին հավաքեցին խենթի իծաները: Նա պատասխանեց.

— Թուրքերի վերաբերությամբ մեր կողմի հայերը մի լավ առած ունեն, ասում են՝ «Թուրքին մինչև չծեծես, բարեկամ չի դառնա»: Ես Թոմաս էֆենդուն թուրքերից չեմ զանազանում, և շատ ցավում եմ, թե ի՞նչու նրան մի լավ չծեծեցի, թեև նրա բարեկամությունը ինձ շատ հաճելի չէր կարող լինել:

Ծերունու երեսի խորշոմները ավելի կնճռվեցան, երևում էր պատասխանը նրան դուր չեկավ: Իսկ Ստեփանիկի դեմքի վրա փայլեց մի պայծառ ժպիտ, որը չէր կարող չնկատել Վարդանը: Նա դեռ կանգնած էր ոտքի վրա, և որպես տան փոքրիկը, սպասավորություն էր անում: Վարդանը հիացմունքով նայեց նրա վրա, միևնույն ժամանակ նրա մտքից անցան այս խոսքերը. «Ահա միակ արարածը այս տան մեջ, որ համակրում է ինձ... որովհետև նա միայն է, որ զգացել է այդ գարշելի մարդու լրբությունը»...

— Դուք ինքներդ թույլ եք տալիս այս տեսակ ցած, անբարոյական, անիրավ մարդերին բռնանալ ձեզ վրա,– շարունակեց Վարդանը ավելի տաք կերպով. — որովհետև նրանց բոլոր չարագործությունների առջև աչքներդ փակած, համբերում եք: Ես հասկանում եմ, երբ թուրքը, քուրդը հային հարստահարում է, ճնշում է, և նրա կենսական բոլոր ուժերը խլելով նրանից, մահացնում է: Ես այդ հասկանում եմ, և մինչև անգամ բնական եմ համարում, որովհետև նրանք դարերով այսպես վարվել են հայի հետ և նույն կերպով շարունակում են: Այդ դարձել է թուրքի և քրդի համար մի տեսակ կենսական պահանջ, առանց որին նրանք հազիվ թե կարող են ապրել: Բայց երբ որ հայը վարվում է իր համազգիների հետ ավելի վատթար, քան թե թուրքը և քուրդը, այդ եղեռնագործության դժվար է համբերել: Ես այս խոսքերը էֆենդու երեսին ասեցի, և նա մի բառ ևս չգտավ պատասխանելու:

— Ես դրանից վատը կասեի նրան, — խոսակցության մեջ մտավ Հայրապետը, — բայց հայրս միշտ մեզ խրատում է, թե պետք է լուռ մնալ, թե պետք է զգույշ լինել... մի օր ազատություն կլինի մեզ... պետք է համբերել... չգիտեմ, մինչև ե՞րբ պետք է համբերել...

— Մինչև Հիսուս Քրիստոսի գալուստը... — հեգնորեն պատասխանեց Վարդանը, — բայց, ափսո՜ս, մինչև այն ժամանակը աշխարհի երեսին մի հայ էլ չի մնա, որ իր ազատությունը տեսնե. բոլոր քուրդ կամ թուրք դարձած կլինեն...

— Համբերությունը կյանք է... — խոսեց ծերունին քարոզի ոճով: — Մեր տերտերները, մեր վարդապետները միշտ այդ են քարոզում մեզ: Ախար մի օր կլինի, որ աստված կմտաբերե իր կորուսյալ ոչխարներին... Պետք է համբերել, զավակներս... «համբերությունը կյանք է»...

— Համբերությունը մա՛հ է... — պատասխանեց պարոն Դուդուկջյանը, որ մինչև այն ժամանակ չէր խոսում և լուռ լսում էր նրանց վիճաբանությունը: Երիտասարդի գունատ դեմքը այժմ բոլորովին դեղնեց և նրա նուրբ, նույնպես գունաթափ շրթունքը սկսեց դողդողալ:

— Համբերությունը մա՛հ է... — կրկնեց նա վրդովված ձայնով, — գերեզմանի մեջ միայն մարդը սովորում է համբերող լինել...: Մի այսպիսի հրեական համբերությունը, որ ունենք մենք, տանում է դեպի անդառնալի կորուստը: Հրեաները շատ համբերեցին, աշխարհի բոլոր հալածանքներին դիմացան, սպասելով, թե կհայտնվի մի Մեսիա, որ կվերանորոգե սուրբ Երուսաղեմը և կվերականգնե Իսրայելի հին փառքը... և մինչև այսօր սպասում են... Բայց մենք մի այսպիսի ակնկալություն նս չունենք, չգիտեմ, էլ ի՞նչ բանի ենք սպասում...

— Մեր տերտերները, մեր վարդապետները համբերություն են քարոզում... — շարունակեց նա առաջվա մաղձոտ ձայնով: — Ախար նրանք քանդեցին մեր տունը և այս ստրկական վիճակին հասցրին մեզ: Եթե կա մի բան, որ կարող է փրկել հարստահարված և ճնշված ժողովուրդներին, դա է՝ բողոքը, ինչ կերպով և հայտնվելու լիներ նա: Դժգոհությունը, տրտունջը և իր վիճակից մի ավելի բարեբախտ վիճակի ցանկանալը՝ ահա այն փրկարար շարժառիթները, որ կարող են մեզ ազատել ստրկությունից: Բայց համբերության մեջ խեղդվում են, մահանում են այս տեսակ բարձր ձգտումները...

Ծերունին ոչինչ չպատասխանեց: Վարդանը և Հայրապետը բռնեցին երիտասարդի ձեռքը և բարեկամաբար սեղմեցին: Ծերունու մյուս որդիները ոչինչ չհասկացան և իրանց մտքում ասացին — ահա մի ուրիշ խենթ նս...

Ծերունին հրամայեց հյուրերի համար քնելու տեղ պատրաստեն, իսկ ինքը որդիների հետ, բարի գիշեր մաղթելով, հեռացան: Տան հարսներից մեկը, երեսը կալած, եկավ անկողինները պատրաստեց:

Օդայի մեջ ճրագը դեռ վառվում էր: Երկու հյուրերը իրանց անկողիններում երկար անքուն մնացին: Պարոն Դուդուկչյանը կրկին վառեց իր կիսատ մնացած սիգարը և սկսեց ծխել: Վարդանը նկատեց նրան.

— Բարեկամ, ձեր լեզուն անհասկանալի է, դուք հազիվ թե կարող կլինեք այստեղ մի գործ շինել... Ժողովրդի հետ խոսելու համար պետք է հարյուրավոր առակներ և առածներ գիտենալ... Քրիստոս իր առակներով ավելի գործ շինեց, քան թե բարձր վերացական քարոզներով:

— Այո՛, ես չսովորեցի ժողովրդի լեզուն... — պատասխանեց պարոն Դուդուկչյանը և լռեց:

ԺԸ

Օդայի մեջ յուղային ճրագը դեռ վառվում էր, տարածելով իր շուրջը աղոտ լույսը: Վարդանը երկար մնաց անքուն: Այն գիշերվա խոսակցությունները գրգռել էին նրա ուղեղը: Նա հիշում էր ծերունու որդիների սառնասրտությունը դեպի իր և նորեկ հյուրի «քարոզները»: Նա զարմանում էր, որ այնպես կասկածանքով էին նայում այդ ոգելից և ազնիվ երիտասարդի վրա: Մյուս կողմից, նրա սիրտը խռովում էր երկու սեր, որոնք շատ չէին տարբերվում միմյանցից իրանց բնավորությունով. — մեկը, հաբըստահարված գյուղացու սերը, մյուսը՝ Լալայի սերը, որ նույնպես բարոյական հարստահարության ենթակա էր...

Նա աչք ձգեց, տեսավ, որ նորեկ երիտասարդը քնած էր: Ճրագի աղոտ լուսով նկարվում էր նրա գունաթափ և մաշված դեմքը, որի սուր գծերի մեջ արտահայտվում էր մի հաստատուն բնավորություն: Նրա քունը անհանգիստ էր: Տենդային զառանցության մեջ տանջվում էր նա: Երբեմն նրա ցամաք շրթունքը շարժվում էին, և լսելի էին լինում խառն, կցկտուր խոսքեր, ֆրանսերեն և հայերեն լեզվով.

«Գյուղացիներ... հասավ ժամը... ձեր արյունով պիտի գնեք... ձեր ազատությունը... ներկան... ապագան... մեզ է պատկանում... ցույց տվեցեք... քաջե՛ր որ թուրքի... երկաթի գավազանը... բոլորովին չէ մահացրել... ձեր մեջ կյանքը... և... ազատության... զգացմունքը... Կրակի... և... սրի մեջ... պիտի գտնենք մեր... փրկությունը...: Դեպ առա՛ջ... քաջե՛ր...»

— Խե՛ղճ, — ասաց Վարդանը գլուխ շարժելով: — Երևի շատ գրքեր է կարդացել... Հայ գյուղացու ողորմելի օդայի մեջ իրան Փարիզի բարիկադների վրա է երևակայում և ճառ է խոսում... խե՛ղճ...

Այդ միջոցին Վարդանի ականջին զարկեց երգի մեղմիկ ձայն, որ տխուր հնչյուններով լսելի էր լինում գիշերային լռության մեջ:

Նա ճանաչեց նազելի ձայնը և դուրս եկավ օդայից:

Ծերունի Խաչոյի տանը մի երկրորդ արարած ևս այն գիշեր արթուն էր, նա իր անկողնի մեջ անհանգիստ կերպով այս. կողմ և այն կողմ էր շուռ գալիս: Նրա շուրջը, սրահի մեջ, այր և կին բոլորը ծանր քնով խռմփում էին: Մշակի հոգնած և վաստակաբեկ անդամները գիշերվա արթնություն չգիտեն:

Միայն Լալան հանգիստ լինել կարող չէր: Նա հագնվեցավ և կամաց դուրս եկավ սրահից: Կատուն այնպես զգույշ, այնպես հեզիկ կերպով չէր կարող փոխել իր քայլերը, որպես այդ մանկահասակ աղջիկը, անցնելով սրահի միջից, հայտնվեցավ բակում: Շունը նրան հեռվից տեսնելով սկսեց հաչել: «Սո՛ւս», — շշնջաց նա հազիվ լսելի ձայնով: Շունը լռեց: Խաղաղ գարնանային գիշեր էր:

Օդի զովությունը մրսեցնելու չափ ցուրտ էր. բայց նա ավելի կազդուրեց օրիորդին, ավելի հովացրեց նրա բորբոքված դեմքը: Նա անցավ դեպի պարտեզ և մտավ ծառերի մեջ: Այստեղ խավարը ավելի թանձր էր. այստեղ նրան չէին տեսնի: Նա նստեց թավիշյա խոտերի վրա, և ձեռքը ծնոտին դրած, սկսեց նայել դեպի երկինքը: Լուսինը չէր երևում. «Որտե՞ղ է նա, մտածում էր օրիորդը, երևի քնած էր»: Նրա շուրջը տիրում էր խորին լռություն: Ծառերի վրա մի տերև անգամ չէր շարժվում: Բոլորը հանգստանում էին, թե քամին, որ շատ անգամ օրորում էր այդ ծառերի ճյուղերը, և թե գետը, որի աղմկալի հոսանքի ձայնը նա միշտ լսել էր գիշերային լռության ժամանակ: Բոլո՛րը հանգստանում էին, միայն ինքը անհանգիստ էր, միայն ինքը արթուն էր:

Նա հիշեց մի երգ, որ սովորել էր պառավ տատից. և բոլորովին ակամա կերպով դուրս թռան նրա սեղմված շրթունքի միջից սիրելի երգի անուշ հնչյունները.

«Քնած է լուսնյակը երկնքի խորքում,
Քնած է թռչնակը իր փափուկ բընում,
Քնած է քամին, տերևը չէ շարժվում,

Քնած է գետը, ձայնը չէ լսվում:
Մայրիկ, ի՞նչու ես քնել չեմ կարում,
Ուզում եմ քնել, աչքս չէ փակվում.
Մայրիկ, այս ի՞նչ է, որ ինձ տանջում է,
Այս ի՞նչ կրակ է, որ սիրտս այրում է»:

Վերջացնելով երգը, նա գլուխը ցած թողեց ծնկների վրա, և երկու ձեռքով բռնելով իր բորբոքված երեսը սկսեց դառն կերպով լաց լինել: Արտասուքը հեղեղի նման թափվում էր նրա սիրուն աչքերից: Ի՞նչու էր լաց լինում: — Ինքն էլ չգիտեր: Արդյոք նրա համար, որ միտը բերեց իր սիրելի մորը, որին չէր տեսել, որի բերնից մի անուշ խոսք անգամ չէր լսել: Էլ ի՞նչու էր լաց լինում: Այդ ի՞նչ անբացատրելի զգացմունք էր, որ խռովում էր նրա կուսական անմեղ սիրտը:

Բայց արտասուքը փոքր ինչ հանգստացրեց նրան. նա գլուխը վեր բարձրացրեց նայեց իր շուրջը, և նրա աչքը ընկավ չորս կաղամախիների հովանու տակ հանգստացած գերեզմանի վրա, որ շատ հեռու չէր իր նստած տեղից: Դա իր քրոջ՝ Սոնայի գերեզմանն էր, որին թեև չէր տեսել, բայց նրա ցավալի պատմությունը հազար անգամ լսել էր: Հանգուցյալը նահատակի նշանակություն էր ստացել ռամիկ ամբոխի մեջ, և նրա գերեզմանի մոտ շատ անգամ բերում էին հիվանդներ: Ծերունի հոր պատվիրելով, նրա վրա ամեն կյուրակեմուտ գիշեր վառվում էր մի յուղային ճրագ: Այս գիշեր ճրագը տակավին ծխրտում էր, պլպլում էր և լուսավորում էր գերեզմանի գաջով պատած սպիտակ մակերևույթը: Լալան սարսափով նայում էր նրա վրա: Քրոջ ցավալի պատմությունը նրա բորբոքված երևակայության մեջ իրականություն ստացավ: Նա այժմ տեսնում էր գերեզմանի փոխարեն մի քրդի սև չադր, լեռների մի խուլ ձորի մեջ կազմված: Նրա մեջ նստած էր Սոնան զարհուրելի հուսահատ դեմքով: Նա իր ձեռքում բռնած ուներ թույնի բաժակը, մոտեցնում էր շրթունքին և ետ էր տանում: Երկա՛ր նա մաքառում էր կյանքի և մահվան դեմ: Ահա, մոտենում էր չադրին քուրդ ազնվականը՝ Սոնայի հափշտակողը: Սոնան տեսավ նրան, կրկին մոտեցրեց իր շրթունքին թունալից բաժակը, խաչակնքեց և խմեց...

Տեսարանը փոխվեցավ:

Լալայի աչքի առջև դրած էր դարձյալ Սոնայի սպիտակ գերեզմանը:

Այժմ նրա երևակայության մեջ պատկերացավ երկու ուրիշ անձինք: Մեկը, Թոմաս էֆենդին իր խորամանկ և զարշելի դեմքով, մյուսը՝ քուրդ Ֆաթթահ-բեկը իր վայրենի և գազանային դեմքով: Նա բոլոր մարմնով դողաց: Արդյոք գիտե՞ր, արդյոք հայտնի՞ էր նրան, թե ինչ փոս են փորում այդ երկու մարդիկը իր համար: — Նա ոչինչ չգիտեր. նա միայն զգում էր...
— Ոչ՛, — բացականչեց նա սոսկալի ձայնով, — ես Սոնայի մոտ չեմ գնա... ես վախենում եմ գերեզմանից...

Այդ միջոցին մի ձեռք հեզիկ կերպով դրվեցավ նրա ուսի վրա, և լսելի եղավ նրա անունը:

— Լալա...

Օրիորդը ոչինչ չլսեց:

— Լալա՛...-կրկնվեցավ ձայնը, — ես չեմ թողնի, որ դու Սոնայի մոտ գնաս... ես կազատեմ քեզ...

Նա ետ նայեց, տեսավ, իր մոտ կանգնած էր Վարդանը:

— Հա՛, ազատի՛ր ինձ... — խոսեց նա, դեռ առանց սթափվելու իր առաջին խռովությունից. — ազատի՛ր, տա՛ր մի ուրիշ երկիր, այստեղ վատ է... այստեղ շատ վատ է...

Երիտասարդը նստեց նրա մոտ:

Նրանք մի քանի րոպե մնացին լուռ. խոսք չէին գտնում խոսելու: Լալան տակավին խորին հափշտակության մեջ մտաբերում էր այն սոսկալի տեսիլքը, որ այնքան վախեցրեց նրան: Վարդանը մտածում էր, թե ի՞նչու այդ անմեղ, անփորձ աղջիկը աղաչում էր հեռացնել իրան հայրենի աշխարհից, ուր նա այնքան սիրված էր ընտանիքից. ի՞նչու ցանկանում էր նա մի ուրիշ, հեռու երկիր գնալ: Մի՞թե սերը սիրած տղամարդի սերը ձգել էր նրան այս ցնորքների մեջ: Բայց սերը դեռևս նրա համար մի անորոշ և մթին զգացմունք էր: Երիտասարդը հարցրեց.

— Ի՞նչով վատ է այդ երկիրը:

— Վա՛տ է, շա՛տ վատ է, — պատասխանեց նա տխրությամբ լի ձայնով. — տեսնում ե՞ս այդ գերեզմանը:

Նա ցույց տվեց Սոնայի գերեզմանը:
— Գիտե՞ս ով է դրած նրա մեջ:

— Գիտեմ...

— Գիտե՞ս ինչպես մեռավ նա:

— Գիտեմ...

— Ես չեմ ուզում Սոնայի պես մեռնել, Վարդան, ես վախենում եմ թույնից... վախենում եմ գերեզմանից...

Կրկին խեղճ աղջկա աչքերը լցվեցան արտասուքով:

— Ինչո՞ւ ես կարծում, Լալա, թե դու էլ Սոնայի պես բախտ կունենաս, — հարցրեց երիտասարդը նրա ձեռքից բռնելով: — Այդ մի ցավալի դեպք էր, որ ամեն աղջկա հետ չէ պատահում: Ի՞նչու ես դու մտածում, որ միևնույնը կարող է և քեզ պատահել:

— Ես այդ միշտ մտածում էի... միշտ սպասում էի... հենց այն օրից, երբ սկսեցի հասկանալ թե ի՞նչու են ինձ տղայի հագուստով պահում... Այստեղ աղջիկ լինելը աստուծո պատիժն է... մի հանցանք է... մանավանդ սիրուն աղջիկ լինելը... Լսի՛ր, Վարդան, ես մի ծանոթ աղջիկ ունեի, որին շատ սիրում էի, նա շատ լավ աղջիկ էր և մեր դրացին էր: Մայրը ամեն օր ծեծում էր նրան, թե ի՞նչու նա սիրուն ծնվեց, թե ի՞նչու նա օրըստօրե գեղեցկանում էր: «Դու, ասում էր մայրը, մեր գլխին մի պատուհաս կբերես...» և Նարգիսը լաց էր լինում. այդպես էր նրա անունը: Մայրը չէր թողնում Նարգիսին, որ նա իր երեսը լվանա, որ մազերը սանդրե և միշտ պատառոտած հագուստով էր պահում: Վերջը քրդերը տարան Նարգիսին: Քանի որ առաջ ես տեսա նրան, ա՜խ, որքան տգեղացել էր... այժմ նա սիրուն չէր... Ասում էր, Ստեփանիկ, շատ վատ է քրդին կին լինելը... և լաց էր լինում...

Լալան ինքն էլ սկսեց լաց լինել: Երբ մի փոքր հանգըստացավ, հարցրեց.

— Վարդան, դու ինձ այստեղից կտանես, այնպես չէ՞:

— Կտանեմ, միամիտ կաց:

— Շուտ տա՛ր, կուզես, հենց հիմա տար, ես կգամ քեզ հետ, ուր որ տանելու լինես:

— Մի քանի օր սպասիր, Լալա, մինչև հորդ հետ կխոսեմ:

Այսպես նստած, նրանք երկար և երկար խոսում էին գիշերային մթության մեջ, մինչև տխրության զգացմունքը տեղի տվեց սիրո բերկրության զգացմունքին:

ԺԹ

Մյուս առավոտ Վարդանը զարթնեց շատ ուշ, որովհետև գիշերը մեծ մասը անց էր կացրել անքուն: Մի գաղտնի ուրախություն փայլում էր նրա փոքր ինչ գունաթափ դեմքի վրա: Նա տեսավ, որ պարոն Դուդուկչյանը օդայում չէ, միայն մի անկյունում դրած էր նրա ճանապարհորդական խուրջինը: Ո՞ւր էր գնացել այդ մարդը: Վարդանը հենց առաջին օրից նկատեց, որ պարոնը մի անփորձ երիտասարդ էր, որին պետք էր պահպանել և աչքից հեռու չթողնել:

Ծերունու տանը ամեն ոք զբաղված էր իր սովորական գործով: Խաչոյի որդիները գնացել էին իրանց դաշտային մշակությունները հոգալու: Ինքը՝ ծերունի հայրը դուրս էր եկել որ տեսնե, թե ինչ են շինում որդիները: Հարսները զբաղված էին տնային տնտեսությունով: Ոչ ոք անգործ չէր: Միայն Հայրապետը մնացել էր տանը: Նա հարմար ժամանակ համարեց մտնել Վարդանի մոտ, մտածելով, գուցե նրանից մի բացատրություն կլսե Լալայի մասին և առիթ կունենա քրոջ մասին խոսելու: Նրա մյուս եղբայրները, բացի Ապոյից, այլևս Լալայի մասին չէին մտածում, և համարյա մոռացել էին, թե ինչ վտանգ է սպառնում նրան քուրդ բեկից: Նրանք թողել էին Լալային իր բախտին, կրկնելով այն ճակատագրական խոսքը, թե ինչ որ աստված կամեցել է այն կլինի: Հայրը դեռ ոչինչ լսած չէր: Նա մտածում էր ստուգել Թոմաս էֆենդու անցյալը, որին համարում էր իր Լալայի ապագա փեսան:

Երբ Հայրապետը մտավ օդան, Վարդանը հարցրեց նրանից.

— Ո՞ւր է գնացել իմ նոր ընկերը:

Հայրապետը հասկանալով, որ պարոն Դուդուկջյանի մասին է հարցնում, պատասխանեց.

— Զարմանալի մարդ է այդ քո նոր ընկերը, վաղ առավոտյան դեռ արևը չծագած, վեր կացավ, երկայն կոշիկները հագավ, առանց լվացվելու, առանց սանրվելու և առանց նախաճաշիկ ուտելու, իր ծանր գավազանը վեր առեց, և տնից դուրս գնաց: Մենք հարցրինք, ո՞ւր ես գնում, նա ոչինչ չպատասխանեց, գլուխը շարժեց և հեռացավ:

— Ո՞ւր գնաց, — հարցրեց Վարդանը անհանգստությամբ:

— Չգիտեմ, միայն ես գյուղի մեջ տեսա, նա հանդիպեց մի կիսամերկ և ոտաբոբիկ աղջկա, որ գնում էր գետից ջուր բերելու: «Ի՞նչու ես այսպես հագնվել, հարցրեց նա աղջկանից, քո հասակում անվայելուչ է այսպես հագնվել»: Աղջիկը պատասխանեց, թե իր ծնողները աղքատ մարդիկ են: Նա հանեց իր քսակից մի ոսկի և տվեց աղքատ աղջկան: Ես կարծում եմ, Վարդան, այդ վերջին դրամն էր, որ նա ուներ:

— Կարելի էր, — պատասխանեց Վարդանը մտահոգության մեջ, — բայց հետո ո՞ւր գնաց:

— Հետո մոտեցավ նա մի խումբ գյուղացիների, որ նոր էին դուրս եկել ժամից, և հավաքված եկեղեցու դռանը խոսում էին հարկերի բաժանման վրա: Նա խոսակցության մեջ մտավ և սկսեց բացատրել գյուղացիներին, թե նրանք վճարում են կառավարությանը ավելի քան պետք է վճարել, բայց նրանց հասարակական գործերի մասին ամեննին հոգ չեն տանում: Խոսում էր աղջկանց և տղայոց դպրոցների մասին, որոնցից զուրկ են մեր գյուղացիները. խոսում էր ինչ-որ ընկերության մասին, որ կարող էր բարվոքել գյուղացու տնտեսական վիճակը, խոսում էր ինչ-որ հասարակաց դրամարկղի մասին, որտեղից գյուղացին կարող էր էժան տոկոսով փող վեր առնել կարոտության ժամանակ, ո՞վ է իմանում, հազար ու մեկ այս տեսակ բաների վրա էր խոսում:

— Ի՞նչ պատասխանեցին գյուղացիները, — հարցրեց Վարդանը հետաքրքրվելով:

— Գյուղացիները ծիծաղեցին, հռհռացին և ոչինչ չպատասխանեցին: Մեկը նրանցից ասաց իր ընկերին՝ այդ մարդը խենթ է:

— Փա՛ռք աստուծո, խենթը մենակ ես չեմ եղել, — ասաց Վարդանը ծիծաղելով, — ես կարծում էի, մենակ ինձ են խենթ համարում: Հետո՞:

— Հետո գյուղացիներից մեկը հրավիրեց նրան մտնել իր հետ դահլիճը մի բաժակ արաղ խմելու: Նա ընդունեց հրավերը: Այնտեղ գտնվում էր բոլորովին հարբած մի բազմություն: Նա ինքը շատ փոքր խմեց, բայց վճարեց բոլորի համար: Այնտեղ ևս սկսեց քարոզները գյուղացու բարօրության մասին և սկսեց բացատրել նրա թշվառության պատճառները: Նա խոսում էր տաք և ոգևորված կերպով: Ես առաջին անգամ զգում էի իմ մեջ, թե ինչ մեծ ներգործություն ունի խոսքի ուժը: Բայց գյուղացիները արհամարհանքով լսում էին նրան: Մեկը հարցրեց նրանցից. թե «ի՞նչ պաշտոն, ի՞նչ աստիճան ունիս», երբ պատասխան ստացավ, թե ծառայության մեջ չէ գտնվում, խիստ լրբաբար ասաց նրան. «էլ ի՞նչ ես դուրս տալիս»...

— Այո՛, այդ հասարակության վրա ազդելու համար անպատճառ պետք է կամ մուղիր, կամ զայմազամ և կամ Թոմաս էֆենդու նման մուլթեզիմ լինել: Հասարակ գիտնականը ի՞նչ նշանակություն ունի նրանց աչքում... — խոսեց Վարդանը խորին տխրությամբ: — Պատմիր, Հայրապետ, շատ հետաքրքիր է:

— Ես, — շարունակեց Հայրապետը, — բռնեցի նրա ձեռքից և համարյա զոռով դուրս բերեցի դահվետանից, վախենում էի, որ անկարգություն կպատահի: Դրսում նա ինձ ասաց. «Այսպիսի տեղերում ավելի հեշտ է ճանաչել ժողովրդին. հարբած դրության մեջ նա բացում է իր սիրտը...»: Մենք շարունակեցինք գնալ գյուղի միջով: Նրա ուսից քարշ էր ընկած մի կաշյա պայուսակ, որ լիքն էր զանազան փոքրիկ տետրակներով: Նա այդ տետրակները բաժանում էր հանդիպած գյուղացիներին, ոմանք չէին ընդունում, ասելով, թե կարդալ չգիտեն, իսկ ոմանք ընդունում էին, որոնք նույնպես կարդալ չգիտեին: Այս վերջինների մեկից ես հարցրի, թե ի՞նչ պիտի անես, որ առնում ես: Նա պատասխանեց. «Թուղթ է, կտանեմ տանը պետք կգա, մայրս բռնոթի (քթախոտ) կփաթաթե մեջը»:

Վարդանի դեմքը ավելի տխուր արտահայտություն ընդունեց, կարծես, մի ներքին ցավ սկսեց տանջել նրան:

— Դու ունե՞ս այդ տետրակներից, — հարցրեց նա:

— Ունեմ, երկու հատ ես վեր առա:

Վարդանը թերթեց տետրակները, մի փոքր կարդաց, և ասաց վրդովված ձայնով.

— Այդպիսի տետրակների տարածելը տգետ ժողովրդի մեջ հիմարություն է... Հետո ո՞ւր գնաց նա:

— Ինձ հետ միասին դուրս եկավ գյուղից, խնդրեց, որ ես նրան մենակ թողնեմ: Ես բաժանվեցա: Նա բռնեց առաջին հանդիպած ճանապարհը և սկսեց դիմել դեպի մի ուրիշ գյուղ, որ հեռվից երևում էր: Ես երկար կանգնած, նրա ետևից նայում էի, նա այնպես շտապում էր, կարծես, այնտեղ սպասում էին նրան: Ես կարող եմ երդվել, որ նա ինքն էլ չգիտեր, թե ուր է գնում. անդադար մոլորվում էր, անդադար ճանապարհից դուրս էր գալիս:

Վերջին խոսքերը Հայրապետը արտասանեց փոքր ինչ ծաղրական կերպով:

— Նա, սիրելի Հայրապետ, — ասաց Վարդանը, — ձեր ձորի ոլոր-մոլոր ճանապարհին կարող է ծանոթ չլինել, բայց կյանքի ճանապարհի մեջ, հավատացնում եմ քեզ, նա մի հմուտ ուղեցույց է:

— Ես էլ մի այսպիսի բան նկատում եմ նրա մեջ, — պատասխանեց Հայրապետը զղջալով իր անտեղի ծաղրածության վրա, — երևում է, որ շատ է կարդացել:

— Բացի կարդալը նա խիստ բարի և ազնիվ մարդ է:

Հայրապետին այժմ շատ չէր հետաքրքրում անծանոթ երիտասարդը. նա առիթ էր որոնում խոսելու իր քրոջ մասին: Սառայի պատմությունից հետո, թե Վարդանը և Լալան սիրում են միմյանց, նա միշտ սպասում էր, թե Վարդանը վերջապես կհայտնի իր սերը, որովհետև Հայրապետից ավելի մտերիմ մարդ չուներ նա այս տան մեջ: Բայց Վարդանը այժմ, կարծես, մոռացավ Լալային, և լսելով Հայրապետի խոսքերը պարոն Դուդուկչյանի մասին, նա սաստիկ մտատանջության մեջ ընկավ: Նա վեր կացավ, կամենում էր դուրս գալ օդայից:

— Ո՞ւր ես գնում, — հարցրեց Հայրապետը:

— Գնում եմ պտռելու պարոն Դուդուկչյանին, — ասաց նա, — դու իզուր բաց թողեցիր նրան, Հայրապետ, նա շատ անփորձ տղա է:

Երկուսը միասին դուրս եկան օդայից:

— Անցնենք ախոռատունը, — ասաց Վարդանը, — քանի օր է չեմ տեսել իմ ձիերին:

Նրանք սկսեցին դիմել դեպի ախոռատունը: Բակում Վարդանը պատահեց Լալային, որ նստած պարտիզի միջով հոսող վտակի ափի մոտ, լվացվում էր: Երևի նա էլ նոր էր զարթնել քնից:

— Բարի լույս, Ստեփանիկ, — գոչեց հեռվից Վարդանը:

Լալան ոչինչ չպատասխանեց, միայն գլխի շարժումով ընդունեց նրա ողջույնը և խորհրդավոր կերպով ժպտեցավ:

Ախոռատան մեջ կապած էին Վարդանի երեք ուժեղ ձիաները, որոնցից մեկը իրանն էր, իսկ մյուս երկուսի վրա նստում էին նրա երկու ծառաները՝ Սաքոն և Եզոն, — երկու հսկա տղամարդիկ, որ միշտ անբաժան ուղեկիցներ էին Վարդանի հետ:

— Սաքո, — ասաց նա ծառաներից մեկին, — այսօր ձիաները նալել կտաս և ամեն ինչ կպատրաստես ճանապարհի համար, մենք երկար չենք մնալու այստեղ:

Հետո նա մոտեցավ ձիաներին, ձեռքը քսեց նրանց գեղեցիկ պարանոցի վրա, և լուռ նայում էր, կարծես, կամենալով գիտենար թե բավական հանգստացե՞լ են, կարո՞ղ են մի քանի օրվա ճանապարհը մի գիշերվա մեջ անց կենալ:

Հետո նա հրամայեց ձիաներից մեկը թամքել, որը շուտով պատրաստեցին, նստեց Հայրապետից հարցնելով.

— Ո՞ր կողմը գնաց պարոն Դուդուկչյանը:

Հայրապետը ցույց տվեց նրան գնացած տեղը, և Վարդանը քշեց ձին դեպի այն կողմը:

Նրա հեռանալուց հետո Հայրապետը ընկավ տխուր մտածությունների մեջ. «Ի՞նչու է նալել տալիս Վարդանը իր ձիաները, այս ի՞նչ ճանապարհի պատրաստություն է, մի՞թե նա պիտի թողնե և գնա առանց Լալայի մասին մի բան խոսելու, առանց նրան բախտավորացնելու, և վերջապես ի՞նչու նա այնպես սաստիկ հոգածության մեջ ընկավ, երբ լսեց պարոն Դուդուկչյանի «երեխայական» վարմունքը, — այս մտածությունները այն աստիճան պաշարեցին նրան, որ բոլորովին շվարած մնաց:

Վարդանին ճանապարհ դնելուց հետո, երբ Հայրապետը վերադառնում էր տուն, նրան պատահեց իր կինը՝ Սառան, որ կաթի ահագին ամանը ձեռքում, գալիս էր փարախից:

— Ոչինչ չասա՞ց քեզ Վարդանը, — հարցրեց Սառան կանգնելով, և կաթի ամանը դնելով գետին:

— Չասաց, — պատասխանեց Հայրապետը տխուր ձայնով, — նա այժմ բավական ծածկամիտ է դարձել...

— Ես ամեն բան գիտեմ, — խոսեց Սառան ուրախությամբ, — նստիր, կպատմեմ քեզ:

Այր և կին նստեցին մի կամնասայլի վրա, որ ձգված էր բակի մեջ:

Սառան պատմեց, թե Լալան բոլորը խոստովանեց նրան, թե այս գիշեր, երբ տանեցիք քնած էին, նա պարտեզում գաղտնի տեսություն է ունեցել Վարդանի հետ: Լալան չթաքցրեց այդ տեսության և ոչ մի մանրամասնությունը: Վերջը Վարդանը ասել է Լալային, թե կխոսե նրա հոր հետ, եթե հայրը չհամաձայնվի Լալային իրեն տալ, կփախցնե և այնպես կտանե:

— Ուրեմն դրա համար հրամայեց ծառաներին պատրաստել ձիաները, — խոսեց Հայրապետը, մատը կծելով:

— Ի՞նչ կա, թող փախցնե, թող տանե, ավելի լավ, — պատասխանեց Սառան, — եթե նա չտանե, անօրեն քուրդը խո կտանե:

— Ես ընդդեմ չեմ... — պատասխանեց Հայրապետը, — բայց...

Խեղճ մարդիկ ուրիշ ժամանակ իրանց աղջկան կնահատակեին, կսպանեին, եթե գիտենային, որ նա գաղտնի տեսություններ է անում մի տղամարդի հետ, որ դեռ իր ամուսինը չէ: Իսկ այժմ ակամա խոնարհվում էին դառն հանգամանքների առջև...

Ի

Վարդանը ամբողջ օրը ձիով ման եկավ, անցավ մի քանի գյուղեր, ամեն տեղ որոնելով Դուդուկչյանին: Նրա հարցուփործին պատասխանում էին, թե այո՛, տեսել են մի երիտասարդ երկայն կոշիկներով, եվրոպական հագուստով, լայն եզերյա սև գլխարկով, ահագին գավազանը ձեռին և տետրակներով լի պայուսակը կշտից քարշ գցած: Եվ ամեն բերնից լսվում էր միևնույն կարծիքը, թե նա խենթ էր:

Երեկոյան Վարդանը վերադարձավ ծերունի Խաչոյի տունը առանց գտնելու թափառաշրջիկ երիտասարդին:

Ծերունի Խաչոյի հովիվներից մեկը պատմեց Վարդանին, թե նա տեսավ երիտասարդին հարևան գյուղում, և թուրք գյուղացիք հավաքված, նրան ծեծում էին. ինքը ճանաչեց, որ ծեծվողը իր աղայի հյուրն էր և ազատեց կատաղած գյուղացիների ձեռքից:

— «Ես մի այսպիսի բան սպասում էի»... — ասաց Վարդանը ինքը իրեն, և դառնալով դեպի հովիվը հարցրեց.

— Ի՞նչու համար էին ծեծում:

— Ես չհասկացա, — պատասխանեց հովիվը, — ուզում էի նրան ավանակի վրա դնել և տուն բերել, բայց չընդունեց, ասաց, ես իմ ոտով կարող եմ գալ: Ի՞նչ կգա, ոսկորների մեջ մի հատ էլ ողջ չի մնացել:

Այդ լուրը շատ տխրեցրեց Վարդանին. նա գիտեր, թե ինչ բան է թուրք գյուղացու մուշտին, մանավանդ երբ գործ է դրվում խեղճ հայի մարմնի վրա:

— Ո՞րտեղ թողեցիր նրան, — հարցրեց հովիվից:

— Կես ճանապարհի վրա: Օրորվելով գալիս էր:

Դեռ օդայի մեջ ճրագը նոր էին վառել, երբ հայտնվեցավ պարոն Դուդուկջյանը, հոգնած և ոտքից ցգլուխ ցեխոտված: Վարդանը սպասում էր, որ նա իսկույն կսկսե պատմել գյուղացիների կոպիտ վարմունքը իր հետ, բայց այդ մասին նա ոչինչ չխոսեց, միայն նրա դեմքի վրա նկարված էր սաստիկ հուսահատություն դառն ատելության հետ:

Նա անցավ, և թեք ընկնելով պառկեց օդայի մի կողմում, թիկքը դնելով բարձի վրա:

— Դուք կարո՞ղ եք տալ ինձ մի փոքր ծխախոտ, — խնդրեց նա Վարդանից: — Իմը սպառվել է:

— Իսկույն, — պատասխանեց Վարդանը և ծխախոտի տուփը տվեց նրան:

Նա դողդոջուն ձեռքով շինեց մի պապիրոս և սկսեց ծխել:

— Կատարյալ սֆինքս է, կատարյալ հանելուկ է այդ ժողովուրդը, — խոսեց նա ինքն իրան, — հա՛ մտածիր, հա՛ քննիր, դարձյալ չես կարող ճանաչել: Նա կամ պատմություն չունի, կամ պատմության մի տզեղ, մի այլանդակ արտադրությունն է...

Նա լռեց, անդադար թողնելով իր բերնից պապիրոսի

թանձր ծուխը: Կարծես նրա հետ աշխատում էր ցրվել սրտի վրա ծանրացած թախծությունը:

Վարդանը նույնպես լուռ էր: Եվ խորին կարեկցությամբ նայում էր այդ եռանդով լի երիտասարդի վրա, որ երևում էր նրան, որպես մի անփորձ թիթեռնիկ, որ խաղում է ճրագի հետ և իր անզոր թևիկների շարժումով աշխատում է հանգցնել նրա բոցերը...

Նույն միջոցին ներս մտավ ծերունի Խաչոն և քանի րոպեից հետո, ամեն գիշերվա սովորության համեմատ, հավաքվեցան նրա որդիները: Թեև արևի մտնելուց դեռ մի ժամ էր անցել, բայց ընթրիքը շուտ տվեցին, որովհետև, իբրև մշակ մարդիկ նրանք պետք է շուտ ուտեին, շուտ քնեին և առավոտյան վաղ վեր կենային:

Ընթրիքի ժամանակ պարոն Դուդուկչյանը բավական խմեց և նրա սրտի տխուր տրամադրությունը փոքր ինչ ուրախ կերպարանք ստացավ: Նա մինչև անգամ երգեց «տեր, կեցո՛ դու զհայս» Թաղիադյանցի նշանավոր երգը: Երբ սեղանը հավաքեցին, նա դարձավ ծերունի Խաչոյին, ասելով.

— Հրամայեցեք օդայի դռները փակեն և մեզ չխանգարեն, ես մի առանձին խոսելիք ունեմ:

Ծերունին զարմացավ, թե ի՞նչ առանձին խոսելիք պիտի ունենա, և ասաց որդիներից մեկին, որ դռները փակե: Բոլորը լռությամբ սպասում էին նրա խոսքին:

— Շուտով կիրատարակվի պատերազմ ռուսների և թուրքերի մեջ: Գիտե՞ք այդ բանը, — հարցրեց նա:

— Մենք ոչինչ չենք լսել այդ մասին, — պատասխանեցին նրան ծերունին և իր որդիները:

— Ես գիտեմ, — ասաց Վարդանը, — մեր կողմերում ռուսները սաստիկ պատրաստություններ են տեսնում:

Այդ լուրը կայծակի նման հարվածեց խեղճ ծերունուն: Նա իր կյանքում մի քանի անգամ տեսել էր ռուսների և թուրքերի մեջ եղած պատերազմները և դեռ չէր մոռացել նրանց սարսափելի հետևանքները հայերի վերաբերությամբ: Իսկ Հայրապետը այժմ հասկացավ քուրդ տիկնոջ մի քանի օր առաջ Սառային հաղորդած խոսքերի գաղտնիքը, թե ի՞նչ նպատակի համար էր պատրաստում Ֆաթթահ-բեկը իր հեծելազորքը:

— Այո՛, պատերազմ կլինի, — խոսեց Վարդանը մի առանձին հեգնությամբ. — «Ձին և ջորին պիտի կռվեն, իսկ մեջտեղում էշը կսատկի»...

— Այդպես է, -ասաց ծերունու մեծ որդին՝ Հայրապետը, — մեր կողմերի հայերը կտրորվեն, կոչնչանան պատերազմի փոթորիկի մեջ:

— Այդ ես էլ գիտեմ... — պատասխանեց ծերունին և նրա ձայնը խեղդվեցավ սրտի կսկիծից:

— Լսեցեք, — ասաց պարոն Դուդուկջյանը: Նա աշխատում էր այս գիշեր իր խոսքերը ավելի ռամկացնել և նրանց ավելի հասկանալի ձև տալ: — Այս պատերազմը մինչև այսօր թուրքերի և ռուսների մեջ եղած մյուս պատերազմների նման չէ, դա բոլորովին ուրիշ միտք և ուրիշ նպատակ ունի: Դուք լրագիրներ չեք կարդում, իհարկե, չեք կարող դիտենալ, թե այժմ ինչ է գործվում աշխարհի մի ուրիշ մասում, որին կոչում են Բալկանյան թերակղզի: Այնտեղ նույնպես կան քրիստոնյա ազգեր, որոնք այստեղի հայերի նման թուրքաց հպատակներ են և որոնք այստեղի հայերի նման զարերով տանջվում էին թուրքերի բարբարոսություններից: Բայց նրանք հայերի նման համբերել չկարողացան, ապստամբվեցան. և ահա մի տարուց ավելի է, որ կռվում են թուրքերի հետ նրանց լծից ազատվելու համար: Հաղթեցին, հաղթվեցան, սարսափելի զոհաբերություններ արեցին, վերջը ռուսները մեջ մտան, և քրիստոնեից ազատության անունով, նրանց պաշտպան հանդիսացան: Կ. Պոլսում եվրոպական պետությունների ներկայացուցիչները ժողով կազմեցին, որ այդ ճնշված քրիստոնյա ազգերին մի քանի արտոնություններ, մի քանի իրավունքներ տային, բայց համաձայնություն չկայացավ և խորհուրդը մնաց առանց հետևանքի: Այժմ ռուսները կամենում են սրի ուժով ընդունել տալ թուրքերին այն, ինչ որ նրանք չհամաձայնվեցան ընդունել իրանց հպատակ քրիստոնյաների ազատության մասին:

Այս անցքերի պատմությունը, թեև այն ժամանակ աշխարհի ամենախուլ անկյուններում անգամ տարածվել էր, բայց հայ գյուղացիների համար բոլորովին նորություն էր. նրանք ոչինչ չէին լսել, և այդ պատճառով զարմացած լսում էին պարոն Դուդուկչյանի խոսքերը: Հայ գյուղացին իր հորիզոնից դուրս, իր գավառի մյուս կողմում չգիտե, թե ինչ է կատարվում: Նրանք այսքան միայն լսել էին, թե թուրքերը ինչ-որ պատերազմ ունեն, բայց թե ո՞ւմ հետ է և ի՞նչ բանի համար է պատերազմը, — այդ մասին տեղեկություն չունեին: Եվ թուրքերի պատերազմ ունենալը հայտնի էր նրանց այն առիթով միայն, որ հարկերը խստությամբ պահանջում էին և ավելի շատ էին առնում քան թե առաջ, անդադար կրկնելով, թե «հիմա տերությունը պատերազմ ունի, պետք է օգնեք»:

— Ռուսների այժմյան պատերազմը Թուրքիայի հպատակ քրիստոնյաների ազատության համար է, — շարունակեց պարոն Դուդուկչյանը: — Բայց պետք է գիտենաք, որ Թուրքիայի ավելի տանջված, ավելի հարստահարված քրիստոնյա հպատակը հայն է: Այդ դուք ինքներդ լավ եք իմանում, որովհետև ձեր անձի վրա փորձել եք թուրքի ամեն տեսակ բարբարոսությունները: Ուրեմն ժամանակ է, որ հայերն էլ մտածեն իրանց հանգստության համար:

— Մենք ի՞նչ պիտի մտածենք, — պատասխանեց ծերունի Խաչոն, — դուք ինքներդ ասում եք, թե ռուսները պատերազմելու են քրիստոնյաների ազատության համար. աստված հաջողություն տա, նրանք կգան և մեզ էլ կազատեն:

— Այդ իրավ է, միայն մի բան կա, — մեջ մտավ Վարդանը, — ասում են, «մինչև տղան լաց չլինի, մայրն էլ ծիծ չի տա»: Հայերը իրանց լռությունով, իրանց համբերությունով և իրանց մեծահոգի սպասելով ոչինչ չեն ստանա: Հայերը պետք է բողոքեն:

— Այո՛, պետք է բողոքեն, — կրկնեց պարոն Դուդուկչյանը, — և այդ բողոքը պետք է հայտնվի նույն ձևով, որպես հայտնեցին մյուս քրիստոնյա ազգերը:

— Ուզում եք ասել, թե հայերն էլ պետք է կռվեն... — նրա խոսքը կտրեց ծերունին:

— Այո՛, այդ եմ ուզում ասել: Հիմա աշխարհի կարգն այդպես է, և միշտ այդպես է եղել, ով որ զենք գործածել չգիտե, ով որ արյուն թափելու և մարդիկ կոտորելու ընդունակություն չունի, նրան ասում են՝ դու ազատ լինելու իրավունք չունես: Ուրեմն, եթե հայերը ցանկանում են մի բան ստանալ և ազատ լինել պետք է ցույց տան, թե իրանք ևս զուրկ չեն քաջությունից, թե իրանք ևս սպանել գիտեն: Եվ այժմ ամենահարմար ժամանակն է:

Ծերունին մի դառն ժպիտ գործեց իր խորշոմած դեմքի վրա, պատասխանելով.

— Օրհնած, ինչո՞վ պետք է ցույց տան, թե քաջություն ունեն կամ սպանել գիտեն: Թուրքերը հայերի մոտ մի դանակ անգամ չեն թողել, որ հարկավորած ժամանակ մի հավի վիզ կտրեն:

Պարոն Դուդուկչյանը դժվարացավ պատասխանել: Վարդանը ասաց.

— Զենքեր, որքան կամենում եք, ես կտամ ձեզ, միայն կռվողներ լինեին: Ձեզ հայտնի է իմ պարապմունքը, ես կանտրաբանտիստ եմ, ինձ ծանոթ են բոլոր անցքերը, բոլոր գաղտնի ճանապարհները այստեղ զենքեր անցկացնելու համար:

— Միայն զենքը բավական չէ, — խոսեց խոհեմ ծերունին, — դուք կարո՞ղ եք տալ այստեղի հայերին այն սիրտը, այն քաջությունը, որ ունեն մյուս քրիստոնյա ազգերը, որոնք այժմ պատերազմում են իրանց ազատության համար: Զենքը ի՞նչ գործ կարող է կատարել մի ստրկացած ժողովրդի ձեռքում:

— Հեշտ չէ այսպես դատել ժողովրդի վրա, տանուտեր Խաչո, — խոսեց պարոն Դուդուկչյանը, — մեր ժողովուրդը բոլորովին չէ կորցրել ո՛չ իր սիրտը, ո՛չ քաջությունը և ո՛չ ազատության զգացմունքը: Մի շարժառիթ, մի հարմար ժամանակ պետք է, որ դրանք հայտնվեն նրա մեջ: Այժմ ամենահարմար ժամանակն է: Ռուսները պիտի պատերազմեն թուրքերի հետ, թող հայերն էլ մի կողմից գլուխ բարձրացնեն: Ես հավատացած եմ, որ ռուսները ամեն կերպով կօգնեն մեզ:

Ծերունի Խաչոյի որդիները բոլորովին լուռ էին և ոչինչ չէին խոսում: Նրանցից մեկը, որ կոչվում էր Հակո, որն իր եղբայրների հետ մի շաբաթ առաջ ունեցած խորհրդի մեջ հայտնեց այն միտքը, թե լավ է, որ իրանց քույր Լալան քուրդ բեկի կինը լինի, որովհետև դրանով կվայելեն իրանց հզոր փեսայի պաշտպանությունը, — այդ Հակոն, որ խորին տհաճությամբ լսում էր իր հոր և նրա երիտասարդ հյուրերի խոսքերը, դարձավ դեպի պարոն Դուդուկչյանը, ասելով.

— Եղբայր, քեզանից արյան հոտ է գալիս, մենք ոչ քո չարն ենք ուզում, ոչ քո բարին. էգուց առավոտյան շուտ վեր կաց, բանը-մանդ հավաքիր, և հեռացիր մեր տնից, թե չէ մեր գլխին մի պատուհաս կբերես...

Ծերունի Խաչոն սաստեց որդուն, որ լռե, և ինքը դառնալով պարոն Դուդուկչյանին ասաց.

— Դուք մի նեղացեք իմ որդու խոսքերից. նա չգիտե, թե ի՛նչ է խոսում: Լսեցեք ինձ, ես ոչ կարդացել եմ և ոչ էլ իմանում եմ, թե ուրիշ երկրներում ուրիշ ազգեր ի՛նչ են շինում: Բայց որպես երկրագործ մարդ, ես մի բան գիտեմ. մենք՝ գյուղացիներս մինչև հողը չենք վարում, չենք փափկացնում և չենք պատրաստում, մեր սերմը չենք ցանում, որովհետև գիտենք, որ սերմը չի կանաչի, արմատ չի ձգի. միայն կծլի և ինքը իրան կչորանա: Այս բանը Քրիստոսն էլ է ասում իր սուրբ Ավետարանի մեջ, ես շատ անգամ եմ լսել եկեղեցում: Հիմա, որդի, հողը պատրաստ չէ: Ուզում եմ ասել, ժողովուրդը պատրաստ չէ: Պետք էր քսան, երեսուն և գուցե հիսուն տարի առաջ պատրաստել հողը: Երբ այս նախապատրաստությունները կատարված կլինեին, այժմ ձեր սերմերը բարեբեր երկրի վրա կընկնեին, կբուսնեին, կկանաչեին, կաճեին, կհասունանային և մեկին հարյուր և մեկին հազար պտուղ կտային: Ախար մի օրվա մեջ բան չի դառնա: Ախար մենք գիտենք, որ ցանքի վրայից մի քանի եղանակներ են անցկենում, մի քանի տաք և ցուրտ եղանակներ, մինչև հունձքը հասունանում է: Մենք գիտենք, որ ցանքը համ բերում է եղանակների զանազան տեսակ խստություններին, երբեմն փոթորիկը նրան հանգստություն չէ տալիս, երբեմն կարկուտը ծեծում է և երբեմն ձյունը սառցնում է, իսկ երբեմն արեգակի կենսատու ճառագայթները նրան ջերմացնում են, մի խոսքով, ցանքը հազար ու մեկ փորձանքների միջից անցնելով վերջապես պսակում է երկրագործի բաղձանքը... Այսպես էլ ժողովրդի սրտի մեջ սերմանած ցանքի վրայից պետք է անց կենան ժամանակներ, մի քանի խաղաղ և փոթորկալից ժամանակներ, մինչև հունձը կհասունանար...

— Շատ գեղեցիկ օրինակ է, — պատասխանեց պարոն Դուդուկչյանը, — ես բոլորովին համաձայն եմ ձեզ հետ: Բայց մի ուրիշ բան կա, այն ևս պետք է ի նկատի ունենալ: Ես այժմ ձեզ հետ պետք է ձեր ձևով՝ երկրագործի և անասնապահի լեզվով խոսեմ, այդ լեզուն ավելի հասկանալի կլինի ձեզ: Թողեցեք մի անգամ ձեր ցանքը առանց քաղհան անելու, և կտեսնեք, որ վայրենի խոտերը կաճեն, կբազմանան, կխեղդեն նրանց և իրանք կբռնեն նրանց տեղը: Ձեր սերմանած բույսերը կոչնչանան: Դա մի տեսակ կռիվ չէ՞, որով ավելի զորեղը սպանում է անզորին: Բոլոր բույսերի մեջ նկատվում է այդ կռիվը, այդ պատերազմը, որով մինը մյուսին աշխատում է ճնշել, ոչնչացնել, որ կարողանա պահպանել իր գոյությունը: Եվ որն որ կռվելու, մաքառելու և մրցելու ընդունակություն չունի, նա զրկվում է կյանքից: Այդ ընդունակությունը ուրիշ խոսքով կոչվում է անձնապաշտպանություն: Անձնապաշտպանության վարժապետը ինքը բնությունն է: Բնությունը բոլոր էակներին, որոնք աճելու և բազմանալու ունակություն ունեն, տվել է իրանց նմանների հետ կռվելու ընդունակություն մեկին շատ, մյուսին սակավ: Ծառերը, խոտերը, անասունները և մարդիկ ևս ունեն այդ ընդունակությունը: Միայն քարերը, փայտերը, մեռած մարմինները մնում են անշարժ և իրանց անձը պաշտպանել չգիտեն, որովհետև նրանք կյանք չունեն: Բայց ուր կյանք կա, այնտեղ կա և այդ բնական կռիվը: Դա կյանքի կռիվ է, որի մեջ ամեն մի էակ ոչ միայն աշխատում է պահպանել իր գոյությունը, այլ աշխատում է և ոչնչացնել իր թշնամիներին, որպեսզի իր աճելությունը ապահով և անարգել կերպով կատարվի...

— Այժմ, կարծեմ, դուք հասկանում եք իմ միտքը,- շարունակեց նա: — Բնության մեջ ինչ որ կատարվում է բույսերի և անասունների կյանքում, նույնը կատարվում է և մարդկային կյանքում: Այստեղ ևս հանդիսանում է նույն կռիվը, միայն ավելի սաստիկ և ավելի բազմատեսակ կերպով: Ազգերի կրթության և ընդունակության համեմատ փոփոխվում են նրանց անձնապաշտպանության զենքերը: (Զենքեր ասելով, ես ի նկատի չունեմ միայն սուրը և հրացանը, արհեստը, գիտությունը նույնպես զենքեր են, որոնցմով մի ժողովուրդը աշխատում է տնտեսապես մրցել մի այլ ժողովրդի հետ): Ավելի անքաղաքակիրթ և վայրենի ազգերի մեջ այդ կռիվը կատարվում է միայն ֆիզիկական ուժով՝ սրով: Այդ զենքերով քրդերը և թուրքերը կռվում են մեզ հետ: Անձնապաշտպանության օրենքները պահանջում են պատասխանել թշնամուն նույն զենքով, ինչ զենքով որ նա ճնշում է և մահացնում է մեզ: Հիմարություն կլիներ իմ կողմից ավելին պահանջել, պահանջել այն, որին ընդունակ չէ մեր ժողովուրդը: Ես ցանկություն չունեմ ասելու, թե մենք պետք է սուր վեր առնենք քրդերին և թուրքերին ոչնչացնելու համար, որ մեր հայրերից մեզ մնացած հողի վրա մենք միայն բնակեինք: Ես ասում եմ, որ պետք է սովորենք անձնապաշտպանություն, որպեսզի քրդերը և թուրքերը մեզ չոչնչացնեն: Այդ երկու մտքերի մեջ մեծ տարբերություն կա:

Ծերունի Խաչոն կտրեց պարոն Դուդուկչյանի խոսքը, ասելով.

— Ես հասկանում եմ, բոլորը հասկանում եմ, ինչ որ ասում եք դուք, բայց դարձյալ պիտի կրկնեմ նույն խոսքը, որ մի րոպե առաջ ասացի. միանգամով, մի օրվա մեջ այսպիսի մեծ փոփոխություն չի կարող կատարվել, որ մեր ժողովուրդը մի իրաշքով թողնե իր ստրկական բնավորությունը և հասկանա, թե ի՞նչ բան է անձնապաշտպանությունը: Դուք, պոլսեցիքդ, պետք է վաղ սկսեիք այդ գործը. դուք պետք է շատ տարիներ առաջ մեզ սովորեցնեիք, թե ինչ բան է անձնապաշտպանությունը, և այսօր, քրիստոնյաների այժմյան պատերազմների ժամանակ ձեր ցանած սերմերը ցանկալի պտուղ կտային: Դուք չնախապատրաստեցիք մեզ: Դուք ամբողջ ժամանակներ Պոլսում լուռ նստեցիք, և այսօր եկել մեզ ասում եք, թե սուր վեր առեք քրդի և թուրքի դեմ, ձեր անձը պաշտպանեցեք: Ու՞մ կարող եք հասկացնել, թե դա կարելի բան է:

— Դուք իրավ եք ասում, մենք, պոլսեցիքս ծույլ և անհոգ գտնվեցանք, մենք չնախապատրաստեցինք ձեզ, — պատասխանեց պարոն Դուդուկչյանը անխռով կերպով: — Բայց ես չեմ խոսում այն բանի վրա, որ այստեղ հայերը կորցրել են իրանց մարդկային բարձր, ազնիվ և վսեմ ձգտումները, դրանք այնպիսի հատկություններ են, որ պահանջում են մի որոշ չափով կրթություն և զարգացում, և որոնց մատակարարելը մեր պոլսեցիներիս պարտքն էր: Ես խոսում եմ անձնապաշտպանության վրա, դրա համար մեծ ուսում և կրթություն պետք չէ: Անձնապաշտպանության զգացմունքը, որպես քանի րոպե առաջ բացատրեցի, այնքան բնական է, որ հատուկ է մինչև անգամ բույսերին, անասուններին և վայրենի մարդիկներին: Մի՞թե հայը անասուններից էլ ստոր է, մի՞թե նա այն աստիճան մեռած է, որ քարի և փայտի նման ոչինչ զգացմունք չունի...

ԻԱ

Ծերունի Խաչոն իր որդիների հետ հեռանալուց հետո, Վարդանը և պարոն Դուդուկչյանը մնացին օդայի մեջ մենակ:

— Իրավ որ հողը պատրաստ չէ... — նկատեց Վարդանը, նայելով պոլսեցու բոլորովին դեղնած և տխրամած դեմքի վրա:

— Ո՞վ է մեղավոր, — հարցրեց պարոն Ղուդուկչյանը և նույն րոպեում կարծես, նրա սրտի մի մասը խորտակվեցավ ներքին վրդովմունքից: — Ծերունին շատ խելոք է, և ավելի խելոք, քան թե մեզ նման հիմար թուղթ մրոտողները: Նա բավական ճիշտ նկատեց, թե մեր՝ պոլսեցիներիս գործն էր վաղօրոք պատրաստել ժողովուրդը: Բայց ի՞նչ արեցինք մենք: Ոչինչ... Մենք ամենևին նախապատրաստության հոգ չտարանք, որովհետև մեզ չէր հետաքրքրում իրական Հայաստանը իր սարսափելի թշվառություններովը: Մենք շլացած էինք պատմական Հայաստանի անցյալ փառքովը միայն: Մենք այժմյան Հայաստանը ամենևին չէինք ճանաչում, և ոչ մտածում էինք ճանաչել: Մենք ճանաչում էինք նրան մի քանի հին պատմագիրներից, և երևակայում էինք, թե տիտանների այդ երկրում տակավին Տիգրաններ, Արամներ, Վահագներ, Վարդաններ և Ներսես Մեծեր են բնակվում: Մենք երևակայում էինք նրա բազմամարդ քաղաքները, որոնց մեջ արհեստը և վաճառականությունը հայ մարդու ձեռքում ծաղկելով, շնորհում էին նրան երկրի նյութական հարստությունը: Մենք երևակայում էինք նրա շեն գյուղերը, նրա մշակված դաշտերը, որ լցնում էին հայ երկրագործի շտեմարանները աստուծո բոլոր բարիքներով: Մենք հավատացած էինք, թե երկրի ազգաբնակության մեծամասնությունը բաղկացած է հայերից, որ ապրում են իրանց հայրենի հողի վրա բախտավոր ու խաղաղ կյանքով: Բայց չգիտեինք, թե ամբողջ հայաբնակ գավառներ դատարկվել են հայերից, կամ չքավորությունից սպառվելով և կամ բռնի մահմեդականություն ընդունելով: Չգիտեինք, որ կենդանի հայ մարդու տեղ կգտնենք կամ շարժուն դիակներ և կամ ընդարձակ գերեզմանատներ: Չգիտեինք, որ կրոնը մեր կարծիքով՝ այդ ազգային հաստատության նեցուկը, խորտակվել է, և նրա տեղ մնացել են հոյակապ վանքերի և եկեղեցիների ավերակներ միայն: Չգիտեինք, որ լեզուն, ազգային այդ սրբազան ժառանգությունը, կորել է հայ մարդու բերանից, և այսօր նա խոսում է կամ քրդերեն և կամ թուրքերեն: Չգիտեինք, որ այժմյան քաջ քրդերի մեծ մասը, որոնք հայի համար աստուծո պատիժ և պատուհաս են դարձել, մի հիսուն կամ հարյուր տարի առաջ մեր արյունակից եղբայրներն էին, մեր լեզվով էին խոսում և մեր եկեղեցում էին աղոթում: Մի խոսքով մենք ոչինչ չգիտեինք, մենք այժմյան Հայաստանի մասին խիստ անորոշ և խիստ մթին տեղեկություններ ունեինք, և տակավին հայտնի չէր մեզ, թե հայերից մնացած այժմյան ցիրուցան փշրանքները, դառն հանգամանքների պատճառով, ստրկության ծանր լծի տակ, այն աստիճան փչացել են, այն աստիճան այլանդակվել են, որ կորցնելով իրանց լավ հատկությունները, սեփականել են մի ցած, փոքրոգի, երկչոտ և նենգամիտ բնավորություն...

Վարդանը հետաքրքրությամբ լսում էր. պարոն Դուդուկջյանը շարունակեց.

— Բայց մեր ձեռքումն էին հավաքված բոլոր ուժերը, մենք կարող էինք մեծ գործ կատարել: Մեզ մոտ էր ազգի պատրիարքը, ժողովրդի գլուխը, որ բնավ մարմնի վրա չէր մտածում: Մեզ մոտ էր ազգային երեսփոխանական ժողովը, որ զբաղված էր ինտրիգաներով և չնչին հարցերով: Մեզ մոտ էր ուսյալ երիտասարդությունը, որ թնդեցնում էր Բոսֆորի ափերը ազգային սահմանադրության տարեդարձի երգերով, և բնավ չէր մտածում, որ նույն րոպեում Հայաստանում արյուն և արտասուք էր հոսում: Մեզ մոտ էր տպագրությունը, որ ամենևին ուշադրություն չէր դարձնում, թե ի՞նչ վիճակի մեջ է ապրում հայը հայրենի հողի վրա, և միշտ զբաղված էր օտարների կյանքով: Մեզ մոտ էին դպրոցները, որ չտվեցին Հայաստանին ոչ մի վարժապետ: Մեզ մոտ էր թատրոնը, որ մի անգամ գոնե դուրս չբերեց իր բեմի վրա հայաստանցու թշվառ պատկերը, և կերակրում էր հասարակությունը ֆրանսիական խոհանոցի աղտեղություններով: Մեզ մոտ էին ազգի պետերը, որ շողոքորթում էին Դռան կամայականությունները և իրանց համար փառք էին դիզում: Մեզ մոտ էր նյութական ուժը — արծաթը, որ ամիրաների պալատներն էր միայն զարդարում և հայաստանցու բարօրության համար մի փարա անգամ չէր ծախսվում: Մի խոսքով մենք մեր ձեռքում բռնած ունեինք ազգի հառաջադիմության ղեկը, կարծես, մի չար մտքով նրան մոլորեցնելու և դեպի կորուստ տանելու համար...

— Ես, — առաջ տարավ նա, — իմ և իմ մի քանի համախոհների դիտավորությունը կատարյալ դոնքիշոտություն եմ համարում: Ի՞նչ կարելի է սպասել: Ամբողջ ժամանակներ նստել Պոլսում բոլորովին անգործ, չհետազոտել Հայաստանի կյանքը, չուսումնասիրել երկիրը, չծանոթանալ ժողովրդի պետքերի և պահանջների հետ, չնախապատրաստել նրան մի լավ ապագայի համար, և հանկարծ հայտնվել նրա մեջ, նրա ձեռքը զենք տալ, որ կռվե իր անձնապաշտպանության համար, դա հազիվ թե կարող էր ընդունելություն գտնել: Այսուամենայնիվ, ես չեմ վհատում, իմ հավատը բնավ չէ խախտվում, ես և գուցե իմ բոլոր համախոհներս կընկնենք, բայց մեր անկումը ճանապարհ կբացանե մեր հետևողների առջև. նրանք կանցնեն մեր դիակների վրայով...

Վերջին խոսքերը լսելու ժամանակ Վարդանը չկարողացավ զսպել իր սրտի զեղմունքը, նա գրկեց պարոն Դուդուկջյանին և համբուրեց նրան, ասելով.

— Այսպիսի գործը, այո՛, զոհ է պահանջում... փա՛ռք և պատիվ նրան, ով որ կլինի առաջին զոհը...

Գիշերի կեսից անցել էր արդեն: Օդայի մեջ քնելու անկողինները վաղուց պատրաստ էին: Բայց երկու երիտասարդները երկար մնացին անքուն: Պարոն Դուդուկջյանը կրիտիկական անխնա քննադատությամբ խոսում էր Կ.Պոլսի ցնորամիտ երիտասարդության վրա, խոսում էր եկեղեցականների վրա, ասելով. «Եթե այդ երկրում գտնված վանքերի և եկեղեցիների տասնից մեկ մասի փոխարեն օրինավոր դպրոցներ լինեին, այժմ Հայաստանը փրկված կլիներ»:

Հանկարծ օդայի դուռը մեղմիկ կերպով զարկեցին: Վարդանը գնաց և բաց արեց: Հայտնվեցան Հայրապետը և Ապոն, երկու եղբայրները, որ որոշվում էին ծերունի Խաչոյի և մյուս որդիներից իրանց բոլոր հատկություններով:

— Մենք այսպես տարաժամ կերպով եկանք ձեզ մոտ, որ չնկատեն մեզ, — ասաց Հայրապետը իր եղբոր հետ նստելով: — Երևի անհանգստացրինք ձեզ:

— Ամենևին, — պատասխանեց Վարդանը, — մենք քնել չկարողացանք, դեռ խոսում էինք: Երևի, ձեր տանը բոլորը քնած են:

— Բոլորը, — պատասխանեց Ապոն, — միայն հայրս անքուն էր և իր անկողնի մեջ անդադար հազում էր: Երբ նա հազում է, կնշանակե, մի բանի վրա մտածում է:

Վարդանը և պարոն Դուդուկչյանը իսկույն նկատեցին, որ երկու եղբայրների այդ անազան պահուն իրանց մոտ գալը առանց նպատակի չէր լինելու, և սպասում էին, մինչև նրանք կհայտնեին իրանց խորհուրդը:

— Մենք մեր հոր և մյուս եղբայրների մոտ ոչինչ խոսել չկարողացանք, — ասաց Հայրապետը լուրջ կերպով, — և այս պատճառով շտապեցինք ձեզ հայտնել, որ մենք բոլորովին համակրում ենք ձեր մտքերին և ամեն կերպով պատրաստ ենք ծառայելու ձեր նպատակներին, ինչ գործում որ հարմար կհամարեք:

Պարոն Դուդուկչյանի սառն դեմքի վրա փայլեց ուրախության պայծառ մի նշույլ. դա միսիոնարի ուրախություն էր, երբ երկու հավատացյալ է ձեռք բերում և մտածում է, թե իր հոտը արդեն կազմված է, թե այդ երկուսը սկիզբ կդնեն հազարների:

— Բոլորովին սխալ է մտածել,-խոսեց Հայրապետը, — թե այստեղի հայերը հոգվով, սրտով և ամեն բարձր ձգտումներով մեռած են: Բայց մի բան կա, որ հայերի ընդհանուր թերությունն է: Ամեն մի հայ, առանձին վեր առած, զգույշ է, մտածող է, անվստահ է և սեփական կամք չունի: Նա միշտ սպասում է օրինակի, որ ուրիշը սկսե, իսկ ինքն նրան հետևի: Օրինակը, մանավանդ հաջողված գործի օրինակը, նրա վրա մեծ ազդեցություն է գործում: Այս դեպքում հայը մի քանի պայմաններ միշտ աչքի առջև ունի: Նա բնավ չէ հետաքրքրվում, թե ինչպես են ապրում, ինչ եղանակով են գործում օտար երկրներում: Ուզում եմ ասել, որ հայը օտարներից օրինակ չէ վեր առնում, այլ սպասում է, որ օրինակը տար նրան իր նման մի հայ: Ուրեմն մենք առաջին օրինակը կտանք, և ես հավատացած եմ, որ մեզ կհետևեն շատերը: Ես լավ եմ ճանաչում մեր ժողովուրդը. նա այնքան շատ տանջվել է, որ հենց այս րոպեիս պատրաստ է թուրքի, քրդի միսը ուտել և արյունը խմել, եթե մի հնար կգտնե:

Նա սրտում սաստիկ ատելություն ունի, միայն այդ ատելությունը թաքնված է:

Վարդանը և պարոն Դուդուկջյանը ուրախությամբ լսում էին Հայրապետի ասածները: Նրա մեջ խոսում էր ժողովրդի ձայնը.

— Երջանի՜կ է այն ժողովուրդը, որ ատել գիտե, — բացականչեց պոլսեցի երիտասարդը մի առանձին ոգևորությամբ: — Նա, որ ատել չգիտե, զուրկ է մնում սիրո զգացմունքից...

— Իմ հայրը ասում էր, թե հողը պատրաստ չէ, — խոսեց Հայրապետը: — Նա իսկապես խելացի մարդ է, նրա սրտում կան շատ ծածկված բարի խորհուրդներ: Բայց նրա խելացի խրատները, նրա զգուշավորությունը հասնում է մինչև հանցավորության: Նա իր համբերությամբ թմրեցրել է մեզ և պահել է քարացած անշարժության մեջ: Մեր դրության մեջ, իմ կարծիքով, համարձակությունը, անձնավստահությունը և մինչև խենթության հասած հանդգնությունը ավելի գործ է կատարում, քան թե իմաստունների լուրջ և խոհեմ մտածությունները:

— Այո, «մինչև խելացին կմտածե, խենթը գետից անց կկենա»... — պատասխանեց Վարդանը ծիծաղելով:

— Այդ շատ ճիշտ է, — նկատեց պարոն Դուդուկջյանը: — Խելացիների խելքը շատ անգամ խաբում է իրանց, և խաբվածները այն ժամանակ միայն հասկանում են՝ թե հիմարվել են, երբ գժերը իրանց գործը արդեն ավարտած են լինում... Մի ժամանակ Կ. Պոլսի մեր խելացիները մտածում էին, թե հայերի համար ավելի նպաստավոր է թուրքաց անկիրթ և անկարգ կառավարությունը, քան թե մի բարեկարգ և քաղաքակրթված կառավարություն: Մտածում էին, թե մի քաղաքակրթված կառավարություն իր կուլտուրական բարձր զգացումով կարող էր կլանել և ոչնչացնել հայերին. մինչդեռ խելացի հայերը, օգուտ քաղելով թուրքի հիմարություններից, գոյության կռվի մեջ կարող էին մրցել նրա հետ, կարող էին հաղթող հանդիսանալ: Այդ ենթադրությունը թեորիայի կետից ուղիղ է: Բայց ամենաճիշտ փիլիսոփայական թեորիան երբեմն կյանքի փորձի մեջ հայտնվում է սխալ:

Պատմությունը իր առանձին զարտուղություններն ունի: Եթե մի քաղաքակրթված մեծ ազգություն կարող է կլանել փոքր ազգությունները, նույնը կարող է կատարել և մի անքաղաքակիրթ մեծ ազգություն իր մանր հպատակ ազգությունների վերաբերությամբ: Տարբերությունը միայն գործ դրած միջոցների և հնարների մեջն է, մեկը սպանում է բարբարոսական միջոցներով, մյուսը՝ կուլտուրայի միջոցներով:

— Ես ավելի պարզ կխոսեմ, — շարունակեց պարոն Դուդուկչյանը: — Մեզանից ոչ ոք մինչև այսօր չէր հասկացել թուրք կառավարության գաղտնի քաղաքագիտությունը հայերի վերաբերությամբ: Մեզանից ամեն մեկը երեխայական կարճատեսությամբ կրկնում էր, թե «մեր ապազան Թուրքիայումն է»: Մենք նայում էինք կատարվող զեղծումների, անկարգությունների և բարբարոսությունների արտաքին մակերևույթի վրա, բայց թե ո՞րպիսի դժոխային մեքենայություն էր թաքնված նրանց տակին, այդ մենք չինք տեսնում: Մենք միայն տեսնում էինք հարստահարություններ, սպանություններ, բռնի կրոնափոխություններ և զանազան տեսակ չարագործություններ, որ կատարում էին մեր հարևան բարբարոս ցեղերը: Այդ բոլորը մենք առօրյա և պատահական էինք համարում, և չգիտեինք, որ հիշյալ անկարգություններին մի գաղտնի քաջալերող կա, չգիտեինք, որ այդ բոլորը կատարվում է բարձր աստիճա-նավորների թելադրությամբ: Մենք մեղադրում էինք կառա-վարությանը այն մտքով միայն, որ նա թույլ է, որ նա անհոգ է, որ նա իր անզգամ հպատակները զսպել չգիտե: Բայց չէինք հասկանում, որ կառավարության պաշտոնյաները իրանք այդ բարբարոսներին գրգռում էին հայերի դեմ, քրիստոնյա տարրը ոչնչացնելու համար: Ինչո՞ւ, կհարցնեք ինձ:

— Թուրքիան շատ լավ է հասկացել, եթե նա մի օր կզրկվի իր եվրոպական ու ասիական նահանգներից, այդ կորստի պատճառը լինելու են տեղային քրիստոնյա ազգաբնա-կությունները: Նա հասկացել է, որ քրիստոնյա հպատակների գոյությունը իր պետության մեջ ամեն անգամ պետք է առիթ տա քրիստոնյա թագավորներին միջամտելու Թուրքիայի գործերի մեջ և բարձրացնել մի նոր արևելյան հարց: Իր նահանգները չկորցնելու համար, քրիստոնյա թագավորների միջամտությունից ազատելու համար, թուրքը ստիպված է ոչնչացնել քրիստոնյաներին: Քրիստոնյաների պատճառով նա իր եվրոպական նահանգներից շատերը կորցրեց և մնացածը կորցնելու վրա է: Իսկ ասիական երկրներից իր ամբողջությունը պահպանել է միայն Փոքր Ասիան: Այստեղ գլխավոր քրիստոնյա ազգությունը, որ սպառնում է պետության այդ մասնի անջատմանը — են հայերը: Ուրեմն եվրոպական տերությունների ձայնը կտրելու համար, պետք է ցույց տալ նրանց, որ Հայաստանում հայ չկա: Այդ սպանության գործի մեջ Թուրքիան ընտրել է ամենահարմար դահիճներ՝ քրդերին և չերքեզներին:

— Եթե հավաքելու լինենք վերջին 20-30-50 տարիների ընթացքում կատարված փաստերը, կհամոզվենք, որ այդ բոլորը ճշմարիտ է: Կհամոզվենք, որ հայերի վերաբերությամբ գործված հարստահարությունները, ճնշումները, հալածանքները, հափըշտակությունները, մի խոսքով բոլոր բարբարոսությունները պատահական երևույթներ չեն: Կհամոզվենք, որ այդ բոլորի մեջ թաքնված է մի նախապես մտածված, կարգադրված հիմք և նպատակ, որ ծառայում են հայկական տարրը հետզհետե տկարացնելու, սպանելու և վերջապես ոչնչացնելու համար: Ես կհիշեմ մի քանի փաստեր միայն: Հայերին անձնապաշտպանության բոլոր հնարներից զրկելու համար, խլեցին նրանց ձեռքից զենքը, կապեցին, կաշկանդեցին նրանց ձեռքերը, իսկ հայերի թշնամիների ձեռքում զենք տվեցին: Հետո տեսան, որ այդ բավական չէ հայերին տկարացնելու համար, տեսան, որ այդ տարրը, որպես մի աշխատասեր և տնտեսագետ ժողովուրդ, կարողանում է մրցել իր հակառակորդների հետ, կարողանում է իր գոյությունը պահպանել իր նյութական զորությունով՝ իր հարստությունով: Ուրեմն պետք է ամեն հնարք գործ դնել, որ նա աղքատանա, ուրեմն պետք է տնտեսապես մահացնել նրան: Հարկերը ծանրացրին, շրջաբերության մեջ եղած արժեթղթերը ոչնչացրին (առանց նախապես հայտարարելու ժողովրդին), մի խոսքով զանազան տեսակ ֆինանսական խարդախություններ գործ դրեցին, որպեսզի ժողովրդի ձեռքում գտնված դրամը իր արժեքը կորցնի և հարկերը վճարելու անկարող լինի, որպեսզի առիթ ունենան նրա տնտեսության ամենաանհրաժեշտ պարագայքը հարկերի փոխարեն վաճառել տալու, նրան երկրագործության աշխատություններից զրկելու համար: Այդ միջոցները դարձյալ չկարողացան լրացնել Թուրքիայի նպատակը: Ժողովուրդը տոկուն էր. եթե իր հայրենի երկրում վաստակ չէր գտնում, պանդխտանում էր դեպի օտար աշխարհ, այնտեղ փող էր վաստակում և բերում, լցնում էր գանձարանը: Ուրեմն ի՞նչ պետք էր անել: Թուրքիան մտածեց միանգամից ցամաքացնել հայ ժողովրդի ապրուստի աղբյուրները. նա հնարեց իր կալվածական ամենախորամանկ օրենքները, և հայերը զրկվեցան կալվածատերության իրավունքից: Հայերի ձեռքում գտնված հողերը անցան քուրդ դերբեյների, չերքեզների, մուֆթիների, դաղիների և զանազան վայրենի էշիրաթների ձեռքը: Դրանք տեր դարձան, իսկ հայը, աշխատասեր և արդյունաբերող հայը, դարձավ այդ բարբարոսների հողերը մշակող ստրուկը և ճորտը: Հայաստանում հայերի և մահմեդականների մեջ եղած այժմյան անթիվ և անհամար կալվածական վեճերը ու դատերը կամ մնում են կառավարության կողմից առանց ուշադրության, կամ եթե վճռում են, վճիռը կայանում է անպատճառ հօգուտ մահմեդականին: Հազարավոր օրինակներ կան այդ մասին: Եվ այդ վճիռների մեկի քննությունը բավական է ապացուցանելու համար, թե կառավարությունը չէ ցանկանում, որ հայի ձեռքում հող մնա, այլ ցանկանում է, որ նա զրկվի իր պապերի ժառանգությունից, որպեսզի դրանով կարողանա ավելի սաստկացնել հայերի գաղթականությունը, և Հայաստանը դատարկելով հայերից, նրանց տեղը լցնել քրդերով և չերքեզներով:

— Այժմ տեսնո՞ւմ եք,-շարունակեց պարոն Դուդուկչյանը, — որ այդ բոլոր չարագործությունների մեջ մի ներքին կապ կա, մի գաղտնի և դժոխային նպատակ կա: Ես ավելորդ եմ համարում խոսել մասնավոր երևույթների վրա և ցույց տալ, որ տեղական իշխանության պաշտոնյաները շատ անգամ աշխատել են արհեստական կերպով սով պատճառել հայաբնակ գավառներում, որպեսզի քրդերի և չերքեզների սրից ազատ մնացած հայերին կոտորեն քաղցածությունով: Դա հրեշավոր մի սպանություն է, որին ընդունակ է անգութ, անողորմ թուրքը միայն: Մաշել ժողովուրդը աղքատությունով, տնտեսապես սնանկացնել նրան, զրկել ապրուստի բոլոր միջոցներից, ահա գլխավոր զենքերը, որոնցմով թուրքը աշխատում է այժմ ոչնչացնել հայ տարրը: Նա գիտեր, որ ուրիշ զենքով դժվար է մահացնել մի ժողովուրդ, որի զորությունը կայանում է իր աշխատասիրության և նյութական կարողության մեջ: Զեյթունի հայերը վարուցանքի տեղ չունեն. նրանց ապրուստի և արդյունաբերության գլխավոր աղբյուրներն են երկաթի հանքերը, որ բովազործում են նրանք, պատրաստում են զանազան տեսակ գործիքներ, կամ այնպես անպատրաստ տանում են մերձավոր գավառները, և վաճառելով, փոխարենը գնում են ինչ որ իրանց պետք է: Թուրքիան մի քանի անգամ փորձ փորձեց խլել զեյթունցիների ձեռքից այդ հանքերը, միայն քաջ լեռնաբնակների սաստիկ ընդդիմադրությունը կարողացավ փրկել իրանց ապրուստի գլխավոր հարստությունը: Վանա հրդեհը այդ տեսակ մեքենայությունների մի ճշգրիտ օրինակ կարող է համարվել: Հայերը այս քաղաքում բավական հարստացած էին. մի գիշերվա մեջ նրանց բոլոր խանութները կրակի մատնեցին: Չնայելով հայերի անդադար բողոքներին, տեղական իշխանությունը մինչև անգամ քննություն սկսել չկամեցավ, որ հայտնվեն չարագործները: Որովհետև ինքն իր վրա քննություն սկսել չէր ցանկանում...

— Մեզ մինչև այսօր զարմացնում էր այն միտքը, թե ի՞նչու Թուրքիան այնքան շողոքորթում է քրդերի և չերքեզների ցեղապետներին, շողոքորթում է նրանց հզոր զլուխներին կամ շեյխերին, որոնք իրանց անկարգություններով ոչ սակավ հոգսեր են պատճառում կառավարությանը: Դրանք շատ անգամ հարկեր չեն վճարում, շատ անգամ ահագին խումբերով ասպատակում են այս և այն գավառները: Մի՞թե, մտածում էինք մենք, եթե իշխանությունը ցանկանա, չէ կարող զսպել այդ ավազակներին: Հիմա հասկանում ենք, որ Թուրքիային պետք է իր ձեռքում ունենալ այսպիսի գործիքներ: Նպատակը՝ բացահայտ է...

Պարոն Դուդուկչյանը, կարծես, աշխատում էր այս գիշեր դուրս թափել բոլոր դառնությունները, որ ծանրացած էին նրա սրտի վրա: Տառապյալ ժողովրդի ցավը, նրա անբախտ վիճակը, նրա տխուր ապազան, որ նկատվում էր նրա աչքի առջև իր սև գույներով, այդ բոլորը լցրել էին նրա հոգին մի արդար վրդովմունքով:

— Հանգամանքները, կյանքի պայմանները, — ասաց նա, — ստիպեցնում են մարդուն իր նմանների հետ վարվել այնպես, որպես վարվում են օտարները իր հետ — չարին չարով պատասխանել: Ուրիշ հնար չկա: Բոլոր արարածների մեջ մարդը միայն է, որ գազաններից ավելի անգութ և ավելի անիրավ կերպով է վարվում իր նմանների հետ: Գազանը գոնե միանգամից մահացնում է և հանգստացնում է իր զոհին: Բայց մարդը հաջորդաբար է վարվում: Նա տանջում է — ճնշում է, բարոյապես և մտավորապես մաշում է, և իր զոհի կենսական բոլոր ուժերը սակավ առ սակավ սպառելով, այնպես է սպանում: Դա մի սարսափելի սպանություն է: Այսպիսի սպանություն գործելու ընդունակ է մարդը միայն: Այսպիսի սպանություններ կատարվում են ոչ միայն մասնավոր անհատների վերաբերությամբ, այլ ամբողջ ազգերի վերաբերությամբ ևս: Մի այսպիսի սպանություն սպառնում է մեզ: Մի՞թե սույն նպատակով չեն վարվում մեզ հետ թուրքերը, քրդերը և չերքեզները: Մի՞թե սույն պատճառներից չէ, որ այսօր Հայաստանը մեծ մասամբ դատարկվել է հայերից:

Պարոն Դուդուկչյանի երկար բացատրությունների միջոցին Վարդանը լսում էր խորին համակրությամբ: Նա մի դառն, հեգնական ժպիտով պատասխանեց.

— Հայոց ժողովուրդը մի զարմանալի ժողովուրդ է. նրան սպանելը, եթե չասեմ անհնարին, կարող եմ ասել, որ շատ դժվարին է: Նա այն բազմագլխյան առասպելական վիշապն է, որ կոչվում է Հիդրա, որի յուրաքանչյուր ջախջախված և կտրված գլխի տեղ բուսնում է մի նորը և ավելի զորավորը: Դարերի ընթացքում, համաշխարհական դարբնոցի սալի վրա, հայը այն աստիճան ծեծվեցավ, տաշվեցավ և կոփվեցավ, որ ստացավ երկաթի ամրություն: Նրան ջախջախելը շատ հեշտ չէ. նա չափազանց տոկուն է... Հայը տարավ, հայը համբերեց ամենամեծ մոնղոլների բարբարոսություններին, որոնց համեմատությամբ Թուրքիայի այժմյան մոնղոլական սերունդը պետք է ճանճեր համարել: Հայի երկրի վրայով անցան Մանգուլխանի, Լենկ-Թեմուրի, Չինգիս-խանի, Հուլավունի և դրանց նման մարդկային հրեշների արյունարբու հրոսակները: Նրանք անցան հեղեղների և փոթորիկների նման, ջարդեցին, ջարդվեցան, և վերջապես անհետացան, բայց հայը դարձյալ մնաց: Այժմյան մոնղոլական Թուրքիան, աշխատելով սպանել արդյունաբերող և տերության գանձարանը լցնող հայերին, անգիտակցաբար սպառնում է ինքն իրան: Նրա այժմյան ֆինանսական սնանկությունը այդ սպանության հետևանքն է: Վաղեմի Թուրքիան ավելի լավ է հասկացել հայ տարրի օգտավետությունը իր պետության հաստատության համար: Նա ոչ միայն առանձին հոգ էր տանում աշխատասեր հայ գյուղացու հանգստության համար, այլ պետության գանձային ամբողջ կառավարությունը հանձնել էր հայ դրամատերերի ձեռքը, և մեր սառաֆները ոչ սակավ անգամ ազատում էին պետությունը, ֆինանսական ամենադժվարին ճգնաժամի ժամանակ:

Առավոտը մոտ էր լուսանալու, տակավին խոսում էին մեր տաք գլուխ խորհողները: Հետո նրանք սկսեցին խոսել ինչ-որ պատրաստությունների և կարգադրությունների մասին: Երբ խորհուրդը ավարտված էր, պարոն Դուդուկջյանը հանեց իր ծոցից երեք այցատոմս, և տալով իր բարեկամներին, ասաց.

— Ես բոլորովին հավատում եմ ձեզ. այժմ դուք կարող եք գիտենալ իմ ով լինելը և իմ իսկական անունը:

Այցատոմսի վրա ֆրանսիական գեղեցիկ տառերով տպված էր Լ. Սալման:

Պարոն Լևոն Սալմանի հայրը՝ Թորոս Չելեբին մահմեդականություն ընդունած հայ կաթոլիկ էր: Թե ինչ հանգամանքների պատճառով նա փոխեց իր կրոնը, դա մի երկար պատմություն է: Մենք այսքանը միայն կասենք, որ Թորոսին մեղադրեցին մի թուրք օրիորդի հետ հարաբերություններ ունենալու մեջ, և նա սպանումից ազատ մնալու համար ստիպվեցավ մահմեդականություն ընդունել և ամուսնանալ գեղեցիկ Ֆաթիմայի հետ, — այսպես էր օրիորդի անունը: Լևոնի ծնունդից հետո Ֆաթիման վախճանվեցավ և փոքրիկ երեխան մնաց հոր խնամատարության ներքո, որին սաստիկ տանջում էր այն միտքը, որ իր զավակը կկրթվի և կմեծանա իրան ատելի դարձած մի օտար կրոնի մեջ:

Սալմանը (մահմեդականացած Թորոս Չելեբին) թողեց իր հայրենիքը՝ Անգուրիան և տեղափոխվեցավ Կ. Պոլիս: Այստեղ ոչ ոք չէր ճանաչում նրան: Նա իր զավակին հանձնեց ֆրերների միաբանությանը, իսկ ինքը անհետացավ: Փոքրիկ Լևոնը մեծացավ կաթոլիկների մի կուսանոցի մեջ, և հետո 12 տարեկան հասակում տարվեցավ Իտալիա: Իր սկզբնական ուսումը ստացավ նա կղերի ձեռքից: Նա անցկացրեց մի քանի տարի Վենետիկի ս. Ղազարի վանքում, և այստեղից հեռանալով մտավ Վիեննայի Մխիթարյանների վանքը, բայց ոչ մի տեղ հիմնավոր գիտություն չսովորեցավ: Վերջապես մի կնոջ սերը դուրս քաշեց նրան վանքային ապականված մթնոլորտից և ձգեց Փարիզի քաոսի մեջ: Այստեղ նա սկզբում անց էր կացնում զվարճություններով լի դատարկ կյանք, անդադար անցկենալով մի կուսակցությունից դեպի մյուսը, և մտնելով զանազան ընկերությունների մեջ, միայն խոսելու, բայց ոչ գործ շինելու համար: Իսկ երբ սպառվեցան սիրուհու փողերը, այնուհետև աղքատությունը ստիպեց նրան ձեռք զարկել լուրջ աշխատանքի, գրում էր լրագրական զանազան հոդվածներ արևելքի վերաբերությամբ և նրանով ապրում էր: Բայց երբ հարուցվեցավ վերջին արևելյան հարցը, նա թողեց Փարիզը, թողեց իր սիրուհին և դիմեց դեպի Կ. Պոլիս:

ԻԲ

Պարոն Սալմանի Բագրևանդի գավառում հայտնվելուց դեռ մի ամիս առաջ, արզրումցի հաջի Միսաք անունով ջորեպանը բեռնավորեց իր քարվանը և ճանապարհ ընկավ դեպի Արզրում: «Հաջի» մականունը ստացել էր նա այն պատճառով, որ երկու անգամ ս. Երուսաղեմ ուխտ էր գնացել, և եթե աստված արժանի կաներ, մի անգամ ևս գնալու նպատակ ուներ, որ խորհրդական թիվը լրանար: Առհասարակ հաջի Միսաքը, բարի քրիստոնյա էր, և նրա ջերմեռանդությունը հասնում էր մինչև սնահավատության:

Ճանապարհների վրա բոլոր քաղաքներում, բոլոր

գյուղերում և բոլոր իջևաններում ճանաչում էին հաջի Միսաքին: Քսան տարուց ավելի կլիներ, որ այդ մարդը իր ջորիներով պտտում էր Փոքր Ասիայի և Հայաստանի մեջ, ու ծանրություններ էր տեղափոխում: Հաջի Միսաքը մի հաստ ու պինդ մարդ էր, միջակ հասակով և սաստիկ արագաշարժ: Նրա դեմքի գծագրությունը անհնարին էր ճշտապես որոշել, որովհետև ամբողջապես ծածկված էր խիտ մազերով, որոնց միջից երևում էր ահագին հայկական քիթը և բոցավառ աչքերը միայն, որոնց խորության մեջ միշտ կարելի էր նկատել նրա բարեսրտության պայծառ արտահայտությունը:

Ամեն տեղից երբ անց էր կենում հաջի Միսաքի քարավանը, միշտ ընդհանուր ուրախություն էր պատճառում: Ո՞վ ասես, նրանից մի բան չէր սպասում ստանալ. վաճառականը ապրանք էր սպասում, կինը իր պանդուխտ ամուսնից նամակ էր սպասում, ճանապարհների վրա գտնվող մանր և խոշոր աստիճանավորները կամ պաշտոնատարները այս և այն իրեղեններն էին սպասում ուտելու, խմելու և հագնելու համար: Շատ անգամ պանդուխտ, հիվանդ, ճանապարհների վրա նվաղած ու ընկած հայ գաղթականը սպասում էր, որ հաջի Միսաքի քարավանը կանցնի, և իրան մարդասիրաբար վեր առնելով, կտանե և ցանկացած տեղը կհասցնե: Հաջի Միսաքի կամակատարությունը և նրա պատրաստականությունը ամեն մարդու օգնելու մեջ, նրան սիրելի էին արել իր բոլոր ծանոթներին: — «Հաջի Միսաք, վերադարձին ինձ համար մի քանի հոխա թամբաքու բեր», — «Հաջի Միսաք, դահիվես պրծել է, դահիվե բեր», — «Հաջի Միսաք, այս զեյթունի յուղը հասցրու մեր տանը», — այսպիսի պատվերներ նա կատարում էր առանց մի փարա ընդունելու և մինչև անգամ իր գրպանից ծախսելով: Այս պատճառով ճանապարհների վարչությունները շատ խիստ չէին վարվում հաջի Միսաքի հետ. մաքսատներից նրա քարավանը անցնում էր ամենայն ապահովությամբ և աստիճանավորները չէին նեղացնում նրան:

Բեռնակիրը, և մանավանդ ճանաչված բեռնակիրը, մեծ հավատարմություն ունի արևելքում: Նրան հանձնում են ամենաթանկագին ապրանքների հակեր, նրան հանձնում են տոպրակներով լի ոսկի և արծաթ, առանց որևիցե թղթերի կամ պաշտոնական գրագրությունների, և նա իր ստացած ավանդները տանում է և անկորուստ հասցնում է պատկանած տեղը:

Ամեն քաղաքում գիտեին, թե երբ կհայտնվի հաջի Միսաքը: Նրա քարավանի ընթացքը այնքան կանոնավոր էր: Եթե մի արտաքո կարգի դեպք պատահելու չլիներ, նա մի ժամ ևս ետ չէր ընկնի սովորական օրից: Բայց այս անգամ հաջի Միսաքի քարավանը բավական դանդաղ էր ընթանում: Չնայելով նրա վեր առած հակերի փոքրիկ ծավալին, նրանք բավական ծանր էին երևում: Հակերի մեծ մասը քառանկյունի, երկայնաձև արկղիկներ էին երկաթի կապանքներով ամրացրած, և որոնց վրա անգլիական տառերով դրոշմված էին «Պերսիա» և «Թեհրան» բառերը: Քարավանը ըստ մեծի մասին ուղևորվում էր գիշերով: Հաջի Միսաքը ասում էր, որ նա չէ ցանկանում ցերեկվա տոթերի ժամանակ իր ջորիներր հոգնեցնել:

Քարվանի մեջ կար մի երկրորդ անձնավորություն ևս, որ իրան կոչում էր Մելիք-Մանսուր, դա վաճառական էր, և իր ասելով պարսկաստանցի հայ:

Վերջին 20-30 տարիների ընթացքում պարսից կառավարությունը, բավական մեծ վերանորոգություններ անելով զենքերի փոփոխության մեջ, և նրանց եվրոպական ձևի վերածելով, հայերի առջև բացվեցավ վաճառականության մի նոր ասպարեզ, որոնք սկսեցին հայթայթել կառավարությանը պահանջված զենքերը: Մելիք-Մանսուրը այս տեսակ վաճառականներից էր և ջորիների կրած ծանր արկղները նրան էին պատկանում: Մաքսատներում առանձին ուշադրություն չէին դարձնում այդ արկղների վրա, որովհետև իբրև տրանզիտ ապրանք, պետք է անցկենային Պարսկաստան: Այս տեսակ ապրանքների փոխադրությունը Տրապիզոնի, Արզրումի և Բայազեդի ճանապարհով դեպի Պարսկաստան մի նոր բան չէր:

Մելիք-Մանսուրը կլիներ 36 տարեկան, նա բավական համակրական դեմք ուներ, նրա միշտ ուրախ, միշտ ծիծաղկոտ բնավորությունը և փոքր ինչ շաղակրատ լեզուն մի առանձին կյանք էին տալիս այդ մարդու անվերջ խոսակցություններին հաջի Միսաքի հետ, մանավանդ երբ նա սկսում էր պատմել իր կյանքի հետաքրքիր արկածները, որ կատարվել էին հեռավոր աշխարհներում: Քարավանի ճանապարհորդության միակերպ ձանձրույթը փարատելու համար այս տեսակ խոսակցությունները անհրաժեշտ են լինում: Ավելի հետաքրքիր էր այդ հայոց «թափառական հրեայի» ձախ ձեռքի երեք մատերի կտրվելու պատմությունը, որ պատահել էր Հնդկաստանում մի կռվի մեջ, որ նա ունեցել էր վայրենիների հետ:

Մելիք-Մանսուրը խոսում էր շատ արևելյան և արևմտյան լեզուներով, և իր ամբողջ կյանքում մարդիկների հետ զարկվելով, գիտեր նրանց բոլոր խորամանկությունները, գիտեր, թե ինչպես պետք է վարվել մարդու հետ: Եվ այս պատճառով, նա ներսից այն չէր, ինչ որ երևում էր դրսից: Այսուամենայնիվ, հաջի Միսաքը մի առանձին հարգանքով էր վերաբերվում դեպի այդ խորհրդավոր անձնավորությունը, ոչ այն պատճառով միայն, որ ինքը իբրև բեռնատար պարտավոր էր պատվել իր վեր առած բեռների տիրոջը, բայց գտնում էր նրա մեջ մի ուրիշ բան, որ իսկապես հարգելի էր:

Ամեն մի խան (քարվանսարա) իջևանելիս պանդոկապետները խիստ գոհ էին մնում Մելիք-Մանսուրից. նա բավական առատաձեռն էր և ոսկին շաղ էր տալիս աջ ու ձախ:

— Դուք դրանց փչացնում եք, — նկատում էր հաջի Միսաքը, — մյուս անգամ մեզ անհնար կլինի այդ ավազակներից մի բաժակ ջուր խնդրել:

— Վնաս չունի, — պատասխանում էր նա ծիծաղելով, — ոսկու փայլը կուրացնում է մարդկանց աչքերը...

Քարավանը անվտանգ անցավ Արզրումից և մի շաբաթից հետո մտավ Բայազեդի գավառը: Այստեղ Մելիք-Մանսուրի բեռները սկսեցին հետզհետե փոխվել: Արկղները գիշերով անհետանում էրն և նրանց փոխարեն ստացվում էին ուրիշ հակեր, բոլորովին այլ տեսակ մթերքներով: Այդ փոփոխությունները պատահում էին, երբ քարավանը իջևանում էր այս և այն հայաբնակ գյուղի մեջ: Երբեմն հայտնվում էին Մելիք-Մանսուրի մոտ մի տեսակ անծանոթ մարդիկ – ինչ-որ անհասկանալի լեզվով խոսում էին նրա հետ և անհետանում էին:

Վերջապես քարավանը մոտեցավ Տաճկաստանի և Պարսկաստանի սահմանին: Նա անցավ սահմանը և ոտք կոխեց պարսից հողի վրա: Բայց մինչև այստեղ հասնելը և՛ «Պերսիա», և՛ «Թեհրան» մակագրությամբ արկղներից ոչ մեկը չէր մնացել հաջի Միսաքի ջորիների մեջքի վրա, և ինքը՝ Մելիք-Մանսուրը՝ կեղծ վաճառականը անհետացել էր...

ԻԳ

Ծերունի Խաչոյի տան մեջ կյանքի սովորական եղանակը, որ ուներ նա վերջին օրերում, բավական փոփոխություն էր ստացել: Պարոն Սալմանը (տանեցիք դեռ նրան պարոն Դուդուկչյան էին կոչում) շատ անգամ տանը չէր գտնվում: Նա և Վարդանը երբեմն հեռանում էին Օ... գյուղից և օրերով չէին վերադառնում: Հայրապետը և Ապոն այժմ խիստ մտախոհ և ծածկամիտ էին դարձել: Նրանց մյուս եղբայրներին արդեն անտանելի էր դարձել երկու օտարական հյուրերը, որոնց վարմունքը, որոնց «խենթությունները» նրանց հաճելի չէին թվում: Ինքը ծերունի Խաչոն այժմ զբաղված էր գյուղային գործերով, որ օրըստօրե ավելի ծանրանում էին և նրան շատ հոգսեր էին պատճառում: Այս պատճառով տանուտերի օդան համարյա կորցրել էր իր կենդանությունը և նրա մեջ մեծ մասամբ դադարել էին գիշերային խոսակցությունները, վիճաբանությունները և անսովոր դատողությունները, որ լինում էին առաջ:

Միայն անփոփոխ մնացել էր կանանոցի կյանքը: Նա իր միակերպությունը պահպանել էր դարերով ու նույնպես շարունակվում էր: Հայ ընտանիքի այդ կտրված, առանձնացած և տղամարդի հասարակությունից անջատված բաժինը ոչինչ մասնակցություն չունի, թե ինչ են խոսում, ինչ բանի վրա են մտածում տղամարդիկը: Իրանց տնտեսությունից, իրանց տնային հոգսերից դուրս, ոչ մի օտար միտք չէ զբաղեցնում նրանց: Եվ այս պատճառով օդայի մեջ եղած խորհուրդների մասին նրանք ոչինչ չգիտեին: Տանուտերի օդան, այդ գյուղական կլուբը, դեռ մատչելի չէր կանանց հասարակությանը:

— Դրանց կանանոցի չորս պատերի մեջ թողնված այդ ուժերին պետք է քաշել գործի մեջ, այն ժամանակ, անտարակույս, հաջողությունը մեր կողմը կլինիե... — ասում էր շատ անգամ պարոն Սալմանը:

— Դեռ վաղ է, — պատասխանում էր նրան Վարդանը, — պետք է նախ և առաջ պատրաստել նրանց:

— Ոչինչ վերանորոգություն մի ժողովրդի կյանքի մեջ չէ կարելի կատարել առանց կնոջ մասնակցության: Եթե մեր ժողովուրդը մնացել է անշարժ, դրա գլխավոր պատճառը այն է, որ կինը չէ մասնակցում հասարակական գործերի մեջ: Այդ ուժը, այդ կենսատու զորությունը, կանանոցի չորս պատերի մեջ ոչնչանալով, ապարդյուն է դառնում մեզ մոտ: Եթե պետք էր սկսել մեր ժողովրդի կրթության գործը, սկիզբը դնելու է անպատճառ կանանց կրթությունից: Ես այս անգամ պտտեցա ամբողջ Հայաստանում և ամեն տեղ ուշի-ուշով ուսումնասիրում էի հայ կնոջը: Իմ ստացած տեղեկությունները խիստ մխիթարական հետևանքի են հասցնում: Որքան տղամարդը թուրքերի ազդեցության տակ խարդախված է, փչացած է, որքան նա կորցրել է իր հայկական ինքնուրույնությունը, այնքան կինը պահպանվել է մաքուր, պահպանվել է իր բարք ու վարքի բարոյական անարատության մեջ: Չկա չարիք առանց բարիքի: Կանանոցի չորս պատերի մեջ փակված կինը, թեև դարերով տանջվեցավ, բթացավ և զրկվեցավ հասարակական մարդ լինելուց, բայց մյուս կողմից, նա իր այդ բանտարկության մեջ պահպանեց հայությունը: Դա մեծ գործ է: Որքան տղամարդը դրսում մահմեդական տարրի ազդեցության ներքո կորցնում է իր ազգային առանձնությունները, այնքան կինը կանանոցի մեջ, հեռու մնալով այդ ազդեցությունից, պահպանում էր ազգայնությունը: Այսպիսով անգիտակցաբար պահպանվում էր մի մշտական հավասարակշռություն: Տղամարդի կորստի տեղը լցնում էր կինը: Այդ կարելի է տեսնել ամենահասարակ մանրամասնությունների մեջ անգամ: Կնոջ զգվանքը դեպի մահմեդականությունը հասնում է սարսափելի մոլեռանդության. ամեն ինչ, որ դուրս է գալիս մահմեդականի ձեռքից, նա պիղծ է համարում. նրա մորթած միսը, նրա մակարդած պանիրը, նրա թխած հացը չէ ուտում: Բայց տղամարդիկ այսպիսի խտրություններ չգիտեն: Ես լսել եմ հարյուրավոր պատմություններ, որ մահմեդականներից հափշտակված կինը, աղջիկը կամ վերջապես փախչում է, կամ եթե չէ հաջողվում, անձնասպան է լինում: Բայց տղամարդի վերաբերությամբ այս տեսակ օրինակներ խիստ սակավ են: Կա մի ուրիշ բան ևս, որ ամենագլխավորն է. շատ տեղերում, մանավանդ քաղաքներում, թուրքերեն լեզուն հայ մարդու բերնում բոլորովին սովորական է դարձել, բայց ես չտեսա մի կին, որ թուրքերեն խոսեր, կամ գոնե գիտենար այդ լեզուն: Հայոց լեզուն ընտանիքի մեջ պահպանողը և իր զավակների բերանը դնողը կինն է: Նա իր հեղինակությունը բանեցնում է մինչև անգամ օտարների վերաբերությամբ: Հայերի տներում ծառայող քրդերը և քրդուհիները բոլորը հայերեն են խոսում: Կինը տվեց մեզ լեզու, ազգություն և պահպանեց հայ ընտանիքի բարոյական հիմունքը: Այժմ նա մի անարատ, չապականված և անմշակ նյութ է մեր ձեռքում, որից կարելի է հրաշալի բան շինել:

Այսպիսի և դրա նման մտածություններ վերջին օրերում պարոն Սալմանի սովորական խոսակցության առարկան էին: Բայց չնայելով, որ նա այնքան լավ կարծիք ուներ հայ կնոջ մասին, ծերունի Խաչոյի տան կնիկները նրան չէին համակրում: Հասկանալի՛ է, որ նրա ներքին, բարոյական և մտավոր արժանավորությունները նրանք ճանաչել կամ գնահատել անկարող էին. բայց պարոն Սալմանը իր արտաքին կեղևի մեջ նույնպես ուներ շատ բան, որ կարող էին գրավել ամեն մի կնոջ ուշադրությունը: Բայց կինը զարգացման զանազան աստիճանի և ժողովրդի զանազան դասերի մեջ տարբեր ճաշակներ ունի տղամարդի արժանավորությունները գնահատելու և նրան սիրելու վերաբերությամբ: Այս պատճառով, շատ զարմանալի չէր, որ ծերունի Խաչոյի հարսները Վարդանին ավելի բարձր էին դասում պարոն Սալմանից:

Մի անգամ, հետ-կեսավուր հանգստի ժամանակ, սրահի մեջ նստած էին հարսները, և յուրաքանչյուրը զբաղված էր իր ձեռագործով. մեկը սանդերքի վրա բուրդ էր գզում, մյուսը իլիկով մանում էր գզած բուրդը, երրորդը ոստայնի վրա գործում էր մի գեղեցիկ գունավոր գորգ, չորրորդը իր երեխաների համար շորեր էր կարում, մի խոսքով, ամեն մեկը իր առանձին գործը ուներ: Խոսակցության առարկան պարոն Սալմանն էր:

— Սառա, — հարցրեց նրա տեգերկինը՝ մանկահասակ Փարիշանը, — այդ մարդը մեր գյուղում ի՞նչ պիտի շինե:

— Ասում են, ուզում է վարժատուն բաց անել, — պատասխանեց Սառան:

— Նա խո տիրացու չէ, — ասաց Փարիշանը, որի կարծիքով վարժապետը պետք է անպատճառ տիրացու լիներ:

— Տիրացու է, Ստանպոլի տիրացու է, — կրկնեց Սառան:

— Ապա ինչո՞ւ ժամ չէ գնում, շարական չէ ասում:

Սառան ուրիշ պատասխան չգտավ, և առանց մտածելու ասաց.

— Դա էլ այդպիսի տիրացու է:

Մեջ մտավ Ապոյի կինը՝ գեղեցիկ Մարոն:

— Մարդս ասում էր, որ աղջիկներ էլ պիտի կարդացնե:

Մարոյի խոսքը բարձրացրեց ընդհանուր ծիծաղ:

— Աղջիկը ի՞նչ կանե կարդալը, աղջիկը խո տերտեր կամ վարդապետ չի դառնալու, — պատասխանեցին Մարոյին:

Հարսներից մեկը դարձավ դեպի փոքրիկ Նազլուն ասելով.

— Լսում ե՞ս, Նազլու, դրանից հետո պիտի գնաս վարժատուն և այբբեն սովորես:

Նազլուն Հայրապետի աղջիկն էր, նա բավական համարձակ կերպով պատասխանեց.

— Ի՞նչ կա, կսովորեմ, հետո ժամ կգնամ, ժամի շապիկ կհագնեմ ու տղերքի նման «փոխ» կասեմ:

— Հո՜ղը գլխիդ, էդ էր պակաս, — պատասխանեցին խեղճ աղջկան:

Փարիշանը, որ այդ խոսակցությանը առիթ տվեց, մի նոր հարց ևս առաջարկեց.

— Տիրացու Սիմոնը կարդացնում է մեր երեխերքին, էլ ի՞նչ կանենք ուրիշ վարժապետը: Այդ մարդը խո նրանից շատ չէ՞ իմանում:

— Իհարկե, շատ չէ իմանում, — պատասխանեց Սառան, — տիրացու Սիմոնը շատ է կարդացել, բայց նա մեկ պակասություն ունի, որ հարբում է ու երեխերքին ծեծում է: Հիշում ե՞ս մեր հարևան Կասպարի տղային, այնքան ծեծ էր կերել, որ շալակած տուն բերեցին և խեղճ տղան երկու օրից հետո մեռավ:

— Տիրացու Սիմոնը ի՞նչով էր մեղավոր, առանց ծեծի երեխան ի՞նչ կսովորի:

Այս խոսակցությունները առանց պատճառի չէին: Պարոն Սալմանը նույն օրերում բանակցում էր գյուղացիների հետ երկու դպրոցներ բաց անելու, մեկը աղջիկների համար, մյուսը տղաների համար: Նա խոստանում էր, թե ինքը վարժապետներ բերել կտա և նրանց զավակները կսովորեն բոլորովին ձրի և մինչև անգամ գրքերը և այլ ուսումնական պարագայքը կստանան առանց փողի: Բայց ինչ որ ձրի է, գյուղացու համար կասկածավոր է: Այդ պատճառով մեծ աշխատություն պետք էր գյուղացիներին համոզելու համար, որոնց առավելապես բարկացնում էր օրիորդաց դպրոցը: Ժողովուրդը սովորած լինելով կրթությունը տերտերների և տիրացուների ձեռքից ընդունել, ոչ միայն օտարոտի և խորթ էր համարում, այլ մինչև անգամ մեղք էր համարում իր զավակների դաստիարակությունը մի այնպիսի մարդու ձեռք հանձնել, որ ժամ չէր գնում, որ շարական չէր ասում, որ, ինչպես լսում էին, պաս էլ չէր պահում:

Ծերունի Խաչոն, որ մյուս բոլոր խորհուրդների մեջ հակառակ էր պարոն Սալմանին, դպրոցների վերաբերությամբ համաձայնվեցավ նրա հետ: Որպես գյուղի տանուտերը և գլխավորը, նա կարողացավ համոզել գյուղացիներին, և պարոն Սալմանին տվեցին մի կտոր գետին, որի վրա նա հարմար էր համարում դպրոցների շենք կառուցել: Գործը արդեն սկսված էր. հիմքը փորված էր: Հանկարծ մի փոթորիկ բարձրացավ և մի առավոտ տեսան, որ գյուղացիները գիշերով հավաքվել և հիմքը հողով լցրել էին: Այն օրը գյուղացիներից ոչ ոք չեկավ բանելու, չնայելով որ պարոն Սալմանը օրական վարձը ավելացրեց:

Ի՞նչ էր պատահել:

Որպես վերևում կանանց խոսակցությունից նկատեցինք, այդ գյուղում կար Սիմոն անունով մի տիրացու, որը միևնույն ժամանակ վարժապետություն էր անում, այսինքն՝ ձմեռը հավաքում էր երեխաներին մի գոմի մեջ, սաղմոս, ժամագիրք և դրանց նման գրքեր էր կարդացնում, բայց գարունքին, երբ գյուղական աշխատությունները սկսվում էին, իր աշակերտներին արձակում էր, որոնք մինչև աշնան վերջը դպրոցի երես չտեսնելով, ինչ որ սովորել էին, բոլորովին մոռանում էին: Այդ տիրացու Սիմոնը գյուղի ծխատեր քահանայի՝ տեր-Մարուքի փեսան էր, մի հարաժամ արբեցող, բայց միևնույն ժամանակ սաստիկ խռովարար մարդ էր նա: Նոր դպրոցների շինությունը նա իր շահերին վնասակար գտավ և գրգռեց իր աներոջը խափանել գործը:

Մի խոսք բավական էր գյուղացիների մոլեռանդությունը

բորբոքելու և գործը խափանելու համար: Քահանան եկեղեցում պարոն Սալմանի մասին, իր քարոզի մեջ, հայտնեց ժողովրդին, որ այդ մարդը «ֆարմասոն» է, հայոց աստծուն չէ պաշտում և բոլոր երեխերքին հավատքից կհանե: Նա ավելացրեց, որ աղջիկներին կարդացնելը մեղք է, որ Սողոմոն իմաստունը և Հովհաննես Մկրտիչը կնիկներին անիծել են, որովհետև մի կին Հովհաննես Մկրտչի գլուխը կտրել տվեց: Հետո սուրբ գրքից շատ փաստեր բերեց, որ Սամսոն մարգարեի մահվան պատճառն էլ մի կին դարձավ: Ադամին էլ Եվան խաբեց և դրախտից դուրս գցել տվավ, մի խոսքով, իր քարոզի մեջ զանազան այս տեսակ վկայություններ բերելով տեր հայրը հաստատեց, որ աղջիկներին կարդացնելը վտանգավոր է, որովհետև նրանք շատ բան կսովորեն և սատանա կդառնան:

Բայց տիրացու Սիմոնը մեծ հեղինակություն ուներ գյուղի կանանց հասարակության մեջ, նրանց համար զանազան կախարդական թղթեր էր գրում, հմայում էր, գուշակություններ էր անում, և այսպիսով գրավել էր նրանց համակրությունը: Կնիկները ավելի գրգռեցին իրանց ամուսիններին, որ տիրացուին օգնեն, որ նրա հացը չկտրվի:

Քահանան և տիրացու Սիմոնը իրանց հարուցած խռովությունների մեջ մեծ օժանդակություն գտան Թոմաս էֆենդուց, որը սաստիկ հակառակ էր դպրոց, դպրություն և ուսում կոչված բաներին: Բացի դրանից, տիրացուն նրա անվարձ գրագիրն էր, գրում էր կապալառուի հաշիվները, և հունձի ժամանակ նրա զափթիաների հետ գյուղից գյուղ ման էր գալիս և հավաքում էր գյուղացիների մշակության բերքի տասնորդները:

Այդ բոլորը մեծ հոգսեր պատճառեցին բարեսիրտ ծերունի Խաչոյին, բայց բնավ չկարողացան խախտել պարոն Սալմանի հաստատամտությունը: Երեկոյան տուն դառնալով, նա ասաց Վարդանին.

— Ես այդ անպիտանների հետ միսիոնարի պես պիտի վարվեմ: Միսիոնարը ինչ ժողովրդի մեջ որ մտնում է, նրա առաջին հակառակորդները լինում են կարդացողները և հոգևորականները: Բայց միևնույն ժամանակ նրա առաջին հետևողները դառնում են նույն մարդիկը, որ սկզբում հակառակում էին: Միսիոնարը հանձնում է նրանց զանազան գործեր, լավ ևս է ասել՝ ոչինչ գործ չէ հանձնում, միայն ռոճիկներ է տալիս: Այսպիսով նոր աղանդը հալածող պողոսները դառնում են նրա ամենամոլեռանդ պաշտպանները:

— Այդ իրավ է, — պատասխանեց Վարդանը,-ի՞նչ ես ուզում անել:

— Պետք է գործնական լինել, — ասաց պարոն Սալմանը մի առանձին անձնավստահությամբ, — պետք է հասկանալ, թե ինչո՞վ են գրավվում մարդիկ: Ինձ հետաքրքիր է գիտենալ, թե այդ հիմար տիրացուն որքան շահ ուներ իր աշակերտներից. ես կառաջարկեմ նրան կրկնապատիկը ստանալ ինձանից և իմ դպրոցներում մի պաշտոն վարել, այսինքն՝ ոչինչ գործ չկատարել: Հավատացած եմ, որ այս առաջարկությունից հետո, առավոտյան ինքն կգա, բահը և բրիչը կվեր առնի և իմ բանվորների հետ կսկսե աշխատել դպրոցների շենքը կառուցանելու համար:

— Ես էլ այսպես եմ կարծում, — պատասխանեց Վարդանը, — բայց տերտերի բերանին էլ պետք է մի փոքր յուղ քսել:

— Այդ էլ կանեմ:

Չնայելով այնօր պատահած անախորժություններին, պարոն Սալմանը սովորականից ավելի ուրախ էր: Գործի սկզբնավորության անաջողությունները բորբոքել էին նրա եռանդը, իսկ ապագայի պայծառ հույսերը լցրել էին նրա սիրտը մի անսահման բերկրությամբ:

— Գիտե՞ս, Վարդան, որքա՛ն բախտավոր, որքա՛ն ընդարձակ ապագա է խոստանում մեզ դպրոցը: Նա կտա մեզ բոլորը ինչ որ մենք ցանկանում ենք: Նա՛, միայն նա՛ կբուժե մեր դարևոր վերքերը և կպատրաստե նոր սերունդ մի առողջ և թարմ կյանքի համար: Մեր նախորդների դարևոր անգործությունը թողեց մեզ համար, իրավ է, շատ աշխատանք: Նրանք կանխապես չհեշտացրին մեր այժմյան հոգսերը, բայց փույթ չէ: Տակավին կարելի է հույս ունենալ, որ ապագան մեզ է պատկանում: Միայն հաստատուն և տոկուն աշխատանք պետք է: Իմ կարծիքով, բավական չէ միայն կրթել միտքը, ազնվացնել հոգին, պետք է կրթել և մարմինը: Դու ինքդ, Վարդան, նկատած կլինես, թե այստեղի մանուկները մինչև որ աստիճան դանդաղկոտ են, մինչև որ աստիճան ծանրաշարժ են: Պետք է ամրացնել նրանց մկանները, պետք է կազդուրել նրանց ջղերը: Այս կետից, մարմնամարզությունը մեր դպրոցների մեջ պետք է ընդունե նպատակահարմար ձև և կերպարանք. նա պետք է քաջություն ազդե մեր մանուկների մեջ և պետք է ամրացնե նրանց թուլացած սրտերը...

— Ես քեզ մի ուրախալի բան պիտի պատմեմ, Վարդան, այսօր տեսություն ունեցա մի քանի քրդերի հետ, խոսում էի նրանց դպրոցի և կրթության օգտավետության մասին: Մեծ եղավ իմ զարմանքը, երբ նրանք ցույց տվին ամեն տեսակ պատրաստակամություն, հայտնելով, թե սիրով կհանձնեն իրանց որդիները հայոց դպրոցներում, երբ ուսումը այդքան լավ բան է: Նրանց խոսակցությունից երևում էր, թե իրանք էլ շատ գոհ չեն, որ իրանց որդիները ավազակներ են լինում: Եվ իրավ, այդ ժողովուրդը ի՞նչով է մեղավոր, որ մնացել է վայրենի, որ իր ապրուստը որոնում է ավազակության և մարդասպանության մեջ: Մեղավորը մենք ենք, որ մինչև այսօր չաշխատեցինք կրթել նրանց: Մեր սեփական շահերը պահանջում են անել այդ: Եթե ցանկանում ենք ազատ մնալ գազանների կատաղությունից, պետք է աշխատենք ընտանեցել, պետք է աշխատենք նրանց վարժեցնել ավելի խաղաղ և ավելի քաղաքակրթված կյանքի: Թուրքիան հոգ չէ տանում քրդերի կրթության մասին, և այդ շատ հասկանալի է, որովհետև քրդի վայրենությունը ավելի նպաստավոր է նրան: Բայց մենք պետք է հոգ տանենք, որովհետև վնասը մեզ է հասնում: Մենք չենք դպչի նրանց կրոնին, մենք միայն կկրթենք նրանց: Այնուհետև «ջուրը իր բնական ճանապարհը կգտնե»...

ԻԴ

Թուրքաց կառավարության կողմից պատերազմական պատրաստությունների նշանները արդեն նկատելի կերպով երևում էին: Եվ այդ կարելի էր տեսնել առավելապես Բագրևանդի գավառում, որ շատ հեռու չէր ռուսաց սահմանից: Գյուղացիներից խստությամբ հավաքում էին ոչ միայն ներկա տարվա հարկերը, այլև պահանջում էին ապառիկներ և մի քանի ապագա տարիների հարկերը միասին: Ժողովրդի հառաչանքներին և դժգոհությանը չափ չկար: Ով որ փողով վճարել չէր կարողանում, բռնությամբ վաճառել էին տալիս նրա տան կայքը, անասունները, և մինչև անգամ չէին խնայում եզներին ու գոմեշներին, որոնք անհրաժեշտ էին գյուղացու երկրագործությանը, որոնք ծառայում էին նրա վարը վարելու և ծանրությունները տեղափոխելու համար: Այդ բավական չէր, գյուղացիների վրա պարտք էին դնում պատրաստել այսքան հազար հոխա բաքսիմատ, և կամ խլում էին տներից իրանց ուտեստի համար պատրաստած բոլոր պաշարեղենները, որպես էին՝ ձավար, կորկոտ, բիշթա, յուղ պանիր, բրինձ և այլն: Գյուղացիների բոլոր արտասուքի, լացի և աղաղակների պատասխանը լինում էր այն, թե «տերությունը պատերազմ ունի»...

Հիշյալ անկարգությունները բաց արին Թոմաս էֆենդու առջև գործունեության մի նոր և ընդարձակ ասպարեզ: Որպես արքունի մուլթեզիմ, նա հանձն էր առել հավաքել հարկերը և հայթայթել զորքերի համար պատրաստվելիք պաշարի մի մասը: Թոմաս էֆենդու առջևը դրած էր մի լայնատարած հունձք, ուր նրա սուր մանգաղը եռանդով գործում էր... Այժմ փոխանակ երկու զափթիաների, նա ստացել էր իշխանությունից բույրուլթու պահելու իր մոտ որքան պետք լինի զափթիաներ:

Եվ այդ բոլոր զրկողությունները հասնում էին հայերին միայն, որովհետև մահմեդականները պատրաստվում էին մասնակցել պատերազմին և նրանցից ուրիշ ոչինչ չէր պահանջվում:

Բացի նրանից, որ հայ գյուղացիները կողոպտվում էին

և իրանց 10-20 տարիների ընթացքում ձեռք բերած կայքերից միանգամայն զրկվում էին, — բացի այդ դառն չքավորությունից, նրանց տիրել էր ընդհանուր սարսափ, նրանց սպառնում էր մի ընդհանուր և ավելի սոսկալի անբախտություն: Մահմեդական տարրի մեջ նկատվում էր մի գազանային կատաղություն դեպի քրիստոնյաները, դեպի բոլոր «գավուրները»: Ամենի բերնից լսելի էր լինում այն դժոխային բառը՝ «ջիաթ»: Մոլլաները, մուփթիները, դաղիները և շեյխերը բորբոքում էին խառնիճաղանճ ամբոխի մոլեռանդությունը, գրգռում էին նրան, քարոզելով, թե պատերազմը կրոնական է, թե Ստամբոլումը շուտով պիտի բարձրացնեն «սանջակ շերիֆը» և շուտով կիրատարակվի սրբազան պատերազմը, և ամբողջ իսլամը պետք է սուր բարձրացնե քրիստոնյաների դեմ...

Այդ բոլորը մեծ հոգսեր պատճառեցին պարոն Սալմանին, որին լավ հայտնի էր այդ կատաղի շարժումների նշանակությունը և նրանց սարսափելի հետևանքը տեղային հայերի վերաբերությամբ:

— Շուտով կկրկնվեն այստեղ Բուլգարիայի կոտորածները, — ասաց նա մի առավոտ Վարդանին, — պետք է շտապենք նախապատրաստել ժողովուրդը անձնապաշտպանության համար:

— Ես էլ մի այսպիսի բարբարոսության հոտը զգում եմ... — պատասխանեց Վարդանը:

Այսպես խոսելով, նրանք դուրս եկան ծերունի Խաչոյի տնից և դիմում էին դեպի տեր-Մարուքի տունը, որի հետ միտք ունեին վերջացնել դպրոցների վերաբերությամբ մի քանի օր առաջ կարգադրված խորհուրդը, այսինքն՝ որպես Վարդանը ասաց, ուզում էին տերտերի «բերնին մի փոքր յուղ քսել», որ նա լռե, նրա փեսա տիրացու Սիմոնին փորձել այժմ որպես հսկող բանվորների վրա, իսկ ապագայի համար խոստանալ մի պաշտոն նոր բացվելիք դպրոցների մեջ:

Նրանց ականջին զարկեց մի ձայն, գյուղի միջով անց էր

կենում մի անծանոթ չարչի, և իր վաճառքների անունները մի առ մի կարդալով, գնողներ էր հրավիրում:

— Սիրուն աղջիկներ, կարմիր հարսներ, ինձ բերեցեք ձեր փարաները, ես կտամ ձեզ լավ ասեղներ, գույն-գույն թելեր, ոսկի մատնոցներ:

Չարչին մի վիթխարի մարդ էր, ոտքից ցգլուխ հագնված ցնցոտիների մեջ: Նրա վաճառքների ահագին արկղը, որ կրած ուներ թիկունքի վրա, համեմատելով նրա մարմնի մեծությանը, նույն տպավորությունն էր գործում, որպես մի փոքրիկ մաղ քարշ ընկած լիներ ուղտի կողքից: Չարչին ձախ ոտքից սաստիկ կաղում էր. և ամեն անգամ, երբ օրորվում էր նա դեպի ձախ կողմը, կարելի էր մտածել, որ իսկույն ցած կգլորվի այդ Գոլիաթը, բայց ձեռքի ահագին գավազանը նեցուկ տալով, պահպանում էր իր իրանի հավասարակշռությունը:

Պարոն Սալմանը, լսելով նրա ձայնը, կարծես մի էլեկտրական ցնցում զգաց իր սրտի մեջ, կարծես աշխարհի բոլոր բերկրությունները միանգամից լցրել էին նրա հոգին: Ի՞նչ կապ կար որ Սալմանի և այդ թափառականի մեջ: Չարչին դեռ շարունակում էր եղանակել իր վաճառքների անունները և ծանր անհավասար քայլերով անցնում էր գյուղի նեղ փողոցների միջով: Պարոն Սալմանը անցավ նրա մոտից և երկու օտարականների հայացքները հանդիպեցին միմյանց: Նրանց մեջ ամենևին խոսակցություն չեղավ, բայց հաղորդեցին միմյանց շատ բան... Վարդանը ոչինչ չնկատեց:

— Լա՜վ ժամանակ է գտել դա էլ իր թելն ու ասեղը ծախելու, խեղճ գյուղացիների մոտ մի փարա էլ չի մնացել, ի՞նչով պիտի առնեն, — ասաց Վարդանը ծիծաղելով, երբ փոքր ինչ հեռացել էին չարչու մոտից:

— Նրա արկղը, սիրելիս, ձեռնածուների արկղիկի նման երկու հատակ ունի, — պատասխանեց պարոն Սալմանը, — ստորին հատակի մեջ գտնվում են այնպիսի մթերքներ, որոնց սպառելու այժմ ամենահարմար ժամանակն է...

Վարդանը մի առանձին ուշադրություն չդարձրեց այդ խորհրդավոր խոսքերի վրա, նրա միտքը նույն րոպեում զբաղված էր մի բոլորովին այլ առարկայով: Նա մտածում էր Լալայի վրա: Իրերի հանկարծակի փոփոխությունը, շրջապատող խռովությունները սաստիկ անհանգստացնում էին նրան, և չգիտեր, թե ինչպես պետք էր տնօրինել իր Լալայի վիճակը, ո՞րտեղ թաքցնել նրան, ի՞նչ անել նրա հետ, երբ ինքը այսօր կամ էգուց ստիպված կլիներ ընդունել մի բոլորովին այլ ձեռնարկություն...

— Լա՛վ ասեղներ, գույն-գույն թելեր, սիրուն հուլուններ...

— հեռվից կրկին լսելի եղավ կաղ չարչու խռպոտ և ձգական ձայնը:

Այդ միջոցին գյուղի մեջ հանդիպեցավ պարոն Սալմանին և Վարդանին Թոմաս էֆենդին: Նրա մոտ կանգնեցրել էին իր գեղեցիկ ձին, որի վրա պատրաստվում էր նստել: Նա շրջապատված էր մի խումբ գյուղացիներով, որոնց զանազան հրամաններ և պատվերներ էր տալիս: Տեսնելով պարոն Սալմանին և Վարդանին, նա բաժանվեցավ խումբից, և իր սովորական դիվական ժպիտը երեսին, դիմեց դեպի երկու երիտասարդները, և դեռ չհասած, ասաց հեռվից.

— Ես ձեզ վաղուց էի ցանկանում տեսնել, պարոն Դուդուկջյան (նա դեռ չգիտեր պարոն Սալմանի իսկական անունը), ա՜խ, որքան բախտավոր եմ համարում ինձ, սիրելի հայրենակից, որ առիթ ունեցա տեսնել ձեզ: Դուք, երևի, չգիտե՞ք, որ ես էլ պոլսեցի եմ:

Պարոն Սալմանին ոչ միայն չափազանց զարմանալի, այլ շատ զզվելի թվեցավ էֆենդու այս տեսակ շողոքորթությունը, որին ամենևին չէր ճանաչում, որի հետ առաջին անգամ էր տեսնվում: Նա ոչինչ չպատասխանեց: Էֆենդին բռնելով նրա ձեռքը, ասաց.

— Հույս ունեմ, որ դուք իրավունք կտաք համբուրվել ձեզ հետ, որպես պոլսեցի, ես թույլ եմ տալիս այդ խնդրել ձեզանից:

Հայրենիքիս երկար տարիների կարոտը ցանկանում եմ ձեզանից առնել:

Վարդանը, հեռու կանգնած, լուռ նայում էր այդ կոմեդիայի վրա: Պարոն Սալմանը չգիտեր, թե ինչպես պետք էր դուրս գալ իր նեղ դրությունից: Այժմ էֆենդին դարձավ դեպի Վարդանը:

— Մոտ ե՛կ, իմ խենթ բարեկամ, դու գիտես, որ ես երեխայի սիրտ ունեմ, մի րոպե կբարկանամ, մյուս րոպեում կմոռանամ բոլորը: «Քուրդը իր թանին թթու չի ասի»: Դու էլի իմն ես, թե լավ, թե վատ, իմն ես: Ես ամեն ինչ մոռացել եմ: Տո՛ւր ինձ ձեռքդ:

Վարդանը հազիվ կարողացավ զսպել իր բարկությունը: Բայց մտածելով, որ էֆենդու այդ բարեկամական արտահայտությունները առանց մի առանձին նպատակի չէին լինելու, մոտեցավ նրան և ձեռք տվեց:

Նա կրկին դարձավ դեպի պարոն Սալմանը:

— Ես խիստ բարկացած եմ ձեր դեմ, պարոն Դուդուկչյան, — ասաց նա իր խոսքերին ավելի լուրջ ձև տալով, — լսե՞լ եք թուրքի առածը՝ «Տանուտերի հետ առաջ տեսնվիր, հետո գյուղը կողոպտիր»: Թոմաս էֆենդին այդ երկրում մի մարդ է: Եթե դուք սկզբից ինձ հետ խորհուրդ արած լինեիք, ես ձեր բոլոր դիտավորությունը այնպես կկարգադրեի, որ այսօր այս անախորժությունները չէին պատահի ձեզ: Ա՛խ, ջահելներ, ջահելներ, լա՛վ սիրտ ունեք, բայց գործելու եղանակը չեք իմանում: Ուղիղ չե՞մ ասում:

— Ես իրավ, չեմ հասկանում, թե դուք ի՞նչ բանի վրա եք խոսում, — պատասխանեց պարոն Սալմանը:

Էֆենդին այնպես ձևացրուց, որպես թե չլսեց պարոն Սալմանի խոսքերը և երեսը շուռ տալով դեպի գյուղացիների խումբը, որոնք հեռու կանգնած սպասում էին նրան, ասաց.

— Ա՛խ, ավանակներ, ավանակներ, դուք ե՞րբ պիտի խելքի

գաք: — Նա կրկին դառնալով դեպի պարոն Սալմանը, շարունակեց. — Մարդ էլ իր ձեռքով իր աչքի լույսը կխավարացնե՞. դրանք (գյուղացիները) այդպես են: Ես այսօր լսեցի, ճշմարիտն ասեմ ձեզ, մազերս բիզ-բիզ կանգնեցան: Մենք աշխատում ենք, որ դրանք դպրոց ունենան, ուսում առնեն, աչքերը բացվի, կույր չմնան, աշխարհի չարն ու բարին ճանաչեն, բայց դրանք չեն հասկանում, էլի իրանց էշն են քշում...

«Մենք աշխատում ենք»... — կրկնեց իր մտքում պարոն Սալմանը, — բայց ո՞վքեր են այդ «մենք», որ առանձին կերպով շեշտեց Թոմաս էֆենդին:

Նա շարունակեց.

— Ես հոգով չափ ուրախացա, երբ լսեցի ձեր դիտավորությունների մասին, պարոն Դուդուկչյան, և այս պատճառով դիմեցի ձեզ հայտնելու իմ առանձին շնորհակալությունը: Մեր ժողովուրդը խավարի մեջն է. պետք է դուրս բերել նրան դեպի լույս աշխարհ: Դպրոցը միայն կփրկե նրան: Մի քանի օր առաջ պատահած անկարգությունները թո՛ղ չվհատացնեն ձեզ. ամեն բարի գործի սկիզբը դառնությամբ է լինում: Դուք իմ մեջ, որպես ձեր հայրենակցի մեջ, կգտնեք համակրություն և ձեռնտվություն: Ընդունեցեք իմ փոքրիկ ծառայությունները: Ես այսօր մի գործով գնում եմ մերձակա գյուղը. առավոտյան կվերադառնամ, և ինքս անձամբ կկանգնեմ, բաց անել կտամ դպրոցների հիմքը: Այստեղ ոչ ոք չի գտնվի, որ Թոմաս էֆենդուն ընդդիմություն գործե:

— Շնորհակալ եմ, էֆենդի, — պատասխանեց պարոն Սալմանը, — դուք այնքան շատ զբաղմունքներ ունեք, որ ես չէի ցանկանա խլել ձեր թանկագին ժամանակը:

— Այդ ոչինչ, — ասաց կապալառուն մի առանձին բավականությամբ, — բարի գործի համար ես միշտ ժամանակ ունեմ:

Նա ձեռք տվեց երկու երիտասարդներին և հեռացավ.

— Լի՛րբ... խաբեբա՛... — ասաց նրա ետևից Վարդանը:

— Կարելի է օգուտ քաղել այս տեսակ մարդերից, — պատասխանեց պարոն Սալմանը:

— Միթե հավատո՞ւմ եք նրա խոսքերին: Ով գիտե ի՞նչ սատանայական նպատակներ ունի:

Երկու երիտասարդները արդեն հասել էին տեր-Մարուքի տանը և ծեծում էին դուռը:

— Սիրուն ասեղներ... գույն-գույն թելեր... լավ հուլուններ... — լսելի եղավ կաղ չարչու ձայնը, որ անց էր կենում մյուս փողոցից:

— Վարդան, թողնենք այսօր տերտերի մոտ գնալը, — ասաց նրան պարոն Սալմանը:

— Ինչո՞ւ, — հարցրեց Վարդանը:

— Ինձ պետք է այդ չարչուց մի քանի բաներ գնել...

Վարդանը սկսեց ծիծաղել իր ընկերի անտեղի ցանկության վրա:

— Եկեք, ուրիշ բան կա... — ասաց նրան պարոն Սալմանը այնպիսի մի եղանակով, որ Վարդանը չէր կարող կասկածել նրա առաջարկության կարևորության վրա:

Երկու երիտասարդները թողեցին տերտերի տունը, անցան մյուս փողոցը և հեռվից սկսեցին հետևել չարչուն: Նրա ետևից ընկած էին մի խումբ գյուղական երեխաներ և գոռում էին. — Մեզ մաստաք տո՛ւր, մաստաք տո՛ւր: Նա հանեց մի կտոր մաստաք և բաժանեց երեխաներին:

— Ես այդ մարդուն մի շաբաթ առաջ տեսա, այսպես ման էր գալիս Վանա գյուղորայքում, — ասաց մի գյուղացի իր մոտ կանգնած հարևանին:

— Այդ չարչիները ամեն տեղ թափառում են, — պատասխանեց հարևանը, — բայց ինչ սարսափելի դեմք ունի, նայի՛ր, Գրիգոր, ես չէի ցանկանա դրան գիշերով տեսնել, կարծես չար սատանա լինի:

Կաղ չարչին պտտելով բոլոր փողոցները երբեմն կանչում էին նրան այս և այն տունը մի բան գնելու և ամբողջ ժամերով պահում էին, իսկ երբեմն հենց փողոցի վրա բաց էին անել տալիս նրա արկղը, և գյուղացի կնիկները հավաքված նրա շուրջը, երկար ու բարակ բազար էին անում: Այսպես, մինչև երեկո նա հազիվ կարողացավ վերջացնել իր առևտուրը, և մութը պատել էր արդեն, երբ դուրս եկավ գյուղից: Նա թողեց ուղիղ ճանապարհը, որ տանում էր դեպի հարևան գյուղը, և սկսեց դիմել դեպի մի խրամ, որ բավական խորն էր ընկած գարնան հեղեղներից, իսկ այժմ ցամաքել էր: Նրա ընթացքի մեջ այժմ կարելի էր տեսնել մի նոր փոփոխություն, քայլերը դանդաղ էին որպես առաջ, որովհետև, ինչպես երևում էր, շալակած արկղը սաստիկ ծանր էր: Բայց այդ մարդը ամենևին կաղ չէր, թեև ցերեկով այնպես էր ձևացնում: Նա սկսեց իջնել խրամի մեջ: Այնտեղ ցած դրեց իր բեռը, և ձախ ձեռքի երկու մատը շրթունքի վրա դնելով, խորհրդավոր ձայնով մի քանի անգամ շվացրեց: (Ձեռքի մնացած մատները կտրած էին): Քանի րոպեից հետո խրամի մեջ հայտնվեցան Վարդանը և պարոն Սալմանը: Վերջինը գրկեց չարչիին և երկար չէին բաժանվում միմյանցից:

— Հիմա նստենք, — ասաց պարոն Սալմանը, — պատմի՛ր, լա՞վ առևտուր ունեցար...

— Շա՜տ լավ... — պատասխանեց չարչին ուրախ ձայնով, — Վասպուրականի մեծ մասը հեղեղեցի իմ վաճառքներով...

— Իհարկե առանց փողի...

— Առանց փողի... ես իմ վաճառքները ձրի էի բաժանում...

Վարդանը ապշած լսում էր երկու բարեկամների խոսակցությունը և ոչինչ չէր հասկանում:

— Հիմա հասկանո՞ւմ ես, — ասաց նրան պարոն Սալմանը, — որ իմ բարեկամի արկղը ձեռնածուի արկղիկի նման երկու հատակ ունի:

— Հետաքրքիր է գիտենալ, թե ֆոկուսի գլխավոր հատակի մեջ ի՞նչ էր թաքցրած, — հարցրեց Վարդանը:

— Զենքեր...

Վարդանը այժմ հասկացավ չարչու ով և ինչ մարդ լինելը, որովհետև մի քանի օր առաջ նրա մասին լսել էր պարոն Սալմանից, և ինքը նույնպես գրկեց նրան:

Այդ մարդը Մելիք-Մանսուրն էր:

ԻԵ

Ամենամեծ մարդիկն անգամ ունենում են խոշոր թուլություններ: Թոմաս էֆենդին թեև մեծ մարդերի կարգին չէր պատկանում, բայց Ալաշկերտի գավառում հսկա էր համարվում: Առյուծ չգտնված տեղում աղվեսն էլ խոշոր գազան է: Այդ մարդն էլ, որքան գործունյա, որքան ճարպիկ էր, դարձյալ ուներ իր փոքրիկ թուլությունները: Ամբողջ ցերեկը անցկացնելով իր պաշտոնին վերաբերյալ աշխատություններով, գիշերները շատ անգամ լուսացնում էր նա զանազան տեսակ անբարոյական քեֆերով, և թուրք պաշտոնատարների մոլորություններին հետևելով, արաղ էր խմում, աղջիկներ ու տղաներ էր պարածում, և իրան շրջապատում էր զանազան տեսակ «չալկիներով» (երաժիշտ): Ամեն մի գյուղ մտնելիս ամեն մի գյուղացու խրճիթի դռները բաց էին նրա առջև: Ո՞վ կարող էր չընդունել այդ բարձրաստիճան հյուրին: Ընդհակառակն, գյուղացին պատիվ էր համարում իրան, երբ Թոմաս էֆենդին ոտք կկոխեր նրա շեմքի վրա, թեև նրանից չէր շահվում, ուտեցնում էր, խմեցնում էր, բայց այդ էլ բավական էր, որ Թոմաս էֆենդին կսկսեր այնուհետև «բարի աչքով» նայել իր հյուրասիրողի վրա:

Մի երեկո զգիրը մի աղքատ գյուղացու տանը լուր տվեց, թե էֆենդին պետք է հյուր լինի: Տան տերը մի քանի գյուղերի միակ արհեստավորն էր, շինում էր երկրագործական անոթներ, նորոգում էր վնասված գութաններ, արորներ, սայլակներ և այլն: Նա ըստ մեծի մասին իր տանը չէր գտնվում, որովհետև ման էր գալիս գյուղից գյուղ և իր համար գործ էր պտռում: Այս երեկո նույնպես տանը չէր: Արհեստավորի կինը պատասխանեց զգիրին, թե մարդս տանը չէ, ի՞նչպես կարող եմ ընդունել էֆենդուն:

— Մարդդ տանը չէ, տունը յուր տեղն է, — ասաց զգիրը կոշտ կերպով:

Այդ զգիր կոչվածներն էլ մի առանձին պատիժ են խեղճ գյուղացու համար: Դրանք պաշտոնական անձինքների որսորդական շներն են, սաստիկ հոտառություն ունեն, և խիստ վարժված են, թե ինչ ճանապարհներով պետք էր հետամուտ լինել որսին...:

Արհեստավորի կինը շվարած մնաց և խոսք չգտավ պատասխանելու զգրին:

Գզիրը իր հրամանը կատարած համարելով, հեռացավ, ավելացնելով.

— Էֆենդին կգա, երբ ճրագները կվառվեն:

Խեղճ կինը մի քանի րոպե, որպես քարացած, կանգնել էր իր խրճիթի դռանը և չգիտեր, թե ինչ պետք էր անել: Նրա տղամարդը տանը չէր, նրան անվայել էր մի օտար և անծանոթ հյուր ընդունել իր մոտ: Նա մտավ իր դրացի Օհոյի խրճիթը և խնդրեց նրան ասելով.

— Եղբայր Օհո, զգիրը լուր տվեց, թե էֆենդին այս գիշեր մեզ մոտ պիտի լինի, մարդս տանը չէ, ի սեր աստուծո, եկեք և կառավարեցեք նրան:

— Այս ի՞նչ բան է, — պատասխանեց Օհոն բարկանալով, — այս գյուղում էլ ուրիշ տուն չկա՞ր:

— Չե՞մ իմանում, — ասաց կինը վշտացած ձայնով, — զգիրը այսպես պատվիրեց:

Դրացի Օհոն խոստացավ, որ ինքը կընդունե հյուրին և կնոջը մենակ չի թողնի:

Թոմաս էֆենդին այնքան ծանոթ էր այս գավառի հետ, որ ամեն մի գյուղ մտնելիս, շատ լավ ընտրություն անել գիտեր իջևանների մեջ, թե որ տունը ավելի հարմար էր գիշերելու համար: Նրա ճաշակը այդ մասին բավական զարգացած էր: Գլխավոր պայմանները, որ համապատասխանում էին նրա պահանջներին, դրանք էին որ տան տերը աղքատ և փոքր ինչ հիմար լիներ, և եթե հիմար չէր, պետք է գոնե խմելու հետ սեր ունենար (երկու հատկություններ, որ շատ չեն զանազանվում միմյանցից) և ամենագլխավորն էր, որ պետք է տան մեջ գտնվեր մի գեղեցիկ կանացի դեմք, որի վրա նայելը զվարճություն պատճառեր նրան:

Բայց այս գիշեր ընտրած իջևանը մասամբ չէր համապատասխանում էֆենդու պահանջներին. տան տղամարդը, վարպետ Պետրոսը, մի համեստ և աշխատասեր արհեստավոր էր, ո՛չ հիմար էր և ո՛չ խմելու հետ սեր ուներ: Այսուամենայնիվ, էֆենդին չէր սխալված իր ընտրության մեջ, որովհետև տղամարդը տանը չէ, կինը վատ չէր դեմքով, իսկ նրա հասած քույրը իր գեղեցկությունով գյուղի մեջ առաջին աղջիկն էր համարվում:

Գյուղի խրճիթների մեջ ճրագներ վառվեցան: Արհեստավորի կինը, Սուսանը, թոնիրի վրա կերակուր էր պատրաստում: Արհեստավորի քույրը, մանկահասակ Վառվառեն յուղի մեջ հավեր էր տապակում: Դրացի Օհոն զանազան կարգադրություններ էր անում, որ ոչինչ պակաս չլինի և ամեն բան վայելուչ լինի պատվելի հյուրին ընդունելու համար: Բոլորը պատրաստ էր երբ հայտնվեցավ էֆենդին զգիրի առաջնորդությամբ: Զափթիաները այս գիշեր նա իր հետ չէր վեր առել, նրանց մի ուրիշ տեղ հյուր էր տվել:

Դրացի Օհոն ընդունեց էֆենդուն ամենայն խոնարհությամբ և նա ծանր կերպով գնաց, նստեց իր համար պատրաստած օթոցի վրա:

— Ո՞ւր է վարպետ Պետրոսը, չէ երևում, — հարցրեց էֆենդին իր շուրջը նայելով, — ես նրան տեսնել էի ուզում. ես նրա հետ շատ հարկավոր գործ ունեի:

Դրացի Օհոն պատասխանեց, թե վարպետը գնացել է մերձակա գյուղը բանելու համար:

— Ափսո՜ս, շատ ափսո՜ս, որ տեսնել չկարողացա. ես նրա հետ հարկավոր գործ ունեի, — կրկնեց էֆենդին և սկսեց բացատրել, թե թագավորական զորքերին պաշար տեղափոխելու համար իրան պետք են շատ սայլեր, և ցանկանում է վարձել մի մշտական հյուսն, որ ճանապարհների վրա սայլերը վնասվելիս, նորոգեր նրանց, և վարպետ Պետրոսից ավելի հարմար մարդ չէ գտնում և կամենում է նրան «մի լավություն» անել, որ նա շահվեր այդ գործից, և մի քանի ամիսների համար շարունակ պարապմունք ունենար:

Թեև էֆենդին առաջուց գիտեր, որ վարպետը տանը չէ, թեև նրան ամենևին վարպետը հարկավոր չէր, որովհետև զորքերի պաշար տեղափոխելու համար նա գյուղացիների սայլերը և անասուններն էր գործ ածում, բոլորովին ձրի, առանց մի փարա վճարելու, և եթե մի սայլ վնասվում էր, իրանք՝ տերերն էին շինել տալիս, բայց էֆենդին այս խոսքերը ասելու մեջ մի առանձին նպատակ ուներ: Աղքատ արհեստավորի կինը, Սուսանը, լսելով էֆենդու խոստումնքները, ուրախացավ, մտածեց թե այդ հյուրից մեծ շահեր կարող են ստանալ, թեև նրա ինքնակոչ հյուր լինելը սկզբում այնքան ծանր և անախորժ երևեցավ իրեն: Պետք էր մի հույսով քաղցրացնել միամիտ տանտիկնոջ սիրտը, այդ էր հարկավոր էֆենդուն:

Էֆենդին միայն նստած էր: Դրացի Օհոն դեռ ոտքի վրա

սպասում էր, որ նրանից թույլտվություն ստանա, որ ինքն էլ նստե: Այդ շնորհը ստացավ նա: Գզիրը ոտքի վրա մնաց, սպասավորություն էր անում, որովհետև արհեստավորի տանը ոչ ծառա կար և ոչ չափահաս տղա. նա մի քանի աշակերտներ ուներ, որոնց իր հետ էր տարել: Տանտիկինը և արհեստավորի քույրը չէին երևում, նրանք առանձնացել էին խրճիթի մի կողմում, որ բաժանված էր հյուրի նստած տեղից ցած տախտակապատով, որի վերին մասը չէր հասնում առաստաղին և ծառայում էր որպես շիրմա:

Բայց նրանք պետք է իրանց հարգանքը հայտնեին պատվելի հյուրին, այս պատճառով երկուսն էլ, թե՛ Սուսանը և թե՛ Վառվառեն դուրս եկան իրանց թաքստի տեղից, դիմեցին էֆենդուն, և ձեռքերը սրտերի վրա դնելով, հեռվից լուռ գլուխ տվեցին: Այդ նշան էր թե «բարով եք եկել»:

— Շատ ապրիք, — ասաց էֆենդին, մի կողմնակի հայացք ձգելով նրանց վրա:

Տանտիկնոջ երեսը ծածկված էր քողով, իսկ մանկահասակ աղջկանը բաց էր: Նրանք կրկին հեռացան և սկսեցին ընթրիքի սեղանը պատրաստել:

Փոքրիկ խրճիթի մեջ տիրում էր խորին լռություն. ոչ ոք չէր խոսում, բոլորը սպասում էին, որ էֆենդին խոսե:

— Դու այժմ ինչո՞վ ես պարապվում, — հարցրեց նա դրացի Օհոից:

— Անգործ եմ, աղա, — պատասխանեց Օհոն ծոծրակը քորելով, — աստված ինձ պատժեց, մի տարվա մեջ մի քանի անբախտություններ պատահեցան. մեծ որդիս «քո չարը տարավ»... անասուններս «քեզ մատաղ դարձան»... հիմա արորս էլ չէ բանում... մնացել եմ անգործ:

— Ափսո՛ս, շատ ափսո՛ս, — ասաց էֆենդին ցավակցելով. — դու լավ մարդ ես, Օհո, ես քեզ ճանաչում եմ, ես չեմ թողնի, որ դու անգործ մնաս, քեզ գործ կտամ, ինձ համար շատ մարդիկ են հարկավոր:

Օհոյի ուրախությանը չափ չկար:

— Դուք միայն գործ հանձնեցեք, աղա, այն ժամանակ կտեսնեք, թե Օհոն որպես լավ ծառայել գիտե:

— «Էշը որքան լավ բանե, այնքան իր գարին կավելացնե»...

— Իհարկե, այդպես է:

Էֆենդին այն կարգի մարդերիցն էր, որ պատահած տեղը այն աստիճան կհպարտանար, կփքվեր և կբարձրացներ իրան, որ «դարվազի դռնովը չէր կարող ներս մտնել», իսկ երբեմն այնքան կփոքրանար, որ ասեղի ծակով անց կկենար: Գյուղացու խրճիթում, երբեմն նա շատ մտերիմ էր լինում, և վարվում էր այնքան ընտանեբար, որպես մարդիկ վարվում են մի հայտնի տներում, որոնց թշվառ բնակիչներին փողոցում պատահելիս ամաչում են գլուխ տալ...

Պետք էր մի խոստմունքով կաշառել դրացի Օհոյին, նա այստեղ այս գիշեր տանտիրոջ պաշտոն էր կատարում: Եվ միամիտ գյուղացին բոլորովին հավատալով նրան, հայտնեց իր խորին շնորհակալությունը, ասելով.

— Աստված քեզ երկար կյանք տա, աղա, աստված ձեր ձեռքը մեր գլխից անպակաս անե:

Ընթրիքի ժամանակ էր: Հայտնվեցավ Վառվառեն, լվացվելու պարագայքը ձեռքին բռնած, և շնորհալի կերպով դրեց էֆենդու առջև, նա սկսեց լվանալ իր ձեռքերը: Հետո տարածեց նա սեղանի սփռոցը, հաց դրեց, և կերակուրները, որքան որ պատրաստված էին, բոլորը միանգամից շարեց սեղանի վրա, իրանց պատշաճավոր տեղերում: Այդ բոլոր սպասավորությունների ժամանակ երևում էր անմեղ աղջկա անհամարձակությունը, խառն երկչոտության և ամոթխածության հետ, որ զարգացել էին նրա մեջ փակված կյանքից և օտար տղամարդերի հասարակության հետ հաղորդակցություն չունենալուց:

— Զավակս, — հարցրեց էֆենդին մանկահասակ աղջկանից, — քո անունը ի՞նչ է:

Նա կարմրեց, շփոթվեցավ և սկսեց այս կողմը և այն կողմը նայել, որ մեկը իր փոխարեն պատասխանե: Դրացի Օհոն ասաց, թե անունը Վառվառե է:

— Ի՜նչ գեղեցիկ անուն է, ճշմարիտ, շա՜տ գեղեցիկ անուն է, — կրկնեց էֆենդին հիացմունքով, — ես էլ մի քույր ունեմ, այսպես է կոչվում:

Այժմ Վառվառեի սառն դեմքի վրա փայլեց ժպիտի նման մի բան, երևի նա ուրախացավ, որ ինքը մի այնպիսի մեծ մարդու քրոջ անունն էր կրում, թեև էֆենդին ամեննին քույր չուներ, բայց պետք էր Վառվառեին ևս մի բանով ուրախացնել:

Սեղանի վրա ուտում էին էֆենդին և Օհոն միայն: Կնիկները այս կողմերում տղամարդերի հետ սեղանակից չեն լինում:

— «Անջուր ջրաղացը ալյուր չի աղա», — նկատեց էֆենդին:

Դրանով նա հասկացրեց, թե պետք էր մի բան խմել և հրամայեց զզիրին, որ գնա, արաղ բերե: Դրացի Օհոն ներողություն խնդրեց, որ այդ մասին չեն մտածել, և տանտիկինը, որ չէր խոսում, մի կերպով հասկացրեց, թե ինքը շուտով բերել կտա արաղը:

— Չէ, — պատասխանեց էֆենդին, — այդ իմ սովորությունն է, ամեն տան մեջ հաց ուտելիս արաղը և գինին պետք է իմ հաշվով լինեն:

Այդ իրավ էր: Էֆենդին այս տեսակ աղքատ տներում զզիրի ձեռքով ինքն էր բերել տալիս խմիչքները, միայն հաշիվը անցնում էր գյուղի ընդհանուր ծախսերի մեջ: Բայց նրա սատանայական խորամանկությունը այդ բանի մեջ այն էր, որ խմիչքները ինքը բերել տալով, կարող էր գործ ածել այնքան, որքան իր ցանկությունն էր:

Շուտով զզիրը վերադարձավ, բերելով իր հետ մի ահագին աման արաղով:

— Հիմա կարող ես նստել, — հրամայեց նրան էֆենդին, — և, մեզ սազիություն (մատովակություն) անել:

Գզիրը նստեց ամենից ցած և արաղի ահագին ամանը դրեց իր մոտ: Նրան հայտնի էր էֆենդու սովորական պատվերը, թե «երբ մի տուն մտնում ես, և ուզում ես, որ ուրախ անց կենա, պետք է առաջ տանտիրոջ բամբակը բաց անել». նշանակում է՝ պետք է նրա ուղեղը թմրեցնել, պետք է նրան հարբեցնել: Այստեղ թեև տան տեր չկար, բայց դրացի Օհոն նրա տեղն էր բռնում: Այս պատճառով զզիրը զոռ էր տալիս, հաճախ արաղի բաժակը դեպի Օհոն դարձնելով:

Դրացի Օհոն փոքր ինչ սեր ուներ խմիչքի հետ: Մանավանդ նրան պատահած վերջին անբախտություններից հետո, երբ նրա մեծ որդին մեռավ, երբ նրա անասունները կոտորվեցան, — Օհոն իր վշտերը մոռանալու համար բոլորովին անձնատուր եղավ արաղի: Նա ընդունած բաժակը մինչև վերջին կաթիլը ցամաքեցնում էր: Մի կողմից արաղի ազդեցությունը, մյուս կողմից էֆենդու խոստմունքները, թե նրան գործ և պարապմունք կտա այն աստիճան տաքացրին, այն աստիճան ուրախացրին Օհոյին, մինչև իրան մոռանալով, նա սկսեց երգել զանազան թուրքերեն երգեր:

— Դրանով բան չի դառնա, — ասաց էֆենդին, և հրամայեց զզիրին, որ զնա, «չալկիներին» կանչե:

«Չալկիները» մի խումբ տեղային հայ երաժիշտներ էին, որ երգում էին և ածում էին զանազան ասիական նվազարանների վրա: Դրանք անբաժան հետևում էին էֆենդուն, ինչ գյուղ որ նա գնում էր, որովհետև գիտեին, որ էֆենդին գիշերները առանց «քեֆի» չի անցկացնի, նրան կզվարճացնեն և նրանից փողեր կստանան:

Շուտով հայտնվեցան «չալկիները», գլուխ տվեցին և շարվեցան սեղանի շուրջը: Տանտիկինը այժմ ստիպված էր կերակուրների քանակությունը ավելացնել:

Էֆենդին բարեհաճեց հարցնել «չալկիների» առողջությունը:

— Ձեր շնորհիվ ամենքս էլ լավ ենք, — պատասխանեցին նրանք:

Երբ կերան, խմեցին, կշտացան, Վառվառեն կրկին դուրս եկավ իր թաքստի տեղից և սկսեց սեղանը հավաքել: Բայց արաղի մեծ ամանը անշարժ մնաց իր տեղում: Նա արդեն մի քանի անգամ դատարկ գինետուն էր գնացել և լիքը ետ դարձել: Բաժակները շարունակ պտտվում էին: «Չալկիների» գլուխներն էլ տաքացան:

— Հիմա սկսեցեք, — հրամայեց էֆենդին:

Նրանք սկսեցին: Փոքրիկ խրճիթը կենդանացավ ասիական երաժշտության խառնաշփոթ և աղմկալի հնչյուններով:

Էֆենդին գտնվում էր իր սրտի ամենաախորժ տրամադրության մեջ:

Քանի րոպեից հետո արհեստավոր Պետրոսի խրճիթի շուրջը և կտուրի վրա հավաքվեցան դրացի կնիկները, աղջիկները և սկսեցին երդիկներից ու լուսամուտներից նայել և զվարճանալ նվագածության ձայներով: Ոչինչ այնքան չէ ուրախացնում գյուղացի կնոջը, որպես երաժշտությունը, որին նա շատ կարոտ է մնում, միայն ձմեռը հարսանիքների ժամանակ լսելու բախտ ունենալով:

Փոքր առ փոքր «մեջլիսը» տաքացավ և ավելի բաղադրյալ

կերպարանք ստացավ: Արաղի արբեցության և «չալկիների» նվագածության ձայների հետ տիրեց ընդհանուր խառնակությունը: Ինչպես ասում են՝ «Շունը էլ իր տիրոջը չէր ճանաչում»: Ամեն մարդ գլուխը կորցրել էր: Միայն էֆենդին զգաստ էր, միայն նա իրան պահել էր իմանում: Այդ միջոցին դրսում հավաքված կնիկների և աղջիկների բազմությունը համարձակություն ստացավ, և կամաց կամաց ներս մտնելով, նրանք նստեցին Սուսանի և Վառվառեի մոտ, և սկսեցին այնտեղից լսել երաժիշտներին:

— Պա՛ր, պա՛ր, — բացականչեց էֆենդին ծափ տալով, — պա՛ր եմ ուզում:

Այդ միջոցին դրացի Օհոն, որ հազիվ կարողանում էր իրան ոտքի վրա պահել, վեր կացավ, և հանդիսականների միջից բռնելով երկու փոքրիկ աղջիկների ձեռքից, համարյա զոռով քարշ տվեց, բերեց կանգնեցրեց խրճիթի մեջտեղում: Երաժիշտները ածեցին տեղային պարի մի եղանակ: Փոքրիկ աղջիկները մի փոքր ամաչեցին, մի փոքր կարմրեցան, մի փոքր «չենք կարող» ասացին, վերջապես սկսեցին պարել:

— Շաբա՛շ, շաբա՛շ, — գոռում էին երաժիշտները, ավելի թունդ կերպով ածելով:

Եվ էֆենդին դնում էր մի-մի արծաթի դրամ պարողների ափի մեջ, նրանք տալիս էին երաժիշտներին:

Պարը, որպես սովորաբար լինում է, սկսվեցավ փոքրիկ աղջիկներից և հետզհետե հանդիսացան ավելի հասակավորները: Առաջին զույգը հոգնելուց հետո իրանց ձեռքի թաշկինակները ձգեցին ուրիշ երկու աղջկա վրա. այդ նշան էր, որ այժմ նրանք պետք է պարեին: Այսպես հերթը հետզհետե փոխվում էր, և ամեն անգամ մեջ էին մտնում մի զույգ պարողներ: Էֆենդին առատությամբ լցնում էր նրանց բուռը արծաթի «շաբաշներով», և երաժիշտները եռանդով ածում էին:

Հերթը հասավ Վառվառեին: Գեղեցիկ աղջիկը գերազանցեց բոլորին իր շնորհալի պարով. նրա ամեն մեկ շարժումների մեջ նշմարվում էր գրացիա և կախարդիչ հրապուրանք:

— Մեր երկրում, — խոսեց էֆենդին, — հայերի մեջ մի լավ սովորություն կա, երբ աղջիկը իր պարը վերջացնում է, մոտենում է տան պատվավոր հյուրին, չոքում է նրա առջև, և գլուխը դնում է նրա ծնկի վրա, և այնքան ժամանակ չէ բարձրացնում, մինչև նրանից մի լավ ընծա չէ ստանում:

— Այդ շատ լավ սովորություն է, — ձայն տվեցին երաժիշտները, — պետք է այստեղ էլ մտցնել այդ սովորությունը:

— Վառվառե, դու պիտի լինես առաջին օրինակը, — ասաց նրան էֆենդին, — դե՛, մոտեցի՛ր, զավակս:

Վառվառեն ամոթխածությունից բոլորովին շփոթվեցավ և անշարժ մնաց իր տեղում: Նա ավելի բարվոք էր համարում, որ գետինը պատռվե և իրան կուլ տա, քան թե գլուխը մի օտար մարդու գրկում դնե: Բայց ամեն կողմից նրան բոթեցին, քաշքշեցին ասելով, աղջի, գնա՛, մի ամաչիր, քեզ բան կտա, և վերջապես նրան տարան էֆենդու մոտ և նա ստիպվեցավ իր գեղեցիկ գլուխը դնել էֆենդու ծնկների վրա: Էֆենդին փայփայեց Վառվառեի սիրուն զիսակները և դրեց նրա ափի մեջ երկու ոսկի:

Մինչև էֆենդին այսպիսի քեֆերով էր զբաղված, ներս մտավ նրա զափթիաներից մեկը, մոտեցավ և ականջին ասաց. «Այն մարդին, որի համար պատվիրած էիք, գտանք»: — «Բռնեցեք և ամենայն զգուշությամբ պահեցե՛ք մինչև ես առավոտյան կարգադրություն կանեմ», հրամայեց էֆենդին անլսելի ձայնով: Զափթիան հեռացավ:

Ի՞նչ մարդու համար էր այդ կարգադրությունը, — ոչ ոք չհասկացավ:

Արդեն գիշերից բավական անցել էր: Արհեստավոր Պետրոսի խրճիթը փոքր առ փոքր դատարկվեցավ: Երաժիշտները հեռացան: Դրացի Օհոյին արբեցությունից բոլորովին անզգա իր տունը տարան: Բազմությունը ցրվեցավ:

Արհեստավորի խրճիթի մեջ մնաց միայն պատվելի հյուրը

գզիրի հետ, որը այնքան խմել էր, որ ունեցած մի հատիկ աչքն էլ ոչինչ չէր տեսնում: Մուսանը անկողին պատրաստեց էֆենդու համար, ճրագները հանգցրին և բոլորը հանգստացան:

Այն գիշեր ի՞նչ էր պատահել, — աստված գիտե: Բայց առավոտյան Վառվառեն շատ տխուր էր, և արտասուքը խեղճ աղջկա աչքերից մի քանի օր չէր ցամաքում...

Նույն գիշերվա առավոտյան պահուն, դեռ լույսը չբացված, այս գյուղի մեջ կատարվեցավ մի ուրիշ ցավալի անցք, մի երիտասարդի շղթաներով կապած, տարան զինվորական գործակատարի մոտ, որ նոր էր եկել այս կողմերում պատերազմական կարգադրությունների համար:

Գյուղացիներից ոչ ոք չտեսավ նրան, — միայն Թոմաս էֆենդին խավարի միջից, նրա ետևից նայելով, մի առանձին դիվական հրճվանքով ասում էր իր մտքում. «Գնա՛ այսուհետև, որքան կարող ես, փչի՛ր քո դուդուկը»...

Այդ երիտասարդը պարոն Դուդուկջյանն էր, կամ մեր այժմյան պարոն Սալմանը:

ԻԶ

Ծերունի Խաչոյի տան մեջ ամենևին չգիտեին թե ինչ էր պատահել պարոն Սալմանի հետ, միայն շատ անհանգիստ էին, որ նա գիշերը չվերադարձավ: Մանավանդ Վարդանը, Հայրապետը և Ապոն խիստ տխուր էին, որովհետև զգում էին, որ անպատճառ մի չար դեպք պետք է պատահած լինի: Առավոտյան նրանք երեքը միասին դուրս գնացին, գուցե մի բան կլսեին նրա մասին:

Կեսօրին անակնկալ կերպով հայտնվեցավ Թոմաս

էֆենդին: Նրա այս տեսակ գալուստը, մենակ, առանց ծառայի, առանց զափթիաների խիստ օտարոտի թվեցավ ծերունուն: Նա միշտ ման էր գալիս իր առանձին սվիտայով: Նա բռնեց ծերունու ձեռքից, մի կողմը տարավ, որպես թե մի գաղտնի խոսելիք ունի նրա հետ:

— Գիտե՞ս, — ասաց նա կիսածաղրական և կիսալուրջ եղանակով. — այն «դուդուկ փչողին» կալանավորեցին, տարան «ի գոգն Աբրահամու»:

Ծերունին հասկացավ, թե ում մասին էր խոսքը, սոսկաց, բոլոր մարմնով դողդողաց և փոքր էր մնում, որ պիտի գլորվեր գետնի վրա:

— Սիրտդ պինդ պահիր, դողալու ժամանակ չէ, — շարունակեց էֆենդին, — դեռևս շատ բան պետք է լսես:

Նա պատմեց, թե ինքը տեղեկացավ, որ անցյալ գիշեր պարոն Սալմանը գնացել էր մի գյուղ, այնտեղ մի տան մեջ հավաքել էր իր շուրջը մի քանի երիտասարդ մշակներ, խոսում էր նրանց հետ «մարդկային անհատական իրավունքների մասին, խոսում էր մշակ մարդու աշխատանքի մասին, թե խոսում էր «բռնակալության» դեմ, խոսում էր ինչ եղանակով մարդիկ ձեռք են բերում ավելի ազատ և ավելի բախտավոր կյանքը», — ո՞վ է իմանում, զանազան այս տեսակ «խենթությունների» վրա էր խոսում: Հանկարծ վրա են հասնում մի քանի ոստիկաններ և կալանավորում են: Կառավարությունը վաղուց որոնում էր այդ «խենթին», որովհետև նրա մի քանի ընկերները զանազան տեղերում կալանավորված էին: Այժմ այդ մուկիկն էլ ընկավ որոգայթի մեջ: — Թոմաս էֆենդին ամեն ինչ պատմեց, բայց չհայտնեց, թե ինքն էր մատնել պարոն Սալմանին:

Նա կրկին դարձավ դեպի ծերունին:

— Այժմ նոր առակ լուարուք, — ասաց խիստ դառն ժպիտով, կարծես, աշխատում էր ավելի խոր խոցել ողորմելի ծերունու սիրտը: — Շուտով զափթիաները կգան քո տան մեջ խուզարկություն անելու, ես, որպես բարեկամ, եկա քեզ նախապես զգուշացնելու համար:

Նա մի առանձին կերպով շեշտեց բարեկամ բառը: Այսուամենայնիվ, զափթիաների և խուզարկության անունը լսելով, ծերունին բոլորովին զարհուրեցավ:

— Դեռևս ազատվելու ժամանակ կա, — շարունակեց էֆենդին ավելի սառն կերպով.-դու ինձ միայն այն ասա՛, նրանից խռ մի բան չի՞ մնացել քո տան մեջ:

Որքան սարսափելի լիներ հաղորդած լուրը, ծերունին դարձյալ փոքր ինչ հանգստացավ, երբ նկատեց, որ էֆենդու նման «բարեկամը» մի այսպիսի վտանգավոր րոպեում օգնության ձեռք էր մեկնում իրան:

— Մի խուրջին է մնացել, — պատասխանեց նա, երկչոտությամբ իր շուրջը նայելով, մի գուցե մի ուրիշը լսե նրա ձայնը:

— Հիմա եկ, այդ էշը ցեխիցը դուրս հան... — խոսեց էֆենդին ինքն իրան: — Մի խուրջին է մնացե՞լ... դա քիչ բան չէ...

Նա դարձավ դեպի ծերունին, իր սատանայական շիլ աչքերը լայն բացելով:

— Մի րոպեն անգամ թանկ է մեզ համար, շտապիր, գնանք, թաքցնենք այդ խուրջինը, քանի որ դեռ չեն հայտնվել զափթիաները:

Ծերունին բոլորովին հավատալով էֆենդու անկեղծությանը, տարավ նրան օդան, և ցույց տվեց պարոն Սալմանի այնտեղ պահված ճանապարհորդական խուրջինը:

— Դռները կողպեցեք, — պատվիրեց էֆենդին, և ինքը բաց անելով խուրջինը, սկսեց քրքրել նրա մեջ եղած իրեղենները:

Նրա մեջ կային զանազան հանձնարարական նամակներ այլև այլ հասցեներով, կային զանազան մարդկանց անունով փոխանագրեր, որոնցմով պարոն Սալմանը կարող էր հարկավորված ժամանակ փող ստանալ, կային զանազան հրահանգներ, ծրագրեր և այլն, կային և մի քանի տետրակներ, որ երիտասարդ պրոպագանդիստը բաժանում էր գյուղացիներին, — մի խոսքով, բացի թղթերից ուրիշ ոչինչ չկար: Էֆենդին խորին ուշադրությամբ քննում էր բոլորը և խորհրդավոր կերպով շարժում էր իր գլուխը:

— Եթե իշխանության ձեռքը ընկնելու լինեն, — ասաց նա, — այդ թղթերից մեկը բավական է, որ քեզ, տանուտեր Խաչո, քո որդիների հետ կախաղան բարձրացնեն, իսկ քո բոլոր հարստությունը հարքունիս գրավեն:

Ծերունին քարացած մնաց և ոչինչ պատասխանել չկարողացավ: Վերջին խոսքերը ձգեցին նրան մի տեսակ մտավոր անզգայության մեջ:

— Այդ բոլորը պետք է այրել, — ասաց էֆենդին և կրկին թղթերը լցրեց խուրջինի մեջ:

— Ես ոչինչ չեմ հասկանում, իմ գլխում խելք չէ մնացել, — պատասխանեց ծերունին դողդոջուն ձայնով, և նրա շիջած աչքերը լցվեցան արտասուքով:

Հանկարծ միտքը փոխեց էֆենդին. «Ի՞նչու այրել, մտածում էր նա. պետք է լավ քննել այդ թղթերը. դրանք ինձ պետք կգան... ի՞նչու ոչնչացնել»:

Նա հարցրեց ծերունուց.

— Այս տան մեջ կա՞ մի այնպիսի գաղտնի տեղ, ուր կարելի լիներ առ ժամանակ թաքցնել այդ խուրջինը:

— Կա, — պատասխանեց ծերունին:

Նրա տան մեջ կային մի քանի գաղտնի պահարաններ, որոնց մեջ վտանգի ժամանակ թաքցնում էին տան թանկագին իրեղենները: Որովհետև վտանգը այս երկրում միշտ անպակաս էր, այս պատճառով պահարաններից մի քանիսը լիքն էին և մեկը միայն մնացել էր դատարկ, որ կարելի էր ցույց տալ էֆենդուն:

Նրանք վեր առեցին չարագուշակ խուրջինը և դիմեցին ներքնատուն, որ ծառայում էր ձեթ, յուղ, գինի և ուրիշ այսպիսի մթերքներ պահելու համար: Ներքնատան հատակը պատած էր սալերով: Ծերունին մոտեցավ և բարձրացրեց այդ սալերից երկուսը. նրանց տակում հայտնվեցավ երկաթի փոքրիկ դուռ, որ հորիզոնական դիրքով փակում էր գաղտնի պահարանի մուտքը: Ծերունին հանեց իր գրպանից մի բանալի, դրեց իր պատշաճավոր տեղում, մի քանի անգամ պտտցրուց, և երկաթի դուռը ինքն իրան բարձրացավ: Այժմ նրանց առջև բաց էր ստորերկրյա վիրապի բերանը: Նեղ սանդուղքներով նրանք իջան ցած:

Վիրապի մթին դատարկության մեջ ոչինչ չէր կարելի տեսնել: Խոնավ օդը խեղդելու չափ ծանր էր: Խուրջինը դնելով այնտեղ, նրանք շուտով դուրս եկան: Ծերունին կրկին կողպեց երկաթի դուռը, կրկին սալերը դրեց իրանց առաջվա տեղում, և այժմ դժվար էր նկատել, որ նրանց տակում կար մի ստորերկրյա պահարան:

— Տուր ինձ բանալին, — ասաց էֆենդին, — ես կպահեմ: Այժմ դու ինձնից ավելի հավատարիմ մարդ չունես:

Ծերունին առանց երկար մտածելու բանալին տվեց նրան: Երկյուղը այն աստիճան պաշարել էր նրան, որ ամեն առաջարկություն էֆենդու կողմից պատրաստ էր ընդունելու:

— Ես շատ բաներ ունեմ քեզ հետ խոսելու, տանուտեր Խաչո, բայց ժամանակը կարճ է, գուցե շուտով կհայտնվեն խուզարկուները, — ասաց նա շտապելով: — Առայժմ մի քանի խրատներ կտամ քեզ, լսիր. ոչ ոք չպիտի գիտենա, որ ես քեզ հետ տեսնվել եմ. մեր բոլոր կարգադրությունները պետք է գաղտնի մնան մինչև անգամ քո որդիներից և քո բոլոր տանեցիներից: Երբ կհայտնվեն խուզարկուները, դու աշխատիր, որքան կարելի է, աներկյուղ, անվրդով և միամիտ ձևանալ: Թող որտեղ ուզում են պտռեն, ման գան, վտանգավոր բանը մենք արդեն թաքցրինք, ինքը սատանան էլ չի կարող գտնել: Մի ուրացիր, թե այն «դուդուկ փչողը» քո տանը եղել է, միայն ասա՛, որ դու նրան չես ճանաչում, և նրա ինչ նպատակով այս կողմերում թափառելը ոչ քեզ և ոչ քո որդիներին հայտնի չէ:

Վերջացնելով իր պատվերները, էֆենդին դուրս եկավ ներքնատնից:

— Հիմա ցույց տվեցեք ինձ մի ուրիշ ճանապարհ, որ ես հեռանամ, — ասաց նա իր շուրջը նայելով: — Ես պետք է աշխատեմ, որ ինձ չտեսնեն այստեղից դուրս գալու ժամանակ:

Ծերունին տարավ նրան դեպի տան ետևի դուռը, որ ծառայում էր անասունների երթևեկության համար:

— Այժմ մնացեք բարյավ, ես կրկին կվերադառնամ, երբ խուզարկուները եկած և իրանց գործողությունները վերջացրած կլինեն: Ես նրանց մի կերպով կհանգստացնեմ, միամիտ կա՛ց:

Էֆենդին հեռացավ: Ճանապարհին նա մի քանի անգամ կրկնեց իր մտքում այդ խոսքերը. «Հիմա հոգիդ իմ ձեռքումս է, տանուտեր Խաչո, ինչ որ ուզեմ կանեմ»...

Կեսօրից մի ժամ անցել էր: Վարդանը, Հայրապետը և Ապոն տակավին չէին վերադարձել: Ծերունու մյուս որդիները դաշտում գործում էին: Կնիկները զբաղված էին իրանց տնտեսությունով, որովհետև դաշտում աշխատողների համար պետք էր ճաշ ուղարկել: Գյուղացիները ըստ մեծի մասին ճաշը ուտում են դրսում և գիշերը ընթրիքի ժամանակ միայն գալիս են տուն: Դեռ ոչ ոք չգիտեր, թե ինչ էր պատահել:

Ծերունի Խաչոն անհամբերությամբ սպասում էր խուզարկուներին, որպես մի դատապարտյալ սպասում է մահվան պատժին, որովհետև գիտե, որ ազատվելու ոչ մի հնար չունի: Նա տանեցիներին եղելության իսկությունը չհայտնեց, չկամենալով նախապես վախեցնել նրանց:

Վերջապես հայտնվեցավ մի հիսնապետ, մի խումբ զափթիաների, կավազների և զինվորների հետ։

Տանեցիները որովհետև տեղեկություն չունեին, թե ինչ էր պատահել, այս պատճառով զինվորների գալուստը սկզբում նրանց շատ չվախեցրեց։ Նրանք սովորել էին շատ անգամ ընդունել այսպիսի հյուրեր, որ գալիս էին, օրերով մնում էին, ուտում էին, խմում էին, և հետո գնում։ Թուրք զինվորների իջևանելը հայ գյուղացիների տներում, մանավանդ տանուտերի օդայի մեջ, մի սովորական բան էր։

— Ինձ հրամայած է այս տան մեջ խուզարկություններ անել, — ասաց հիսնապետը դառնալով ծերունի Խաչոյին։

— Իմ տունը ձեր առջևն է, որտեղ կամենում եք, նայեցեք, — պատասխանեց ծերունին, աշխատելով պահպանել իր սրտի խաղաղությունը։

Հիսնապետը տան դռները փակել տվեց, ամեն կողմ պահապաններ կանգնեցրուց և սկսեց խուզարկությունը։ Նախ մտավ նա օդան, հետո մյուս սենյակները, ամեն ծակուծուկ նայեց, ամեն իրեղենները աչքից անցկացրեց և ոչ մի կասկածավոր առարկա չգտավ։ Կնիկները այս տեսնելով, հասկացան, որ մի անսովոր բան պատահած պետք է լինի, սկսեցին լաց լինել, և աղաղակ բարձրացնել։ Ծերունին նրանց սաստեց, որ լռեն, հանգստացնելով, որ վախենալու ոչինչ առիթ չունեն։

Խուզարկությունը վերջացնելուց հետո հիսնապետը սկսեց իր հարցափորձը։

— Այս տանը բնակվում էր մի երիտասարդ Միքայել Դուդուկչյան անունով։

— Նա մի քանի գիշեր միայն մնաց այստեղ, — պատասխանեց ծերունին։

— Դուք առաջուց ճանաչո՞ւմ էիք նրան։

— Առաջին անգամն էր, որ տեսա նրան:

— Ուրեմն ինչո՞ւ ընդունեցիք ձեր տնում:

— Ես այս գյուղի տանուտերն եմ: Ձեզ հայտնի է մեր երկրի սովորությունը, տանուտերի տունը մի տեսակ քարվանսարա է, մի տեսակ հյուրանոց է, ուր ամեն մի օտարական, ամեն մի անծանոթ մարդ օթևան է գտնում: Ի՞նչ կարող եմ գիտենալ, թե ո՞վ է գալիս կամ ո՞վ է գնում:

— Նա չթողեց այստեղ մի բան:

— Ոչինչ չթողեց:

— Դուք չհասկացաք, թե ի՞նչ դիտավորությամբ էր շրջում նա այս կողմերում:

— Նա մեզ ոչինչ չհայտնեց: Այսքանը գիտեմ, որ նա վարժապետ էր:

— Դուք չգիտե՞ք թե նա ում հետ էր տեսնվում, կամ ում հետ էր խորհրդակցում:

— Վարժապետը ամեն մարդու հետ տեսնվում էր աշակերտներ գտնելու համար:

— Այժմ գիտեք, նա ո՞րտեղ է:

— Չգիտեմ:

— Կալանավորված է:

— Ավելի լավ, եթե վատ մարդ էր:

Այդ միջոցին զարկեցին տան դռան մուրճը:

— Ոչ ոքի ներս չթողնել, — հրամայեց հիսնապետը:

Ծառան հայտնեց, թե Թոմաս էֆենդին է:

— Նա կարող է գալ:

Ներս մտավ էֆենդին, և տեսնելով հինապետին իր խումբի հետ, իրան բոլորովին զարմացած ձևացրեց, որպես թե ինքը ամեննին տեղեկություն չունի, թե նրանք ինչու համար են մտել ծերունու տունը:

— Բարի լինի, ի՞նչ կա, — հարցրեց նա խորհրդավոր ձայնով:

Հինապետը հայտնեց նրան իր պաշտոնի նպատակը: Էֆենդու կոշտ դեմքի վրա անցավ մի կեղծ ժպիտ, և նա բռնելով հինապետի ձեռքից, ասաց.

— Գլխովս երաշխավոր կլինեմ, եթե տանուտեր Խաչոյի մոտ մի կասկածավոր բան գտնվելու լինի: Դուք չեք ճանաչում, թե նա որքա՜ն բարի և լավ մարդ է:

Նա տարավ հինապետին օդան, բայց զափթիաները, կավազները և զինվորները մնացին դրսում, դեռևս պահպանում էին տան մուտքերը:

— Տանուտեր, — դարձավ դեպի ծերունին, — այդ մարդիկը քաղցած կլինեն, հրամայեցեք, որ ճաշի պատրաստություն տեսնեն: Արաղը պետք է առատ լինի, հասկանո՞ւմ ես:

Վերջին խոսքը նա ասաց հայերեն լեզվով: Տանուտերը ուրախացած դուրս եկավ օդայից: Նա արդեն վտանգը անցած էր համարում:

Բայց ո՜չ, վտանգը տակավին անցած չէր, թուրքերը այնպես հեշտությամբ ծերունու օձիքը ձեռքից բաց չէին թողնելու. պետք է նրան չարչարեին, պետք է նրան տանջեին, պետք է ամիսներով բանտերում մաշեին նրան: Թեև ծերունու տնում չգտնվեցավ որևիցե կասկածավոր առարկա, որով կարելի լիներ նրան մեղադրել, թեև նրան հանցավոր համարելու հաստատ փաստ չկար, — բայց այդ էլ բավական էր, որ ծերունին Խաչոն հայ էր, և բացի հայ լինելը՝ հարուստ էր... Մի այսպիսի պարարտ որսը թուրք պաշտոնատարի համար խիստ հրապուրիչ բան է:

Թոմաս էֆենդին ինքն էր «եփել այդ ապուրը», նա էր մատնել պարոն Սալմանին նոր եկած զինվորական գործակատարի մոտ: Նա՛ էր թելադրել ծերունու տան մեջ խուզարկություններ անել, և այդ պատճառով նրան հեշտ էր իր լարած որոգայթից ազատել խեղճ ծերունուն: Բայց ոչ, իր սատանայական նպատակին հասնելու համար էֆենդին դեռևս աշխատում էր գործին ավելի բաղադրյալ ձև տալ:

Երբ ծերունին օդայից դուրս գնաց ճաշ պատվիրելու, հիսնապետը հարցրեց Թոմասից.

— Էֆենդի, դուք ի՞նչ եք մտածում, ես կարծում եմ, այդ մարդը անմեղ պետք է լինի:

— Ձեզ հայտնի է, բեկ, — պատասխանեց խորամանկը, — որ Թոմաս էֆենդին այսպես հեշտ վճիռ տվող մարդերից չէ: Ինձ համար տակավին մթության մեջ է գործը: Ես հավատացած էի, որ այս տան մեջ կգտնվի որևիցե կասկածավոր առարկա, կամ որևիցե պատրաստություն, որոնցմով կարելի կլիներ բացատրել, թե մինչև ո՛ր աստիճան այդ մարդիկը դավակից են կալանավորի (պարոն Սալմանի) մտքերին, բայց զարմանում եմ, որ մեղադրանքի համար տակավին մի հաստատուն փաստ չհայտնվեցավ: Այսուամենայնիվ, մենք հայերս մի ծածուկ բան ունենք, որին կոչում ենք խոստովանություն, ես այդ մարդերին պետք է երկար խոստովանեցնեմ... Ես ավելի կասկած ունեմ ծերունու երկու որդիների և մի օտարականի վրա, որ նույնպես հյուր է այս տան մեջ:

— Ի՞նչ օտարական, — հարցրեց հիսնապետը:

—Մի ռուսաստանցի երիտասարդ, որ չափազանց վտանգավոր անձնավորություն է և սաստիկ ոխերիմ թշնամի մեր կառավարությանը: Նա այս կողմերում թափառում է վաճառականի պատրվակով, բայց իսկապես ռուսաց լրտես է:

— Նրան կալանավորել մի փոքր դժվար է, եթե ռուսաց հպատակ է, — պատասխանեց հիսնապետը:

—Պատերազմի ժամանակ լրտեսներին միշտ կարելի է կալանավորել: Ձեզ հայտնի է, որ պատերազմը շուտով հրատարակվելու է:

— Ես այդ գիտեմ...

— Այդ երիտասարդի մասին ես արդեն խոսացել եմ նորին գերազանցության զինվորական գործակատար՝ փաշա էֆենդու հետ, մի՞թե նա ձեզ ոչինչ չէ պատվիրել:

— Փաշա էֆենդին այսքանը միայն պատվիրեց, որ ես կատարեմ ձեր բոլոր կարգադրությունները:

— Շատ գեղեցիկ, — խոսեց էֆենդին ուրախ ժպիտով. — ես կկարգադրեմ ինչ որ պետք է: Բայց մի բան էլ կա, ձեզ հետո կասեմ:
— Ես շատ անհամբեր եմ, — պատասխանեց թուրք աստիճանավորը, — ես «հետիններին» ազատել չեմ կարող:

— Ուրեմն ձեր ականջին կասեմ:

Հիսնապետը մոտեցրեց էֆենդուն իր ականջը, թեև Օդայի մեջ բացի այդ երկուսից մի ուրիշ մարդ չկար, որ նրանց խոսակցությունը լսեր: Էֆենդին ասաց. «Ծերուկը բավական հարուստ է, պետք է նրան կթել»...

Թոմաս էֆենդին բավական ծանոթ լինելով թուրք պաշտոնատարների թուլություններին, նա շատ լավ էր իմանում, որ այդ կաշառակեր գազաններին այնքան չէ հետաքրքրում գործի էությունը, կամ նրա բոլոր մանրամասնությունների ճիշտ քննությունը, — որքան գրավում է նրան այն միտքը, թե ի՞նչ ձև և ի՞նչ ընթացք պետք էր տալ գործին, որ կարելի լիներ մեղադրվածից ավելի փող դուրս բերել: Թոմաս էֆենդին աշխատում էր օգուտ քաղել թուրքերի այդ թուլությունից և իր հորինած մեքենան իր նպատակին համեմատ պտույտ տալ: Այս պատճառով նա շատ ուրախացավ, երբ նկատեց, որ հիսնապետը գրավվելով իր վերջին խոսքերից, հարցրեց.

— Ուրեմն ինչպե՞ս եք կամենում, որ կարգադրենք գործը:

— Դուք ձեզ հետ բավական մարդիկ ունեք, պարոն հիսնապետ, կիրամայեք հսկողության տակ առնել ծերունուն իր երկու որդիների հետ, որոնցից մեկը կոչվում է Հայրապետ, իսկ մյուսը Ապո: Բացի դրանցից, կիրամայեք կալանավորել ռուսաստանցի լրտեսին, որ կոչվում է Վարդան:

Հիսնապետը նշանակեց Ապոյի, Հայրապետի և Վարդանի անունները:

— Ձեր այսօր կատարած պաշտոնը, — շարունակեց էֆենդին, — լոկ խուզարկություն էր, բայց քննությունը տակավին վերջացած չէ:

Ուրեմն դուք պետք է հիշյալ անձինքներին հսկողության տակ առնեք, մինչև քննությունը կկատարվի նորին գերազանցություն փաշա էֆենդու մոտ:

— Հասկանում եմ, — պատասխանեց հիսնապետը:

— Իսկ ես պետք է միջնորդի դեր կատարեմ, ինձ ձևացնելով ավելի պաշտպան մեղադրվածներին՝ նրանցից գաղտնիքներ որսալու համար: Հասկանո՞ւմ եք:

— Հասկանում եմ... — կրկնեց հիսնապետը:

ԻԷ

Մինչ օդայի մեջ Թոմաս էֆենդին և հիսնապետը զբաղված էին իրանց սատանայական կարգադրություններով, դրսում զինվորների մեջ անց էր կենում բոլորովին այլ տեսակ խոսակցություն:

— Մահմուդ, — հարցրեց զափթիաներից մեկը իր ընկերից, — այս գիշեր այստեղ մնալու լինենք, դու այդ հայի հարսներից ո՞րին պիտի ընտրես:

— Ինձ շատ դուր եկավ այն կարմրաթշիկ պստլիկը, — պատասխանեց Մահմուդը մի առանձին ախորժակով:

— Բայց իմ խելքը տարավ այն սև աչքերով սիրունիկը, — խոսեց առաջինը ոչ պակաս ոգևորությամբ:

Զինվորները խուզարկության ժամանակ կանանոցը մտնելիս, երևի, ուշադրություն էին դարձրել ոչ այնքան իրանց խնդրած առարկաների վրա, որքան ծերունի Խաչոյի հարսների վրա: Կին եղած տեղը մահմեդականը ամեն բան մոռանում է:

Մի քանիսի ուշադրությունը գրավել էին ծերունու տան հարուստ իրեղենները:

— Իմ կնիկը գլուխս տարավ, — ասում էր մի ծեր զափթիա, — ամեն օր հանգստություն չէ տալիս, միշտ ասում է՝ մի մեծ պղինձ պիտի առնես կաթ տաքացնելու համար: Այստեղ մեկը տեսա, իսկ և իսկ նրա ուզածն է, երբ գնալու լինենք, անպատճառ պիտի հետս վեր առնեմ:

Մի մանկահասակ զինվոր ասաց.

— Ես տեսա մի գեղեցիկ խալիչա, շատ լա՜վ է նրա վրա պառկելը կուշտ ուտելուց և խմելուց հետո, և ծխել սիրուն կնոջ ձեռքով պատրաստված նարգիլեն:

Ծեր զափթիան, որ ավելի տնտեսական և կրոնական կետից էր նայում ավարի վրա, թույլ տվեց իրան մի նկատողություն անել մանկահասակ զինվորին։

— Այս տեսակ խալիչաները ավելի հարմար է գործ ածել որպես սաջջադա նամազի համար։

Մի նախանձով և նախապաշարմունքներով լի զինվորը ասաց.

— Զարմացք բան է, «գավուր» լինել և այսպիսի սիրուն կնիկներ ունենալ... «գավուր» լինել և այսպիսի հարուստ տուն ունենալ... Մեր տանը մի փալասի կտոր չկա, որ երեխաներս գիշերը վրան պառկեն։ «Գավուրը» պետք է մի քրքրված, բարակ գոտի ունենա կապած մեջքին, որ հագելու ժամանակ տասը տեղից կտրատվի...

Վերջին խոսքը յուրաքանչյուր մահմեդականի բերանի առածն է։ Արնելքում գոտիի հաստությունը և նրա շքեղությունը հարստության և փառքի նշան է։ Հայը, գավուր լինելով, մահմեդականի կարծիքով, պետք է այն աստիճան աղքատ լինի, որ բոլորովին քրքրված և մաշված գոտի ունենա, որպեսզի հագելու միջոցին չդիմանա և կտրատվի... Հայը սիրուն կնիկներ ունենալու ևս իրավունք չունի, որովհետև «գավուր» է, որովհետև, ինչ որ գեղեցիկ է, ինչ որ լավ է, պետք է մահմեդականի սեփականություն լինի...

Զինվորներից մի քանիսը մտել էին ծերունու տան գեղեցիկ պարտեզի մեջ, և որպես արջը կամ խոզը բանջարանոցի մեջ, այնպես ոտնակոխ էին անում, տրորում էին խնամքով մշակված գեղեցիկ ծաղիկները, որոնց համար այնքան աշխատել էին տանուտերի հարսները և աղջիկները։ Նրանք բնում էին ծառերի ճյուղերից, քարշ էին տալիս, կոտրատում էին պտուղները քաղելու համար, հասածները ուտում էին, իսկ տհասները գցում էին հողի մեջ և կոխ էին տալիս։ Ծերունի Խաչոն այդ տեսավ հեռվից և նրա սիրտը խորին կերպով խոցվեցավ։ Նա այնքան էր սիրում իր ծառերին, որքան իր զավակներին։ Նա իր խելացի գլուխը շարժեց

213

և նույն րոպեում նրա մտքից անցավ պարսկական վաղեմի առածը, «երբ որ զորապետը խլում է այգեպանից մի խնձոր առանց փողի, այն ժամանակ նրա զորքերը ամբողջ այգին արմատախիլ կանեն»։ Այսպիսի բարբարոսության ընդունակ է թուրքը։ Ով որ գութ չունի դեպի կենդանի բույսերը, նա չի կարող գութ ունենալ և դեպի կենդանի մարդիկ։ Թուրքը ծառի պտուղը կուտե, իսկ ծառը կոչնչացնե։ Թուրքը մարդու ձեռքի վաստակը կառնե, իսկ նրան կմահացնե... Թուրքը որպես անխնայորեն սպառեց իր երկրում գտնված անտառները, նույնպես անխնայորեն ոչնչացրեց իր տերության այլազգի ցեղերը...

Ծերունին նույն բարբարոսությունն էր տեսնում իր տան մեջ, բայց լռում էր։ Նա մտավ խոհանոցը, ուր կնիկները ճաշ էին պատրաստում։ Խե՛ղճ մարդ, նա արդեն կալանավորված էր իր տնում, և իր բանտի մեջ իր պահապաններին ցույց էր տալիս հյուրասիրության սուրբ պարտքը։

— Այդ ի՞նչ մարդիկ են, ի՞նչ էին պտռում, ի՞նչու են քանդում մեր տունը, — հարցրեց Սառան արտասվալի աչքերով։

— Աստված գիտե... — պատասխանեց ծերունին տխուր կերպով և պատվիրեց, որ ճաշը շուտ տան։

Կնիկները գտնվում էին մի սարսափելի երկյուղի մեջ։ Նրանք քաշվել և տուն էին մտել զինվորների աչքից հեռու մնալու համար։ Նրանք հասկանում էին, որ մի տարօրինակ բան պետք է պատահած լինի, որ թուրքերը այժմ այնպես անպատկառ կերպով էին վարվում իրանց տան հետ։ Մինչև այն օրը նրանք շատ անգամ տեսել էին այսպիսի հյուրեր, բայց միշտ ծերունու տան պատիվը պահպանված էր եղել։

Հայրապետը և Ապոն, որոնք առավոտյան Վարդանի հետ գնացել էին պարոն Սալմանին որոնելու, տակավին չէին վերադարձել։ Ծերունու մյուս որդիները, դաշտում լսելով թուրքերի անկարգությունները, իսկույն տուն վազեցին։ Նրանք սաստիկ կատաղած էին ոչ թե թուրքերի դեմ, այլ իրանց անմեղ հոր դեմ։ Ստրուկները միշտ տկար կողմի վրա են հարձակվում։

Նրանք բռնակալի գործած բարբարոսությունները բնական են համարում, բայց մեղադրում են իրանց նման ստրուկներին, թե ի՞նչու նրանք «աղային բարկացրին»... Այս պատճառով ծերունու որդիների իրանց հոր դեմ հայտնած նախատինքներին և հանդիմանություններին չափ չկար: Նրանք դատապարտում էին իրանց հորը, թե ի՞նչու նա թույլ տվեց իր տան մեջ այնպիսի վտանգավոր մարդերին, որպես էին Վարդանը և Սալմանը, և պատրաստ էին գնալ և հայտնել հիսնապետին բոլորը, ինչ որ իրանք գիտեին, կարծելով թե այդ կթեթևացներ իրանց հանցանքը:

— Դու քո ձեռքով քո տունը քանդեցիր, — ասում էին նրան որդիները:

— Թո՛ղ քանդվի... — պատասխանեց ծերունի հայրը լի վրդովմունքով, — երբ այդ տան մեջ ձեզ նման անարժան որդիք են բնակվում... Անեծքի և ոչնչության արժանի եք դուք, քանի դեռ մեռած է ձեր մեջ անձնասիրության, պատվի և ազատամտության ամեն զգացմունքը: Այն մարդիկը, որոնց դեմ բարկացած եք դուք, նրանք են իմ իսկական որդիներս, և ես շատ չեմ ցավի, եթե նրանց պատճառով կկորցնեմ ամեն ինչ, որ ունեմ..

Ծերունու վերջին խոսքերը վերաբերում էին պարոն Սալմանին և Վարդանին: Որդիները ավելի գրգռվեցան: Խոհեմ հայրը մտածելով մի գուցե որևիցե հիմարություն գործեն կամ մի անզգույշ խոսք դուրս թողնեն իրանց բերանից, հանգստացրեց նրանց, ասելով, որ վախենալու ոչինչ առիթ չունեն, որ թուրք պաշտոնատարների «բերանը միշտ կարելի է ցեխել» մի քանի ոսկիներով և ավելացրեց, որ Թոմաս էֆենդին խոստացել է գործ դնել իր բոլոր ջանքերը և գալոց վտանգի առաջը առնել: Որդիները մի փոքր հանգստացան: Այսպիսիների վրա միշտ մեծ ազդեցություն է գործում խոշոր մարդկանց անունը: Թոմաս էֆենդին խոստացել է, ուրեմն նա ամեն բան կարող է կատարել:

Այդ միջոցին օդայի դռանը հայտնվեցավ Թոմաս էֆենդին և հեռվից ձայն տվեց.

— Տանուտեր Խաչո, շուտ արա, այդ կծատողներին պետք է կերակրել:

— Պատրաստ է, էֆենդի, — պատասխանեց տանուտերը, — իսկույն կտան ճաշը:

Ծերունու որդիները սկսեցին ճաշի սեղանը պատրաստել և օդայի մեջ առանձին, իսկ դրսում ծառերի հովանու տակ առանձին սեղան ևս զինվորների համար: Այդ վերջինները հետզհետե անտանելի էին դառնում: Այդպիսի դեպքերում, հայի տան մեջ, թուրք զինվորը բավական պահանջող է լինում: Նրա ճաշակը նրբանում է. նրա ախորժակը բացվում է. և նա պահանջում է այն տեսակ կերակուրներ, այն տեսակ խմիչքներ, որոնց անունն է լսել միայն, իսկ իր կյանքում մի անգամ ևս չէ տեսել: Տան տիրոջ յուրաքանչյուր «չկան» պատասխանվում է հայհոյանքներով: Թեև այսպիսի անկարգություններ չպատահեցան, բայց դարձյալ ծերունու որդիները սաստիկ տանջվեցան, մինչև կարողացան իրանց անամոթ հյուրերի այս և այն պահանջներին բավականություն տալ:

Հիսնապետը և Թոմաս էֆենդին ճաշում էին օդայի մեջ երկուսը միասին: Ծերունի տանուտերը նրանց սեղանակիցը չեղավ և սպասավորի նման մնաց ոտքի վրա, դրանով կամենալով ցույց տալ իր հյուրերին մի առանձին պատիվ: Ծերունու որդիները ծառայում էին զինվորների սեղանի շուրջը: Առժամանակ արաղը և տանուտերի խոհանոցի առատ խորտիկները զբաղեցրին նրանց: Այդ դեպքից օգուտ քաղելով, ծերունին մոտեցավ Սառային և ծածուկ ասաց նրան.

— Ջավակս, ա՛ռ այդ բանալիները և տանը ինչ լավ բան որ կա, բոլորը թաքցրու, դու խո իմանում ես, թե որտեղ պետք է թաքցնել:

— Իմանում եմ... — պատասխանեց խեղճ կինը և նրա աչքերը լցվեցան արտասուքով: Այդ նախազգուշությունը արդեն նշան էր, որ սպառնում է մի մեծ վտանգ:

— Լսիր, և սիրտդ պինդ պահիր, — շարունակեց ծերունին, — մեր տունը շատ անգամ տեսել է այս տեսակ փորձանքներ: Աստուծով բոլորը կանցնի, միայն պետք է համբերություն ունենալ: Իրեղենները թաքցնելուց հետո հարսներին երեխաների հետ կուղարկես իրանց ծնողների տները, իսկ դու Լալային քեզ հետ վեր առնելով, կգնաս մեր քավոր Զաքոյի տունը, այնտեղ կմնաք, մինչև տեսնենք, թե ինչով կվերջանա այդ փորձանքը:

Ծերունու հարսներից ոմանք Օ... գյուղից էին, իսկ մի քանիսը մերձավոր գյուղերից, այս պատճառով, նրանց առժամանակ իրանց ծնողների հետ պատսպարվելը դժվար չէր: Միայն Սառան հեռու տեղից էր բերված, նրա ծնողները գտնվում էին Բայազեդում, դրա համար ծերունին առաջարկեց նրան քավոր Զաքոյի տունը, որի վրա մեծ հավատարմություն ուներ:

— Մի բան էլ կա, լսիր, Սառա, — շարունակեց ծերունին, — Հայրապետը, Ապոն և Վարդանը առավոտյան գնացին պարոն Դուդուկչյանին որոնելու. նրանք, երևի, չգիտեն, թե ինչ է պատահել մեզ հետ, տուն կվերադառնան և իրանք էլ կընկնեն փորձանքի մեջ: Շուտով մի մարդ ուղարկիր, որ գոնե նրանց ասե, որ մի տեղում պահվեին և սպասեն իմ կարգադրություններին:

Վերջին խոսքերը ավելի խոր խոցեցին խեղճ կնոջ սիրտը, ուրեմն իր սիրելի ամուսնուն ևս վտանգ էր սպառնում, մտածեց նա, նա ի՞նչով էր մեղավոր, նա ի՞նչ էր արել... Բայց Սառան այնքան խելացի էր, որ նրանից ծածուկ չէին կարող մնալ իր ամուսնի մի քանի դիտավորությունները, որոնցից նա միշտ ցավալի հետևանքներ էր սպասում:

— Ո՞վ կգնա... — հարցրեց կինը վշտալի ձայնով և նրա բազմահոգ աչքերը կրկին լցվեցան արտասուքով:

Սառայի հարցմունքը անտեղի չէր: Վտանգի ժամանակ երբ եղբայրը եղբորը ուրանում է, և մինչև անգամ նրա դեմ թշնամանում է — էլ ուրիշների վրա ի՞նչ հույս կարելի է դնել... Սառան իր ականջով լսեց, թե քանի րոպե առաջ Հայրապետի եղբայրները որպիսի բարկությամբ էին խոսում նրա մասին, և որքան զրգռված էին նրա դեմ:

Ծերունին հասկացավ Սառայի արդար դժգոհության պատճառը և տխրությամբ պատասխանեց նրան.

— Ես գիտեմ, որ ոչ ոք չի գնա... ես գիտեմ, որ վտանգի ժամանակ բոլորը կհեռանան մեզանից... Բայց Վարդանի երկու ծառաները՝ Սաքոն և Եղոն տանն են. դրանք համարձակ մարդիկ են և հավատարիմ: Շտապիր շուտով հասկացնել նրանց գործի եղելությունը, իսկույն նրանք կգնան, կգտնեն Հայրապետին, Ապոյին և Վարդանին և ինչ որ պետք է՝ կհայտնեն նրանց: Բավական է, որ ասեն թե պարոն Դուդուկչյանը կալանավորված է և մեր տան մեջ խուզարկություն արին, մնացածը նրանք կհասկանան:

Վերջացնելով իր պատվերները, ծերունին դուրս եկավ կանանոցից, համոզված լինելով, որ խոհեմ և խելացի Սառան կկարգադրե իր ցանկության համեմատ:

Բակում ծերունին նկատեց, որ կառավարության, կարգի, օրենքի և արդարության ներկայացուցիչները, — զինվորները, վայելելով գյուղացու սեղանի առատ բարիքները, խմելով նրա գինին և արաղը, այժմ ներկայացնում էին անկարգության մի ամբողջ բաբելոն: Նա աչքերը խփեց և անցավ: Նա չկամեցավ տեսնել բացարձակ լրբություն, որ պատժել չէր կարող:

Թուրք ծառայողները շատ չեն հետևում իրանց կրոնի պատվերներին, այս պատճառով արաղի գործածությունը նրանց մեջ բոլորովին սովորական էր դարձել: Արգելված պտուղը քաղցր է լինում: Մահմեդականը խմելու ժամանակ գազան է դառնում. արբեցության բերկրանքը նրա մեջ փոխվում է կատաղի մոլեգնության: Եթե մի պատճառ կար համարել Մուհամմեդին մարգարեներից ամենամեծը, այդ էլ բավական է, որ նա արգելեց մուսուլմաններին խմել ոգելից ըմպելիներ:

Միևնույն ժամանակ օդայի մեջ խոսակցությունը ոչ սակավ հետաքրքիր էր: Հինապետը բավական խմեց, և ճաշից առաջ նրա էֆենդու հետ ունեցած պաշտոնական խոսակցությունը այժմ ավելի մտերմական, ավելի ընկերային ձև էր ստացել:

— Քանի՞ կնիկ ունես, — հարցրեց հիսնապետը:

Էֆենդին, մի անսովոր ժպիտ գործելով իր այլանդակ դեմքի վրա, պատասխանեց.

— «Էշից հարցրին քանի՞ կնիկ ունես, նա ցույց տվեց ամբողջ նախիրը»:

Երբ էֆենդին սկսում էր էշերի առածներով արտահայտել իր միտքը, դա արդեն նշան էր, որ նա գտնվում է իր սրտի ամենաուրախ տրամադրության մեջ:

— Բայց քրիստոնյաներին, կարծեմ, արգելված է մեկից ավելի ունենալ, — նկատեց հիսնապետը:

— Մահմեդականներին նույնպես արգելված է գինի և արաղ խմելը, իսկ դուք ինձանից ավել խմեցիք, — պատասխանեց էֆենդին, ուրախանալով իր հարմար պատասխանի վրա:

Այդ միջոցին ներս մտավ ծերունի Խաչոն, իր ձեռքով բերելով երկու տուփերի մեջ դարսած ռահաթլոխում և Զմյուռնիայի թուզ, և դրեց սեղանի վրա, ասելով.

— Ճաշից հետո լավ է լինում բերանը մի բանով քաղցրացնել:

Նա կրկին շտապով դուրս գնաց օդայից:

— Բավական բարի մարդ է երևում այդ ծերունկը, — խոսեց հիսնապետը նրա հեռանալուց հետո, — ես զարմանում եմ, թե ի՞նչպես է թողել դա իր տանը այնպիսի մարդերին, որպես ռուսաց լրտեսը, կամ որպես պոլսեցի խռովարարը:

— «Էշի ականջները երկար են լինում, բայց խելքը կարճ», — պատասխանեց էֆենդին իր հատուկ ոճով: — Եթե կան աշխարհումս հիմար մարդիկ, դրանք այդ «բարի» կոչվածներն են: Այդ ծերուկը նույն տեսակներիցն է:

Թուրք հիսնապետը համեմատաբար ավելի ազնիվ զգացմունքի տեր մարդ էր, քան հայ էֆենդին: Նա ասաց ցավակցաբար.

— Ես կարծում եմ, որ զինվորական նոր գործակատարը այդ խեղճին լավ կկթե...

— Տարակույս չկա... Անխելք պետք է համարել այն մարդուն, որ չի աշխատի մի այսպիսի բարեբեր կովից օգուտ քաղել...

— Դու ճանաչում ես նրան, ի՞նչպես մարդ է, ես առաջին անգամն եմ տեսնում:

— Շատ լավ եմ ճանաչում, — պատասխանեց էֆենդին գործագետ մարդու եղանակով. — ես նրան ճանաչում եմ դեռ այն ժամանակից, երբ Տիգրանակերտի գավառում գայմագամ էր: Տասն տարուց ավելի կողոպտեց, հարստացավ, հետո Պոլիս գնաց և այնտեղ փաշա դարձավ:

— Ի՞նչպես մարդ է:

— «Սատկած էշ է պտռում նալերը դուրս քաշելու համար»:

Մինչև էֆենդին և հիսնապետը զբաղված էին այս տեսակ խոսակցություններով, մինչև զինվորները արբեցության մոռացության մեջ երգում էին, հռհռում էին և պար էին գալիս, ծերունու տան կնիկները իրանց երեխաների ձեռքից բռնած, տան ետևի դռնով դիմում էին դեպի իրանց ծնողների տները: Արտասուքը հեղեղի նման թափվում էր այդ թշվառների աչքերից, որոնց այնպես էր թվում, թե դեպի գերություն են տարվում, թե պետք է մյուս անգամ չտեսնեն այն տունը, ուր այնքան բախտավոր էին, ուր այնքան սիրված էին:

Այդ միջոցին Եղոն և Սաքոն, երկուսն էլ զինվորված, դուրս եկան նույն դռնից, և նստելով ձիերի վրա, հեռացան: Թոմաս էֆենդին իր բոլոր սատանայական խորամանկությամբ չմտածեց կալանավորել այդ երկու ավազակներին, որոնք Վարդանի թև ու թիկունքն էին, որոնք կարող էին խանգարել նրա չար դիտավորությունները...

ԻԸ

Թոմաս էֆենդին դեռ մասամբ միայն հասած էր համարում իր նպատակին: Նրա գլխավոր նպատակը տակավին մնացել էր անկատար: Ստեփանիկի աղջիկ լինելը նա վաղուց գիտեր: Նրան հայտնել էր մկրտող քահանան, տեր-Մարուքը, որ մի օր էֆենդու մոտ ճաշի հրավիրված լինելով և արբեցության մեջ իրան կորցնելով, հայտնեց գաղտնիքը, որի մասին ուխտել էր միշտ ծածուկ պահել: Այն օրից Թոմաս էֆենդին սիրում էր Լալային:

Բայց ի՞նչ բան էր այդ բարոյապես փչացած մարդու մեջ սերը. — քաղցի և ծարավի բնական զգացմունք: Կերավ, խմեց, կշտացավ, — և ահա՛ կարիքը անցավ: Նա զոհ է, երբ կրքերը հագեցած են լինում: Սիրո հոգեկան և իդեալական կողմերը անմատչելի էին Թոմաս էֆենդուն: Սերը նրա մեջ լոկ անասնական ցանկություն էր: Նա իր կյանքը թուրքերի հետ անցկացնելով, սեփականել էր նրանց բոլոր բարոյական հատկությունները: Գեղեցիկ կինը, սիրուն աղջիկը մահմեդականի համար նույնպիսի գրավիչ առարկաներ են, որպես խաղալիքները երեխաների համար: Երեխան հրապուրվում է, զվարճանում է իր խաղալիքով այնքան ժամանակ միայն, քանի չէ ձանձրացել, երբ ձանձրացավ, ձեռքի ունեցածը կկոտրե, դեն կգցե և մի ուրիշը կուզե:

Կինը Թոմաս էֆենդու համար իր էր, առարկա էր, որ սեփականում էր միայն իր առժամանակյա զվարճության, իր առժամանակյա բավականության համար, — տեսավ նրանից ավելի գեղեցիկը, նա պատրաստ էր թողնել առաջինը և աշխատել երկրորդը ձեռք բերելու համար: Նրա վերջին վիճակը ընկել էր Լալայի վրա: Բայց ի՞նչու այնպիսի անազնիվ և սատանայական ճանապարհներով էր աշխատում հասնել իր նպատակին: Միթե չէ՞ր կարող ուղղակի առաջարկություն անել նրա հորը և խնդրել աղջկա ձեռքը:

Թոմաս էֆենդին հաջորդաբար էր վարվում: Կյանքի բոլոր

պետքերի և պահանջների մեջ, նպատակին հասնելու համար, նա իր առանձին գործելու եղանակն ուներ:

Թոմաս էֆենդին հարստահարիչ էր: Հարստահարիչը ուղիղ ճանապարհներով չէ դիմում նպատակին: Նա շրջում է ծուռումուռ շավիղների մեջ: Հարստահարիչը այն տեսակ որսորդներից է, որ որոգայթներ է լարում, ցանցեր է դնում, ծուղակներ է կազմում իր որսը բռնելու համար: Բարոյական հարստահարության մեջ Թոմաս էֆենդին նույն կերպով էր վարվում: Նա աշխատում էր մի անմեղ աղջկա սերը որսալ դիվական խորամանկություններով: Նա աշխատում էր Լալայի հորը մի այնպիսի անելանելի դրության մեջ դնել, որ հակառակ իր կամքին, ստիպված լիներ իր աղջիկը էֆենդուն տալ:

Թոմաս էֆենդին Լալայի վրա նայում էր, որպես իր հոր սեփականության վրա. — որպես նրա մշակության մի բերքի վրա: Նա, իբրև կապալառու, գիտեր, թե ինչ միջոցներ պետք է գործ դնել գյուղացու մշակության բերքը ձեռքիցը խլելու համար: Նա գիտեր, որ մինչև գյուղացուն չես տանջում, չես չարչարում, և նրա բոլոր ընդդիմադրության ուժերը նրանից չես խլում, — նա չէ հոժարվում իր աշխատանքի արդյունքը, իր ստացվածքը ձեռքից բաց թողնել: Այդ մտքով Թոմաս էֆենդին կապեց, կաշկանդեց ծերունի Խաչոյին այնպիսի անլուծանելի հանգույցներով, որ ինքը միայն կարող էր բաց անել:

Մատնելով նրան իր որդիների հետ որպես քաղաքական հանցավորներ, որպես մի խռովարար մարդու դավակիցներ, որպես իրանց տնում պատերազմի ժամանակ լրտես պահողներ, — Թոմաս էֆենդին մի երկրորդ նպատակ ևս ուներ, այն է, դրանով ցույց տալ թուրք կառավարությանը իր հավատարմությունը և մատուցած մեծ ծառայությունը: Մյուս կողմից, ասել ծերանի Խաչոյին՝ «Տե՛ս, եթե Լալային ինձ չտաս, դու և քո որդիներդ կախաղան կբարձրանաք, քո տունը կրակով կայրեն և քո հարստությունը կգրավեն... Ես միայն կարող եմ փրկել ձեզ և իմ վարձատրությունը պետք է լինի գեղեցիկ Լալան...»:

Այդ բոլորը կարող էր կատարել չարագործը: Նա իր

ձեռքում ուներ մի փաստ, որ ամենապարզ ապացույցն էր նրա մատնությունների համար. — դա էր ծերունի Խաչոյի տան պահարանի մեջ թաքցրած խուրջինը, որի մեջ պահված էին պարոն Սալմանի թղթերը: Իսկ պահարանի երկաթի դռան բանալին էֆենդին իր գրպանումն ուներ:

Բայց նա դեռ չէր ցանկանում չարությունը իր ծայրահեղությանը հասցնել: Նա համոզված էր, որ Լալայի հոր հոժարությունը ստանալ դյուրին էր: Բայց նա տեսնում էր իր առջև մի ավելի հզոր ախոյան — Վարդանին: Սկսյալ այն օրից, երբ օդայի մեջ Վարդանը խլեց Ստեփանիկի ձեռքից էֆենդուն մատուցանելու չիբուխը և բարկությամբ դուրս ձգեց լուսամատից, — սկսյալ այն օրից, երբ Վարդանը Ստեփանիկի պատճառով այնպես կատաղի կերպով հարձակվեցավ էֆենդու վրա, — այս վերջինը հավատացած էր, որ Վարդանի և Ստեփանիկի մեջ կա մի ներքին կապ, թե այդ երկուսը սիրում են միմյանց: Բացի դրանից, նա գիտեր, որ Վարդանը մեծ համակրություն է վայելում ծերունու ընտանիքի մեջ, և նրանք մեծ ուրախությամբ իրանց աղջիկը նրան կնության կտային: Իսկ եթե չհոժարվեին տալ, բավական էր, որ աղջիկը սիրում էր, և Վարդանը, իբրև կանտրաբանտիստ, կվարվեր նրա հետ, որպես մի արգելված ապրանքի հետ, այսինքն, մի գիշեր կվեր առներ և կփախցներ: Եվ այդ կատարելու համար Վարդանը բավական քաջություն և համարձակություն ուներ: — Այդ բոլորը մտածում էր էֆենդին: Ուրեմն ի՞նչ պետք էր անել երիտասարդի դիտավորությունները խափանելու համար: — Պետք էր նրան մի կերպով այս երկրից հեռացնել, և հեռացնել կառավարության զինվորների հսկողության ներքո, որ նա չկարողանա Լալային իր հետ տանել: Այդ էր պատճառը, որ Թոմաս էֆենդին մատնեց Վարդանին որպես ռուսաց լրտես:

Բայց ի՞նչու նա պատվիրեց կալանավորել Խաչոյի որդիներից երկուսին միայն՝ Հայրապետին և Ապոյին: Մի՞թե նրան հայտնի էր, թե այդ երկուսը միաբանվում էին պարոն Սալմանի հետ: Մի այսպիսի կասկած նա չէր կարող ունենալ, թե հայ գյուղացին ընդունակ է մտածելու իր ազատության համար: Նա միայն մի բան գիտեր, որ ծերունու մյուս որդիները հլու «ավանակներ» էին, իսկ եթե կային նրանց մեջ այնպիսիները, որ կարող էին հակառակել Լալային իրան կնության տալու ցանկությանը, — դրանք պետք է լինեին Հայրապետը և Ապոն: Որովհետև էֆենդին վաղուց նկատած էր այդ երկու եղբայրների մեջ մի սաստիկ հակակրություն դեպի ինքը, այդ պատճառով պատվիրեց նրանց ևս կալանավորել, որ ձայները կտրեն...

Ահա՛ այդ անորոշ դրության մեջ էր Լալայի վիճակը: Երեք հոգի սիրում էին նրան: Երեքն էլ իրանց հատուկ հնարքներով մտածում էին նրան ձեռք բերել: Քուրդ Ֆաթթահ-բեկը, որպես աներկյուղ և հայտնի ավազակ, կամենում էր բացարձակ կերպով հափշտակել իր որսը, որպես համարձակ արծիվը սլանում է ամպերի միջից և հափշտակում է ժայռերի վրա արածող եղջերուի ձագը: Իսկ հայ կապալառուն, Թոմաս էֆենդին, որպես հարստահարիչ, բոա օձի նման, մտածում էր գալարել իր թեփուկների մեջ իր զոհին, և ճնշել ու խեղդել նրան, որ կարողանա վերջը կուլ տալ: Բայց Վարդանը, այդ անձնավստահ և հանդուգն կանտրաբանտիստը, ինչպես ասացինք, մտածում էր փախցնել նրան, եթե հոժարությամբ տալու կամք չունենային: Իսկ որի՞ն էր սիրում Լալան, — այդ մենք գիտենք:

Բայց քուրդ բեկը այժմ զբաղված էր իր զինվորական պատրաստություններով, շատ չէր մտածում Լալայի վրա: Վարդանը զբաղված էր պարոն Սալմանով: Միայն Թոմաս էֆենդին այնպես էր սարքել գործը, որ նրան շատ հաջողություն էր խոստանում:

Ճաշելուց հետո հիսնապետը, չափազանց խմած լինելով, անմիջապես քնեց: Նրա զինվորները դեռ բռնած էին իրանց պահնորդական դիրքը: Ծերունու որդիներից Հայրապետը և Ապոն տակավին չէին վերադարձել տուն: Թոմաս էֆենդին ամենահարմար ժամանակը համարեց խոսել Լալայի մասին նրա հոր հետ: Նա թողեց քնած հիսնապետին օդայի մեջ, ինքը դուրս եկավ: «Սկսեցի, պետք է վերջացնել, — մտածում էր նա, — էշի վրա նստելը մեկ ամոթ է, բայց վեր ընկնելը երկու ամոթ»...

Նա գտավ ծերունուն տխուր և հոգնած. միայնակ նստած էր բակի պատի մոտ, և հետ-միջօրեի արեգակով ջերմացնում էր իր սառած անդամները: Նրա աչքի առջև զինվորները լրբաբար հռհռում էին, ծիծաղում էին, զզվելի հանաքներ էին անում: Նրանք քաշում էին մոտից անցնող քուրդ աղախինների փեշից և ստիպում էին, որ իրանց հետ խոսեն, որ իրանց հետ հանաքներ անեն, կամ ծեծում էին ծառաներին, որ այս և այն հրամանները կատարեն: Ծերունի նահապետը տեսնում էր անամոթությունը այն տան մեջ, ուր միշտ պահված էր եղել ընտանեկան սրբությունը, — ուր օտար տղամարդի մի անհամեստ ժպիտն անգամ երբեք անպատիժ չէր մնացել: Իսկ այժմ տեսնում էր իր աչքի առջև մի խումբ անառակներ, որոնք, որպես սեփական տան մեջ, զանազան պատվերներ էին տալիս... «Ի՞նչ վիճակ է այդ, — մտածում էր ծերունին, — ի՞նչու համար ենք ապրում... ի՞նչու գետինը չէ պատռվում և մեզ կուլ չէ տալիս... ի՞նչու երկինքը չէ փուլ գալիս ու մեզ տակովը չէ անում... այդ ի՞նչ կյանք է... տեսնել իր աչքի առջև անպատվությունը և լուռ մնալ... էլ ո՞ւմ համար է պատրաստել աստված դժոխքի կրակը... էլ ո՞ւմ համար են երկնքի կայծակները... ի՞նչու չեն պատժում անզգամին»... Այսպես հառաչում էր նա և իր արտասուքով լի աչքերը դարձնում էր դեպի երկինքը: Բայց երկնքից ոչինչ պատասխան չէր լսում...

Նա տեսավ զինվորներից մի քանիսը տնից դուրս էին բերում զանազան իրեղեններ: Իսկ Սառան, որ մյուս հարսներին ճանապարհ դնելուց հետո, դեռ մնացել էր տանը, աշխատում էր խլել զափթիայի ձեռքից ահագին պղնձե կաթսան: Բայց նա զարկեց բռունցքով խեղճ կնոջ կուրծքին, և կինը ընկավ գետին... «Իմ տան կայքը իմ աչքի առջև բաժանում են, առանց տիրոջ կամքը հարցնելու... Եվ ի՞նչու համար, ի՞նչով եմ ես մեղավոր: Նրանով, որ ընդունել եմ իմ տան մեջ մի հյուր, որը բողոքում էր, թե գյուղացու աշխատանքը, գյուղացու սեփականությունը պետք է ապահովված լինի: Ինձ պատժում են, թե ինչո՞ւ ես օթևան տվեցի մի այսպիսի մարդուն, որ բռնության, անխիղճ հարստահարության և զազանային անգթության հակառակն էր խոսում: Որ քարոզում էր մեզ, թե պետք է աշխատենք մեր պապերից մնացած հողի տերը լինել, թե մենք ինքներս պետք է կառավարենք մեր գործերը, թե պետք է աշխատենք թոթափել օտարի լուծը... Ով է մտցնում մեր մեջ այդ մտածությունները, եթե ոչ ինքը՝ բռնությունը: Եթե մեզ հանգիստ թողնեին, եթե մեր ընտանիքը չանպատվեին, եթե մեր վաստակը մեր ձեռքից չխլեին, եթե մեզ հետ մարդու նման վարվեին և անասունի պես չտանջեին, այն ժամանակ մենք գոհ կլինեինք: «Ազատասիրության հայրը, — ասում էր երիտասարդը,-բռնությունն է, իսկ մայրը՝ անիրավությունը»: Ես հիմա եմ հասկանում այդ խոսքերի միտքը: Բռնակալը ինքն է պատրաստում իր համար թշնամիներ... Եթե թուրքը այսպես չվարվեր մեզ հետ, մենք մինչև անգամ կսիրեինք նրան, թո՛ղ նա մեր մսից և արյունից չլիներ»:

Այսպես մտածում էր ծերունին և նրա սիրտը ծովի ալեկոծության նման տակնուվրա էր լինում: Բայց ի՞նչ կարող էր անել ուժաթափ առյուծը այնքան գայլերին: Նա զգում էր իր վիճակի դառնությունը և հնարների մասին հոգալու համարձակություն չուներ: «Մի ձեռքը ծափ չէ տալիս», — կրկնում էր նա հայտնի առածը: — Եթե մեր բոլոր գյուղացիները այսպես մտածեին, այն ժամանակ մեզ մի ճար կլիներ:

Այս հոգեկան խռովության մեջ գտավ ծերունուն Թոմաս էֆենդին, և լիրբը կամենալով նրա սիրտը ավելի խոր խոցել, հեռվից ասաց.

— Բանը վատ է գնում, շա՛տ վատ, տանուտեր Խաչո. «էշը այնպես չի խրվել, որ կարելի լիներ ցեխիցը հանել»...

Ծերունին չլսեց նրա խոսքերը, միայն հեռվից տեսնելով, կանգնեց ոտքի վրա:

— Նստիր, — ասաց էֆենդին, ձեռքը բարեկամաբար նրա ուսի վրա դնելով, — ես էլ քեզ մոտ կնստեմ, դրանից լավ տեղ չենք գտնի խոսելու համար: — Նրանք նստեցին միմյանց մոտ մի կտոր կապերտի վրա, որ ծառայում էր որպես օթոց:

— Այդ մարդիկը ե՞րբ պիտի գնան, — հարցրեց ծերունին, ձեռքը պարզելով դեպի զինվորները, որոնք դեռ չէին դադարել իրանց անիրավ վարմունքից:

— «Գժին տարան հարսանիք, ասաց այստեղ մեր տանից

լավ է»: Ո՞ւր պիտի գնան և ի՞նչու են գնում, ուտելներն է պակաս, թե խմելները, — պատասխանեց էֆենդին անհոգ ծիծաղով:

Այս ծիծաղը ավելի վիրավորեց ծերունու առանց դրան էլ վշտացած սիրտը: Էֆենդին նկատելով այդ, փոխեց իր խոսքը:

— Դարդ մի արա, տանուտեր Խաչո, քանի որ Թոմաս էֆենդին կենդանի է, չի թողնի, որ քո գլխից մի մազ պակսի:

— Էլ ի՞նչպես չի պակսի... — պատասխանեց ծերունին մի փոքր զայրացած ձայնով, — չե՞ս տեսնում, իմ տունը իմ աչքի առջև քանդում են... իմ կայքը իմ աչքի առջև բաժանում են.. և ես արգելելու իրավունք չունեմ...

Նա կրկին ցույց տվեց զինվորներին:

— Այդ նրանց սովորությունն է: «Շունը, երբ դասաբխանան կմտնե, մի ոսկոր կվեր առնե»: Դու ինքդ լավ գիտես, տանուտեր Խաչո, երբ թուրքը հայի տունն է մտնում, ձեռքը դատարկ չէ դուրս գալիս: Բայց բանը դրանումը չէ: Պետք է փառք տաք աստծուն, երբ վնասը հասնում է մարդու ապրանքին և ոչ կյանքին...

Ծերունին ամբողջ մարմնով դողաց: Նա այժմ այնքան զգայուն էր դարձել, որ յուրաքանչյուր խոսք սաստիկ ներգործում էր նրա վրա:

— Ի՞նչ կա, ի՞նչ, — բացականչեց նա համբերությունից դուրս գալով, — եթե կա մի ուրիշ բան, ասա՛, էլ ի՞նչ ես տանջում ինձ, եթե մեռնելու եմ, թող շուտ մեռնեմ:

— Կասեմ, բոլորը կասեմ, տանուտեր Խաչո, համբերություն ունեցիր, — պատասխանեց էֆենդին, այժմ ավելի հանգիստ և ավելի լուրջ կերպարանք ընդունելով:

Եվ նա սկսեց պատմել (դարձյալ էշերի կյանքից մի նոր առածի վրա հիմնելով իր միտքը), թե «էշը չպիտի քացի տա խթանի դեմ», եթե չէ ցանկանում իր ոտը վիրավորել... Եվ այս առածից այն եզրակացությունը դուրս բերեց, թե հայերը պետք է զգույշ լինեն և չհակառակեն թուրքերին, մանավանդ այդ պատերազմական օրերում: Եվ օրինակ բերելով Վանի իրդեհը, նա սկսեց ապացուցանել, թե մեծ «խենթություն» է թուրքերին անհավատարիմ լինելը: Նա բացատրեց, թե ինչու Վանում թուրքերը այրեցին մի քանի հազար հայոց խանութներ և կողոպտեցին նրանց ապրանքները: — Որովհետև, ասաց նա, այնտեղ հայերը ռուսների համար լրտեսություն էին անում: Այդ բոլորից հետո, ավելացրեց նա, թե այս պատերազմից հայերը ռուսներից ոչինչ օգուտ չպիտի սպասեն: Եվ կրկին դառնալով դեպի հավատարմության միտքը, նա ասաց, թե թուրքերը այնքան վատ չեն որքան մենք կարծում ենք, թե հայերի վիճակը կապված է թուրքերի հետ, և այս պատճառով ամեն մի ապստամբական խորհուրդ պետք է «խենթություն» համարեր: Եվ դրա համար էֆենդին պարոն Սալմանի վարմունքը խելագարություն է համարում, և ամենևին չի վշտանալ, եթե նա սաստիկ կպատժվի, միայն ցավում է, որ նրա պատճառով մի քանի մարդիկ ևս պետք է պատժի ենթարկվեն...

— Ի՞նչ մարդիկ, — կտրեց ծերունին նրա խոսքը, գունաթափվելով:

— Դու և քո երկու որդիները՝ Հայրապետը և Ապոն, և քո մյուս հյուրը — Վարդանը, — պատասխանեց էֆենդին:

Հարվածը սաստիկ էր, և կարող էր միանգամից անդամալուծել ողորմելի ծերունուն: Բայց տանջանքներով լի կյանքը, մշտական վտանգը և տառապանքները այն աստիճան մխել էին նրա սիրտը, որ կարողացավ դիմանալ էֆենդու բոթալից խոսքերին, և պահպանելով իր հանգստությունը, հարցրեց.

— Մենք ի՞նչով ենք մեղավոր:

— Օրհնած, այնպիսի միամիտ հարցմունք ես անում, որ երեխան էլ չի անի: Կարծես, ինքդ չգիտես, թե ի՛նչով եք մեղավոր, — պատասխանեց էֆենդին դառն հեգնությամբ: — Մի բոլորովին առողջ մարդ ի՞նչով է մեղավոր, որ նրան հիվանդի տեղ են դնում, նրա համար միայն, որ նա դուրս էր եկել ժանտախտով կամ քոլերայով վարակված մի հասարակության միջից և կամենում էր մի օտար երկիր գնալ, որ ազատվեր այդ ախտերից։ Բայց նրան սահմանի վրա բռնում են, կոխում են մի ծակի մեջ և այնքան ծուխ ու մուխ են տալիս, որ հոգին դուրս է գալիս...

— Ուրեմն մե՞զ էլ պետք է ծակը կոխեն, — հարցրեց ծերունին և նրա դեմքի խորշոմների մեջ երևացին սարսափելի ցնցումներ, որ նշան էին սաստիկ բարկության։

— Այո՛, — պատասխանեց էֆենդին սառնասրտությամբ։

Բայց նա եկել էր Լալայի մասին առաջարկություն անելու, նրա ձեռքը խնդրելու և իր սերը հայտնելու։ Ի՞նչու բոլորը մոռացավ նա, ի՞նչու այսպես տանջում էր ողորմելի հորը։ Թոմաս էֆենդին, ինչպես վերևը ասացինք, աշխատում էր ծերունի տանուտերին այնպիսի մի անելանելի դրության մեջ դնել և այնպիսի մի համոզման բերել, որ ստիպված լինի մտածել, թե իրանց փրկությունը միայն էֆենդիով կլինի և Լալան պետք է զոհվի այդ փրկության համար։ Որովհետև էֆենդին գիտեր, որ ծերունին հեշտությամբ չի հոժարվի աղջիկը իրան կնության տալ, մանավանդ այն խոսքերից հետո, որ նա լսեց Վարդանից, թե էֆենդին զանազան երկրներում կնիկներ է թողել, և ինքը անկարող եղավ հերքելու այդ ճշմարտությունը։

Բայց էֆենդին նկատելով, որ ինքը չափը անցավ, պետք չէր այս աստիճան հուսահատեցնել ծերունուն, սկսեց նրան մխիթարել ասելով.

— Ձեզ մի քանի օր բանտարկված կպահեն, իրավ է, բայց այդ միայն ձևի համար կլինի։ Թոմաս էֆենդին գործը այնպես է սարքել, որ ձեզ վնաս չի հասնի։

Ծերունին ոչինչ չպատասխանեց։ Նա տեսնում էր մեծ զանազանություն էֆենդու առավոտյան և այժմյան խոսակցության մեջ։ Նրա սրտում ծագեց մի մթին կասկած...

229

ԻԹ

Վարդանը, Հայրապետը և Ապոն, առավոտյան տնից դուրս գալուց հետո, ամենևին տեղեկություն չունեին, թե իրանց բացակայության ժամանակ ինչ էր պատահել այնտեղ: Նրանք դեռ չգիտեին ո՛չ Թոմաս էֆենդու կատարած սատանայական կարգադըրությունները, ո՛չ հիսնապետի խուզարկությունները և ո՛չ էլ զինվորների արած անկարգությունները:

Նրանք անցան մի քանի գյուղեր, որոնում էին պարոն Սալմահին, ամեն տեղ հարցուփորձ էին անում նրա մասին, և, վերջապես, մտան այն գյուղը, գտան այն տունը, ուր նա անց էր կացրել վերջին գիշերը: Տան տերը բարի մարդ էր երևում, նա պատմեց, որ ինքը չգիտե, թե ինչ է պատահել խեղճ երիտասարդի հետ, միայն մինչև կես գիշեր, նա նստած գյուղի «ջահիլների» հետ, ինչ որ բաների վրա խոսում էր: Երբ «ջահիլները» հեռացան, նա մնաց մենակ. նրան հաց տվեցին, անկողին տվեցին, նա պառկեց օդայի մեջ: Վաղ առավոտյան տեսան, որ երիտասարդը այնտեղ չկար, ո՞ւր էր գնացել, չգիտեն:

Վարդանը իր ընկերների հետ մտան այն սենյակը, ուր գիշերել էր երիտասարդը: Այնտեղ գտան, հատակի վրա ձգած մի թղթի կտոր, որի վրա մատիտով շտապ ձեռքով գրած էր մի տող, միայն՝ «Ես կալանավորվեցա» և երկու գլխատառեր՝ Լ.Ս.:

Վարդանը կարդաց, և թուղթը տալով Հայրապետին, ասաց.

— Ես այդ սպասում էի...:

Երեքն էլ մնացին քարացած: Անցքը սարսափելի տպավորություն գործեց նրանց վրա: Երկու մեծ կորուստ իսկույն պատկերացավ նրանց աչքի առջև. մեկը, որ բարի ցանկություններով լի մի երիտասարդ զոհ գնաց իր անփորձություններին, մյուսը, որ նրա կալանավորությունը գուցե երևան կհաներ և կոչնչացներ այն խորհուրդը, որի իրագործելու համար նրանք ուխտել էին ամեն տեսակ զոհաբերություն:

Տան տերը զարմացած նայում էր այդ երեք մարդու վրա, թե ի՞նչու այն թղթի կտորը այնքան տխրություն պատճառեց նրանց: Նրանք ոչինչ չհայտնեցին և դուրս եկան:

Արդեն երեկո էր: Անասունների նախիրը, բառանչելով, թռչկոտելով, դառնում էր արոտից, բարձրացնելով փոշու թանձր մառախուղ: Գյուղացիները նույնպես ուրախ, ծիծաղելով, միմյանց հետ հանաքներ անելով, տուն էին դառնում դաշտային աշխատություններից: Նրանցից ոչ ոք չէր հետաքրքրվում, ոչ ոք չէր մտածում այն բանի վրա, թե այս գյուղի մեջ, նախընթաց գիշերում կատարվել էին երկու չարագործություններ, — մի երիտասարդ կալանավորված էր և մի աղջիկ անպատված էր... երկուսն էլ միևնույն մարդու ձեռքով, որ հայ անուն է կրում, և հայոց ամբոխից հարգանք է վայելում...

— Գյուղացին, — ասաց Վարդանը իր ընկերներին, — մի տեսակ երեխա է, միայն հասակը առած: Տեսնում ես, երեխան գլորվում է, ընկնում է գետին, գլուխը դիպչում է պատին, նա այնքան ժամանակ լաց է լինում, որքան զգում է ցավը, իսկ երբ ցավը անցավ, նա բոլորը մոռանում է, որպես թե ոչինչ չէր պատահել, և կրկին սկսում է խաղը, կրկին սկսում է իր ծիծաղը...

— Շատ դժվար է այսպիսի մեծ երեխաների հետ գործ ունենալը... — ավելացրեց նա: — Դարերով միևնույն հարվածներն են ուտում, միևնույն պատին են դիպցնում իրանց գլուխները, միևնույն ցեխի մեջ են գլորվում, բայց ոչինչ չեն զգում, այսօրվա պատահածը վաղը մոռանում են... Դարձյալ ուրախ, դարձյալ անհոգ գործում են, աշխատում են, ամենևին չմտածելով, թե ո՞ւմ համար են աշխատում, կամ ուրախ լինելու ի՞նչ բան ունեն:

— Թոմաս էֆենդին, — առաջ տարավ նա, — շատ լավ է ճանաչել այդ ժողովրդին, կոչելով նրան «էշեր», իսկ նրանց մասին մտածողներին — «խենթեր»... Ե՛կ դու պատմիր այդ գյուղացիներին, թե այն երիտասարդը, որ գիշերը ձեզ այնքան խելացի խոսքերով բացատրում էր մարդու անհատական իրավունքը, խոսում էր, թե ի՞նչ բան է աշխատանքը և ի՞նչով կարող է ապահովված լինել — այժմ այն երիտասարդը կալանավորված է, գուցե էգուց կախաղան կբարձրացնեն — և դու բոլորից կլսես միևնույն խոսքերը, թե «նա խենթ էր»...

— Բայց ես մի բան եմ մտածում, — փոխեց Վարդանը իր խոսքը, — պարոն Սալմանի մատնության մեջ պետք է խառն լինի Թոմաս էֆենդու մատը:

— Ես էլ այսպես եմ մտածում, — պատասխանեց Հայրապետը:

— Պետք է ստուգել, — ասաց Վարդանը:

Արդեն սկսել էր մթնել: Ծերունիները և պառավները դուրս էին գալիս երեկոյան ժամից: Վարդանը իր ընկերների հետ շտապում էին հեռանալ այդ գյուղից:

— Լա՛վ ասեղներ... գույն-գույն թելեր... սիրուն հալուններ... — լսելի եղավ կաղ չարչու ծանոթ ձայնը:

Նա գալիս էր փողոցի հակառակ կողմից, նույնպես օրորվելով, նույնպես կաղալով, որպես տեսել էր Վարդանը մի քանի օր առաջ և ուսի վրա շալակած ուներ ահագին արկղը, իսկ ձեռքին բռնած ուներ հաստ մահակը, որ Հերքուլեսի լախտի նմանությունն ուներ: Տեսնելով Վարդանին իր ընկերների հետ, նա ասաց.

— Լավ պարոններ, մի բան գնեցեք, երեկոյան ժամն է, էժան կտամ:

— Ի՞նչ ունես, — հարցրեց Վարդանը մոտենալով նրան:

— Ամեն բան ունեմ... — պատասխանեց չարչին և արկղը դրեց գետին:

Վարդանը, իբր թե նայում էր նրա իրեղենները, աննկատելի կերպով սողացրուց չարչու ձեռքը այն թղթի կտորը, որ գրել էր պարոն Սալմանը, և որ քանի րոպե առաջ գտնվեցավ գյուղացու օդայի մեջ, ուր կալանավորել էին նրան: Չարչին խիստ ճարպիկ կերպով նայեց թղթի վրա, և հազիվ լսելի ձայնով պատասխանեց.

— Այդ ես գիտեմ...

— Ի՞նչ պետք է արած...
— Կտեսնվենք և կխոսենք...
— Ո՞րտեղ...

— Հեռացե՛ք, ես ձեզ կգտնեմ...

Խոսակցությունը անցավ բոլորովին աննկատելի կերպով: Հայրապետը և Ապոն, որ այնտեղ կանգնած էին, ոչինչ չլսեցին:

Չարչին կրկին շալակեց իր արկղը և սկսեց դիմել դեպի մի գյուղացու տուն, ինքն իրան խոսելով. — Այսօր բավական վաճառեցի, այժմ պետք է հանգստանալ...

Վարդանը իր ընկերների հետ շարունակեցին իրանց ճանապարհը: Գյուղական խրճիթներում արդեն սկսել էին ճրագներ երևալ:

Նրանք անցան արհեստավոր Պետրոսի դռնից, այնտեղ կանգնած էր դրացի Օհոն: Հայ գյուղացիները, երբ նկատում էին երեկոյան տարաժամ պահուն մի օտարական անցնում էր իրանց դռնից, թե՛ ծանոթ լիներ և թե՛ անծանոթ, սովորություն ունեն հրավիրել նրան, ասելով. «հյուր եղեք»: Այդ հրավերը նրանք շատ գյուղացիներից լսեցին, և «շնորհակալ ենք» ասելով, հեռացան: Բայց վարպետ Պետրոսի դռան առջև նրանք կանգնեցին ոչ այն պատճառով որ դրացի Օհոն հրավիրեց նրանց հյուր լինել, այլ արհեստավորի տնից լսեցին մի օտարոտի ձայն, կարծես, մեկը օգնություն էր կանչում: Նրանք իսկույն ներս մտան: Ձայնը լսվում էր անասունների ախոռատնից, ուր բոլորովին մութն էր: Ապոն շտապով խլեց ճրագը, որ վառվում էր խրճիթում, և երեքն էլ մտան ախոռատունը: Նրանց աչքի առջև հանդիսացավ մի այսպիսի պատկեր. մի մանկահասակ աղջիկ, թոկի ծայրը վզովն անցկացրած կախված էր ախոռի առաստաղից. մի կին նրա ոտները գրկած, վեր էր բարձրացնում աղջկան, որ թոկը չխեղդե: «Թո՛ղ տուր, թո՛ղ տուր»... — կրկնում էր աղջիկը նվաղած ձայնով: — «Վառվառե»... — կոչում էր կինը ցավալի ձայնով:

Նրանք շուտով կտրեցին թոկը և կիսաշունչ աղջկան ցած բերեցին իր ձեռքով պատրաստած կախաղանից: Եթե մի րոպե ուշացել էին, ամեն բան վերջացած կլիներ, որովհետև կնոջ ձեռքերը արդեն սկսել էին թուլանալ և նրա մեջ այնքան ուժ չէր մնացել, որ կարողանար աղջկան ազատել:

Վառվառեին գրկած բերեցին խրճիթը: Նա տակավին ուշքի չէր եկել: Նա պառկած էր անկողնի մեջ, որ իսկույն պատրաստեցին նրա համար: Նրա փոքր ինչ կապտած դեմքի վրա երբեմն երևում էին ցնցումներ, և նրա սեղմված շրթունքից լսելի էին լինում միևնույն խոսքերը «թո՛ղ տուր»... Սուսանը լաց էր լինում և անիծում էր մեկին, որի անունը չէր հիշում: Խեղճ կինը մի քանի անգամ մոտեցավ աղջկան, գրկեց նրա գեղեցիկ գլուխը, ասելով. «Վառվառե ջան, դու ի՛նչու էիր սպանում քեզ... դու ի՞նչով էիր մեղավոր... թող աստված պատժե անզգամին»...

Վարդանը իր ընկերների հետ հասկացան, որ մանկահասակ աղջկա վարմունքի մեջ թաքնված էր մի գաղտնիք: Բայց գաղտնիքը լուծել դժվար եղավ, որովհետև Սուսանը ոչինչ չհայտնեց նրանց, և տան մեջ, բացի նրանցից և երկու փոքրիկ երեխաներից, ուրիշ ոչ ոք չկար: Հայրապետը ծանոթ էր այդ ընտանիքի տղամարդի հետ: Սուսանի ամուսինը՝ վարպետ Պետրոսը շատ անգամ գալիս էր ծերունի Խաչոյի տունը և նորոգում էր նրա երկրագործական անոթները: Բայց նրա կնոջը Հայրապետը առաջին անգամն էր տեսնում: Եվ եթե շատ անգամ ևս տեսած լիներ, և մինչև անգամ ծանոթ լիներ, դարձյալ գյուղացու կինը օտար մարդու հետ համարձակ չէր խոսում: Նա միայն օրհնեց և շնորհակալություն հայտնեց, որ օգնեցին իրան, և խնդրեց, որ իր ամուսնին կանչել տան:

— Ո՞րտեղ է նա, — հարցրեց Հայրապետը:

— Այս մոտիկ գյուղում, — պատասխանեց կինը, — գնացել է բանելու:

Նրանք կամենում էին դուրս գալ, որ մի մարդ գտնեն, ուղարկեն վարպետ Պետրոսին կանչելու: Նույն միջոցին Վառվառեն աչքերը բաց արավ և ջուր խնդրեց: Սուսանը իսկույն ջուր տվեց, որից բավական խմեց նա: Աղջկա կապտագույն դեմքը այժմ գունաթափվել էր և աչքերի մեջ երևում էր կարմրություն, որը առաջ էր եկել արյան բորբոքումից: Նա կրկին իր գլուխը դրեց բարձի վրա և վերմակը քաշեց երեսին: Վերմակի տակից լսելի էր լինում նրա խուլ հեկեկանքը... Լացի այդ տխուր և դառն ձայնը, որքան և սրտաճմլիկ լիներ, այսուամենայնիվ, ուրախացրեց Վարդանին և նրա ընկերներին: Նրանք այժմ մտածում էին, որ աղջկա կյանքը ազատված է:

Դրսում նրանք գտան մի տղա, որին մի քանի սև փող տալով, ուղարկեցին վարպետ Պետրոսին կանչելու: Դրացի Օհոն դեռ կանգնած էր իր դռան մոտ: Նա կրկին հրավիրեց Վարդանին իր ընկերների հետ, որ հյուր լինեն, ասելով.

— Ձեր օրհնածներ, ո՞ւր եք գնում այդ մութ դիշերին: Ա՜խ, թե գիտենայիք, երեկ գիշեր ի՛նչ քեֆ ունեինք, — ավելացրեց նա, — այս գիշեր էլ մի բան կսարքենք:

— Ի՞նչ քեֆ, — հարցրեց Հայրապետը:

Դրացի Օհոն խիստ ոգևորված սկսեց պատմել, թե Թոմաս էֆենդին հյուր էր վարպետ Պետրոսի տանը, ինքն ևս այնտեղ կանչված էր. «չալկիները» ածում էին, աղջիկները պար էին գալիս, շատ կերան, շատ խմեցին և շատ ուրախություններ արեցին, և վերջացրեց իր պատմությունը այս խոսքերով:

— Աստված վկա, շատ լավ մարդ է այդ Թոմաս էֆենդին, այնքան արաղ բերել տվեց, որ կարելի էր լողանալ մեջը:

— Եվ ձեր ամենից հարբեցրուց, այնպես չէ՞, — հարցրեց Վարդանը:

— Հեր օրհնած, այնքան խմելուց հետո ո՞վ չի հարբի, — պատասխանեց Օհոն ծիծաղելով, — քեֆն էլ հարբելու մեջն է:

— Տան տերը տա՞նն էր:
— Ես էի տան տիրոջ տեղը բռնել:

— Բայց դու հարբելուց հետո էֆենդին բռնեց քո տեղը... այնպես չէ՞:

— Ես ոչինչ չհասկացա, ինձ շալակած մեր տունն էին բերել:

Թողնելով Օհոյին, նրանք հեռացան:

Ճանապարհին Վարդանը ասաց Հայրապետին.

— Ես այժմ հասկանում եմ, թե այն խեղճ աղջիկը ի՞նչ պատճառով էր իրան խեղդում...

— Իսկ ես իմանում եմ, թե ո՛վ պետք է մատնած լինի պարոն Սալմանին...-խոսեց Հայրապետը:

— Կասկած չկա, — խոսեց Վարդանը, — որ Թոմաս էֆենդին մատնած կլինի: Նա այն աստիճան խորամանկ մարդ է, որ անկարելի է նկատած չլիներ պարոն Սալմանի դիտավորությունները, և թուրք կառավարությանը մի ծառայություն անելու մտքով, նրան մատնած չլիներ: Եվ գիշերը ինքն ևս այս գյուղում գտնվելով, շատ հասկանալի է որ նրան բռնել տված կլիներ: Եթե մենք ճանաչում ենք էֆենդու հոգին, այս բոլորը այնպիսի ճշմարտություններ են, որ տարակուսելու պատճառ չկա:

Երեք ընկերների մեջ տիրեց լռություն: Նրանք բավական դանդաղ քայլերով շարունակում էին ճանապարհը: Յուրաքանչյուրը կենտրոնացած էր իր մեջ և մտածում էր, թե ինչ հնարքով կարելի էր երիտասարդի կյանքը ազատել:

— Բոլորը ինչ որ ասացիր ուղիղ է, Վարդան, — ընդհատեց Հայրապետը տիրող լռությունը, — հիմա ի՞նչ պետք է անել:

— Ես բավական ծանոթ եմ թուրք աստիճանավորների թույլ կողմերի հետ, թե որքան անհոգ են, որքան անճիշտ են, և որքան զանցառու են իրանց պարտականությունների մեջ, — պատասխանեց Վարդանը: — Եվ այս պատճառով, մտածում եմ, որ ինձ շատ հեշտ կլինի ազատել պարոն Սալմանին: Ես ունեմ երկու ծառաներ, որոնց քաջությունը ձեզ լավ հայտնի է, մեր ձիաները պատրաստ են. հենց այս գիշեր կնստենք և կգնանք. ուր և տարած լինեն, մենք կարող ենք գտնել նրան. և եթե ուրիշ միջոցով հնար չլինի ազատել, գործ կդնենք մեր ուժը, թուրք պահապանների երկչոտությունը ինձ վաղուց հայտնի է:

— Մենք էլ պատրաստ ենք քեզ հետ գալ, — պատասխանեցին Հայրապետը և Ապոն: — Մենք չենք թողնի, որ դու մենակ գնաս:

— Ձեր ինձ հետ գալը ոչ միայն ավելորդ է, այլ մինչև անգամ վտանգավոր է, — պատասխանեց Վարդանը: Եվ հիշելով չարչու խոսքերը, մտածեց փոքր ինչ սպասել նրան, և ասաց իր ընկերներին. — Նստենք այստեղ, այսպես շտապ գնալով, դժվար է խոսել կամ մտածել:

Կարծես, նա հոգնած էր, կարծես, վիշտը և տխրությունը ճնշել էին նրան իրանց ծանրության ներքո: Եվ նրա սրտի մեջ հուզվում էր մի տեսակ ալեկոծություն, որ սկսել էր փոքր առ փոքր սաստկանալ...

Նրանք դուրս եկան ճանապարհից, քաշվեցան մի կողմը և նստեցին մի տաղավարի մեջ, որ շինված էր սեխանոցի մոտ: Մշակներից ոչ ոք այնտեղ չէր մնացել սեխանոցը պահպանելու համար, որովհետև դեռ պտուղը հասած չէր և գողերից երկյուղ չկար: Երկրագործի տաղավարը մի լավ մենարան է հոգնած ճանապարհորդի համար. այնտեղ, կգտնե նա պատսպարան թե՛ ցերեկվա տոթի դեմ և թե՛ հորդ անձրևների դեմ, որ այս կողմերում շատ են պատահում:

Գիշերը բավական պարզ էր, թեև լուսին չկար: Հեռվից նշմարվում էին Օ... գյուղի խրճիթների ճրագները և երբեմն լսելի էին լինում շների խուլ, զզուշարար ձայները:

Վարդանը շարունակեց ընդհատված խոսակցությունը: Նա կրկնեց, թե պետք է ամեն հնարք գործ դնել պարոն Սալմանին իր կալանավորությունից ազատելու համար, որ անպատճառ կվերջանա մահվան պատիժով: Բայց ինքը Հայրապետի և Ապոյի այս գործում մասնակցելը վտանգավոր է համարում գլխավորապես այն պատճառով, որ մի այսպիսի ձեռնարկություն կարող էր կամ հաջողվել և կամ չհաջողվել. — երկու դեպքում ևս Հայրապետը և Ապոն ազատ չէին մնալու թուրքերի վրեժխնդրությունից: Որովհետև այս գործը, ասաց նա, գուցե առանց արյան և առանց կռվի չի վերջանա, գուցե սպանություններ կլինեն, և եթե Հայրապետը և Ապոն մասնակցեն այն ժամանակ որպես տեղացիներ, անպատիժ չեն մնա, և բացի իրանցից, կպատժվեն այլև նրանց ազգականները ու ծերունի Խաչոյի ամբողջ ընտանիքը: Բայց իր, Վարդանի համար այսպիսի երկյուղներ չկան: Ինքը, որպես ուրիշ տերության հպատակ, որպես օտարական, կարող է իր դիտավորությունները կատարել և այնուհետև թողնել ու հեռանալ այս երկրից. նրան ոչ ոք չէ կարող գտնել, մանավանդ պատերազմական այդ խառն ժամանակներում:

Լսելով Վարդանի, որպես զանազան հանդուգն ձեռնարկությունների մեջ փորձված մարդու, երկար բացատրությունները, Հայրապետը և Ապոն պատասխանեցին.

— Մենք մեր հագուստները կփոխենք և ոչ ոք չէ կարող ճանաչել մեզ:

— Միևնույն է, ինչ որ անելու լինեք, դարձյալ կիայտնվի: Այստեղ պակաս չեն Թոմաս էֆենդու նման մարդիկ, որ ձեզ մատնեն: Այստեղի հայերը, եթե մի առիթով կարող են շահել թուրքի համակրությունը, չեն խնայի, թեև նրանով վնասելու ևս լինեն իրանց՝ ազգայիններին: Հայը, ավելի քան օտարները, ինքն է իր թշնամին...

Վերջին խոսքերը արտասանեց նա խորին վրդովմունքով: Այն օրվա անցքերի տխուր տպավորությունները սաստիկ գրգռել էին նրա ջղերը: Մի կողմից իր հարգած երիտասարդի կալանավորությունը, մյուս կողմից ժողովրդի անտարբեր սառնասրտությունը, մի կողմից թշվառ Վառվառեի անցքը, մյուս կողմից Թոմաս էֆենդու չարագործությունները, սաստիկ զայրացրել էին նրա սիրտը, թեև այդ զարշելի մարդու ծերունի Խաչոյի տան մեջ կատարած վերջին ավուր քանսարկությունները նրան դեռ հայտնի չէին: Այդ մտատանջությունների և հուզմունքի մեջ նա համարյա մոռացել էր Լալային, այն նազելի էակին, որ նրա սրտում առաջին տեղն էր բռնում: Հանկարծ աղջկա տխուր և աղաչավոր պատկերը երևեցավ նրան, և կարծես, ասում լիներ, «Ո՞ւր ես գնում. ինձ ի՞նչու ես թողնում. գնում ես ազատելո՞ւ քո սիրած ընկերի կյանքը. ես էլ քո սիրելին եմ. ախար դու ինձ խոսք տվեցիր, որ կտանես, կհեռացնես այս երկրից. ախար այստեղ վատ է. ես վախենում եմ, շատ եմ վախենում քրդերից...»

Վարդանի սրտում ծագեց զգացմունքների մի սաստիկ պատերազմ: Երկու էակներ կանգնած էին նրա առջև. մեկը՝ սիրած աղջիկը, մյուսը՝ սիրած ընկերը: Երկուսն էլ կարոտ էին օգնության, երկուսի կյանքն էլ վտանգի մեջ էր:

Քուրդ բեկից Լալային սպառնացող դժբախտությունը դեռ Վարդանին պարզապես հայտնի չէր: Բայց նա գիտեր, թե Թոմաս էֆենդին որպիսի թակարդներ է լարում նրա առջև: Նա գիտեր, որ այդ անբարոյական նպատակին հասնելու համար միջոցների մեջ խտրություն դնել սովոր չէ:

Փոքրիկ տաղավարի մեջ տիրեց առժամանակյա լռություն: Նույնպիսի մի մտածություն այն րոպեում զբաղեցնում էր Հայրապետին: Նրան հայտնի էր Լալայի և Վարդանի սերը. նա իր քույրը նշանակել էր այդ երիտասարդի համար: Այժմ Վարդանը գնում էր, գնում էր իր ընկերին ազատելու համար: Կամ կսպանվեր և կամ կխլեր նրան թուրքերի ձեռքից: Երկու դեպքում ևս նա կկորցներ Լալային: Գուցե մինչև նրա վերադարձը քուրդ բեկը հափշտակած և տարած կլիներ Լալային: Եվ Վարդանը, երևի, չգիտեր այդ. և չէր էլ կարող գիտենալ, որովհետև նրան դեռ չէին հայտնել քուրդ բեկի դիտավորությունները: Ի՞նչու այդ բոլորը չասել Վարդանին: Բայց ի՞նչպես ասել: Վարդանը մինչև այն օրը ծերունի Խաչոյի ընտանիքից ոչ ոքի դեռ չէր հայտնել, թե սիրում է Լալային և ցանկանում է, որ նա իր կինը լինի: Այդ գաղտնիքը գիտեր Սառան միայն, այն ևս պատահմամբ: Իրերի հանկարծակի մինը մյուսի ետևից փոփոխությունը ժամանակ չտվեց Վարդանին իր սիրտը բաց անելու: Այժմ մի նոր և վտանգավոր ձեռնարկություն բոլորովին բաժանում էր նրան Լալայից: Այժմ միանգամից ոչնչանում էին Հայրապետի հույսերը, թե Վարդանը կազատեր իր քրոջը և կվերառներ, կտաներ մի հեռու երկիր, ուր քուրդ բռնակալի ձեռքը այլևս չէր հասնի:

Մյուս կողմից, պարոն Սալմանի կորուստը ոչ սակավ տանջում էր Հայրապետին: Նա այդ անձնվեր երիտասարդին սիրեց, համակրեց ավելի քան թե Վարդանը: Այժմ թողնել նրան թուրքերի ձեռքում, որ բանտերի խավարի մեջ մաշեն, տրորեն և սպանեն նրան, — այդ նույնպես անգթություն կլիներ: Եվ այդ անգթությունը ավելի խիստ և ավելի դառն էր թվում Հայրապետին, գլխավորապես այն պատճառով, որ ինքը պետք է առիթ տար Վարդանին ետ մնալու իր ձեռնարկությունից, որ ինքը պետք է խափաներ նրա բարի նպատակը պարոն Սալմանին ազատելու համար, երբ հայտնելու լիներ, թե որպիսի վիճակ է սպասում իր քրոջը քուրդ բեկի կողմից:

Իրերի այսպիսի խճճված և խառնաշփոթ դրությունը ձգել էր թե՛ Վարդանին և թե՛ Հայրապետին նույնպիսի խառն մտածությունների մեջ: Թե՛ Լալան և թե՛ կալանավորված երիտասարդը շուտափույթ օգնություն էին պահանջում: Բայց դեպի ո՞րը պետք էր դիմել առաջ, — այդ հարցը դժվարացնում էր նրանց:

Բայց ի՞նչ էր մտածում այն րոպեում Ապոն, այդ շինական ընտանիքի չփչացած և քաջասիրտ որդին: — Նա իսկապես ոչինչ չէր մտածում: Նա այն տեսակ մարդերից էր, որին դեպի որ կողմը քաշելու լինեին, այն կողմը կգնար, այն պայմանով միայն, որ դեպի վատ կողմը գնալու հակամտություն չուներ: Ապոն մի լավ և հաջողակ գործիք էր կրակի միջից բաներ դուրս հանելու համար. գործածությունը կախված էր տիրոջ հմտությունից:

Վարդանի խոստովանությամբ փոքր ինչ պարզվեցավ գործը: Վարդանը, առանց մի կետ թաքցնելու, հայտնեց երկու եղբայրներին իր սերը դեպի նրանց քույրը: Հայտնեց, թե ինքը խոսք է տվել Լալային, որ կփախցնե նրան և ստացել է աղջկա հոժարությունը: Ասաց, թե ինքը մի այդպիսի օտարոտի դիտավորությունը ստիպված է կատարել նրա համար միայն, որ հույս չունի, թե Լալայի հայրը կհամաձայնվեր աղջիկը իրան կնության տալու. որովհետև նա նկատել է և համոզված է, որ ծերունի Խաչոն աչք ունի Թոմաս էֆենդու վրա, և մտածում է նրան փեսայացնել:

— Այդ մարդու մասին ավելորդ է խոսել, — շարունակեց նա, — որովհետև դուք երկուսդ էլ նրան բավական ճանաչում եք, և ճանաչեցիք առավելապես այսօր: Թոմաս էֆենդուն աղջիկ տալը միևնույն է, որպես գցել նրան գայլի կամ շան բերանը:

— Բայց ինձ տանջում է մեկ միտք, — հառաջ տարավ նա, — ես, որպես ձեզ հայտնեցի, պետք է գնամ պարոն Սալմանի ետևից, այդ ձեռնարկությունից ետ կանգնել ամենևին չեմ կարող: Ցավակցությունը դեպի մի այսպիսի բարեկամը և ընկերը ծանր պարտք է դնում ինձ վրա: Բացի դրանից, ես ինձ մասամբ պատճառ եմ համարում, որ նա ընկավ այդ փորձանքի մեջ. ես նրան խրախուսեցի, ես նրան հորդորեցի, ես ավելի վառեցի այն կրակը, որ բորբոքված էր նրա սրտի մեջ: Դրանցով ես շտապեցրի նրա անկումը, ուրեմն պետք է աշխատեմ ազատել նրան:

— Մյուս կողմից, — հառաջ տարավ նա, — իմ առջև դրված է մի ահագին արգելք. չգիտեմ, թե ի՞նչ պետք է անել, արդյոք կարող եմ թողնել Լալային: Գուցե այսօր կամ էգուց էֆենդին բանը այնպես կսարքե, որ Լալան այդ հրեշի կինը կլինի: Ի՞նչ կլինի այնուհետև խեղճ Լալայի վիճակը:

Հայրապետը պատասխանեց, թե Լալան բոլորը պատմել էր իր կնոջը՝ Սառայի և կինը հաղորդել էր իրան, և ինքը վաղուց գիտեր նրանց հոգեկան հարաբերությունները: Եվ ինքը, և գուցե իր բոլոր եղբայրները շատ ուրախ կլինեին, եթե Վարդանը կշտապեր օր առաջ փախցնել և տանել Լալային:

— Ոչ թե էֆենդու պատճառով, — ավելացրեց նա, — բայց կա մի ուրիշ և ավելի անհրաժեշտ պատճառ, որ ստիպում է շուտով հեռացնել Լալային մեր երկրից...

— Ուրիշ ի՞նչ պատճառ կա, — հարցրեց Վարդանը, և նրա աչքերը վառվեցան սրտի բարկությունից:

Հայրապետը մանրամասնորեն պատմեց քուրդ բեկի դիտավորությունը, պատմեց նրա տիկնոջ Խուրշիդի ընդդիմադրությունը իր ամուսնի կյանքի դեմ, պատմեց, թե ի՞նչ միջոցով Խուրշիդը հայտնեց Սառային բեկի նպատակը և խորհուրդ տվեց հեռացնել Լալային այդ երկրից, — մի խոսքով, Հայրապետը ասաց այն ամենը, ինչ որ մինչև այնօր կատարվել էր Լալայի վերաբերությամբ, և ինչ որ դեռ Վարդանին անհայտ էր:

Խորին դառնությամբ լսում էր Վարդանը Հայրապետի պատմությունը և նրա խոսքերը թունավոր նետերի նման ծակոտում էին խեղճ երիտասարդի սիրտը:

— Եվ դուք այդ ամենը գիտեի՞ք և ծածկում էիք ինձանից, — ասաց նա սաստիկ վրդովմունքով, — և դուք սպասում էիք, մինչև քուրդը գա, և օր-ցերեկով ձեր քույրը հոր տնից հափշտակե ու տանե, և դուք աչքերդ բաց-բաց մտիկ տայիք, թե ո՞րպես են անպատվում ձեզ...

Այժմ Վարդանը հասկանում էր Լալայի այն տխուր և հուսահատական խոսքերի իմաստը, որ մինչև այն օր մնացել էր իր համար առանց բացատրության, հասկանում էր, թե ի՞նչու Լալան այն մութ գիշերային պահուն, երբ առաջին անգամ հանդիպեցավ իր հետ իր հոր տան պարտեզի մեջ, երբ պետք էր համբույրներով քաղցրացնել առանձնության ժամերը, երբ պետք էր սիրո և անսահման երջանկության վրա խոսել, — նա իր գեղեցիկ աչքերից արտասուք էր թափում, և օրհասական խռովության մեջ ասում էր այդ խոսքերը. «Ես Սոնայի մոտ չեմ գնա... ես վախենում եմ գերեզմանից... վախենում եմ քրդերից... ազատիր ինձ և տար մի ուրիշ երկիր»... Ուրեմն նա գիտեր, թե ինչ դառն վիճակ է սպասում իրան, և խորին ցավակցությամբ պատմում էր իր ընկերուհու՝ Նարգիսի անցքը, թե որպես հափշտակեցին, թե որպես տարան նրան քրդերը, որպես անբախտ ու տխուր էր այժմ Նարգիսը...

Լինում են րոպեներ, որ մարդը թշվառության, վտանգի և դառն պատահմունքների ամենասաստիկ հարվածների տակ ավելի քաջանում է, ավելի տոկուն, անխորտակելի սիրտ է ստանում և ավելի հանգստանում է: Նա սկսում է այնուհետև արհամարհել չար բախտի հարվածները, երբ նրանք հասնում են մի հայտնի աստիճանի, որից ավելին սպասել չէր կարելի:

Նույն դրության մեջն էր գտնվում այժմ Վարդանը: Նա այլևս չէր մաքառում մտքերի, զգացմունքների և հոգեկան տանջանքի խռովության հետ: Նա այժմ հանգիստ էր: Ամեն ինչ միանգամով վճռվեցավ նրա մեջ: Այժմ նա գիտեր, թե ինչ պետք էր անել: — Ընկերի սերը հաղթեց կնոջ սերին: — Ընկերի կորստյան մեջ սպանվում է գաղափարը, հարստահարված և թշվառ գյուղացու ազատության գաղափարը, որի մեջ բովանդակվում էր ոչ միայն Լալայի, այլ շատ հազարավոր կնիկների պատիվը և փրկությունը: Ի՞նչու միայն Լալայի համար հոգալ, ի՞նչու թողնել ընդհանուրը և մասնավորի ետևից ընկնել... — մտածում էր նա:

— Այս բոլորից հետո, — խոսեց Վարդանը, — ես պետք է կրկնեմ ձեզ միևնույնը, ինչ որ ասացի մի քանի րոպե առաջ: Ես պետք է գնամ պարոն Սալմանի ետևից, և պետք է աշխատեմ, ինչ հնարքով և լինի, ազատել նրա կյանքը: Իսկ Լալային, իհարկե, նույնպես անոգ թողնելու չէ. նրա մասին ևս պետք է մի կարգադրություն անել: Ահա իմ խորհուրդը, լսեցեք...

— Ոչինչ կարգադրություն պետք չէ... — լսելի եղավ մի ձայն և տաղավարի ետևից հայտնվեցավ կաղ չարչու հսկայական կերպարանքը:

Վարդանը, տեսնելով նրան, մի առանձին ուրախություն

զգաց, բայց Հայրապետի և Ապոյի վրա խիստ անախորժ տպավորություն գործեց, երբ տեսավ, որ այդ թափառականը գաղտնի լսում էր իրանց խոսակցությունը: Այդ օտարոտի մարդու մասին նրանք դեռ ոչինչ չգիտեին, բայց երբ նկատեցին, որ Վարդանը խիստ մտերմաբար բռնեց նրա ձեռքից և նստեցրուց իր մոտ, այն ժամանակ երկու եղբայրները փոքր ինչ հանգստացան, մանավանդ երբ Վարդանը հայտնեց նրանց, ասելով՝ մի՛ կասկածեք, մեզանից է...

Բայց Մելիք-Մանսուրը այժմ այն չէր, որպես տեսել էին նրան մի քանի ժամ առաջ թափառական չարչու ցնցոտիների մեջ: Ինքը՝ Վարդանը հազիվ կարողացավ ճանաչել նրան իր այժմյան նոր կերպարանափոխության մեջ: Նա կրում էր լազերի ազգային համազգեստ և կատարելապես զինված էր:

— Ես ձեզ մոտ երկար մնալ չեմ կարող, — ասաց նա շտապելով, — ձեզ հայտնի է, որ մեր «դուդուկչին» ընկավ ծուղակի մեջ, պետք է ազատել նրան:

— Մենք էլ հենց այդ մասին էինք խոսում, — պատասխանեց Վարդանը:

— Դուք նրա մասին միամիտ կացեք, նա էգուց կամ մյուս օրը ազատված կլինի, — ասաց նա կանգնելով: — Դուք միայն շարունակեցեք մեր ընդհանուր գործը: Առայժմ բարի գիշեր:

— Դուք մենա՞կ եք գնում:

— Ոչ, իմ ընկերները այնտեղ սպասում են:

Նա ձեռքը պարզեց դեպի լեռան կողմը, ուր գիշերային խավարի միջից աղոտ կերպով երևում էին մի խումբ ձիավորներ:
— Ո՞վքեր են նրանք, — հարցրեց Վարդանը:

— Մի քանի լեռնցի երիտասարդներ: Ցտեսություն:

Վարդանը կամենում էր մի քանի բաներ ևս հարցնել, բայց նա հեռացել էր արդեն:

Հայրապետը և Ապոն բոլորովին ապշած մնացին: Նրանք դեռ չգիտեին այդ զաղտնածածուկ անձնավորության ով կամ ինչ տեսակ մարդ լինելը: Վարդանը հաղորդեց ինչ տեղեկություններ որ ուներ նրա մասին, և երկու եղբայրները այժմ համոզված էին, որ այդ հնարագետ մարդը կարող էր ազատել պարոն Սալմանին:

Նրանք վեր կացան և սկսեցին դիմել դեպի տուն: Բայց Սաքոն և Եղոն՝ Վարդանի երկու ծառաները, որոնք ծերունի Խաչոյի խորհրդով ուղարկված էին, որ Վարդանին և իր որդիներին զգուշացնեն, որպեսզի նրանք տուն չվերադառնան, — Վարդանի այդ հավատարիմ արբանյակները, թեև ամբողջ օրը որոնեցին նրանց, բայց գտնել չկարողացան, որ հայտնեին, թե ի՞նչ էր սպասում նրանց ծերունի Խաչոյի տան մեջ:

— Եղո, — ասաց նրան իր ընկեր Սաքոն, — բանը վատ է, մենք պետք է աշխատենք չբռնվել, որ եթե աղային մի բան պատահելու լինի, կարողանանք վրա տալ:

— Ես էլ այսպես եմ մտածում, — պատասխանեց Եղոն:

Երկու ընկերները վճռեցին հեռվից հսկել Վարդանի վրա և իրանց հեռու պահել ծերունու տնից:

Լ

Գիշերը բավական անցել էր, երբ Վարդանը, Հայրապետը և Ապոն վերադարձան տուն: Նրանք դեռ չգիտեին, թե իրանց բացակայության ժամանակ ինչ էր պատահել տան մեջ: Բոլորովին անկասկած կերպով ներս մտան և իսկույն նրանց ետևից դուռը փակվեցավ: Երկու պահապան զինվորներ կանգնած էին այնտեղ: Հիսնապետը իր անկարգ խումբով օդայի մեջն էր: Մի քանի անգամ զափթիաներ թափառում էին տան բակում, և որսորդական շների նման, հոտ քաշելով որոնում էին մի բան ձեռք ձգել:

Տան հարսիներին տարել էին դրացիների և ծնողների մոտ: Այսպիսի դեպքերում — երբ մի տան վրա մեղադրանք է դրվում և նա գտնվում է զինվորների հսկողության ներքո, կնիկներին հեռացնում են տնից:

Տեսնելով այդ բոլորը, Վարդանը իր ընկերների հետ դարձյալ առաջին անգամից չհասկացան, թե ինչ էր նշանակում այդ խառնիճաղանճ ամբոխը: Որովհետև տանուտերի օդայում, որպես ամեն մի հայ գյուղացու տան մեջ, զինվորների խումբերով օթևանելը՝ այդ երկրում մի սովորական բան էր: Եվ ամեն անգամ, երբ գյուղացին այս տեսակ հյուրեր է ընդունում, միշտ ստիպված է իր հարսին, կնոջը և աղջկան, իր հյուրի կրքերից ազատ պահելու համար, գիշերը դրացու տունը ուղարկել, եթե հյուրը այնքան բարի կլիներ, և իր սուրը տան տիրոջ կոկորդի վրա դնելով, չէր բռնադատի նրան, որ կնոջը տանը պահե իրան հյուրասիրելու և ծառայություն անելու համար:

Հայրապետի եղբայրներից մեկը, հանդիպելով նրան, զայրացած կերպով ասաց.

— Տեսա՞ր այն «պամպուլիկը» ի՞նչ օյին բերեց մեր գլխին... հիմա եկ, դիվանի պատասխանը տուր... Ես հենց առաջին օրը, այն լակոտի վզակոթին տալով, դուրս կանեի մեր տնից, բայց դու սատանայի նման հակառակ եղար, և չթողեցիր... Հիմա եկ, պատասխան տուր...

Հայրապետը ոչինչ չխոսեց, նա հասկացավ, որ եղբոր հայհոյանքները վերաբերում են պարոն Սալմանին: Նա հասկացավ տխուր եղելությունը...

— Մեր տղա, մենք էլ ընկանք ծուղակի մեջ... — ասաց նրան Վարդանը ծիծաղելով: — Այդ էր պակաս...

Իսկույն մի քանի զափթիաներ մոտեցան, և նրանց բռնելով,

տարան օդան, հիսնապետի մոտ: Թոմաս էֆենդին այնտեղ չէր: Նա իր կարգադրությունները կատարելուց հետո, հեռացել էր, և այս գիշեր, որպես հյուր, գտնվում էր գյուղի քահանայի տանը: Օդայի մեջ, բացի ծերունի Խաչոյից և հիսնապետից, ուրիշ մարդ չկար միայն մի քանի զինվորներ կանգնած էին դռանը: Վարդանը, ներս մտնելով անցավ և նստեց տանուտերի մոտ, առանց սպասելու, որ թուրք աստիճանավորը նրան թույլ տար նստելու: Հայրապետը և Ապոն մնացին ոտի վրա:

Վարդանի վարմունքը հիսնապետին ծանր երևեցավ և նա բավական արհամարհական կերպով հարցրեց նրանից.

— Դուք ո՞րտեղացի եք, հայ:

«Հայ» բառը գործ դրեց նախատական մտքով:

— Ռուսաստանցի, — պատասխանեց Վարդանը զսպելով իր վրդովմունքը:

— Ի՞նչ գործով եք եկել այստեղ:

— Առևտուր եմ անում այս կողմերում:

— Անցագիր ունե՞ք:

— Ունեի, բայց կորցրել եմ:

— Այդ հեշտ է ստուգել, դուք միայն ասացեք, թե սահմանագլխի ո՞ր մաքսատնից և երբ անցաք, մենք կհարցնենք, այնտեղ ձեր անցագրի համարը և անունը գրված կլինի:

— Ես կանտրաբանտիստ եմ, այս արհեստով պարապող մարդիկ մաքսատան չեն մոտենում: Այն էլ կասեմ, որ ես հենց առաջուց անցագիր չունեի:

— Այդ գուցե ձեզ կներվեր, եթե դուք միայն կանտրաբանտիստ լինեիք, բայց դուք մեղադրվում եք մի ուրիշ հանցանքով ևս:

— Ի՞նչով:

— Դուք լրտես եք:

— Ուղիղ է... երևի, Թոմաս էֆենդին է հաղորդել ձեզ... իսկապես նա շատ ճշմարտախոս մարդ է... — ասաց Վարդանը հեգնական եղանակով:

— Այդ միևնույն է, թե ով է հաղորդել, — պատասխանեց հիսնապետը, պահպանելով պաշտոնական մարդու սառնասրտությունը. — կասկածավոր մարդիկ, մանավանդ այս պատերազմական ժամանակներում, մենք մեր երկրում չենք թողնում: Ձեզ այս գիշեր կպահեն այստեղ և առավոտյան կտանեն զինվորական գործակատարի մոտ: Նա կկարգադրե ձեր վիճակը:

— Ուրեմն ի՞նչ հարկ կար այդ բոլոր հարցուփորձերը անելու, երբ իմ վիճակը զինվորական գործակատարի մոտ պետք է վճռվի: Դուք կարող էիք հենց սկզբից կալանավորել ինձ և ավելի ոչինչ: Բայց ձեր սովորությունն է: Այստեղ վերջին զափթիան անգամ, երբ ուղարկվում է մի հանցավորի ետևից, նա կատարում է այն բոլորը, ինչ որ պետք է աներ բարձր դատարանը:

Հիսնապետը թեև վիրավորվեցավ, բայց ոչինչ չպատասխանեց: Նա կանչեց չորս զափթիաներ և հրամայեց, որ տանեն և պահեն Վարդանին: Նա ամենևին ընդդիմադրություն գործ չդրեց և թույլ տվեց, որ կալանավորեն իրան:

Վարդանին տանելուց հետո հիսնապետը դարձավ դեպի Հայրապետը և Ապոն:

— Դրանցից ոչինչ հարցնել պետք չէ, — հրամայեց նա, — դրանց հանցանքը հայտնի է, տարեք, զգուշությամբ պահեցեք:

Ծերունի Խաչոն խորին թմրության մեջ, որպես մի կիսաքուն և կիսարթուն մարդ, կարծես, երազի մեջ տեսնում էր այդ բոլորը: Ինչո՞ւ էֆենդին խաբեց իրան: Մի՞թե այդ բոլորը ձևի համար էր կատարվում, որպես հավատացնում էր էֆենդին:

Վարդանին, Հայրապետին և Ապոյին տարան և կողպեցին մի շինվածքի մեջ, որ ծառայում էր որպես ցորենի ամբար: Նրա հատակը և պատերը կառուցված էին քարից: Կրով ամուր կպցրած միմյանց հետ, որ մկները չկարողանան ծակել և ցորենը փչացնել. լուսամուտները նեղ էին և պատած ցանցատեսակ երկաթով, որ արգելում էին թռչունների ներս մտնելը: Այս շինվածքը ամեն հարմարություն ուներ այս գիշեր բավական ամուր բանտի փոխարեն ծառայելու: Մի անկյունում վառվում էր յուղային ճրագ և տարածում էր իր լույսը ամբարի խավար կամարների մեջ:

Հայրապետը և Ապոն լուռ էին. նրանց դեմքի վրա նկարված էր խորին հուսահատական տխրություն դառն զարհուրանքի հետ: Նրանց հայտնի էր թուրք աստիճանավորների անգթությունը, որ մի ամենաչնչին հանցանքը պատճառ բռնելով և շատ անգամ մեղադրությունները իրանք հեղինակելով, և արդարին հանցանքի մեջ զրպարտելով, — միշտ պատրաստ էին կեղեքել, մաշել և ոչնչացնել անմեղներին, մանավանդ երբ նրանք հայ էին և փոքրիշատե ունևոր մարդիկ էին: Իսկ այժմ հանցավոր համարվելու համար բավական ապացույցներ կային: Բայց ո՞րպես հայտնվեցան, ո՞վ պետք է մատնած լիներ: — Այդ մասին նրանք մի որոշ կարծիք կազմել չէին կարողանում:

Վարդանը, կարծես, հանգիստ էր: Նրա հանգստությունը նմանում էր մրրկածուփ ծովի խաղաղությանը, որ տիրում է ալեկոծությունից հետո:

— Ես ձեզ մի առակով կբացատրեմ բոլորը, — ասաց նա իր բանտակիցներին. — անտառի ծառերը լուր տարան իրանց թագավորին, ասելով, թե հայտնվել է մի գործիք, որ մեզ անխնա կոտորում է: — «Ի՞նչպես է կոչվում այդ գործիքը», — հարցրեց թագավորը: — «Տապար», — պատասխանեցին ծառերը: — «Ի՞նչպես է կազմված նա», — հարցրեց թագավորը: — «Գլուխը երկաթից է, բայց կոթը փայտից», — պատասխանեցին ծառերը: — «Դա շատ վտանգավոր գործիք է, — պատասխանեց թագավորը, — երբ կոթը մեզանից է...»:

— Կո՛թը մեզանից է... — կրկնեց Վարդանը շեշտելով

առաջին բառը: — Մեզ հարստահարող, մեզ տանջող, մեզ ստրկացնող, մեզ ոչնչացնող, և մեր տունը քանդող գործիքի կոթը մեզանից՝ հայերիցս է: Թոմաս էֆենդիները, սկսյալ գյուղական մուլթեզիմից մինչև Բարձր Դռան հայ ամիրան, այս տեսակ կոթեր են մեր թշնամիների ձեռքում: Հայոց պատմության մեջ երբեք պակաս չեն եղել այս չար և վնասակար կոթերը: Ուր կտեսնեք հայրենիքը և ազգը օտարի ձեռքը մատնելը — այնտեղ խառն է եղել հայի մատը: Ուր կտեսնեք հայ թագավորի գահընկեցությունը և նրա գավազանը օտարի ձեռքը հանձնելը — այնտեղ խառն է եղել հայի մատը: Ուր կտեսնեք հայ թագավորի դեպի աքսոր մատնություն և նրա մայրաքաղաքի դռները թշնամու առջև բաց անելը, — այնտեղ խառն է եղել հայի մատը: Ուր կտեսնեք հայրենի հողը հայի արյունով ներկված, նրա բնակությունները կրակով ոչնչացրած և նրա զավակները գերի տարված, — այնտեղ խառն է եղել հայի մատը: Ուր կտեսնեք կրոնի, ազգության և սուրբ եկեղեցու դավաճանություն, — այնտեղ խառն է եղել հայի մատը: Մի խոսքով, ամեն թշվառությունների մեջ, ամեն հալածանքների մեջ, և մեր թշնամիներից կրած ամեն տեսակ եղեռնագործությունների և բարբարոսությունների մեջ միշտ գործել է հայի տապարը: Հայը ինքն է փորել իր ազգային շինվածքի հիմքը և ինքն իր ձեռքով է կործանել իր սուրբ և նվիրական հաստատությունները... Ի՞նչու ենք մեղադրում օտարներին:

Ապոն և Հայրապետը խորին տխրությամբ լսում էին Վարդանի խոսքերը, վերջինը հարցրեց.

— Ուրեմն մեր բոլոր հույսերը ոչնչացան... ուրեմն մեր շինվածքը դեռ իր հիմքի մեջ, դեռ կատար չհասած, կործանվեցավ...

— Ես, կարծես, մարգարեի հոգով նախազուշակում էի, որ այսպես կվերջանա, և մի ուրիշ վախճան սպասելը՝ հիմարություն կլիներ, — պատասխանեց Վարդանը: -Ինքը՝ պարոն Սալմանը նույնպես երկբայության մեջ էր, և հազիվ հավատում էր իր սկսած գործին: Ես բառ առ բառ հիշում եմ նրա հուսահատական խոսքերը, երբ մի անգամ այդ եռանդով լի երիտասարդը ասում էր ինձ. — «Երբ որևիցե ժողովրդական շարժման գաղափարը մի քանի անհատների երևակայության ցնորք է միայն, և տակավին չէ ընդհանրացել, չէ տարրացել ամբոխի գոնե մի մասի մեջ — մի հարվածով կարելի է ոչնչացնել բոլորը, երբ առաջնորդող անձինքը ոչնչացրած կլինեն: Բայց ամբոխը ուրիշ բան է. ամբոխի մեջ միտքը սպանել անհնարին է»:

— «Մենք, — ասում էր նա, — այժմ միայն սերմնացանի պաշտոն պիտի կատարենք, բայց ոչ հնձողի: Հունձքը պիտի թողնենք ապագա սերունդին»: Եվ այդ էր պատճառը, որ վերջին օրերում նա ձեռնարկեց կառուցանել ավելի հաստատուն, ավելի նպատակահարմար հիմնարկություններ, որպես էին դպրոցները: Պարոն Սալմանի գործունեությունը ապստամբական նպատակ չուներ: Նա կրում էր ավելի հեղափոխական բնավորություն, որ հետո ստացավ բոլորովին նախապատրաստական կերպարանք: Մի անգամ դիմեց նա ինձ մի առանձին ուրախ ժպիտով, որ երբեք չէի նկատել նրա միշտ սառն դեմքի վրա: «Վարդան, — ասաց նա, — մենք որ հանձն ենք առել ժողովուրդ կրթելու գործը, դեռևս ինքներս անկիրթ ենք, դեռևս շատ բան պիտի սովորենք նույն իսկ ժողովրդից: Ժողովուրդը մի մեծ վարժապետ է: Նրա մի հատիկ առածի մեջ անհուն փիլիսոփայություն կա: Լսիր, — ասաց նա, — թե ինչպես է ժողովուրդը արտահայտում իր հարաբերության պայմանները թուրքերի հետ. «Շան հետ հաշտ եղիր, բայց փայտը ձեռքիցդ բաց մի́ թող»: Եվ արդարև, այդ առածի մեջ բովանդակվում են գլխավոր պայմանները, թե որպես պետք էր վարվել մահմեդականների հետ: Նրանք կծոտողներ են, նրանց ատամներից չվիրավորվելու համար, պետք է միշտ փայտը ձեռքում պատրաստ ունենալ: Եվ այդ էր պատճառը, որ պարոն Սալմանը աշխատում էր զինվորել ժողովուրդը և նրան պաշտպանողական դիրքի մեջ դնել:

Հայրապետը և Ապոն խորին ուշադրությամբ լսում էին: Նրանք, կարծես, մոռացել էին իրանց սեփական ցավը, մոռացել էին այն դառն վիճակը, որ առավոտյան սպասում էր իրանց, և այժմ մտածում էին մի ընդհանուր ցավի վրա: Նրանք շատ անգամ լսել էին պարոն Սալմանից նույնպիսի մտքեր, բայց մինչև այսօր այնպես պարզ չէին ըմբռնում նրանց իմաստը, որպես այժմ:

Բանտը, կարծես, ոգևորել էր Վարդանին: Նա խոսում էր

առանց լռելու: Նա իր կյանքում շատ անգամ բանտ էր մտել և դուրս եկել, բայց բանտը միշտ տխուր տպավորություն էր թողել նրա վրա: Իսկ այժմ զգում էր մի տեսակ բավականություն: Նա նմանում էր մի դատապարտյալի, որ մահվան սյունի վրա, խորին արհամարհանքով նայում է դեպի անարդար աշխարհը և ծիծաղում է չար մարդերի թեթևամտության վրա, իր մտքի մեջ ասելով. «Ահա՛ ձեր բոլոր ուժը, դրանից ավելի էլ ի՞նչ կարող եք անել... դուք սպանում եք իմ մարմինը, բայց չեք կարող սպանել իմ սերմանած մտքերը...»:

— «Շան հետ հաշտ եղի՛ր, բայց փայտը ձեռքիցդ բաց մի՛ թող»... — հառաջ տարավ Վարդանը: — Այդ ուղիղ է: Կենսական պայմանների այդ դրությունը ծնում է հրեշներ՝ ինձ նման հրեշներ... Դուք, բարեկամներ, երևի, դեռ այնքան չեք ճանաչել ինձ, որպես եմ ես իսկապես: Բայց որովհետև, գուցե այդ վերջին գիշերը կլինի, որ կարող եմ խոսել ձեզ հետ, ուրեմն լսեցեք: Ես այն մարդերից եմ, որ շատ վաղ սովորեցի չարը չարով վճարել: Իմ ձեռքերը շատ անգամ շաղախված են եղել արյունով, բայց ոչ երբեք մի անմեղ արյունով: Ես մի ժամանակ կրոնավոր էի և հին կտակարանից այսքանը միայն սովորեցա «ակն ընդական»: Երբ կարդացի, որ Մովսեսը, Եհովայի մարգարեն, ազգասիրությունից դրդված սպանեց հրեային հալածող եգիպտացուն և նրա մարմինը ծածկեց Նեղոսի ավազների մեջ, իմ սիրտը լցվեցավ մի անսահման ատելությամբ դեպի այն ազգերը, որ նույնպես հալածում են հայերին: Երբ կարդացի, որ Մովսեսը, Եհովայի մարգարեն, ամբողջ ցեղեր ոչնչացրեց, մինչև կարողացավ ուխտյալ երկիրը մաքրել օտարներից և Իսրայելի որդիներին բնակեցնել նրանց տեղը, ես մտածեցի, թե նույնպես պետք է վարվել թուրքերի, քրդերի և չերքեզների հետ, որոնք բռնացել են մեր հայրերից մեզ մնացած ժառանգության վրա: Դա բնության միևնույն օրենքն է, որ պարոն Սալմանը բացատրում էր բույսերի օրինակով: Բույսերի մի տեսակը ճնշում է, խեղդում է, ոչնչացնում է մի ուրիշ տեսակին, և ինքը բռնում է նրա տեղը: Եթե չենք ցանկանում, որ գոյության այդ կռվի մեջ ոչնչանանք, պետք է ընդդիմադրության ուժ և ընդունակություն ունենանք. և այդ հատկությունը կոչվում է անձնապաշտպանություն: Պարոն Սալմանի գլխավոր նպատակը այն էր, որ ժողովրդի մեջ զարգացնի այդ հատկությունը:

— Ես վաղօրոք սեփականեցի այդ հատկությունը: Գուցե բարոյագետը կանվանե ինձ անբարոյական, եղեռնագործ, գազան, գուցե քահանան մեղավոր կհամարե ինձ, բայց փույթ չէ, ես պետք է վարվեմ այնպես, ինչ որ պահանջում է կյանքը: Իսկ երբ մարդիկ կդադարեն չար լինելուց, երբ խաղաղությունը և քրիստոնեական եղբայրասիրությունը կթագավորեն աշխարհի վրա, ես պատրաստ եմ լինել ամենաբարին և համբուրվել իմ թշնամիների հետ...

Այսպես դեռ երկար խոսում էին նրանք, մինչև ճրագի մեջ վառված եղը սպառվեցավ, մի քանի րոպե պլպլաց, ծխրտաց և ապա հանգավ: Բանտի մեջ տիրեց մթին խավարը:

ԼԱ

Միևնույն գիշերը, երբ Վարդանը, Հայրապետը և Ապոն բանտի մեջ փիլիսոփայություններ էին անում, խորհում էին դժբախտ հայրենիքի դժբախտ ժողովրդի մասին, — Թոմաս էֆենդին գտրնվում էր գյուղի քահանայի՝ տեր-Մարուքի տան մեջ, և ընթրիքից հետո ուրախ, զվարթ, շատախոսում էր և հանաքներ էր անում տերտերի հետ:

Դա միևնույն տերտերն էր, որ այնքան հոգսեր պատճառեց պարոն Սալմանին, իսկ այժմ լսելով նրա կորուստը, ցավում էր, ոչ այն պատճառով, որ ասպարեզից պիտի անհետանար մի նշանավոր գործիչ, այլ առհասարակ հայի կորուստը ցավալի էր նրա համար: Տեր հայրը չար մարդ չէր, և եթե նա ընդդիմություն էր գործում, կամենում էր խանգարել պարոն Սալմանի դպրոցների գործը, — այդ դարձյալ նրա բարի ցանկություններիցն էր առաջ գալիս, որովհետև վնասակար էր համարում:

Նա մի ժամանակ հասարակ գյուղացի էր, փոքրիշատե գրել-կարդալ սովորել էր իր մանկության ժամանակ ս. Հովհաննու վանքում: Գյուղատնտեսության մեջ նրան չհաջողվեցավ, աղքատացավ և գնաց օտար երկիր բախտ որոնելու: Պանդխտության մեջ նույնպես չհաջողվեցավ նրան. մի ժամանակ Վան քաղաքում դահիվեջի էր, գործերը վատ գնացին, վնասվեցավ, և առանց մի փարա վաստակելու, վերադարձավ իր հայրենիքը: Այստեղ ապրուստի մի ուրիշ միջոց չգտնելով, տերտեր դարձավ:

Այն գիշեր քահանայի տանը հրավիրված էր և գյուղի մանկավարժը, երևելի տիրացու Սիմոնը, որ տեր հոր փեսան էր: Այդ մարդը մեծ կարծիք ուներ իր գիտության վրա (գյուղացիներն ևս նույն կարծիքն ունեին նրա մասին) և առավելապես հպարտանում էր նրանով, որ տեր հոր փեսան էր:

Խոսակցության առարկան այն օր ծերունի Խաչոյի տան մեջ պատահած անցքերն էին, որ մեծ սարսափ էին գցել բոլոր գյուղացիների վրա, առավելապես անհանգստացնում էին տեր հորը:

— «էշը կդատի, ձին կուտի», տեր հայր, — շարունակեց էֆենդին ընդհատված խոսակցությունը, — աշխարհի կարգը միշտ այդպես է եղել և այդպես էլ կշարունակվի: Այն որ աստված է կարգադրել, մարդը չի կարող փոխել: Աստված մեկին աղա է ստեղծել, մյուսին մշակ: Մեկը կդատե, մյուսը կուտե: Հայը սովորել է աշխատանքին, քուրդը և թուրքը սովորել են ուտելուն: Եթե աշխատողը չլինի, ուտողը չէ կարող ապրել: Եթե ուտողը չլինի, աշխատողը չէ կարող ապրել: Թուրքերը մեզ պահում են իրանց սրով, մենք էլ պետք է պահենք նրանց մեր աշխատանքով: Աստված թուրքի ձեռքում սուր է տվել, իսկ հայի ձեռքում — բահ: Մեկը մյուսի տեղը չի կարող բռնել:

— Այդ իրավ է, — պատասխանեց քահանան, երեսը խաչակնքելով, — տերն մեր Հիսուս Քրիստոս սուրբ Ավետարանի մեջ հենց այդպես է ասում, որ առանց աստուծո կամքին տերևն էլ ծառից ցած չէ ընկնում. առանց նրա կամքին մի մազ էլ մարդու գլխի վրա չէ սպիտակում. բոլորը նրա ձեռքումն է:

— Այդպես է, ճշմարիտ է... — հաստատեց և տիրացու Սիմոնը, նույնպես երեսը խաչակնքելով:

Հետո նրանք սկսեցին խոսել գյուղացիների, պատերազմի պատճառով ավելի սաստկացած, հարստահարությունների վրա: Տերտերը, բոլորին իր անձնական շահերի կետից նայելով կատարվող հափշտակությունների վրա, գանգատվում էր, ասելով, թե կառավարության հարկերը այն աստիճան ծանրացել են, որ բոլորովին սպառում են գյուղացիների արդյունաբերությունը, և եթե մի բան մնում է, այն էլ քրդերն են տանում, այդ պատճառով ինքը շատ վատ է վարձատրվում, շատ անգամ պսակ, մկրտություն և թաղում է կատարում, առանց մի փարա ստանալու: Գյուղացիները խոստանում են, թե հետո կվճարեն, բայց կամ չեն կարողանում տալ, կամ խաբում են, և դրա համար տերտերը այժմ գյուղի մեջ շատ ապառիկներ ունի, և վճռել է այսուհետև չկնքել, չպսակել և չթաղել, մինչև վարձը սկզբում վճարելու չլինեն, որովհետև ինքն էլ մարդ է և ապրել է ուզում:

— Տեր հայր, — պատասխանեց էֆենդին գործագետ մարդու եղանակով, — գյուղացուն դուք այնքան չեք ճանաչում, որքան ես եմ ճանաչում: «Աստված գյուղացուն մի հոգի է տվել, այն էլ չի կարողանում առնել», բայց երբ հոգեհան հրեշտակը սուրը ձեռին կանգնում է նրա գլխին, այն ժամանակն է տալիս հոգին: Դրանից պետք է մենք օրինակ վեր առնենք: Գյուղացին առանց այն «օրհնյալ փայտը» տեսնելու, փող չի տա: Դուք ձեր ապառիկների հաշիվը պատրաստեցեք, թուղթը հանձնեցեք ինձ, ես կտամ իմ զափթիաներից մեկին, նա կհավաքե: Ես չեմ թողնի, որ ձեր մի փարան էլ կորչի:

— Օրհնյալ եղերուք, աստված ձեզ երկար կյանս պարգևեսցե, — պատասխանեց քահանան, — հաշիվը այժմս էլ պատրաստ է:

— Կարդացեք, տեսնեմ որքան է:

Տերտերը դուրս բերավ ծոցից մի թերթ թուղթ, կեղտոտ, յուղոտած, դեղնած, և երկար տարիներ նրա ծոցում պահվելով բոլորովին քրքրված և իր վաղեմի գույնը կորցրած: Դա նրա հաշիվագիրքն էր: Թերթի չորս երեսների վրա, խոշոր տառերով, ծուռումուռ տողերով գրված էին տեր հոր ապառիկները: Նա թուղթը մոտեցրուց աչքերին, փորձ փորձեց կարդալ, բայց կարդալ չկարողանալով, թերթը տվեց վարժապետին, ասելով.

— Ա՛ռ, տիրացու Սիմոն, դու կարդա, իմ աչքերը չեն ջոկում:

Տիրացու Սիմոնը առեց հաշիվը, մի քանի անգամ հազաց, ծոծրակը քորեց, ուղղվեցավ, և թերթը մոտեցնելով աչքերին սկսեց կարդալ այնպիսի մի ճառական եղանակով, որ կարծես, կոնդակ էր կարդում:

— «Զոլախ Մկոյի աղջիկը կնքեցի, փողը մնաց 5 դուրուշ, աղջիկը մեկ շաբաթից հետո մեռավ, թաղեցի, փողը մնաց 7 դուրուշ: Խլոյի տղան պսակեցի, փողը մնաց 10 դուրուշ. ստացա 30 խուրձ խոտ. փողը կանե 3 դուրուշ: Փանոյի կնիկը հիվանդ էր, գնացի նրա տունը, երեք գլուխ բժշկական ավետարան կարդացի, փողը մնաց 3 դուրուշ: Սագոյի տղան խաչը ջրից հանեց. Բարսոն 30 դուրուշ էր տալիս, որ ինքը հանե. ես Սագոյին խաթր արեցի, 20 դուրուշով բարիշեցա, փողը մնաց 20 դուրուշ. ասաց կալի ժամանակը ցորեն կտամ, գնացի, ուզեցի, չտվեց, գզիրն էլ վկա է»...

Եվ այսպես, մինը մյուսի ետևից գրված էր մի ահագին պատմություն: Դա իսկապես հաշիվ չէր, այլ տեր հոր քահանայական գործունեության մի քանի տարվա ժամանակագրությունն էր, թեև խառնափնթոր կերպով նկարագրված, բայց բովանդակում էր իր մեջ բավական փաստեր, թե ինչով է զբաղվում գյուղական տերտերը:

— Օրինավոր հաշիվ է, — ասաց էֆենդին, ընդհատելով և չկարողանալով համբերել, մինչև տիրացուն կվերջացներ բոլորի «ընթերցանությունը»: — Դուք, տեր հայր, հանձնեցեք այդ թուղթը ինձ, ես բոլորը հավաքել կտամ: Ն... շենի գյուղացիներն էլ վանքի «պտուղը» ուշացնում էին, իր ժամանակին չէին տալիս, վարդապետը մի նամակ գրեց ինձ, ես բոլորը մի օրվա մեջ հավաքել տվեցի, հետո վանքից օրհնության գիր ստացա:

Տերտերը այնքան բնական էր համարում այդ միջոցով իր

ապառիկները հավաքելը, որ ոչ միայն համաձայնվեցավ էֆենդու առաջարկության, այլ կրկին շնորհակալություն հայտնեց և կրկին սկսեց օրհնել նրա թանկագին կյանքը:

Բայց ի՞նչու էֆենդին հանձն առեց կատարել այս ծառայությունը: Նա այն տեսակ մարդերից էր, որ առանց նպատակի, առանց իր սեփական շահերի, ոչ ոքին լավություն չէր անի: Այժմ ի՞նչն ստիպեց նրան այնքան բարի լինել, որ մինչև անգամ խոստացավ հավաքած գումարից տասանորդ չվեր առնել, որ սովորաբար ստացվում էր, երբ որևիցե գումար վճարվում էր կառավարության պաշտոնյաների հրամանով:

— Հայր Աբրահամի օրհնությունը թող ձեզ վրա լինի, զորանաք, — ասաց քահանան, լսելով էֆենդու վերջին խոստմունքը:

Ապառիկների մի այնպիսի ցուցակ էլ տիրացու Սիմոնի ծոցումն էր պահված, նա էլ իր աշակերտներից ստանալիքներ ուներ, և մտածում էր հաշիվը ներկայացնել էֆենդուն: Բայց տերտերը նրա ականջին ասաց. «Թող իմը հավաքվի, քոնը հետո»:

Տեր-Մարուքի ընտանիքը շատ փոքր էր թվով. նրա միակ որդին վախճանվեցավ, թողնելով իր կինը այրի երկու փոքրիկ երեխաների հետ: Հարսը ամուսնի մահից հետո էլ մարդու չգնաց. մնաց քահանայի տանը և խնամք էր տանում իր որդիներին: Ինքը տեր հայրը վաղուց զրկված էր իր տիրուհուց և բոլորովին ամուրի կյանք էր վարում:

Այս գիշեր հարսը, հյուրերին ընթրիք տալուց հետո, զբաղված էր իր զավակով, որ սաստիկ հիվանդ էր: Նստած նրա մահճի մոտ, ողորմելի կինը խորին տխրությամբ նայում էր հիվանդի երեսին, շոշափում էր նրա ջերմ թաթիկները և լսում էր նրա ծանր շնչառությունը: Այդ զավակի մեջ նա գտնում էր պատկերը այն տղամարդի, որին սիրում էր. այդ զավակի մեջ գտնում էր դժբախտ մայրը իր մխիթարությունը կորցրած ամուսնի մահից հետո: Նա համարյա չէր լսում, և ուշադրություն ևս չէր դարձնում, թե ինչ է խոսվում տան մեջ. այլ միանգամայն զութ և գորով դարձած, աչքի առջև իր հիվանդ մանուկին էր միայն տեսնում:

Բայց տերտերը, ուրախացած էֆենդու խոստումնքներով, կամեցավ իրանց ուրախությունը ավելի կատարյալ անել և հրամայեց հարսին լցնել արաղի շիշը, որ արդեն դատարկված էր, բացի դրանից մազա պատրաստել: Թեև ընթրիքը վերջացած էր, բայց տեղային սովորության համեմատ, հարգելի հյուրին մի առանձին պատիվ տրված կլիներ, եթե խմելը կշարունակվեր:

Հարսը այն աստիճան շփոթված էր, որ քահանան երկու անգամ կրկնեց իր հրամանը, մինչև նա կարողացավ հասկանալ, թե ինչ էր ուզում տերտերը: Արաղ կարելի էր գտնել. նա շիշը լցրեց. այդ պաշարը միշտ անպակաս էր լինում տեր հոր տնից: Բայց ինչո՞վ պատրաստել «մազան»: Տանը քաղցրեղեն չկար: Հայտնել այդ մասին՝ մինչև անգամ ամոթ էր: Հայ մարդու տանը հյուրի համար ամեն բան պետք է գտնվի: Նա մտածեց գնալ և հարևանից փոխ առնել:

Դրսում սաստիկ մութն էր և անձրևը հեղեղի նման թափվում էր երկնքից: Խեղճ կինը դուրս եկավ բակը, անցավ ցեխի միջից, բարձրացավ կտուրի վրա, որ այնտեղից իջնե հարևանի տունը: Այդ միջոցում նա լսեց, որ հարևանի դուռը սաստիկ ծեծում էին, և դրսից թուրքերեն լեզվով սպառնալիքներ էին կարդում, հրամայելով, որ բաց անեն. իսկ ներսից երդումներով պատասխանում էին, թե այստեղ չեն պահված նրանք, որոնց պտռում եք... Բայց ո՞ւմն էին պտռում. ի՞նչ թուրքեր էին դրանք, որ գիշերային այդ տարաժամ պահուն աշխատում էին ներս խուժել մի հայ տուն:

Զուլոն — այսպես էր տերտերի հարսի անունը — լսելով փողոցի աղմուկը, սաստիկ վախեցավ, և երկյուղից ոչ կարողացավ հարևանի տունը գնալ և ոչ իրենց տունը վերադառնալ, այլ շվարած և անշարժ մնաց կտուրի վրա: Նույն րոպեում նրա ականջին հասավ խոսակցության հազիվ լսելի շշնջոց, կարծես, խոսողները բարձրանում էին հարևանի տան սանդուղքներից և չգիտեին որ կողմը պետք էր փախչել:

— Կամաց, Ստեփանիկ...

— Ո՞ւր գնամ, Սառա...

Զուլոն ճանաչեց նրանց: Նրա երկյուղը փարատվեցավ, նա այժմ բոլորովին այրական սիրտ ստացավ, երբ տեսավ, որ այդ ողորմելիները օգնության կարոտ էին: Նրան արդեն հայտնի էր ծերունի Խաչոյի տան այնօրվա ցավալի անցքը: Նա գիտեր, որ նրա գերդաստանի կնիկները այն գիշեր գյուղի զանազան տներում թաքնվում էին: Իսկ այժմ պտռում էին նրանց, և ի՞նչ նպատակով, — այդ ևս հասկացավ Զուլոն... Ուրեմն փողոցում գտնվող հարևանի դուռը ծեծող թուրքերը, ոչ այլ ոք էին, եթե ոչ ծերունի Խաչոյի որդիներին կալանավորող զինվորներից մի քանիսը:

Սառան և Ստեփանիկը այժմ գտնվում էին տեր հոր կտուրի վրա, և որսորդներից հալածված եղջերուի նման, ամեն կողմից պաշարված, մոլորված, չգիտեին թե դեպի որ կողմը պետք է փախչել: Անձրևը վերևից թափվում էր: Գյուղացիների դռները փակ, և իրանք քնած էին: Գիշերը կեսից վաղուց անցել էր արդեն:

Այդ միջոցին փայլատակեց կայծակը և նրա վայրկենական լուսավորության հաջորդեց որոտման սարսափելի դղրդյունը: Կայծակի լույսով նկարվեցավ կտուրի վրա կանգնած Զուլոյի անորոշ կերպարանքը: Ստեփանիկը, տեսնելով նրան, կարծեց, թե թուրքերից մեկը արդեն բարձրացել է կտուրի վրա: Նա երկյուղից թուլացավ և ընկավ Սառայի կուրծքի վրա: Զուլոն մոտեցավ նրանց:

— Ես եմ, մի՛ վախեցեք, — ասաց նա:

— Ա՜խ, Զուլո, դո՛ւն ես, — ասաց Սառան դողդողալով. — ի սեր աստուծո, մեզ մի տեղ, հիմա կբռնեն մեզ... հիմա կտանեն մեզ...

Զուլոն մնաց շվարած. ո՞րտեղ տանել նրանց, ո՞րտեղ թաքցնել նրանց. իրանց տանը կասկածավոր հյուրեր կային, և տերտերը հազիվ թե կընդուներ այս տեսակ փախստականներին: Այսուամենայնիվ, մտածում էր Զուլոն, պետք էր օգնել այդ ողորմելիներին: Նրան հայտնի էր բոլոր անպատվությունը, եթե նրանք թուրքերի ձեռքը կընկնեին: Մյուս կողմից, նրան սպառնում էր մի ծանր պատասխանատվություն, եթե ինքը թաքստի տեղ կտար այդ հանցավորներին, որոնց հանցանքը նրա մեջն էր միայն, որ կին էին... Այդ բոլորը իմանում էր Զուլոն: Բայց կարեկցությունը նրա մեջ գերակշռեց երկյուղի և վարանման զգացմունքին, իսկ մոտալուտ վտանգը ծնեց նրա գլխում փրկության մի միջոց:

— Գնանք, — ասաց նա, — բռնելով Ստեփանիկի ձեռքից, և Սառային օգնելով, երկուսը միասին գրկեցին խեղճ աղջկան, որ տակավին ուշագնացության մեջ էր:

Նրանք սկսեցին ցած իջնել կտուրից: Այդ միջոցին լսելի եղավ մի սաստիկ շառաչյուն, որ իսկույն խլացավ անձրևի և փոթորկի խռովության մեջ: Դա հարևանի դռան ձայնն էր, որ խորտակեցին թուրքերը:

Տերտերի տանը կից էր մարագը, բակից մի փոքրիկ դուռ բացվում էր նրա մեջ. Զուլոն տարավ փախստականներին այնտեղ: Սառան և Ստեփանիկը թաքնվեցան խոտերի մեջ:

— Ես էլի կգամ ձեզ մոտ, — ասաց Զուլոն, — և մարագի դուռը կողպելով, հեռացավ:

Անձրևի ձայնից թե՛ տերտերը և թե՛ նրա հյուրերը չլսեցին, թե ինչ է կատարվում դրսումը: Իսկ Զուլոն վերադառնալով, նրանց ոչինչ չհայտնեց: Նա միայն մոտեցավ տերտերին և նրա ականջին ասաց, թե հարևանի տանը բոլորը քնած էին, և ոչինչ փոխ առնել չկարողացավ «մազա» պատրաստելու համար:

— Ես մի բան կգտնեմ, — խոսեց տերտերը, և վեր կենալով, մոտեցավ պահարանին, սկսեց քրքրել այնտեղ դրված իրեղեն-ները:

Էֆենդին օգուտ քաղելով քահանայի բացակայությունից, դարձավ դեպի Զուլոն և կամաց ասաց նրան.

— Դու ինքդ «մազա» ես... «մազան» էլ ի՞նչ կանենք...

Տիրացու Սիմոնը այնքան խմած էր, որ ոչինչ չլսեց: Իսկ Զուլոն վշտացած էֆենդու ակնարկությունից, պատասխանեց նրան.

— Լի՛րբ...

Հայ կինը ամեն նեղության համբերող է, ամեն վիրավորանքի առջև լուռ է, բայց երբ դիպչում են նրա պատվին, այն ժամանակ նա անհամբեր է դառնում: Զուլոն վրդովված գնաց և նստեց իր հիվանդ զավակի մոտ, որ այժմ զարթել էր քնից: Երեխան հանգիստ էր, և տեսնելով մորը իր մոտ, ասաց նրան.

— Մայրիկ, Թորոսին ծեծիր, իմ ճաները խլում է:

Թորոսը հիվանդի մեծ եղբայրն է. երևի երազի մեջ խլել էր նրա ճաները: Մայրը հանգստացրուց, ասելով.

— Տե՛ս, աչքիս լույս, Թորոսը ճաներդ տվեց, տե՛ս, այստեղ է:

Մայրը հանեց բարձի տակից երեխայի խաղալիքները և տվեց նրա ձեռքը: Երեխան սկսեց իր թույլ ձեռքերով խաղալ նրանց հետ: Մայրը նայում էր նրա վրա և ուրախանում էր: Նա մոռացավ էֆենդուց կրած վիրավորանքը, նա մոռացավ ամեն բան, որովհետև զավակը այժմ լավ էր զգում իրան: Բայց մի նոր անախորժություն կրկին վշտացրեց խեղճ մորը: Տերտերը երկար պտռելով պահարանի մեջ իր թաքցրած բանը չգտավ և Զուլոյից հարցրեց, թե այնտեղ մի կտոր շաքար ուներ պահած, իսկ այժմ չէ երևում՝: Հարսը պատասխանեց, թե ինքն է վեր առել. քանի օր առաջ նրանով շերբեթ պատրաստեց հիվանդի համար, որովհետև սաստիկ տաքություն ուներ և պետք էր մի զովացուցիչ բան խմացնել:

— Թո՛ղ զահրումար խմեր, թող լեղի խմեր... — գոչեց նա բարկացած ձայնով: — Դու չէ՞իր իմանում, որ շաքարը հյուրի համար էր, հիմա ի՞նչ անենք:

Զուլոն ոչինչ չպատասխանեց և լուռ արտասուքը սկսեց թափվել նրա տխուր աչքերից:

Տեր-Մարուքը իսկապես չարամիտ մարդ չէր, նա մինչև անգամ բարի էր, բայց բարությունը տգետների մեջ երբեմն անգիտակցաբար չարության է փոխվում: Բացի դրանից, նրա պաշտոնը նրան փոքր ինչ խստասիրտ էր շինել: Տերտերները, բժիշկները և դահիճները, որոնք խիստ հաճախ գործ ունեն մեռելների հետ, շատ չեն խնայում կյանքին: Այս պատճառով, իր թոռնիկի հիվանդությունը տեր հորն այնքան չէր հետաքրքրում, որքան գրավում էր նրան հյուրասիրության բաղձանքը. էֆենդու նման մի մարդուն գոհացնելը, մանավանդ որ նա խոստանում էր հավաքել տալ տեր հոր բոլոր ապառիկները:

— Մայրիկ, ի՞նչու ես լացում, — ասաց հիվանդը կարեկցաբար նրա երեսին նայելով, — մի լաց, ես հիմա լավ եմ:

Մայրը մոռացավ իր բոլոր վիշտը և սրբեց աչքերի արտասուքը: Ոչինչ այնքան մխիթարական չէ, որքան սիրելի զավակի մի քաղցր խոսքը, մի անմեղ թոթովանքը: Այժմ Զուլոն մտածում էր Սառայի և Ստեփանիկի մասին, մտածում էր, ի՞նչ կլինի, եթե թուրքերը հանկարծ ներս կթափվեն, կորոնեն և կգտնեն նրանց: Բայց անտանելի հյուրերը տակավին շարունակում էին իրանց արբեցությունը. նա սպասում էր, որ վերջացնեն, որ քնեն, որպեսզի ինքը կարողանա գնալ Սառայի և Ստեփանիկի մոտ:

Բայց պետք էր գոնե գիտենալ, թե ի՞նչով վերջացավ հարևանի տնում: Զուլոն համբերել չկարողացավ. այդ միտքը սաստիկ անհանգստացնում էր նրան: Նա մի բան պատճառ որոնելով, վեր կացավ, մտավ մի փոքրիկ սենյակ, որին կոչում էին «գաղտիկ» և ծառայում էր որպես պահարան: Այս սենյակից պատի միջով մի նեղ ծակ բացվում էր ուղիղ հարևանի տան մեջ: Այսպիսի ծակեր գյուղի համարյա բոլոր տների մեջ կային և վտանգի ժամանակ ծառայում էին որպես գաղտնի հաղորդակցության խողովակներ: Հարևանի տանը մի բան պատահելիս, ծակից ձայն էին տալիս և լսում էր մյուս հարևանը: Ավելի մերձավոր կամ բարեկամ տների մեջ այս ծակերը այնքան լայն էին, որ նրանց միջով կարելի էր տալ և տանել փոքրիկ իրեղեններ: Շատ անգամ վառած ճրագ էին տալիս միմյանց, երբ հարևանի տանը լուցկի չկար:

Զուլոն կանգնած էր ծակի առջև, տեսնում էր տան մի մասը և լսում էր հետևյալ ձայները.

— Կկոտորենք ձեզ, թե ցույց չտաք... ի՞նչ եղան... մեզ ասացին, որ այստեղ են... դուք թաքցրիք... տվեցեք... շուտ արեք... թե չէ ձեր կնիկները կտանենք... — այս սպառնալիքներն էին կարդում թուրքերը:

Հարևան Զաքոն նրանց ոտքերի առջև ընկած աղաչում էր և պաղատում էր, ասելով.

— Աստված, երկինք, գետինք թող վկա լինեն, որ այստեղ չեն... մի սպանեք ինձ... ահա իմ տունը ձեր առջևն է... ինչ որ ուզում եք, արեցեք...

Այս տեսարանը ներկայացնում էր միևնույն անցքը, որ հին ժամանակներում պատահեցավ Սոդոմի մեջ, երբ քաղաքի սրիկաները մոտեցան Ղովտի տանը և պահանջում էին նրանից, որ տա իրանց ձեռքը իր հյուրերին: Իսկ բարեսիրտ նահապետը աղաչում էր նրանց, որ հանգիստ թողնեն իր հյուրերին և առաջարկում էր իր աղջիկներին... Բայց Իսրայելի Եհովան խստասիրտ էր և վրեժխնդիր, նա պատժեց մարդկային չարությունը. կրակով և ծծումբով այրեց այդ անբարոյական քաղաքը: Իսկ Հայաստանի աստվածը տեսնում էր չարությունը, ավելի վատթար, քան թե Սոդոմի մեջ, և անպատիժ էր թողնում չարագործին:

Զուլոն ամբողջ մարմնով դողդողալով, դեռ նայում էր և ականջ էր դնում: Նա լսեց մի շառաչյուն և տեսավ, որ հարևան Զաքոն գլորվեցավ և ընկավ հատակի վրա... ճրագը հանգցրին: Զուլոն այժմ էլ ոչինչ չէր տեսնում, միայն լսում էր խառնաձայն աղաղակներ: «Ամա՜ն... վա՜յ... թո՛ղ, տո՛ւր... մի՛ սպանի՛ր... ես կմեռնեմ... ո՞ւր ես տանում»...

Դրանք հարևան Զաքոյի տան կնիկների և աղջիկների հառաչանքներն էին...

— Լռի՛ր, անզգամ... — լինում էր այդ հառաչանքների պատասխանը:

ԼԲ

Վերադառնալով իր տեղը, Ձուլոն գտավ հյուրերին միևնույն դրության մեջ: Դեռ խմում էին: Տերտերը տաղ էր ասում, իսկ տիրացու Սիմոնը ձայնակցում էր նրան, էֆենդին էլ կամաց-կամաց քթի թակին մռմռում էր: Նրանց ուրախությանը չափ չկար: Ի՞նչ հոգ, թե հարևանի տանը ինչ էր կատարվում: Ձուլոն մտածեց հայտնել նրանց, գուցե մի օգնություն կհասցնեին, և մոտենալով տերտերին, նրա ականջին ասաց, թե ի՞նչ տեսավ Զաքոյի տանը: Միայն նա թաքցրեց, թե Սառան և Ստեփանիկը պահված են իրանց տնում: Մի անբացատրելի բնազդական զգացմունք փականք էր դրել Ձուլոյի լեզվի վրա՝ լռել այդ մասին:

Նա հայ կնոջ սովորության համեմատ հյուրերի հետ չէր խոսում և տերտերին հաղորդածը այնքան համառոտ և անլսելի ձայնով կատարվեցավ, որ մյուսները ոչինչ չհասկացան: Միայն տեսնելով քահանայի այլայլված դեմքը և այն անհանգստությունը, որ պատճառեց նրա մեջ հարսի խոսակցությունը, հյուրերը անհամբերությամբ հարցրին.

— Ի՞նչ է պատահել:

— Գազաննե՛ր, գազաննե՛ր... — գոչեց քահանան ձեռքերը դեպի երկինք բարձրացնելով, — տասներկու առաքելոց և երեք հարյուր վաթսուն ու վեց հայրապետաց անեծքը թող ձեզ վրա լինի, նզովից արմատներ...

— Ի՞նչ է պատահել, — կրկնեց էֆենդին:

Տերտերը պատմեց ինչ որ հաղորդել էր նրան Ձուլոն և խնդրեց էֆենդուց օգնել թշվառներին:

Կան մարդիկ, որոնք վտանգի, դժբախտության և ուրիշներին հասած նեղության ժամանակ, փոխանակ փրկության հնարների վրա մտածելու, փոխանակ շուտափույթ օգնության ձեռք մեկնելու, սկսում են քննադատել դժբախտության պատճառները, և իրանց խիղճը հանգստացրած են համարում, երբ մեղադրանքի մի նշույլ են գտնում: Իհարկե, այդ դատաստանը կատարվում է յուրաքանչյուր մարդու հասկացողության համեմատ: Էֆենդին ոչ միայն անիրավ և անբարոյական չէր համարում պատահած անցքը, այլ արդարացնում էր նրան, որպես հետևանք, որի պատճառը իր կարծիքով դատապարտելի էր: Այս մտքով նա հարցրեց.

— Ասացեք, տեր հայր, գիժն էլ այդ բանը կանե՞ր, ինչ որ տանուտեր Խաչոն արեց, իր մոտ պահելով այնպիսի կասկածավոր մարդիկ, որոնք գյուղացիներին խելքից հանելով, զանազան հիմարություններ էին քարոզում:

— Հիմարություն է, շատ հիմարություն, — պատասխանեց քահանան, — բայց խեղճ գյուղացիները ի՞նչով են մեղավոր, որ մի քանի խենթերի պատճառով թուրքերը բոլորին էլ կրակի մեջ են գցում: Մեր հարևան Ջաքոն շատ ողորմելի մարդ է. նա այնքան երկչոտ է, որ մինչև անգամ իր շվաքիցն էլ վախենում է. նրան ի՞նչու են չարչարում. նրա ընտանիքը ի՞նչու են բռնաբարում, այդ ի՞նչ անգթություն է.

— «Դալար ծառն էլ չորի հետ խառնված այրվում է»... աշխարհի կարգը այդպես է, տեր հայր, ո՞վ է ջոկում թացը չորից... — պատասխանեց էֆենդին, ինքն էլ զարմանալով իր բազմիմաստ խոսքի վրա: — Երբ աստված պատուհաս է ուղարկում մարդերին պատժելու համար, արդար երեխային մեղավոր ծերի հետ գերեզման է տանում, չարն ու բարին խառնվում են միմյանց հետ... Այսպես է լինում և կառավարությունների վրեժխնդրությունը, երբ պետք էր պատժել մի հասարակություն: Գյուղացիներին վնաս կհասնի... ասում եմ ձեզ, տեր հայր, բոլոր գյուղացիներին...

Քահանան պատասխանելու մի խոսք ևս չգտավ: Էֆենդու բերած ապացույցը շատ զորավոր էր: Քոլերայի կամ ժանտախտի ժամանակ, երբ մարդիկ պատժվում են իրանց մեղքերի համար, մի՞թե արդարների և մեղավորների մեջ խտրություն է դրվում, — չորն էլ թացի հետ այրվում է... — այդպես էր մտածում տերտերը: Նա մինչև անգամ մոռացավ հարևան Զաքոյին, և էֆենդու վերջին խոսքերը հիշեցրին նրան մի բան, որ ավելի մոտ էր նրա սրտին: Նա ասաց.

— Եթե բոլոր գյուղացիների տները այնպես կթալանեն, որպես այսօր կողոպտում էին ծերունի Խաչոյի տունը, իմ ապառիկները խո կկորչեն...

— Այդ մասին դուք անհոգ կացեք, տեր հայր, — պատասխանեց էֆենդին, — ես էգուց բոլորը հավաքել կտամ: Բայց դուք այն ասացեք, տեր հայր, Խաչոն ինքը մեղավոր չէ՞, որ այսպես պատժվում է:

Խաչոյի այն օրվա անցքը իր վրա դարձրեց բոլոր գյուղացիների ուշադրությունը, թեև գործի մանրամասնությունը ոչ ոքին հայտնի չէր. այսուամենայնիվ, բոլորը մեղադրում էին նրան: «Հային ի՞նչ սազ կգա զենքը, — ասում էին նրան, — եթե կրակը տալու լինես երեխայի ձեռքը, առաջ իր մատը կայրե»... Քահանայի կարծիքը շատ չէր տարբերվում այս տեսակ մտածությունից: Նա էֆենդու հարցին պատասխանեց.

— Ես մի բան գիտեմ, որդի, երբ ջհուդները սրոք և բրոք եկան տերն մեր Հիսուս Քրիստոսին բռնելու, Պետրոս առաքյալը սուրը քաշեց զարկեց և քահանայապետի ծառա Մաղքոսի ականջը կտրեց: Այն ժամանակ տերն մեր Հիսուս Քրիստոս սաստեց Պետրոսին, ասելով, որ սուրը իր տեղը դնե, որովհետև սուր բանեցնողը սրով կկործանվի: Այս խրատը մենք պետք է չմոռանանք, եթե ուզում ենք քրիստոնեական հավատի դեմ չմեղանչել:

— Փառավորիս, տեր հայր, լավ ես հասկացել, — ասաց էֆենդին, — իսկ այն տետրակները կարդացի՞ք:

— Կարդացի, մի հատ ընկել էր տիրացու Սիմոնի ձեռքը,

բերեց ինձ մոտ, միասին կարդում ենք, կարդում ենք, ոչինչ չենք հասկանում: Ասում եմ, օրինածներ, գրում եք, օրինավոր բան գրեցեք, որ համ հոգու, որ համ մարմնի շահ լինի, որ մարդ կարդա, իր մեղքերը զղջա, այս տեսակ ծոտի-պոտի բաներից ի՞նչ օգուտ: Տիրացու Սիմոն, դրուստ չե՞մ ասում, դու էլ խո կարդացիր:

— Ես չհավանեցի, — պատասխանեց մանկավարժը, որ առիթ ունեցավ իր գիտությունը ցույց տալու, — բոլորը սատանայական բաներ էին: Եթե Այսմավուրքից կամ հարանց վարքից գրեին, ժողովուրդը կկարդար և կխրատվեր: Բայց ես ուրախ եմ, որ Վարդանը պատժվեցավ, շատ հպարտ տղա էր: Մի անգամ մտնում է իմ դպրոցը, ասում է. ի՞նչ ձեր գործն է կրթությունը, դուք երեխաներին փչացնում եք, գնացեք իշաներ արածացրեք: Այդ ասելու խո՞սք է. կարծես, ինքը ինձանից շատ է կարդացել:

— «Էշի քացին ավելի է ցավացնում, քան թե ձիունը», — խոսեց էֆենդին: — Այդ Վարդանը ինձ էլ շատ անգամ վիրավորել է:

Այսպես տերտերը, մանկավարժ տիրացուն և երկրի պաշտոնական մարդը, յուրաքանչյուրը իր դատողություններն էր հայտնում ցավալի անցքերի մասին, և նրանցից ոչ ոք չէր մտածում, թե ինչ էր կատարվում հարևան Ջաքոյի տանը: Նրանցից ոչ ոք չէր ցավակցում, թե ինչ դրության մեջ էր այս գիշեր տանուտեր Խաչոյի ընտանիքը: Այդ մարդը, որի բարերարություններին այնքան պարտական էին գյուղացիները, այժմ բոլորի բարկությանը առարկա դարձավ, որովհետև նրա վարմունքը գյուղացիների կարծիքով դատապարտելի էր: Ամեն մարդ պաշարված էր մի սարսափելի սոսկումով և սպասում էր մի դառն և զարհուրելի վախճանի: Միայն Թոմաս էֆենդին, այդ բոլոր չարագործությունների հեղինակը, ուրախ էր և մի առանձին դիվական հրճվանքով մեծ բավականություն էր զտնում սրտի մեջ, տեսնելով, որ իր ցանած սերմերը խոստանում էին տալ ցանկացած պտուղները:

— Կրկնում եմ, — ասաց նա գործի տեղյակ մարդու

եղանակով, — որ շատ կվնասվեն գյուղացիները: Ժամանակը վատ է. ամեն տեղ պատերազմի պատրաստություններ են տեսնվում, այդ խառն միջոցներում այդպիսի ցույցերը սաստիկ պատժվում են կառավարությունից:

Պատերազմի անունը լսելիս, տերտերը սարսափելով, ոչ այն պատճառով, որ պատերազմը զանազան նեղություններ և չքավորություններ էր սպառնում գյուղացիներին, այլ նա կրկին մտաբերեց իր ապառիկները:

— Եթե պատերազմը սկսվի, — ասաց նա, — գյուղացիներից այնքան տուրքեր կպահանջեն, որ դժվար կլինի հավաքել իմ ապառիկները:

— Դուք անհոգ կացեք, տեր հայր, — պատասխանեց էֆենդին, — ես չեմ թողնի, որ ձեր ապառիկները մնան մինչև պատերազմի սկսվելը:

Այդ միջոցին տիրացու Սիմոնը մոտեցավ տեր հոր ականջին և կրկին հիշեց նրան իր աշակերտներից ստանալիք ապառիկների մասին, և կրկին պատասխան ստացավ, որ համբերե: Ում ինչ տեղը ցավում է, նրա վրա էլ խոսում է: Տերտերին և տիրացուին հետաքրքրող հարցը այժմ նրանց ապառիկներն էին:

— «Էշը թեև ինքը մի բան չէ, բայց նրա մազը մախմուր է սրբում», — ասաց էֆենդին, — դուք խո իմանում եք, տեր հայր, այդ առածը: Գյուղացին էլ այդպես է: Նա ինքը թեև հագին պատառոտած շորեր ունի, բոբիկ ոտներով է ման գալիս, բայց աղաների հագած մախմուրը նրա քրտինքի գնովն է առնվում: Նա թեև քաղցած է մնում, շատ անգամ պատառ հաց չէ գտնում, բայց աղաների սեղանը նա է զարդարում ամեն տեսակ բարիքներով: Իսկ դուք, տեր հայր, որպես երևում է, չգիտեք գյուղացիներից օգուտ քաղել, եթե գիտենայիք, այսքան ապառիկներ չէիք ունենա, և այս գիշեր մեզ արաղը առանց «մազայի» չէիք խմացնի:

Վերջին խոսքերը ազդեցին քահանայի վրա և նա առանձին դառնասրտությամբ պատասխանեց.

— Ի՞նչ ասեմ, էֆենդի, մեր՝ տերտերներիս՝ ձեռքերը կապված են, մեզ՝ ձեզ նման փայտ չէ տված, որ ծեծենք, որ գյուղացին վախենա: Մեր զենքը շատ թույլ է... Ի՞նչ անեմ... Ուղիղն ասեմ, շատ անգամ սիրտս լցվում է, չեմ համբերում, սկսում եմ անիծել... բայց գյուղացիները այժմ այնքան թերահավատ են դարձել, որ անեծքից էլ չեն վախենում... էլ ուրիշ ինչ զենք ունենք: Բայց նրանք էլ մեղ չունեն. քրդերը նրանց մոտ ի՞նչ են թողել, որ մենք կարողանանք մի բան պահանջել: Ա՜խ, անիծվին այդ քրդերը, եթե նրանք չլինեին, ես այսքան ապառիկներ չէի ունենալ: Հիմա որ պատերազմը սկսվի, քրդերը բոլորովին կկոտորեն...

— «Էշը խո էշ է, բայց ջորին ավելի գեշ է», — պատասխանեց էֆենդին իր սովորական ձևով, — քրդերը ջորու նման չար են, որովհետև անհարազատ են:

Ջորիների համեմատությունը քրդերի հետ, ոչ միայն էֆենդու, այլ առհասարակ հայերի կարծիքով, այն նշանակությունն ունի, որ քրդերը անիրավ և չարագործ են նրա համար միայն, որ ջորու նման անհարազատ և խառնածին են: Անհարազատների վարքի մասին միշտ վատ համարում ունի մեր ժողովուրդը: Բայց ինչ որ ճշմարիտ է, այն է, որ քրդերը խառնվելով հայերի հետ, թեև մի կողմից կորցրին իրանց ազգային բուն տիպը, բայց մյուս կողմից ստեղծեցին մի նոր և ազնիվ ցեղ: Դարերով ընտրելով հայոց պատանիների և աղջիկների ամենագեղեցիկները և վայելչահասակները (քուրդը բարձրահասակ կինը շատ է սիրում) նրանք գեղեցկացրին իրանց ցեղը: Որի ընդհակառակն, հայերը կորցնելով իրանց միջից ընտիր մասը, հետզհետե տգեղացան, հետզհետե այլանդակվեցան: Ով որ լավ հետազոտել է թուրքաց Հայաստանի քրդերի և հայերի ընդհանուր գծերը, նրանց մեջ մեծ նմանություն կգտնե, որովհետև քրդերը ուրիշ ոչինչ չեն, եթե ոչ հայերից առաջ եկած մի նոր ցեղ:

Գիշերից բավական անցել էր արդեն: Ջուլոն, հեռու նստած էր հիվանդ մանուկի մոտ, տհաճությամբ էր լսում հյուրերի խոսակցությունը, որ նրա համար խիստ ձանձրալի էր: Նա անհամբերությամբ սպասում էր, որ նրանք վերջացնեն, վեր կենան քնեն, որպեսզի ինքը կարողանա գնալ Սառայի և Ստեփանիկի մոտ տեսնելու, թե ի՞նչ դրության մեջ են նրանք:

Բայց էֆենդին դեռևս քնելու նպատակ չուներ. նա տերտերի հետ բավական խոսելիքներ ուներ, միայն տիրացու Սիմոնի ներկայությունը արգելք էր լինում: Այս պատճառով ակնարկեց նա, թե ցանկանում է քնել, որովհետև առավոտյան շուտ պիտի վեր կենա և կարևոր գործեր ունի: Տիրացուն բարի գիշեր մաղթելով, հեռացավ: Նրա գնալուց հետո տերտերը ասաց.

— Յոթը վարդապետից ավել գիտե թշվառականը, ափսո՜ս, մի քիչ խմելու հետ սեր ունի — տեսա՞ք, ինչպես լավ կարդաց իմ ապառիկների հաշիվը:

— Տիրացու Սիմոնի՞ համար եք ասում, — հարցրեց էֆենդին, — այո, շատ լավ կարդաց:

Բայց էֆենդուն չէր հետաքրքրում ո՛չ տիրացու Սիմոնը և ո՛չ էլ նրա ունեցած բարձր գիտությունը: Նա առիթ էր որոնում խոսելու մի առարկայի մասին, որի համար հատկապես այս գիշեր եկել էր տերտերի տունը:

Այդ միջոցին քահանան կամեցավ հանել կիսամաշ վերարկուն, որովհետև մասամբ խմելուց և մասամբ տան տաքությունից բավական շոգ էր զգում: Անզգուշությունից վերարկուի թևքը պատռվեցավ: Էֆենդին ասաց նրան.

— Տեր հայր, վերարկուդ շատ է հնացել, ի՞նչու նորը չես կարել տալիս:

— Օրհնած, ի՞նչով կարել տամ, դուք խո տեսաք իմ ապառիկները: Այդ վերարկուն էլ լուսահոգի Կարապետ էֆենդունն էր. նա մեռավ, ինձ տվեցին որպես «կողոպուտ». յոթն տարի է, որ հագնում եմ: Նրանից հետո, իմ մեղքից, հարուստներից ոչ ոք չի մեռել, որ վերարկուս նորոգեի...

— Ես քեզ համար մի լավը կարել կտամ, դուք լավ քահանա եք, — ասաց էֆենդին, — հազեք և միշտ օրհնեցեք ինձ:

— Երեք հարյուր վաթսուն ու վեց հայրապետաց օրհնությունը թող ձեզ վրա լինի, որդի, — ասաց քահանան և սկսեց «պահպանիչ» կարդալ:

— Բայց մի ուրիշ խնդիրք էլ ունեմ, էֆենդի, — ավելացրեց նա, — դուք որ կաք, մեր թագն ու պարծանքն եք. մենք ուրախանում ենք և ամեն օր փառք ենք տալիս աստծուն, որ հայերից էլ ձեզ նման աղաներ կան, որոնք մուդիրի, գայմադամի և փաշայի մոտ համարձակ նիստուկաց ունեն և ամեն բան կարող են խոսել: Ի սեր ազգի և ի սեր մեր սուրբ հավատի աղաչում եմ ձեզ, մի թողեք տանուտեր Խաչոյին և ընտանիքը անօրենների ձեռքում. դուք որ կամենաք, կարող եք նրանց ազատել. խեղճ են, հայ քրիստոնյա են, օգնեցեք նրանց: Ինչ էլ որ լինի նրանց հանցանքը, մենք պարտավոր ենք ծածկել, նրա համար որ, մեր մսից և մեր արյունից են: Ես էլ չեմ հավանում նրանց գործածը, բայց «ո՞վ իցե, որ ոչ մեղիցե»:

Քահանայի խոսքերը, թեև մի առանձին տպավորություն չունեցան էֆենդու սրտի վրա, բայց նրան պատճառ տվեցին հայտնելու այն, ինչ որ վաղուց առիթ էր որոնում ասել տերտերին:

Էֆենդին պատասխանեց, թե ինքը պատրաստ է և կարող է ազատել տանուտերի ընտանիքին հասած դժբախտությունից և չի թողնի, որ նրա գլխից մի մազ անգամ պակասի, եթե տանուտերը իր կողմից կկատարե էֆենդու խնդիրքը: Եվ հիշեցնելով քահանային նրա մի տարի առաջ հաղորդած գաղտնիքը Լալայի մասին, էֆենդին ասաց, որ այն օրից սիրում է այդ աղջկան, և կցանկանար, որ նա իր կինը լիներ: Եթե տանուտերը կկատարե այդ ցանկությունը, էֆենդին պատրաստ էր օգնել նրան: Բայց հակառակ դեպքում, նա ստիպված էր թույլ տալ, որ իշխանությունը վարվեր օրենքի և արդարության համեմատ, որ անտարակույս կվերջանար տանուտերի ամբողջ ընտանիքը բնաջինջ լինելով և նրա հարստության հարքունիս գրավվելով: Եվ հիշելով քահանայի, որպես հասարակաց հոր պարտավորությունները, էֆենդին խնդրեց տերտերից, որ նա հանձն առնե դիմել ծերունի Խաչոյին և նրա հետ խոսել այդ մասին, քանի որ դեռ ուշ չէր, քանի որ դեռ կարելի էր գործը ուղղել և գալոց չարիքների առաջը առնել:

— Կարգս թող վկա լինի, — ասաց տերտերը մի առանձին ուրախությամբ, — ես էգուց առավոտյան կգնամ տանուտերի մոտ և բոլորը կարգի կդնեմ, որպես ձեր կամքն է: Խաչոն պետք է փառք տա աստծուն և մի քանի մատաղներ թող կտրե սրբերին, երբ ձեզ նման մարդը ցանկանում է նրա փեսան լինել:

Էֆենդու դեմքի վրա երևաց մի խորամանկ ժպիտ, և կատակի ձևով պատասխանեց.

— Երբ կկատարեք այդ բոլորը, այն ժամանակ ձեր հին վերարկուն կնորոգվի...

— Իսկ իմ ապառիկնե՞րը...
— Այդ մասին անհոգ կացեք...

ԼԳ

Դառն և սոսկալի գիշեր անցավ: Առավոտյան ծերունի Խաչոյի տունը նմանում էր այն սգավոր տներին, որտեղից մի քանի մեռելներ միանգամից պետք է դեպի գերեզման տարվեին:

Առաջ դուրս բերին Վարդանին: Նա հանգիստ էր. նրա դեմքը չէր արտահայտում խռովության մի նշույլ անգամ, կարծես նրա հետ ոչինչ չէր պատահել. միայն շրթունքների վրա կարելի էր նկատել մի արհամարհական հեգնություն, որ արտասանում էին՝ «ի՞նչ են ուզում անել այդ հիմարները»... Հինգ զինվորներ պատրաստված էին Վարդանին տանելու փաշա էֆենդու մոտ:

Երբ որ նրան նստեցրին ձիու վրա և կամենում էին ոտները ձիու փորի տակով շղթայել, նա առանց ընդդիմադրության թույլ տվեց, թեև դա մի սարսափելի տանջանք էր՝ անշարժ կապված լինել ձիու մեջքի վրա:

— Այդ ավելորդ է, — նկատեց նա, — եթե ես ցանկանամ փախչել, ձեր շղթաները չեն օգնի...

Զինվորները ուշադրություն չդարձրին և կապեցին: Դրանով ևս չբավականանալով, կապեցին և թևքերը ետևի կողմից մեջքի վրա, և պարանի ծայրերը երկու ձիավոր զինվորներ բռնած, պատրաստվեցան տանել: Բացի երկու զինվորներից, կարգված էին և երեք պահապաններ:

Թեև ռամիկ ամբոխը հետաքրքրվում է այս տեսակ աեսարաններով, բայց գյուղացիներից ոչ ոք չհայտնվեցավ տեսնելու, թե ինչպես են աքսորում Վարդանին, այն մարդուն, որ այնքան աշխատել էր, որ այնքան գործել էր նրանց համար... Բոլորը այժմ խորշում էին ծերունու տնից, որպես ժանտախտով վարակված մի բնակարանից:

Կանանցից ոչ ոք չէր մնացել տանը. բոլորը թաքնված էին զանազան տեղերում: Հայրապետը և Ապոն բանտումն էին: Վարդանից հետո հերթը հասնելու էր իրանց: Խաչոյի մյուս որդիները, որ ազատ էին, ցույց չտվեցին իրանց: Միայն ծերունի հայրը դուրս եկավ ճանապարհ դնելու Վարդանին: Վերջին դժբախտություններից հետո խեղճ մարդը բոլորովին սպանված էր: Դառն հալածանքը, բռնի անարգությունը և զազանային անգթությունները իսպառ մաշել էին նրան: Նա մոտեցավ, գրկեց Վարդանին և սրտի սաստիկ շարժմունքից մի բառ անգամ չգտավ հայտնելու իր ցավակցությունը: Մի քանի կաթիլ արտասուք ասեցին շատ բան, ինչ որ չէր կարող ասել լեզուն:

— Սիրտդ պինդ պահիր, ծերունի հայր, — պատասխանեց նրան Վարդանը անխռով ձայնով, — ով որ ջրի մեջն է մտնում, թրջվելուց երկյուղ չպիտի ունենա... Մնացեք բարյավ:

Զինվորները ոչինչ չհասկացան, և Վարդանի ձին իրանց առջևը գցած, սկսեցին տանել: Ծերունին երկար նայում էր նրանց ետևից, մինչև այնքան հեռացան, որ բոլորովին անհայտացան:

Նա խորասուզված տխուր մտածությունների մեջ, վերադարձավ տուն: Ինչո՞ւ Վարդանին միայն տարան, ի՞նչու Հայրապետին և Ապոյին թողեցին, ի՞նչու իրան ևս չէին կալանավորում, այլ պահում էին ազատ, թեև հսկողության ներքո, դրանց մեջ ի՞նչ գաղտնիք կար: Այդ հարցերը անհանգստացնում էին նրան: Ծերունուն դեռ հայտնի չէր Թոմաս էֆենդու ծրագրի բուն բովանդակությունը: Նա այնպես էր կարգադրել գործը, եթե ծերունին չընդուներ նրա առաջարկությունը Լալայի վերաբերությամբ, այն ժամանակ միայն իր վրեժխնդրության լիակատար դառնությունը պիտի թափեր խեղճ ծերունու ընտանիքի վրա: Նա Վարդանին աքսորել տվեց, նա պարոն Սալմանին մատնեց, որովհետև դրանց վտանգավոր էր համարում իր պաշտած թուրք կառավարությանը: Բայց ծերունի Խաչոյի և նրա որդիների մասին այս տեսակ կասկած չուներ. նրանց խառնեց մեղադրության գործի մեջ այն մտքով միայն, որ մի մեծ և ծանր դժվարության մեջ դնելով նրանց, առիթ ունենա ինքը պաշտպան և ազատիչ հանդիսանալ, և դրանով պարտավորացնելով նրանց, հետո իրավունք ունենա որպես վարձատրություն՝ փոխարենը խնդրել Լալայի ձեռքը: Ահա որպիսի վաճառականական մտախոհություններ դրդեցին էֆենդուն գործել մի մեծ չարություն, որի թշվառ հետևանքը իր բոլոր սատանայական խելքով նախատեսել չկարողացավ:

Բայց Թոմաս էֆենդին այս առավոտ չհայտնվեցավ: Ծերունին ցանկանում էր տեսնել նրան, ցանկանում էր լսել նրա վճռական խոսքը, թե ինչով կվերջանա այս բոլորը: Նա դեռ հավատում էր էֆենդու խոստմունքներին, նա դեռ հիշում էր այն խոսքը՝ «տանուտեր Խաչո, չեմ թողնի, որ քո գլխից մի մազ անգամ պակսի»...

Էֆենդու փոխարեն հայտնվեցավ տեր-Մարուքը — նրա պատգամավորը, որ խոստացել էր առավոտյան գնալ տանուտերի մոտ և խոսել Լալայի մասին: Դժբախտության րոպեներում քահանայի ներկայությունը թեև մխիթարություն է պատճառում՝, բայց ծերունու վրա խիստ անախորժ տպավորություն գործեց: Նա քահանաների մասին մի առանձին նախապաշարմունք ուներ և նրանց երեսը տեսնել միշտ համարում էր մի անաջողության նախազգացություն: Բայց տեր հայրը զգուշությամբ մի կողմը տարավ նրան, հայտնելով, թե կարևոր խոսելիք ունի, և այդ փոքր ինչ հանգստացրեց ծերունուն: Երկուսը միասին նստեցին պարտեզի մի խուլ կողմում, ծառերի հովանու տակ:

Տեր հոր դեսպանության հառաջաբանը եղավ մի շարք մխիթարական խոսքեր, մի շարք խրատներ, որ իր ձևով քարոզում էր նա և հաստատում էր սուրբ գրքից բերած օրինակներով: Նա Հոբ Երանելիի չարչարանքները հիշելով, ասում էր, թե աստված շատ անգամ իր ծառաների հավատը փորձելու համար, զցում է նրանց զանազան տեսակ նեղությունների մեջ, միայն պետք է համբերող լինել, պետք է չհուսահատվել, որովհետև նա վերջը կփրկե իր հավատացյալներին անօրենի չարությունից և հավիտենական փառքի կարժանացնե և այլն:

Վերջացնելով իր խրատները, տեր հայրը մոտեցավ բուն առարկային, որի մասին խոսելու համար եկած էր: Եվ հարսնախոսության մեջ բանակցող միջնորդների սովորական եղանակով, նա նույնպես իր առաջարկությունը սկսեց մի առակով:

— Մի թագավորի որդի, — ասաց նա, — գնացել էր որսի. գիշերը վեր հասնելով, չկարողացավ վերադառնալ և մնաց անտառի մեջ մի հովիվի խրճիթում: Հովիվի հյուրասիրությունից շատ գոհ մնաց նա, բայց առավել գրավեց նրա սիրտը հովիվի գեղեցիկ աղջիկը: Մյուս օրը թագավորի որդին դարձավ իր պալատը, հայտնեց հորը, թե ցանկանում է հովիվի դստեր հետ ամուսնանալ: Հայրը խենթի տեղ դրեց որդուն և սաստիկ բարկացավ նրա վրա: Բայց երկար ընդդիմությունից հետո երբ տեսավ, որ անկարելի էր որդուն համոզել, իր նախարարներից մեկին ուղարկեց, որ գնա հովիվի հետ հարսնախոսություն անե: Նախարարը ետ դարձավ, պատասխան բերեց, թե հովիվը չընդունեց իր աղջիկը թագավորի որդուն տալ: Թագավորը զարմացավ և ուղարկեց մի այլ նախարար ավելի բարձր աստիճանով, քան թե առաջինը: Նա էլ նույն պատասխանը բերավ: Հետո թագավորը ուղարկեց իր առաջին վեզիրին, նա էլ մերժում ստացավ: Վերջապես թագավորը ճարահատվելով, ինքը անձամբ գնաց և մյուսների նման դատարկ վերադարձավ. հովիվը նրան ևս մերժեց: Թագավորը զարմացավ, կանչեց իր մեծամեծներին, նրանց հետ խորհուրդ արավ: Սրանցից մեկը, որ ավելի փորձված և խելացի մարդ էր, խորհուրդ տվեց թագավորին ուղարկել հովիվի մոտ իր նման մի հովիվ, ասելով, թե հովիվը կհասկանա հովիվի լեզուն և կարող կլինի համոզել նրան: Ընտրեցին թագավորի հովիվներից մեկին և ուղարկեցին: Հովիվը առանց պատրաստության, առանց փառավոր շքեղության, առեց իր հովվական ցուպը և ոտքով սկսեց դիմել դեպի աղջկա հոր խրճիթը: Հայրը սիրով ընդունեց նրան, միասին ճաշեցին, կերան, խմեցին, ուրախացան, վերջը հովիվը հայտնեց թագավորի խնդիրքը, ասելով. — Ի՞նչու դու չուզեցիր աղջիկդ տալ թագավորի որդուն: Հայրը պատասխանեց. — Օրհնած, ես էլ մի մարդ եմ, իմ անձնասիրությունը ունեմ, թագավորը ե՞րբ ուղարկեց ինձ մոտ քեզ նման մի օրինավոր մարդ, որ ես իմ աղջիկը նրա որդուն կնության տայի:

Վերջացնելով իր առակը, տեր հայրը ավելացրեց.

— Ես էլ հովիվ եմ, դու էլ հովիվ ես, տանուտեր Խաչո, որովհետև մենք երկուսս էլ ոչխարների փոխարեն ժողովուրդ ենք կառավարում: Ես գյուղի քահանան եմ, դու գյուղի տանուտերը, և եկել եմ քեզ մոտ նույնպիսի մի առաջարկությունով, որպես հովիվը հովիվի մոտ:

— Ի՞նչ առաջարկություն, — հարցրեց ծերունին տհաճությամբ, որին խիստ ծանր էր իր սրտի մի այնպիսի տխուր տրամադրության ժամանակ լսել քահանայի անտեղի խոսքերը:

Տեր հայրը պատասխանեց, թե աստված կամեցել է ծերունու այժմյան նեղության մեջ մխիթարել նրան և փրկության դուռը բաց անել նրա առջև: Թոմաս էֆենդին խնդրում է Լալայի ձեռքը և խոստանում է ազատել ծերունուն իր տան վրա հասած փորձանքից: — Պետք է փառք տալ աստծուն, որ էֆենդու նման մարդը բարեկամության և օգնության ձեռք է մեկնում:

Քահանան որքան ճարպիկ կերպով տարավ իր բանախոսությունը, այնուամենայնիվ սպասած աջողությանը չհասավ: Գուցե մի ուրիշ ժամանակ և ուրիշ հանգամանքների մեջ նրա խոսքերը համակրություն կգտնեին, որովհետև ինքը ծերունի Խաչոն վաղուց մտածում էր իր աղջիկը էֆենդուն տալ: Բայց այժմ հանգամանքները տարբեր կերպարանք էին ստացել: — Այժմ, երբ նրա երկու որդիները բանտի մեջ էին, երբ ինքը պահապանների հսկողության ներքո էր, երբ նրա տան կնիկները անպաշտպան թաքնված էին օտարների մոտ, երբ իր երկու բարեկամները՝ Վարդանը և պարոն Սալմանը մատնվեցան իշխանության ձեռքը, երբ իր տան կայքը իր աչքի առջև թալանում էին, — մի այսպիսի ժամանակ նրան հայտնում էին չարագործի առաջարկությունը, որ ինքն էր պատրաստել հիշյալ դժբախտությունները: Ծերունու մինչև այն րոպեն փակված աչքերը միանգամից բացվեցան: Նա տեսավ իր առջև անդունդը, որ փորել էր էֆենդու խորամանկ ձեռքը: Նա հիշեց Վարդանի խոսքերը, որ էֆենդին զանազան տեղերում խաբեությամբ ամուսնացել է և թողել է իր կնիկները: Մի՞թե նույն խաբեությունները նա գործ չէր դնում և Լալայի վերաբերությամբ: Նա մտաբերեց էֆենդու վարմունքը, որ սկզբից մինչև վերջ ուներ մի ներքին գաղտնի կապ, որ ներկայացնում էր մի շարք խորամանկ գործողություններ, որոնք բոլորը թեքվում էին դեպի այն նպատակը, որ նա հնար գտնե Լալային որսալու: Էֆենդին առաջինը եղավ, որ հայտնեց նրան պարոն Սալմանի կալանավորվելը: Ո՞րտեղից գիտեր նա: Մինչդեռ այդ կատարվել էր ծածուկ, գիշերային մթության մեջ, և ամբողջ գավառում գյուղացիներից ոչ ոքին հայտնի չէր: Էֆենդին առաջինը եղավ, որ լուր տվեց, թե նրա տանը խուզարկություն պետք է լինի, և իրան բարեկամ ու մտերիմ ձևացնելով, կարողացավ խաբել ծերունուն. կարողացավ պարոն Սալմանի թղթերը ձեռք բերել, և փակելով ծերունու տան գաղտնի պահարանի մեջ, բանալին պահեց իր մոտը: Ի՞նչ մտքով: Մի՞թե նա չէր կարող թղթերը իր հետ տանել և ոչնչացնել: Բայց թողեց ծերունու տան մեջ, որ հարկավորած ժամանակ բաց անե գաղտնի պահարանը և թղթերը ոստիկանության ձեռքը տալով, ասե. ահա՛ ձեզ ապացույց այդ մարդիկների դավակցության: Ամբողջ անցյալը մի առ մի պատկերացավ ծերունու աչքի առջև, և նա սարսափելով նկատեց, որ ինքը խաբված է: Եվ այս պատճառով բավական դառնությամբ պատասխանեց քահանային.

— Տեր հայր, ձեր առակը բավական անհարմար էր ձեր ընդունած միջնորդության, բայց Թոմաս էֆենդին եթե իսկապես թագավոր լիներ, դարձյալ այդ շանը աղջիկ չէի տալ: Թող ինչ լինելու է՝ լինի: Ես իմ տան քանդվելը և իմ ամբողջ ընտանիքի կոտորածը ավելի բարվոք կհամարեմ, քան թե ազատություն գտնել այն չարագործի ձեռքով, որ բոլորը ինքը պատրաստեց մեզ համար: Ես այդ հասկանում եմ... ես բոլորը հասկանում եմ... նա խաբեց ինձ... բայց դրանից հետո այլևս խաբել չի կարող...

Քահանային անհասկանալի էին թվում տանուտերի թե՛ բարկությունը և թե՛ նրա մթին խոսքերը, որովհետև բուն իրողությունից տեղեկություն չուներ: Եվ տանուտերը հարկավոր չհամարեց նրա հետ երկար բացատրությունների մեջ մտնել, մանավանդ երբ մտածեց, որ նա Ստեփանիկի կնքահայրն էր և նրա աղջիկ լինելը, բացի քահանայից մի օտար մարդ չգիտեր, ուրեմն ո՞վ պետք է հայտնած լիներ էֆենդուն այդ գաղտնիքը, եթե ոչ ինքը քահանան:

Նա համարյա ոժգոհությամբ հեռացավ ծերունու տնից, իր մտքում ասելով. «Աստված առաջ մարդու խելքը գլխից կառնե, հետո հարստությունը»...

Էֆենդին տերտերի տան մեջ անհամբերությամբ սպասում էր նրան: Երբ վերադարձավ քահանան, նա իսկույն հարցրեց.

— Ի՞նչ լուր բերեցիք:

— Չգիտեմ, ինչ անեմ, — պատասխանեց քահանան շվարած կերպով. — այդ մարդը ցնորված է:

— Մերժե՞ց:

— Այո՛:

— Ես այդ սպասում էի...

Կարծես ամբողջ երկինքը փուլ եկավ էֆենդու գլխի վրա և ճնշեց նրան իր սարսափելի ծանրության ներքո: Նրա աչքերի առջևը սևացավ, դողդողաց, և ընկավ գետին: Երկար այնպես անմռունչ ընկած էր, և երբեմն անգիտակցաբար ձեռքը տանում էր դեպի ճակատը, ծեծում էր գլուխը և փետտում էր իր մազերը, ասելով. ի՞նչ անեմ... ա՜խ, ի՞նչ անեմ...

Ամբողջ տիեզերքի մեջ չկա մի բան, որ այնպես խոնարհեցներ մարդերին, որպես սերը: Մարդկության ամենասարսափելի հրեշները, որ դղրդում են աշխարհները, որ ներկում են արյունով երկիրները, որ ահուդողի մեջ են պահում ազգերը, — խոնարհվում են, ծունկ են չոքում սիրած կնոջ առջև. այստեղ միայն նրանք մարդ են և հանդիսանում են մարդկային բոլոր թուլություններով: Թոմաս էֆենդին այժմ սիրում էր Լալային, սիրում էր ճշմարիտ և ջերմ սիրով: Նրա բոլոր վայրենի և գազանային անգթությունները հալվում, մաշվում և ոչնչանում էին այդ սիրո առջև: Դևը երբ սիրում է, հրեշտակ է դառնում: Իսկ էֆենդին սիրելով, սկսեց զղջալ:

Նա իր կյանքում երբեք չէր սիրել. և դրանով կարելի է բացատրել նրա բնավորության այն սև կողմերը, որ կյանքի մեջ ոչինչ սուրբ բան չկար նրա համար: Աշխարհային գործերի մեջ որքան խորամիտ էր նա, որքան ճիշտ հաշվվող էր, և նպատակին հասնելու համար որքան սատանայական վարպետություն ուներ, — այնքան հոգեկան շարժումների մեջ անզգա էր նա: Լալայի սերը վառեց հանգած սիրտը, և կաթեցրեց այնտեղ այն հրեղեն շողը, որ խավար մտքի մեջ լույս է փայլեցնում: Նա նայեց իր գործողությունների վրա և սոսկաց: «Այդ ի՞նչ արեցի ես»... մրմնջում էր նա, և դարձյալ փետտում էր իր մազերը:

Մինչև այն րոպեն նա չէր հասկանում իր եղեռնագործության ահավորությունը, մինչև այն րոպեն նա կարծում էր, թե նպատակի համար ամեն միջոց կարելի է գործ դնել: Բայց այժմ զգում էր, թե ինչ մեծ չարիք գործեց ինքը: Սկզբում նա մտածեց մի փոքրիկ խաղ խաղալ ծերունու հետ և երեխայի նման առնելով իր ձեռքը կրակի մի փոքր կայծ, դրանով կամենում էր վախեցնել նրան, որ կատարե ինչ որ ինքը կպահանջե: Հանկարծ այդ կայծից առաջ եկավ մի ահագին հրդեհ, որ հանգցնել ինքը անկարող էր: — «Ա՜խ, այդ ի՞նչ արեցի ես»... — դարձյալ բացականչեց նա:

Քահանան ահուդողով նայում էր էֆենդու տանջանքների վրա և կարծում էր, թե նա հոգեվարքի մեջ է գտնվում: Եվ իրավ, նա թուլացած, ընկած էր, և մարմնի վրա երբեմն երևում էին տենդային ցնցումներ, իսկ շրթունքը սարսափելի կերպով դողդողում էին: Երկար այդ դրության մեջ չարչարվում էր նա, մինչև աչքերը բաց արեց, և դառնալով քահանային, ասաց.

— Ինչ որ ասաց ծերունի Խաչոն, բոլորը ճշմարիտ է, տեր հայր. ես անարժան եմ նրա աղջկան: Ի՞նչ կապ կարող է լինել մի ինձ նման եղեռնագործի և մի անմեղ հրեշտակի մեջ: Անիծիր ինձ, տեր հայր, ես անեծքի եմ միայն արժանի...

Նա դարձյալ ընկավ ուշագնացության մեջ: Քահանան կարծեց, թե մեռավ նա:

— Ա՜խ, իմ ապառիկները... – կոչեց նա, — կորա՛ն իմ ապառիկները...

ԼԴ

Դառնանք դեպի մեր պատմության սկիզբը:

Այժմ ընթերցողը, կարծեմ, ճանաչում է, թե ով էր այն երիտասարդը, որ Բայազեդի բերդի սարսափելի պաշարման ժամանակ ընդունեց բերդապահ Շտոկվիչի ձեռքից նամակը, և իրան խենթ ձևացնելով, մտավ պաշարող քրդերի մեջ, անվտանգ անցավ թշնամու բանակից, և մի քանի օրից հետո նամակը հասցրուց գեներալ Տեր-Ղուկասովին: Ընթերցողը նույնպես հիշում է, որ երիտասարդը, չընդունելով գեներալի առաջարկությունը՝ մնալ իր մոտ, թիկնապահի պաշտոն վարել, փառքի և աստիճանի տեր լինել, — թողեց ռուսաց բանակը և շտապեց մեկի կյանքը վտանգից ազատելու համար:

Այդ երիտասարդը Վարդանն էր: Տեսնենք ուր գնաց նա:

Հեծնելով իր ձին, որ խլել էր մի քրդից, որին սպանեց ձորի մեջ, Վարդանը սկսեց դիմել ուղիղ դեպի Ալաշկերտի գավառը: Այնտեղ գտնվում էին նրա հոգու ամենամոտ առարկաները: Այնտեղ էր ծերունի Խաչոյի ընտանիքը, որի մեջ անցուցել էր այնքան շատ բախտավոր ժամանակներ, այնտեղ էր գեղեցիկ Լալան, որին տվել էր իր ամբողջ սիրտը, այնտեղ էին իր սիրելի ընկերները, որոնց հետ ուխտել էր անձնազոհություն մի սուրբ գործի համար, — բոլորը այնտեղ էին, ինչ որ Վարդանի համար պաշտելի էր, ինչ որ նրա համար նվիրական էր...

Բայց ի՞նչ վիճակի մեջ թողեց Վարդանը այդ բոլորին, երբ ինքը շղթայակապ տարվեցավ թուրքաց զինվորական գործակատարի մոտ: — Ծերունի Խաչոն իր որդիների հետ բանտարկված էին. նրա ընտանիքը ցրիվ էր եկած և յուրաքանչյուրը մի տեղում թաքնված էր. Լալայի բախտը կախված էր երկու որսորդների՝ Թոմաս էֆենդու և քուրդ բեկի զազանային մրցությունից. պարոն Սալմանը կալանավորված էր. Մելիք-Մանսուրը իր խումբով գնաց նրան ազատելու. հաջողվեցա՞վ արդյոք, թե ոչ, այդ մասին ոչինչ չգիտեր Վարդանը:

Բոլորին թողեց նա մի թշվառ, օրհասական դրության մեջ: Այն օրից անցել էր մի և կես ամիս, և նրանց մասին ոչինչ տեղեկություն չուներ: Այդ մի և կես ամսվա մեջ ո՛րքան փոփոխություններ եղան, ո՛րքան անցքեր անցան: Ռուսները պատերազմ հրատարակեցին թուրքերի դեմ: Գեներալ Տեր-Ղուկասովի հաղթական զորքերը տիրեցին Բայազեդի և Ալաշկերտի ամբողջ գավառները և մոտեցան Էրզրումին: Ճնշված, հարստահարված հայ ժողովուրդը, անցնելով ռուսաց իշխանության ներքո, սկսեց ազատ շունչ քաշել: Հանկարծ պատերազմի բախտը փոխվեցավ: Գեներալ Տեր-Ղուկասովը ստիպվեցավ թողնել իր տիրած երկիրները և վերադառնալ ռուսաց սահմանի վրա: Եվ նրա ապրիլի 18-ին տիրած Բայազեդը հունիսի 27-ին կրկին անցավ թուրքերի ձեռքը:

Վերջին անցքերից Վարդանը տեղեկություն չուներ: Նա չգիտեր, թե գեներալ Տեր-Ղուկասովի զորքերի տեղատվության ժամանակ ի՞նչեր պատահեցան: Նա չգիտեր ալաշկերտցոց թշվառ գաղթականությունը և այդ գաղթականությունը առաջ բերող տխուր պատճառները:

Անցքերը ամենակարճ ժամանակի մեջ զարմանալի փոփոխություն ստացան:

Վարդանը, երկու և կես ամիս առաջ, շղթայակապ, թուրք զինվորներով շրջապատված, ծերունի Խաչոյի տնից տարվեցավ թուրքաց զինվորական գործակատարի մոտ: Դեռ չհասցրած, ճանապարհին վրա հասան Վարդանի երկու ծառաները՝ Սաքոն ու Եղոն էլ մի հանդուգն կռվից հետո կարողացան ազատել իրանց տիրոջը: Նույն կռվի մեջ վերք ստացավ Վարդանը և համարյա իր ծառաների ձեռքի վրա տարվեցավ ռուսաց հողի վրա, Սուրմալու գավառը հայոց մի գյուղի մեջ: Հազիվ մի փոքր առողջացել էր նա, որպես կամավոր մտավ հայոց միլիցիայի մեջ: Նույն ծառայությունը առեցին և նրա երկու ծառաները՝ Սաքոն և Եղոն: Դրանք Բայազեդի պաշարման ժամանակ երկուսն էլ սպանվեցան: Բայց ի՞նչ հնարքով դուրս եկավ Վարդանը բերդից, — այդ մենք գիտենք:

Այժմ տխուր և միայնակ մտավ նա այն հովիտը, ուր գտնվում էր O... գյուղը: Ի՜նչ տեսարան էր ներկայացնում այդ հովիտը մի քանի շաբաթ առաջ: Ո՜րքան կենդանի և գեղեցիկ էին այնտեղի դաշտերը, ձորերը և կանաչապատ լեռները: Հովտի ամբողջ տարածությունը, պատած հասունացած հունձքի արտերով, ծփում էր, ալեկոծվում էր ոսկեղեն ծովի նման: Լեռների կուրծքի վրա, մրջիմի նման ցրված, արածում էին անասունների հոտերը: Անուշ և քաղցր մեղեդիներով լսելի էր լինում անհոգ հովիվի սրինգի ձայնը: Հարուստ բնությունը և աշխատասեր մարդը, ձեռք ձեռքի տված, արտադրում էին երկրի հրաշալիքը: Իսկ ա՞յժմ, — այժմ ամեն ինչ փոխվել էր: Այժմ հովտի ամբողջ տարածությունը ներկայացնում էր մի սգավոր անապատ: Կրակը հրդեհել էր և լափել էր հունձքի բոլոր արտերը, ծածկելով դաշտերի անհուն մակերևույթը սև մոխիրով: Ո՞վ էր գործել այդ չարությունը, ո՞վ էր ոչնչացրել մշակ մարդու արդյունաբերությունը, որի վրա թափվել էր այնքան շատ քրտինք և աշխատություն: Վարդանը դժվարանում էր հասկանալ: Նա աչք էր դարձնում մի ժամանակ գեղեցիկ և մարդաշատ գյուղերի վրա. դրանք նույնպես ներկայացնում էին մի-մի մոխրի կույտեր, այստեղ ևս կրակը և հրդեհը թողել էին իրանց կործանիչ հետքերը: Կյանքը դադարել էր ամեն տեղ. դաշտերից չէր լսվում երկրագործի ուրախ երգը. արոտամարգերի վրա անասուններ չէին արածում. ամեն ինչ լռել էր, ամեն ինչ գտնվում էր խուլ մեռելության մեջ: Կարծես ապականության կործանիչ դևը դեռ նոր անցել էր այդ թշվառ երկրի վրայով, ոչնչացրել էր բոլորը, ինչ որ ստեղծել էր մարդու աշխատասեր ձեռքը: Ի՞նչ էր պատահել...

Հուլիսի արեգակը սաստիկ այրում էր: Կեսօրից բավական անցել էր, երբ Վարդանը մտավ O... գյուղը: Նա նմանում էր այն լեգենդական բնակություններին, որ չար կախարդի անեծքով միանգամից ավերակ էին դարձել: Տները, ուր մի ժամանակ կյանք էր շնչում, ուր մարդիկ էին ապրում, այժմ դարձել էին նրանց գերեզմանը: Ամեն ինչ թաղված էր տխուր և այլանդակ փլատակների տակ: Վարդանը ուշակորույս խելագարի նման անցնում էր իր ծանոթ փողոցներով: Տեղ-տեղ նա տեսնում էր մարդկային մարմնի մնացորդներ: Անշուշտ այստեղ կատարվել էր մի սարսափելի կատաստրոֆա, մի աղետալի անցք: Նա անցավ եկեղեցու մոտից. աստուծո տունը ոչինչով չէր որոշվում իր շուրջը գտնված ավերակներից:

Նա մոտեցավ ծերունի Խաչոյի ամրոցին: Շրջապատի պատերն էին մնացել միայն, այն ևս տեղ-տեղ քանդված: Ներս մտավ: Նրա առջև բացվեցավ մի ցավալի տեսարան: Տան պարտեզը բոլորովին մերկացել էր ծառերից, այն գեղեցիկ և ստվերախիտ ծառերից, որոնց հովանու տակ անցուցել էր նա այնքան քաղցրիկ ժամեր նազելի Լալայի հետ: Այժմ ո՞րտեղ էր նա... նրա համար էր եկած Վարդանը... նրան էր որոնում այդ տխուր ավերակների մեջ... Մի՞թե հափշտակեց, տարա՞վ նրան քուրդ բեկը... թե ընկավ նա տաճիկ զինվորի ձեռքը... Վարդանին տիրեց մի տեսակ սոսկում, մի տեսակ քարացնող սարսուռ, երբ հանկարծ բացվեցավ նրա առջև սարսափելի իրականությունը: Երկաթի մարդը, կարծես միանգամից փշրվեցավ մի դառն և ամենածանր հարվածի ներքո: Արյունը սաստիկ հոսանքով զարկեց նրա գլխին, և լուսավոր աշխարհը մթնեց նրա առջև: Նա այլևս ոչինչ չէր տեսնում. նա այլևս ոչինչ չէր զգում: Նա իր մարմինը մեքենաբար ցած թողեց մի թումբի վրա և երկար գլուխը երկու ձեռքով բռնած, գտնվում էր խորին-տենդային ապշության մեջ: Հանկարծ նրան երևութացավ նազելի պատկերը, նույնպես տխուր, նույնպես հուսահատ և նույնպես արտասվալից աչքերով, որպես տեսել էր նրան այն վերջին գիշերում, պարտեզի լռության մեջ, երբ նա իր աղաչավոր թևքերը փաթաթած սիրած երիտասարդի պարանոցին, ասում էր նրան. «Տա՛ր ինձ... հեռացրո՛ւ այդ երկրից... ես վախենում եմ քրդերից»... Ի՞նչու չտարավ նրան Վարդանը, ի՞նչու թողեց նրան Վարդանը... Վարդանը այժմ այդ խորհել չէր կարող. շվարման մեջ կաշկանդվում է, դադարում է միտքը:

Բայց ո՛րքան դառն հիշողություններ զարթեցնում էին նրա մեջ այդ տխուր ավերակները: Շատ ժամանակ չէր անցել, որ նրանք շեն ու հաստատ էին, շատ ժամանակ չէր անցել, որ նրանց մեջ բնակվում էր մի հոյակապ ընտանիք լի և խաղաղական կյանքով: Ի՞նչ եղավ, ո՞ւր էր այժմ այդ ընտանիքը: Նա աչք ձգեց կանանոցի վրա, որի ծխից և մուխից մրոտած չորս պատերն էին միայն մնացել. առաստաղը իջած էր: Այստեղ ծերունու բազմաթիվ հարսները, աղջիկները և թոռները, ամբողջ օրը մի կենդանի շարժողության մեջ, վժվժում էին, գործում էին, աշխատում էին, և միշտ ուրախ էին, որովհետև ապրուստի կարոտություն չունեին: Այժմ այլևս չէր լսվում ո՛չ երեխաների աղմուկը և ո՛չ էլ հոգատար մայրերի զգուշավոր ձայնը: Նա իր հայացքը դարձրեց ծերունի Խաչոյի օդայի վրա, որ բոլորովին կործանված էր: Նա հիշեց այն աղմկալի գիշերները, երբ ինքը պարոն Սալմանի, տանուտերի և նրա որդիների հետ, այդ օդայի մեջ, ջերմ ոգևորությամբ վիճում էին, խորհում էին, և հարյուրավոր ծրագիրներ էին պատրաստում թշվառ ժողովրդին իր ներկա տառապանքներից ազատելու, և նրան մի բախտավոր կյանք ստեղծելու համար: Իսկ այժմ բոլորը ոչնչացած էր տեսնում, թե՛ խորհողներին և թե՛ խորհուրդը...

Ահա այնտեղից մարդիկ են երևում: Մինչև այն րոպեն ամբողջ գավառում ոչ մի մարդկային արարած չտեսավ Վարդանը: Ավերակների մեջ մարդիկ էին երևում: Այդ բավական ուրախացրեց Վարդանին: Նա մոտեցավ: Մի քանի ողորմելի քրդեր, բրիչները ձեռք առած, փորում էին տան փլատակների հողակույտերը: Վարդանը ճանաչեց նրանց: Դրանք ծերունի Խաչոյի հովիվներն էին իրանց կնիկների և երեխաների հետ: Տղամարդիկը փորում էին հողը, իսկ կնիկները նրանց մեջ իրեղեններ էին որոնում: Հրդեհից կործանված տան մեջ դեռ շատ բաներ մնացել էին հողի տակ առանց այրվելու:

— Աստված ուժ տա, — ասաց Վարդանը ողջունելով այն ձևով, որպես ողջունում են բանվորներին:

— Բարով եկար, — պատասխանեցին նրան:

— Ի՞նչ եք պտռում:

— Ձեր բարի աչքով տեսնում եք, — պատասխանեցին քրդերը, շարունակելով իրանց գործը:

Վարդանը դառնալով քրդերից մեկին, հարցրեց.

— Ճանաչո՞ւմ ես ինձ, Խլո:

— Ի՞նչպես չճանաչել քեզ, աղա, դու մեր տիրոջ՝ տանուտեր Խաչոյի բարեկամն էիր, շատ անգամ այս տանը ապրանք էիր բերում ծախելու, և ամեն անգամ չէիր մոռանում քո ծառա Խլոյի երեխաներին մի բան բաշխել: Տե՛ս, այդ էլ քո տվածն է, — նա ցույց տվեց իր կնոջ հագուստը, որ կարված էր կարմիր զոլավոր չթից:

Վարդանը սկսեց հարցնել, թե ի՞նչ պատահեց այս տանը հետ, ի՞նչու այս գյուղը այսպես ավերակ դարձավ, ի՞նչ եղան նրա բնակիչները:

Հովիվը բրիչը դրեց գետնին, սրբեց ճակատի քրտինքը և նստեց, կարծես, նրա պատմության համար բավական հանգստություն պետք էր։

— Թո՛ղ մեր թշնամիներին էլ չպատահի այն, ինչ որ պատահեցավ այս տան հետ, — ասաց նա ցավալի ձայնով։ — Մենք, իրավն ասեմ, չգիտենք բոլորը. մենք այստեղ չէինք. մենք ոչխարները տարել էինք սարը արածացնելու։ Երբ մութը պատեց, հոտը քշում էինք դեպի գյուղը (այն գիշեր իմ կինը մի վատ երազ էր տեսել, ես միշտ սպասում էի, որ մի չար բան պիտի պատահի)։ Դեռ գյուղին չհասած, հանկարծ հարձակվեցան մի խումբ քրդեր և սկսեցին թալանել հոտը։ Ես իմ ընկերների հետ վազեցինք դեպի գյուղը օգնություն կանչելու։ Տեսանք կրակը բռնել էր բոլոր գյուղը և ամեն կողմից վառվում էր։ Տեսանք՝ քրդերով լցված էր ամեն տեղ։ Շտապեցինք դեպի այդ տունը, տեսանք, նույնպես վառվում էր. ոչ մի կողմից հնար չկար ներս մտնելու։

— Ի՞նչ եղան տանեցիք։

— Թող մեր որդիների գլխին գա, եթե նրանց մի բան պատահած լինի։ Տանուտեր Խաչոն Հայրապետի և Ապոյի հետ տանը չէին։ Նրանց դեռ շատ օրեր առաջ տարել էին դատավորի մոտ։ Ասում են, որ բանտումն էին։ Կնիկներից նույնպես տանը ոչ ոք չկար։ Տանը մնացել էին ծերունու մյուս որդիները. նրանց հետ ինչ պատահեց՝ մեզ հայտնի չէ։ Մենք եկանք և տունը կրակի մեջ տեսանք։

— Մեր տերը՝ ծերունի Խաչոն բարի մարդ էր, — շարունակեց հովիվը,-նա այնքան վախենում էր աստծուց, որ մրջիմ էլ կոխ չէր տա։ Ամենքը այս տան մեջ բարի էին, ճանճերին էլ չէին վշտացնում։ Մեզ պահում էին իրանց որդիների պես։ Բայց թո՛ղ անիծվեն էշիրաթները. ամեն ինչ տակնուվրա արեցին... ամեն բան փչացրին...

— Ի՞նչ պատահեց գյուղացիների հետ։

— Գյուղացիների մեկ մասը կոտորեցին, մեկը մասը գերի տարան, շատերն էլ փախան և ազատվեցան։

«Ջրի մեջ խեղդվող մարդուն չոփից բռնվելն էլ մեծ մխիթարություն է»: Հովիվի պատմությունը որքան ցավալի և որքան դառն լիներ, այսուամենայնիվ, ազդեց Վարդանի մեջ հույսի մի փոքրիկ նշույլ: — Դեռ ամեն ինչ կորած չէ... — մտածեց նա: Վարդանին հայտնի էր, որ ծերունի Խաչոն իր երկու որդիների՝ Հայրապետի և Ապոյի հետ պետք է բանտարկված լինեն. բանտը կարող էր պատսպարան լինել նրանց քրդերի բարբարոսությունից զերծ մնալու, եթե նույնիսկ բանտի մեջ նրանց սպանած չլինեին: Նրան հայտնի էր նույնպես, երբ խուզարկուները հսկողության ներքո առին ծերունի Խաչոյի տունը, նա հեռացրեց իր տնից կանանց սեռը, որոնք անշուշտ պետք է ծածկված լինեին բարեկամների և ազգականների մոտ, և Լալային անտարակույս իրանց հետ տարած կլինեին, և այսպիսով ազատ կմնային ծերունու տանը հասած՝ աղետալի դժբախտությունից: Բայց ի՞նչ կլիներ նրանց վիճակը, եթե միևնույն դժբախտությունը պատահած լիներ և այն տների հետ, ուր պատսպարված էին նրանք...

Հովիվի խոսքերի մեջ մի մխիթարական կետ ևս կար. «Գյուղացիների մեկ մասը կոտորեցին, մեկ մասը գերի տարան, շատերն էլ փախան և ազատվեցան», — ասաց նա: Գուցե այդ փախչողների թվում լիներ Խաչոյի ընտանիքը, — մտածում էր Վարդանը, — գուցե Լալան ևս նրանց մեջ լիներ: Բայց ո՞ւր գնացին, ո՞րտեղ փախան, այդ հարցերը սկսեցին տանջել Վարդանին: Հովիվները մի որոշ բացատրություն տալ չկարողացան: Անցքերը պատահել էին գիշերով և այնքան հանկարծակի կերպով, որ ամեն ինչ թաքնված էր խավարի և մթության մեջ: Բայց Վարդանը իր գալու ժամանակ նկատեց, որ Ալաշկերտի ամբողջ գավառը դատարկված էր հայերից: Անկարելի էր, որ բոլորին կոտորած կամ գերի տարած լինեին, ուրեմն, պետք է տեղի ունեցած լիներ մի սարսափելի գաղթականություն, — դեպի ո՞ր կողմը, դեպի ո՞ր երկիրը...

ԼԵ

Հեռանալով ծերունի Խաչոյի տան ավերակներից, Վարդանը չգիտեր ուր գնալ: Հովիվներից ստացած տեղեկությունները այն աստիճան անորոշ և մթին էին, որ նա դժվարանում էր մի վճռական քայլ անել:

Երեկոյան ժամն էր արդեն.արևը թեքվում էր դեպի իր գիշերային մուտքը: Վարդանի աչքի առջև դրած էին միևնույն տխուր և տրտում տեսարանները. — ավերակ, անմարդաբնակ գյուղեր, մշակությունից զրկված դաշտեր, և ավելի ոչինչ: Մի՞թե այդ ամբողջ գավառում մի հատ հայ չէ՞ մնացել, — մտածում էր նա: Հանկարծ դատարկ անապատի մեջ երևաց մի մարդկային կերպարանք: Նա դանդաղ և անհավասար շարժումներով բարձրանում էր դեպի լեռան զառիվերը, երբեմն կանգ առնելով, երբեմն իր շուրջը նայելով և երբեմն քարերից բռնելով, որ ցած չգլորվի: Այսպես հասավ նա մինչև սեպացած քարաժայռի գագաթը, որ կախ էր ընկած անդունդի վրա: Արևի վերջալույսով նկարված էր նրա փոքրիկ մարմնի գծագրությունը, որ անշարժ արձանի նման, քարաժայռի գագաթից նայում էր դեպի լայնատարած հովիտը, ուր մի քանի օրվա մեջ կատարվել էին այնքան շատ եղեռնագործություններ, այնքան շատ ավերումներ: Երկար այնպես նայում էր նա, և կարծես, մտածում էր մի բան վճռել, որը խիստ ծանր էր նրան: Վարդանի ուշադրությունը չէր կարող չգրավել այդ երևույթը, որ նախագուշակում էր մի տարօրինակ վախճան: Նա իր ձիու սանձը քաշեց և սկսեց հեռվից նայել:

Վարդանը տեսավ, որ քարաժայռի գլխին արձանացած մարմինը մի քանի հուսահատական շարժումներ գործեց, կրկին նայեց դեպի լայնատարած հովտի ավերակները, հետո աչքերը ձեռքերով բռնելով, իրան ցած զցեց քարաժայռի բարձրությունից դեպի իր առջև բացված անդունդը: Փոքրիկ մարմինը գնդակի նման գլորվելով, երբեմն քարերին զարկվելով, արագությամբ պտույտվում էր մի տեղ կանգ առնելու: Վարդանը ձին առաջ քշեց, մի րոպեում հասավ լեռան ստորոտը, օգնություն հասնելու:

Մարմինը դեռ գլորվում էր, բայց նա բոլորովին չհասավ մինչև անդունդը: Ժայռերի պատռվածքից բուսած թուփերը բռնեցին նրան: Վարդանը այժմ ուրախ էր: Նա հույս ուներ ազատել անձնասպանի կյանքը: — Նա վեր նայեց, տեսավ, որ մարմինը գտնվում էր ավելի քան հիսուն ոտնաչափ բարձրության վրա, և անշարժ բռնված էր թուփերի մեջ: Ի՞նչպես ցած բերել նրան, — այդ եղավ երիտասարդի հոգածության առարկան:

Նա ցած իջավ ձիուց և սկսեց հետազոտել պարսպի նման վեր բարձրացած քարաժայռի մակերևույթը, որոնելով մի ճանապարհ, որ մատչելի լիներ թուփերին: Ոչ մի կողմից ելք չկար: Մարմինը տակավին անշարժ գտնվում էր իր տեղում, առանց կենդանության մի նշույլ անգամ ցույց տալու: Արդյոք ի՞նչն էր ստիպել այդ թշվառին անձնասպանություն գործել: Վարդանի տխուր շրջապատը այժմ այն աստիճան խորհրդավոր նշանակություն էր ստացել նրա համար, որ յուրաքանչյուր չնչին առարկայի մեջ անգամ գաղտնիքներ էր տեսնում:

Նա նկատեց, որ առանց իր կյանքը վտանգի ենթարկելու անկարելի էր ազատել թշվառին, որը գուցե դեռ մեռած չէր, որին գուցե դեռ կարելի կլիներ օգնել: Կարեկցության զգացմունքը նրան մոռանալ տվեց իր անձը և հանձն առեց մի վտանգավոր ձեռնարկություն: Նա նկատեց, որ ժայռի կուրծքի վրա բուսած թփերից, կամ ցցված քարերից բռնելով, կարելի էր վեր բարձրանալ, եթե նրանք այնքան ամուր էին, որ կարողանային պահել իր մարմնի ծանրությունը: Վարդանը օձի դյուրաթեքություն և կատվի արագաշարժություն ուներ: Նա ձեռքը տարավ, բռնեց առաջին սեպացած քարից, և ճանկռտելով սկսեց վեր բարձրանալ: Մի քանի արշին հազիվ էր բարձրացել գետնի մակերևույթից, հանկարծ ձեռքի բռնած քարի կտորը պոկվեցավ և ինքը ցած գլորվեցավ: «Այստեղից հարմար չէ», — մտածեց նա, առանց ուշադրություն դարձնելու իր ձեռքերի վրա, որոնք քսվելով քարերի սուր ժանիքներին, քերթվեցան և արյունը դուրս ցայտեց վերքերից:

Վարդանը այն տեսակ բնավորություններից էր, որ դժվարությունները ավելի բորբոքում էին նրա եռանդը, և կարծես, վիրավորում էին նրա անձնասիրությունը, թե ի՞նչու հաղթել չէր կարողանում: Նա շտապում էր: Արեգակը մտնելու վրա էր: Մի քանի րոպեից հետո խավարը կթանձրանար և արգելք կդներ նրա հաջողությանը: Նրա գլխում ծագեց մի միտք: Նա առեց երկայն պարանը, որ կապած ուներ ձիու թամբին: Դա նրա զենքերից մեկն էր և ծայրին կապված էր կապարյա մի ձվաչափ գնդակ: Նա գնդակը վեր նետեց և պարանի ծայրը ամուր կերպով փաթաթվեցավ մի ծառի կոճղից, որ հեռու չէր անձնասպանի ընկած տեղից: Բռնելով պարանի մյուս ծայրից, նա սկսեց սարդի արագությամբ վեր բարձրանալ, և մի քանի վայրկյանի մեջ գտնվում էր անշնչացած դիակի մոտ: Նա գրկեց դիակը, և որքա՜ն մեծ եղավ նրա զարհուրանքը, երբ նկատեց, որ իր գրկում գտնվում էր Թոմաս էֆենդին: Մի րոպեում բարկությունը, զզվանքը, ատելությունը և վրեժխնդրության կատաղի զգացմունքը փոփոխակի կերպով պաշարեցին նրա սիրտը: Նա պատրաստ էր այդ զարշելի մարմինը կրկին ցած գլորել ժայռի բարձրությունից անդունդի մեջ, որ մնացած ոսկորներն էլ ջախջախվեին, որ նա գազանների ու գիշակեր թռչունների կերակուր դառնար: Բայց մի՞թե կարելի էր այսպես անգթությամբ վարվել անշնչացած մարմնի հետ. — այդ հեռու էր Վարդանի մեծահոգությունից: Նա զգուշությամբ դիակը պարանով ցած թողեց և ինքն էլ նրա ետևից վայր իջավ:

Վարդանի առաջին հոգսը եղավ ստուգել՝ արդյոք նա մեռա՞ծ էր, թե տակավին կենդանի էր: Ոսկորները մի քանի տեղ ջարդված էին, գլուխը և երեսը քարերին զարկելով, քերթվել, այլանդակվել և արյունով շաղախված էին, բայց շնչառությունը դադարած չէր, երևում էր, որ ուշագնացության մեջ է գտնվում: Այդ չարագործը, որ այնքան վշտեր էր պատճառել Վարդանին, որ հազարավոր տների կործանման և մի ամբողջ գավառի ամայության պատճառ էր դարձել, իր այժմյան ողորմելի դրության մեջ շարժեց Վարդանի գութը: Գուցե ավելի բարեբախտ վիճակի մեջ, եթե էֆենդին նրա ձեռքը ընկնելու լիներ, Վարդանը կսպաներ նրան, բայց այժմ նրա առջև դրված էր մի դիակ, որին պետք էր խղճալ, որը օգնության էր կարոտ:

Վարդանը շատ գործ էր ունեցել վիրավորների հետ. ինքը

շատ անգամ վերք էր ստացել, և այդ մասին հարկավորելիք սպեղանիները նա միշտ իր հետ էր ման ածում: Նրա առաջին հոգսը եղավ փաթաթել էֆենդու գլխի և երեսի վերքերը, և դադարեցնել արյան հոսումը: Գիշերային խավարը պատել էր արդեն. երկինքը ծածկված էր սև թուխպերով, սաստիկ քամին և որոտը գուշակում էին մոտալուտ մրրիկ: Վարդանը մտածում էր այժմ մի օթևան գտնել: Նա վեր առեց դիակը, կապեց ձիու վրա, բայց չգիտեր դեպի ո՞ր կողմը դիմել: Մերձակա հայոց բազմաթիվ գյուղերում մի հայ անգամ չէր մնացել:

Վարդանը մտաբերեց, որ այն տեղից ոչ այնքան հեռու պետք է գտնվեր քրդերի մի գյուղ, սկսեց դիմել դեպի այն կողմը, իր ետևից քարշելով ձիու երասանակը, որի վրա կապված էր վիրավորը: Այժմ երիտասարդը աղոտ կերպով հասկանում էր, թե ի՞նչ պետք է հարկադրած լիներ էֆենդուն, որ նա անձնասպանությամբ աշխատում էր հանգստացնել իր խղճի խայթը: Միթե զղջացե՞լ էր նա, որ այնքան արյան, արտասուքի և այնքան ավերմունքների պատճառ դարձավ...

Վարդանի հիշողությունը չխանգարեց նրան. խավարի միջից նշմարեց լույսի նշույլները. գյուղը պետք է այնտեղ լիներ, բայց դեռ բավական հեռու էր: Անձրևը այժմ ավելի սաստիկ սկսեց տեղալ. նա հանեց իր վերարկուն, որի մեջ փաթաթված էր, և նրանով խնամքով ծածկեց էֆենդու մարմինը: Գիշերից բավական անցել էր, երբ նա հասավ գյուղի մոտ: Տները, որպես առհասարակ լինում են քրդերի գյուղերում, գետնափոր խրճիթներ էին: Վարդանը մոտեցավ առաջին հանդիպած տանը, ձեռքը մեկնեց դեպի դուռը, տեսավ, որ բաց էր: — Ահա մի բախտավոր ժողովուրդ, որ գողերից երկյուղ չունի և քնում է առանց իր տան դուռը կողպելու, — մտածեց նա:

Խրճիթում ճրագ չէր երևում, տանեցիք պառկած էին: Վարդանը սկսեց բախել դուռը: Քանի րոպեից հետո ներսից լսելի եղավ կանացի ձայն.

— Ո՞վ ես:

— Աստուծո հյուր եմ:

Հյուրի անունը բավական էր, որ նրանց ներս թողնեին: Կինը իսկույն ճրագ վառեց և ընդունեց նրանց: Երևում էր, որ նա հանված և քնած էր, որովհետև հագին միայն կարմիր շապիկ ուներ, որ իջնում էր մինչև մերկ սրունքները: Կնիկը օգնեց Վարդանին, երկուսը միասին ներս տարան էֆենդուն և պառկեցրին օթոցի վրա:

— Հիվա՞նդ է:

— Ոչ, վիրավորված է:

Մանկահասակ կինը իսկույն բերեց մի փոքրիկ արկղիկ, որի մեջ կային զանազան տեսակ սպեղանիներ և մի քանի, կոպիտ կերպով պատրաստված, վիրաբուժական գործիքներ:

— Ես մեր տան բժիշկն եմ, — ասաց նա բաց անելով արկղիկը, — երբ ամուսինս կռվի մեջ վերք է ստանում, ես եմ դարմանում նրան: Առաջ սկեսուրս էր բժշկում, հիմա նա պառավել է. ես նրանից սովորեցա:

Վարդանը որքան մեծ հավատ ուներ քրդերի վիրաբուժական հմտությունների մասին, դարձյալ շնորհակալություն հայտնեց, թե ինքն էլ փոքր ինչ հասկանում է այդ արհեստը և առաջուց հոգացել է վիրավորի մասին ինչ որ պե՛տք էր:

Այս պատասխանը թեև փոքր ինչ դիպավ մանկահասակ կնոջ սրտին, որ ցանկանում էր ցույց տալ իր շնորհքը, այնուամենայնիվ, նա հանգստացավ, երբ տեսավ, որ հիվանդի վերքերը փաթաթված էին:

— Այժմ պետք է ձեր ձիուն խնամք տանել, խեղճը մնաց դրսում:

— Դուք նեղություն մի՛ կրեք, — ասաց երիտասարդը, — միայն ինձ ցույց տվեցեք, թե որտեղ պետք է կապել:

Մանկահասակ կինը առեց ճրագը, առաջնորդեց հյուրին և բակի մեջ ցույց տվեց մի տեղ: Վարդանը նայեց իր շուրջը, տեսավ բակը շրջապատած էր խիստ ցածրիկ ցանկապատով:

— Այստեղ երկյուղ չկա՞, — հարցրեց նա:

— Ի՞նչ երկյուղ, — պատասխանեց կինը, ծիծաղելով, — գողը գողի տնից բան չի տանի:

— Երանի՜ ձեզ, — ասաց Վարդանը իր մտքում:

Վարդանը աչք ածեց իր շուրջը, տեսավ, որ խրճիթի մեջ բացի մանկահասակ կնոջից և մի քանի երեխաներից, որ պառկած էին հատակի վրա, ուրիշ ոչ ոք չկար: Բայց նրանց ոտնաձայնը զարթեցրուց պառավ սկեսուրին, որ մնացել էր աննկատելի: Նա գլուխը բարձրացրեց, նստեց իր անկողնի մեջ, հարցնելով.

— Սարո, դո՞ւն ես, եկա՞ր, որդիս:
— Սարոն չէ, — պատասխանեց մանկահասակ կինը, մոտենալով, — հյուր է:

Պառավը լսելով, որ որդին չէ, գլուխը կրկին դրեց բարձի վրա և իսկույն քնեց:

— Աչքերը չէ ջոկում, կարծում է, որ որդին է վերադարձել-իմ ամուսինը:

— Ո՞րտեղ է ձեր ամուսինը, — հարցրեց Վարդանը հետաքրքրվելով:

— Բայազեդի մոտ. գնացել է կռվելու, մեր գյուղում մի տղամարդ չես գտնի. բոլորը այնտեղ են: Ես էլ երկու օր է, որ եկել եմ, գնացել էի ավար բերելու:

— Շա՞տ բերեցիր:

— Քիչ չէր, աստուծո տվածից պետք է գոհ լինել, թե շատ լինի և թե քիչ:

— Ազատ դո՜ւստր ազատ ժողովրդի, — մտածեց Վարդանը, — որքա՜ն կյանք, որքա՜ն պարզություն կա քո մեջ: Դու ինչով ես մեղավոր, որ քեզ սովորեցրին նայել ավարի վրա, որպես մի արդար վաստակի վրա: Եթե դու կրթված լինեիր, կյանքի այլ պայմանների մեջ, քո այդ հարուստ ձիրքերով կլինեիր մարդկության հրաշալիքը:

Վարդանը այժմ դարձավ դեպի վիրավոր էֆենդին, մարմինը շոշափեց, բոլորովին տաք էր. շնչառությունը այժմ ավելի կանոնավոր էր. միայն երբեմն արձակում էր խուլ հառաչանքներ: Քրդուհին կրկին սկսեց թախանձել, թե ցանկանում է նայել վիրավորին: Վարդանը թույլ տվեց. նա գիտեր, որ վիրաբուժության արհեստը շատ առաջ է գնացել քրդերի մեջ, որոնց համար վերքը և արյունը սովորական դեպքեր են, և նրանց բժշկությունը կենսական անհրաժեշտություններից մեկն է:

— Երկյուղ չկա, — ասաց քրդուհին վերջացնելով իր գործողությունը, — վերքերը աննշան են, բայց ոսկորների մեջ ջարդվածներ կան, երևում է, որ հիվանդը մի տեղից պետք է ցած ընկած լինի:

Վարդանը ոչինչ չպատասխանեց:

— Այժմ ձեզ համար պետք է ուտելու մի բան պատրաստել:

Երիտասարդը այժմ միայն զգաց, որ քաղցած է, որ ամբողջ օրը ոչինչ չէր կերել: Բայց լինում են րոպեներ, որ մարդը թեև քաղց է զգում, բայց ուտելու ախորժակ չունի: Նա այդ դրության մեջ էր. վիշտը և սրտի ցավը կշտացրել էին նրան:

— Ոչինչ պատրաստություն պետք չէ, — պատասխանեց նա, — ինձ միայն տվեցեք մի կտոր հաց և պանիր:

Վարդանի համեստ պահանջը վիրավորեց քրդուհու հյուրասիրական զգացմունքը, որ ցանկանում էր նրա համար մի տաք կերակուր պատրաստել:

— Մի՛ խնդրեցեք մեզ, — ասաց նա ժպտալով, — մենք այժմ այնպես աղքատ չենք, որպես առաջ:

— Այո՛, Բայազեդը հարստացրեց ձեզ...

— Բացի Բայազեդից, մենք այստեղ հունձ ունեցանք... Անցյալ տարի հիվանդությունը մեր բոլոր անասունները կոտորեց, մնացինք առանց կտոր հացի, բայց այս տարի աստված փոխարենը տվեց: Այստեղի բոլոր հայերը գաղթեցին, գնացին և իրանց հարստության մեծ մասը թողեցին քրդերին:

— Ո՞ւր գնացին:

— Չեմ իմանում, բայց այնքան շտապով և այնքան հանկարծ եղավ նրանց գաղթականությունը, որ ժամանակ չունեցան ամեն բան իրանց հետ վեր առնել, աշխատում էին շուտով փախչել, որ թուրքերը չկոտորեն նրանց:

— Ազատվեցա՞ն:

— Մնացածներից շատերին կոտորեցին:

Սարսափելի իրականությունը փոքր առ փոքր պարզվում էր Վարդանի համար: Անշուշտ կատարվել էր հայերի մի ընդհանուր գաղթականություն այս գավառից: Բայց դեպի ո՞ր կողմը և ի՞նչ պատճառով, — քրդուհին նրան որոշ բացատրություններ տալ չկարողացավ: Վարդանը ընկավ դառն մտածությունների մեջ: Նա բոլորովին մոռացավ իր քաղցածությունը, և մինչև անգամ չէր նկատում գեղեցիկ քրդուհուն, որ իսկույն օջախի մեջ կրակ վառեց և սկսեց նրա համար ձվածեղ պատրաստել:

Ուրիշ ժամանակ, սրտի ավելի ուրախ տրամադրության մեջ, որևիցե երիտասարդ չէր կարող առանց հիացմունքի նայել գեղեցիկ կնոջ դալար հասակի վրա, որ իր պարզ շապիկի մեջ դարձյալ սքանչելի էր: Գիշերային անկողնից նոր վերկացած լինելով, գլխին քող չուներ նա, միայն թանձր և թուխ գիսակներ պսակի ձևով կապած ուներ սիրուն ճակատի վրա: Այսպիսի գլուխ այսպիսի հարուստ մազերով, այսպիսի դեմք այսպիսի փայլուն աչքերով, կարող էին ունենալ լեռնային կիսամերկ հավերժահարսունքը միայն, որոնք աղբյուրների հստակության մեջ են տեսնում իրանց գեղեցկությունը:

ԼԶ

Գիշերը անցել էր կեսից: Քրդի փոքրիկ խրճիթի մեջ ճրագը դեռ վառվում էր: Պարզ նահապետական ընտանիքը քնած էր. բոլորը միևնույն հարկի տակ, բոլորը միևնույն չորս պատերի մեջ: Մի կողմում պառավ սկեսուրը իր անկողնի մեջ խռմփում էր. նրա մոտ պառկած էին երեխաները և ցերեկվա անհանգստությունից խառն երազներ էին տեսնում և քնի քաղցրության մեջ անդադար խոսում էին ու ժպտում: Իր զավակների շարքում պառկած էր մայրը: Լեռնային ազատ և պարզամիտ աղջիկը բոլորովին բնական էր համարում անծանոթ հյուրի աչքի առջև անկողին մտնել: Խրճիթի տաքությունից նա վերմակը մի կողմն էր ձգել և կիսով չափ երևում էր նրա գեղագրական կուրծքը, որ սքողած էր գլխի խիտ ծամերով: Նրա քունը հանգիստ էր, որպես անմեղ այծյամի քունը:

— Այժմ հասկանում եմ, թե ինչու մարդկության առաջին զույգը բոլորովին մերկ էր ապրում, — մտածում էր Վարդանը, — նրանք սկսեցին ծածկվել այն ժամանակ, երբ զգացին, թե ինչ բան է մեղքը: Այդ ժողովուրդը դեռ չգիտե, թե ինչ բան է մեղքը, և այդ պատճառով նրան անծանոթ է այն գաղափարը, որ աշխարհային լեզվով կոչվում է ամոթ, պատկառանք, և պատշաճավորություն: Ահա մի գեղեցիկ ժողովուրդ իր սկզբնական պարզության մեջ, դրանից կարելի է հրաշալի բան շինել: Վայրենի տունկը, երբ պատվաստվում է մշակված և ավելի քաղաքակրթված տունկի հետ, հիանալի պտուղներ է տալիս: Ի՞նչ կլիներ, եթե այդ առողջ և կենդանի տարրը խառնվեր հայերի հետ...

Բոլորը քնած էին. Վարդանը միայն արթուն էր: Այսպես երկար նստած էր նա, և տխուր ու խառն մտածությունները անկապ կերպով ամբոխվում էին նրա սրտի մեջ: Երբեմն նա իր բորբոքված երևակայության մեջ նկարագրում էր ալաշկերտցոց աղետալի գաղթականությունը: «Փոփոխական ծառը արմատ չէ տարածում մայր հողի մեջ և գոսանում է»: Այդ ազգը իր պատմության ամբողջ ընթացքում մաշվեցավ, գոսացավ և մեծ մասամբ ոչնչացավ իր անմիտ գաղթականության թափառումների մեջ և տակավին խելքի չեկավ: — Ահա մի նոր գաղթականություն ևս: Եվ շատ բնական է: Մի ծառ, որ խորին և հաստատուն կերպով արմատ չէ ձգել մայր հողի մեջ, չէ կարող դիմանալ աշխարհի փոթորիկներին, — փչեց քամին, կատաղի մրրիկը նրան դուրս կխլե արմատից և կձգե կորստյան անդունդի մեջ... Երբեմն նրա երևակայության մեջ պատկերանում էր պարոն Սալմանի եռանդուն դեմքը, կարծես, լսում լիներ ոգելից երիտասարդի գեղեցիկ խոսքերը. նա խոսում էր առանց լռելու, քաղցր և անընդհատ կերպով. թեև երբեմն խակ մտքեր էր հայտնում, բայց բոլորը հաստատ հավատքով, բոլորը ջերմ սրտից բխած: Երբեմն մտաբերում էր նա Մելիք-Մանսուրին, այդ կոշտ, արկածախնդիր մարդուն, որ միշտ մի առանձին բավականություն էր գտնում կյանքի վտանգավոր և փոթորկալից աղմուկների մեջ: Երբեմն նա մտաբերում էր ծերունի Խաչոյին, այդ առաքինի նահապետին, որ ուներ այնքան սեր և գութ դեպի իր կառավարության հանձնված ժողովուրդը, որը պատրաստ էր ընդունել ամեն զոհաբերություն, գեթ մի թշվառի աչքերից արտասուքը սրբված լիներ: Երբեմն մտաբերում էր նրա որդիներին, որոնցից ոմանք ստրկության դառն լծի տակ կորցրել էին ամեն զգացմունք դեպի անհատական ազատությունը և դեպի կյանքի ավելի բարեբախտ պայմանները, իսկ ոմանք բողոք էին հայտնում տիրող անկարգությունների, անարդարության և բռնակալության դեմ: — Այդ բոլոր խորհրդածությունների մեջ նրա միտքը դեգերվում էր, պտտվում էր, և անցնելով անհուն մթությունների միջից, վերջապես կանգ էր առնում մի կետի վրա, որից այն կողմը չէր անցնում. այդ կետը Լալան էր:

Այժմ նրա ուշադրությունը գրավեց էֆենդին: Նրա շնչառությունը հետզհետե ծանրանում էր, ձեռքերը անդադար շարժվում էին և սեղմված շրթունքների միջից լսելի էին լինում անորոշ խոսքեր խուլ հառաչանքների հետ: Նա գտնվում էր տենդային զառանցության մեջ: Վարդանը լսում էր նրան, բայց ոչինչ չէր հասկանում: Երևում էր, որ նա տանջվում էր հոգեկան սաստիկ պատերազմի մեջ: Այդ տևեց մի քանի րոպե, հետո փոքր առ փոքր սկսեց հանգստանալ: Այդ միջոցին գլուխը վեր բարձրացրեց, ուղղվեցավ, նստեց անկողնի մեջ, աչքերը բաց արավ, և մի վայրենի հայացք ձգելով իր շուրջը, կրկին գլուխը դրեց բարձի վրա և կրկին փակեց աչքերը:

— Ա՜խ, եթե այստեղ մի հայ լիներ... — լսելի եղավ նրա խորին նվաղած ձայնը:

— Կա, — պատասխանեց Վարդանը մոտենալով:
— Տուր ինձ ձեռքդ:

Վարդանը զզվանքով ետ քաշվեցավ:

— Այժմ ո՞րտեղ եմ ես... ո՞վ բերեց ինձ այստեղ... ի՞նչու այսպես շուտ դուրս բերեցին ինձ դժոխքից... այնտեղ լավ էր, այնտեղ շատ լավ էր: Կրակի ալիքների մեջ, որպես մի հրեղեն օվկիանում ծփում էի ես... հազար գլխանի վիշապները իրանց սառը գրկի մեջ ճնշում էին, խեղդում էին ինձ... Հիմա էլ տեսնում եմ նրանց, ահա՛ այնտեղ հեռավոր բոցերի մեջ, գալարվում են, լեռների նման կուտակվում են միմյանց վրա... Ո՜րքան քաղցր է եղեռնագործին այդ հրեշների ճանկերի մեջ տանջվել, գիշատվել, բայց բողոքելու համարձակություն չունենալ, և իրան արժանի համարել ավելի սարսափելի չարչարանքների...

Նա կրկին բաց արեց իր պղտորված աչքերը, նայեց Վարդանի վրա, բայց չճանաչեց, և դառնալով նրան շարունակեց.

— Ինձ վիճակված էր, բարեկամ, ամենաասոսկալի մասը արդարադատի գեհենի մեջ, և դրանով ես պարծենում եմ... Այս աշխարհում ես չկարողացա բարձր տեղ բռնել, իսկ այնտեղ այդ հաջողվեցավ ինձ... Ոչ ոք ինձ հետ մրցություն անել չկարողացավ: Ես տեսա Վասակին, Մերուժանին, Վեստ Սարգսին, Կայենին և այլ դրանց նման չարագործներին, նրանք նախանձվում էին իմ փառքին... Ա՜խ, որքան մեծ բավականություն է հրեղեն ալիքների մեջ լողալ, զգալ նրա զարհուրելի ջերմությունը, այրվել, խորովել և երբեք մոխիր չդառնալ... Այդ շատ լավ է, որ վախճան չունի, հավիտենականության մեջ ամեն ինչ լավ է...

Թե որպիսի երևակայական ցնորքների արտադրություն էին այդ խոսքերը, Վարդանին դժվար չէր հասկանալ: Բայց նա այդ խոսքերի մեջ նկատում էր զղջացած սրտի ապաշխարանքը: Այդ պատճառով նա մոռացավ իր բոլոր ատելությունը դեպի այդ թշվառ մարդը և բռնելով նրա ձեռքից, ասաց.

— Զգաստացեք, էֆենդի, դուք շուտով կառողջանաք, ձեր վերքերը այնքան վտանգավոր չեն:

— Ես լսում եմ մի ծանոթ ձայն:

— Վարդանի ձայնը:

Նա ամբողջ մարմնով դողաց, և հեռացնելով իրանից Վարդանի ձեռքը, գոչեց.

— Հեռացրեք ինձանից ձեր ձեռքը, ես կարող եմ պղծել նրան, հեռացեք ինձանից, ես կարող եմ թունավորել ձեզ... Վարդան, ես ճանաչում եմ ձեզ, դուք բարի, միևնույն ժամանակ անողորմ սիրտ ունեք: Գործ դրեցեք ձեր բոլոր անգթությունը և հենց այս րոպեում սպանեցեք ինձ. դրանով մեծ բարերարություն արած կլինեք ինձ, ձգեցեք իմ դիակը Ալաշկերտի անապատների մեջ, որ ես ինքս ամայի դարձրի. թող գազանները գիշատեն նրան: Կամ եթե այնքան բարի կլինեք, ձգեցեք իմ դիակը մի փոսի մեջ և ծածկեցեք հողով. այնտեղից ես ճանապարհ կգտնեմ դեպի անդունդը, դեպի անշեջ հրո և տանջանքների հավիտենական կայարանը: Բայց, ոչ, ոչ, ես Հայաստանի հողին արժանի չեմ, իմ գարշելի դիակը կպղծի նրա սրբությունը...

— Զգաստացեք, էֆենդի, — կրկնեց Վարդանը, — դուք

չեք մեռնի. ես ամեն խնամք գործ կդնեմ, որ դուք կենդանի մնաք:

— Ես կարծում էի, թե ինձ հեշտ կլինի մեռնել և աչքերս հավիտյան փակել գործած չարություններս չտեսնելու համար: Բայց ոչ, երկնային վրեժխնդիրը ավելի զորավոր է, քան չնչին մարդը: Նա ինձ թողեց, որ դեռևս երկար տեսնեմ այն երկիրները, որոնց ավերիչներին առաջնորդ դարձա, որ դեռևս երկար տեսնեմ թշվառ շինականների խրճիթները, որ ես դատարկեցի բնակիչներից, տեսնել և տանջվել խղճի դառն խայթից, դա սարսափելի տանջանք է... Ես ամբողջ գավառների սպանման գործիքը դարձա, բայց իմ անձասպանել չկարողացա:

Վերջին խոսքերը արտասանեց նա խորին մաղձային դառնությամբ, որ արտահայտում էր նրա բարոյական տանջանքը, թե որ աստիճան ձանձրացել էր կյանքից և ցանկանում էր հանգստություն գտնել գերեզմանի մոռացության մեջ:

Այդ միջոցին զարթնեց տանտիկինը:

— Ձեր հիվանդը անհանգիստ է երևում, — ասաց նա, — չե՞ք ցանկանա մի բան:

— Ոչինչ պետք չէ, նա ջերմի մեջ է, կարելի է շուտով կանցնի...

Քրդուհին մոտեցավ հիվանդին, և ուշադրությամբ նայելով նրա վրա, հարցրուց.

— Ես ճանաչում եմ այդ մարդուն. դա Թոմաս էֆենդին չէ՞:

— Նա ինքն է:

— Խե՜ղճ, քանի օր առաջ տեսա բոբիկ, գլուխը բաց և պատառոտած շորերով թափառում էր մեր կողմերում: Երբ մարդիկ մոտենում էին, ճչում էր, աղաղակներ էր բարձրացնում ու փախչում: Ասում էին, ցնորված է:

Վարդանը նոր մտաբերեց, որ էֆենդուն հանդիպեց նույն

դրության մեջ, որպես նկարագրում էր նրան քուրդ կինը: Նրա մեջ երևում էին ցնորվածի բոլոր նշանները, դեռ այն ժամանակ, քանի որ նա իրան դեռ ցած չէր գլորել ժայռի բարձրությունից: Բայց ինչո՞ւ խելագարվեցավ նա. մի՞թե էֆենդու նման մի փչացած բնավորության մեջ կարող էր բարոյական տանջանքը այն աստիճան հարված պատճառել:

— Պատմում էին, թե էֆենդին սիրելիս է եղել մի աղջկա, և ալաշկերտցոց գաղթականության ժամանակ կորել է աղջիկը. ասում էին, որ անհայտ մարդիկ գողացել են աղջկան:

— Ի՞նչ մարդիկ... ի՞նչ աղջիկ... — գոչեց Վարդանը խռովյալ ձայնով և նրա դեմքը ընդունեց զարհուրելի արտահայտություն:

— Չեմ իմանում, այդպես էին ասում:

Վարդանի հարցը ավելորդ էր. նա առաջ եկավ ակամա հետաքրքրությունից, որ պատահում է հուսահատ մարդերի հետ: Վարդանը գիտեր, թե ով էր էֆենդու ցնորքի առարկան, այժմ նրան կորցրել էր... այժմ նրան գողացել էին... — դրանով ոչնչանում էին Վարդանի մնացած հույսի նշույլները, թողնելով նրա հանգած սրտի մեջ տխուր հիշողությունների այրված մոխիրը միայն:

Գիշերը աննկատելի կերպով անցել էր, առավոտյան լույսը սկսել էր բացվել. դրսից լսելի էր լինում թռչունների ուրախ երգը. փոթորկալից և անձրևային գիշերին հաջորդել էր ամառային վարդակարմիր առավոտը:

Հանկարծ խրճիթի դռնից ուրախությամբ ներս վազեց մի աղջիկ. երևում էր, որ հեռու տեղից էր գալիս, որովհետև ոտքիցգլուխ թրջված էր և երկայն հագուստի ստորին մասերը թաթախված էին ցեխի մեջ:

— Զավո՛... — կոչեց տանտիկինը և գրկեց նրան:

— Քո՛ւյրս... — կոչեց աղջիկը և իր կարմրած թշերը մոտեցրեց նրա շրթունքին:

Վարդանը, կարծես, առժամանակ մոռացավ իր ցավը և սկսեց նայել երկու քույրերի ջերմ գրկախառնության վրա: Եկվորը մի բարձրահասակ աղջիկ էր ցամաք կազմվածքով և բավական գեղեցիկ դեմքով: Նա կրում էր իր քրոջ սև, վառվռուն աչքերը, որոնք ուրախությունից ավելի անհանգիստ և ավելի շարժուն էին այժմ: Նրա թե՛ դեմքը և թե՛ անունը ծանոթ էին երևում Վարդանին, բայց թե ո՞րտեղ և երբ էր տեսել նրան, — դժվարանում էր հիշել:

— Գիտե՞ս ինչ կա, — խոսեց գեղեցիկ աղջիկը, — Ջավոն դրանից հետո քեզ մոտ կմնա, շատ ժամանակ քեզ մոտ կմնա, տիկինը արձակեց Ջավոյին:

Որքան ուրախալի լինեին այդ խոսքերը, որքան քաղցր լիներ երեց քրոջը Ջավոյին երկար ժամանակ իր մոտ տեսնելը, այսուամենայնիվ, նա բոլորովին շփոթվեցավ, երբ լսեց, թե տիկինը արձակել է նրան: Ի՞նչ պատճառով պետք է արձակած լիներ, քանի որ առաջ խիստ դժվարությամբ էր հեռացնում Ջավոյին, երբ նա ցանկանում էր երբեմն իր քրոջը տեսության գնալ:

— Ի՞նչ է պատահել:

— Մի՛ վախիր, չար՝ ոչինչ չէ պատահել:

Եվ Ջավոն սկսեց պատմել, թե տիկինը առժամանակ միայն արձակեց, որ բնակվի իր քրոջ մոտ մինչև կրկին կանչել կտա: Տիկինը Ջավոյին փող տվեց, հագուստներ բաշխեց, շատ-շատ լավ բաներ ընծայեց, և բոլորը Ջավոն բերեց իր հետ:

— Տե՛ս, բոլորը ցույց կտամ քեզ:

Նա սկսեց բաց անել իր հետ բերած կապոցը, որ ցույց տա իր ստացած ընծաները: Բայց երեց քույրը չբավականանալով Ջավոյի տված բացատրություններից, կրկին հարցրուց:

— Ի՞նչ է պատահել, ինչո՞ւ արձակեց քեզ:

— Ջավոն հետո կպատմի, դա շատ երկար է, այնքան երկար. որքան Լեյլիի և Մաջնունի հեքիաթը: — Հետո նա հայտնեց, թե ինքը խիստ հոգնած է, ամբողջ գիշերը ճանապարհի է եկել, անիծված անձրևը շատ տանջեց նրան, և այժմ սաստիկ քաղց է զգում, խնդրեց քրոջը որ իրան քիչ կաթ տա խմելու: Քույրը շտապով առեց կովկիթը, վազեց փարախը, որ կովը կթե և քրոջ համար թարմ կաթ բերե:

Ջավոն այժմ միայն նկատեց, որ տանը հյուր կա և նրա կրակոտ աչքերը հանդիպեցան Վարդանի հետաքրքրությունով լցված աչքերին:

— Նազելի Ջավո, դու Խուրշիդի աղախինն ես, այնպես չէ՞:

— Ուղիղ այդպես է:
— Ֆաթթահ-բեկի տիկնոջը:

— Հենց նրա:

Վարդանը այժմ գտավ խառնաշփոթ թելի ծայրը և դիտմամբ հարցրեց.

— Բեկը մի երկրորդ կին էլ ունե՞, այն հայ աղջկան:

— Կունենար, եթե Ջավոն սատանայի նման չգողանար նրան:

— Հայ աղջկա՞ ն:

— Հայ աղջկան՝ Լալային, Ստեփանիկին, նա երկու անուն ունի:

Վարդանի սիրտը սկսեց ուրախությունից բաբախել:

— Ջավոն ո՞ւր տարավ գողացած աղջկան:

—Ջավոն տարավ իր տիկնոջ մոտ և տիկինը ծածուկ ուղարկեց նրանց ռուսաց երկիրը:

303

Վարդանի դեմքը պայծառացավ մի աննկարագրելի բերկրությամբ, և մոռանալով իրան, գրկեց Ջավոյին և չգիտեր ի՞նչ կերպով հայտնել իր անհուն շնորհակալությունը:

— Համբուրիր Ջավոյին, Ջավոն ազատեց նրան:

— Ջավոն իմ քույրս է, — ասաց Վարդանը և եղբայրաբար համբուրեց նրան:

Ներս մտավ երեց քույրը, բերելով փրփրադեզ կաթնի ամանը: Ջավոն առեց նրա ձեռքից և միանգամով մինչև կեսը խմեց: Տաք կաթը կազդուրեց նրա հոգնությունը և քաղցը:

— Հիմա պատմիր, — ասաց նրան երեց քույրը:

Ջավոն իր հատուկ ձևով սկսեց պատմել, թե իր տիկնոջ ամուսինը՝ Ֆաթթահ-բեկը վաղուց սիրում էր մի հայ աղջկա, որը O... գյուղի տանուտեր Խաչոյի աղջիկն էր: (Տանուտերը ծանոթ էր բոլոր հարևան քրդերին): Տիկինը չէր ցանկանում, որ հայ աղջիկը բեկի կինը լինի, որովհետև նա գեղեցիկ էր և կարող էր միանգամայն գրավել բեկի սիրտը: Նախանձից և խանդոտությունից դրդված, տիկինը ամեն կերպով աշխատում էր, որ արգելե այդ ամուսնությունը: Բայց բեկը սաստիկ ընդդիմանում էր նրան: Եվ երբ բեկը դարձավ Բայազեդի կռվից, պատրաստվում էր գնալ բերել հայ աղջկան, այն ժամանակ տիկինը Ջավոյին իր հավատարիմ սպասավորներից երկուսի հետ առաջուց ուղարկեց O... գյուղը, որ գնան, և դեռ բեկը այնտեղ չհասած, գողանան և ուրիշ երկիր տանեն Լալային (այսպես էր նրա անունը): Ջավոն գտավ Լալային նույն գյուղի քահանայի տան մեջ, իր եղբոր կնոջ՝ Սառայի հետ թաքնված: Սառան վաղուց գիտեր բեկի նպատակը, և երբ Ջավոն պատմեց նրան Խուրշիդի դիտավորությունը, նա ուրախությամբ ընդունեց Լալային վեր առնել և գիշերով մեր սպասավորների հետ փախչել O... գյուղից: Նրանք տարան Լալային ռուսաց երկիրը, և բեկը մնաց «վա՜յ կարդալով» և «իր գլխին տալով»: Տիկինը սկսեց ծածուկ ծիծաղել և ուրախանալ, որ խլեց նրանից գեղեցիկ Լալային: Մեր սպասավորները մի քանի օրից հետո դարձան և լուր բերեցին, թե անվտանգ տեղ հասցրին աղջկան: Իսկ Զավոյին տիկինը ասաց, որ գնա առժամանակ իր քրոջ մոտ մնա, մինչև բեկի բարկությունը անցնի:

Զավոյի պատմությունը այն աստիճան գրավել էր իր քրոջը և մանավանդ Վարդանին, որ նրանցից ոչ ոք չնկատեց, որ հիվանդը նույնպես ուշադրությամբ լսում էր: Երբ Զավոն վերջացրեց, լսելի եղավ նրա ձայնը.

— Հիմա կարող եմ հանգիստ մեռնել, Լալան ազատված է...

Վարդանը մոտեցավ և բռնեց նրա տատանվող գլուխը, որ դողդողաց և ընկավ բարձի վրա:

— «Սոված էշը գարու հոտն առավ, մինչև գարին բերելը հոգին տվավ»...

Այդ եղավ էֆենդու վերջին խոսքը: Քրդուհին և իր քույրը նույնպես մոտեցան հիվանդին:

— Նա մեռավ, — ասաց Վարդանը:

— Խե՜ղճ, — կրկնեցին երկու քույրերը:

ԼԷ

Հուլիսի արեգակը սաստիկ այրում էր. կարծես մթնոլորտի ամբողջ տարածությունը լցված լիներ հրեղեն ասեղներով, որոնք կայծերի փոշու նման շողշողում էին, կիզում էին և մեղմ ալիքներով սփռվում էին դեպի ամեն կողմ: Տոթը անտանելի էր: Թռչունները հոգնած, թուլացած, ծածկվել էին ծառերի թավուտներում, որոնց վրա մի տերև անգամ չէր շարժվում մեռած քամուց: Միայն ճանճերը, մոծակները և մանր միկրոսկոպական մժեղները անամոթաբար ասպարեզ էին մտել, և միլիոնավոր խումբերով վժվժում էին, ծվծվում էին, շնչառության հետ մտնում էին մարդու բերանը, քիթը, ականջները, կամ իրանց թունավոր խայթոցներով ավելի էին այրում մարդու մարմնի բաց տեղերը, քան թե արեգակի հրեղեն ճառագայթները:

Ծերունի Վաղարշապատը այդ ժամանակ ներկայացնում էր մի տարօրինակ տեսարան:

Որ կողմը և նայում էիր, ամեն տեղ ամբոխված էր մի սարսափելի բազմություն: Կին և աղջիկ, ծեր և երեխա, — բոլորը կիսամերկ, բոլորը աղքատ, — թափված էին այնտեղ: Փողոցները լի էր մուրացկաններով: Էջմիածնա վանքի պարսպի շուրջը և ներսը, Ներսեսի լճի շրջակա ծառերի հովանու տակ, մինչև Գայանեի վանքը, մինչև նույն կաթողիկոսից տնկարկված անտառի վերջը, ուր կար մի կտոր ստվեր, որ կարող էր պահպանել արևի կիզող ճառագայթներից, — ամեն տեղ կարելի էր տեսնել նույն թշվառ և ողորմելի բազմությունը: — Դրանք ալաշկերտցի գաղթականներն էին:

Երեք հազար ընտանիք, թողնելով իրանց հայրենիքը, թողնելով իրանց տունը, տեղը և բոլոր հարստությունը, թուրքերի սրից և կրակից ազատվելու համար փախել, ապաստան էին գտել այստեղ: Վաղարշապատում չկար մի տուն, ուր 10-20 ընտանիք այդ թշվառներից միմյանց վրա ածված չլինեին: Անասունների ախոռները, մարագները և բակերը լիքն էին նրանցով: Բավական չէր, որ պետք էր կերակրել այդ ահագին բազմությունը, այլ պետք էր և դարմանել, և բժշկել նրանց: Թողնելով Ալաշկերտի հովասուն լեռնադաշտերը, այդ անբախտ ժողովուրդը հուլիսի դժոխային տոթերի ժամանակ հանկարծ ընկել էր Արարատի մեջ, ենթարկվելով զանազան տեսակ հիվանդությունների:

Կեսօր էր. ամառային միջօրեի այն ժամը, երբ գյուղացու աշխատությունը դադարում է դաշտերում, մշակ մարդը և երկրագործական անասունները քաշվում են մի հովանավոր տեղ հանգստանալու համար: Ավելի բախտավոր արարածները առատ ճաշից հետո քնած են լինում իրանց կոկիկ սենյակներում: Օրվա այդ ժամին, բազմաթիվ ալաշկերտցի աղքատների թվում, որ դռնից դուրը ընկած մուրացկանություն էին անում, իր վրա առանձին ուշադրություն էր դարձնում առավելապես մեկը: Դա մի մանկահասակ աղջիկ էր, որի տարիքը 16-ից ավելի չպիտի լինեին: Նիհար և մաշված դեմքը, որ կորցնելով իր բնական գույնը, ստացել էր մի տեսակ դալկային դեղնություն, նայողի վրա այն ազդեցությունն էր անում, որպես թառամած վարդը, որ մոտ էր իր ցավալի վախճանին: Սևորակ աչքերի մեջ նկարված էին խորին տխրություն: Գունատ շրթունքը ցույց էին տալիս, որ նա դեռ ոչ բոլորովին առողջացել էր իրան մաշող հիվանդությունից: Այդ սգավոր դեմքը, որ մի ժամանակ իր գեղեցկությամբ պետք է սքանչելի եղած լիներ, իր այժմյան նիհարության մեջ դարձյալ համակրական և կախարդիչ էր:

Կարծես թշվառության դևը կամեցել էր մի չար կատակ խաղալ այդ նազելի արարածի հետ, և պարուրելով նրան իր քրքրված ցնցոտիների մեջ, աշխատել էր այլանդակել և նսեմացնել գեղեցիկը ու պատկառելին: Բայց դրանով ավելի գրավիչ և ավելի կարեկցության արժանի էր շինել նրան: Հնամաշ և պատառոտած հագուստը հազիվ սքողում էր կիսամերկ մարմինը, երևում էր, որ այդ հագուստի ամեն մի կտորը նա մի բարերար ձեռքից պետք է ստացած լիներ, որովհետև թե՛ իրանց ձևերով և թե՛ գույներով տարբերվում էին միմյանցից. բացի դրանից, մի կտորը լայն էր, մյուսը չափազանց նեղ, մեկը սովորականից կարճ էր, մյուսը շատ երկայն:

Նա դանդաղ դողդոջուն քայլերով գնում էր գյուղի փողոցների մեկի միջով. բոբիկ ոտները դժվարությամբ էր կոխում արեգակի ճառագայթներից տաքացած գետնի վրա, որ շիկացած երկաթի նման այրում էր: Նա իր հետ ման էր ածում երկու փոքրիկ երեխաներ, որոնք երկու հրեշտակների նման քարշ էին ընկած նրա ձեռքերից: Երկար նա գնում էր, և գլուխը ծռած, լուռումունջ կանգնում էր տների դռների մոտ, և առանց համարձակվելու ներս մտնել, ժամերով սպասում էր, մինչև տնեցիներից մեկը նրա վրա ուշադրություն կդարձներ և մի կտոր հաց կտար: Երևում էր, որ նրա հպարտ շրթունքը չէին սովորած ողորմություն խնդրելու, երևում էր, որ նա սնվել և մեծացել էր ավելի բարեբախտ վիճակի մեջ, իսկ այժմ տխուր հանգամանքների պատճառով ընկած էր մի տարօրինակ կյանքի մեջ: Ընկճված անձնասիրությունը, սեփական արժանավորության վիրավորանքը, վաղեմի փառքի կորուստը, բարոյական տանջանքը, — բոլորը միախառնվելով, լցրել էին նրա սիրտը աննկարագրելի դառնությամբ, որ ավելի էր մաշում և տրորում նրան, քան թե այն ցավը, որ արդեն սկսել էր սպանել նրա մարմինը:

Նա դեռ անցնում էր մի դռնից մյուս դուռը, բայց նրա վրա ոչ ոք ուշադրություն չէր դարձնում: Վերջապես նա զսպելով իր ամոթխածությունը, ոտքը ներս դրեց մի տան շեմքից, և հանդիպելով տանտիկնոջը, երկչոտ ձայնով ասաց.

— Մի կտոր հաց...

Այդ ձայնի մեջ կային բոլոր հնչյունները, որ արտահայտում էին վշտալի սրտի դառն և ցավալի զգացմունքները:

Տանտիկինը կոպիտ ձայնով պատասխանեց.

— Կոտրվե՛ք դուք, ո՞ր մեկիդ տանք...

Աղջիկը նայեց իր շուրջը, տեսավ, իրավ, իր նման շատերը լցված էին այնտեղ: Նա պատրաստ էր իսկույն հեռանալ, բայց նրան պահեց մի միտք: Նա իր մասին չէր մտածում, թեև քաղցած էր, բայց մտածում էր այն երկու փոքրիկ երեխաների վրա, որ ոչինչ չէին կերել, մտածում էր նրանց հիվանդ մոր վրա, որ անոթի պառկած էր:

Նա արտասուքը սրբեց և կամենում էր կրկնել իր աղաչանքը: Այդ միջոցին փոքրիկ շնիկը դուրս պրծավ դռան տակից և իր սուր ատամներով քարշ ընկավ խեղճ աղջկա փեշերից: Նա սարսափելով դուրս փախավ, իր հագուստի մի մասը թողնելով շան բերնում: Երկու փոքրիկները ցավալի ճիչ բարձրացրին և փոքր էր մնում, որ սրտաճաք լինեին:

Նա, կապկապելով իր հագուստի ծվենները, այժմ սկսեց դիմել դեպի վանքը: Երկու փոքրիկ երեխաները ուրախությունից մոռացան իրանց լացը և երկյուղը, երբ ճանապարհի վրա ընկած տեսան մի կտոր ձմերուկի կեղև: Երեխաներից մեկը վազեց, վեր առավ կեղևը, և իր փեշերով հողն ու փոշին սրբելով, սկսեց կրծել: Մյուս երեխան աշխատում էր խլել նրա ձեռքից, ասելով. — ինձ էլ տուր, ես էլ քաղցած եմ: Երկուսի մեջ առաջ եկավ մի փոքրիկ կռիվ: Մանկահասակ աղջիկը հանգստացրեց նրանց, և բաժանելով կեղևը, երկուսին էլ հավասար մասը տվեց:

Այդ միջոցին շտապով անցնում էր նրանց մոտից մի երիտասարդ: Նա տեսնելով աղջկան երկու փոքրիկ երեխաների հետ, ճանաչեց նրանց և մոտեցավ:

— Դու դեռ ոչ բոլորովին առողջ ես, — ասաց նա, — ես պատվիրեցի քեզ դուրս չգալ, դու դարձյալ ման ես գալիս:

Աղջիկը շփոթվեցավ և չգիտեր ինչ պատասխանել: Նա իրավ, առողջ չէր, նա այնքան տկար էր, որ հազիվ կարողանում էր իրան ոտքի վրա պահել: Երիտասարդը նկատեց երկու երեխաներին, որոնք դեռ կրծում էին ձմերուկի կեղևը: Նա խլեց կեղևը, և մի կողմ ձգելով ասաց.

— Ի՞նչպես կարելի է ուտել այդ:

Երեխաները ավելի համարձակ գտնվեցան, քան շփոթված աղջիկը, և արտասուքը աչքերում պատասխանեցին.

— Քաղցած ենք:

— Մի՞թե վանքում ձեզ չեն կերակրում, — դարձավ երիտասարդը դեպի աղջկը:

Մանկահասակ աղջիկը փոխանակ հարցին պատասխանելու, իր գեղեցիկ, նվաղած աչքերը դեպի գետին ուղղելով, մեծ դժվարությամբ ասաց.

— Եթե կարելի էր, մեզ համար ուրիշ տեղ ճարեիք, և մենք դուրս գայինք վանքից:

— Երևի այն անպիտան վարդապետը ձեզ վա՞տ է նայում:

Աղջիկը ոչինչ չպատասխանեց, և շարունակելով նայել

դեպի ցած, կարծես, չէր ցանկանում իր բազմիմաստ հայացքը դարձնել դեպի հետաքրքիր երիտասարդը, զգուշանալով, որ նա իր դեմքից չզուշակեր այն, ինչ ինքը ակամա ստիպված էր թաքցնել սրտում:

— Հասկանում եմ... — պատասխանեց երիտասարդը խորին վրդովմունքով: — Հիմա գնա, այդ շոգին լավ չէ ման գալ, դու հիվանդ ես, կարող ես բոլորովին տկարացնել քեզ, մեկ ժամից հետո ձեզ մոտ կլինեմ, և ամեն ինչ կկարգադրեմ, որ լավ հոգ տանեն ձեզ: Ի՞նչպես է եղբորդ կինը:

— Էլի այնպես է, այս գիշեր ավելի անհանգիստ էր, — պատասխանեց աղջիկը տխուր ձայնով: Եվ այժմ, իր ամոթխած աչքերը դարձնելով դեպի երիտասարդը, հարցրեց.

— Դուք մեզ չեք թողնի վանքում, այնպես չէ՞, պարոն:

— Լավ, ես ձեզ համար մի ուրիշ բնակարան կճարեմ, — ասաց երիտասարդը և շտապով հեռացավ, իր մտքում կրկնելով. — խեղճ արարած, ի՞նչ շուտ ձանձրացրեց ձեզ վանքը...

Երիտասարդը բժիշկ էր, մի հարուստ վաղարշապատցի կալվածատիրոջ որդի: Նա նոր էր ավարտել իր ուսումը Ս. Պետերբուրգի համալսարանում, և որպես նոր օրդենի մեջ մտած ասպետ, ընկել էր աշխարհ, արկածներ էր որոնում, իր արհեստին վերաբերյալ հերոսությունները ցույց տալու համար: Ալաշկերտցի գաղթականները, իրանց բազմաթիվ հիվանդներով, բաց արին նրա առջև գործունեության մի ընդարձակ ասպարեզ: Թարմ, բարի ցանկություններով լի երիտասարդի անխոնջ եռանդը մեծ բավականություն էր գտնում այդ թշվառներին օգնելու գործում: Նրա մեջ միացած էին արհեստը բժշկի առաքինության հետ: Նա ոչ միայն անվարձ այցելություններ էր անում և ձրի դեղեր էր բաժանում հիվանդներին, այլ հոգ էր տանում և նրանց բնակարանների և լավ կերակրելու մասին: Այդ էր պատճառը, որ մանկահասակ աղջիկը այնպես մտերմաբար դիմեց նրան, աղաչելով, որ իրանց համար մի այլ կացարան տնօրինելու հոգ տանե:

Բժշկի հեռանալուց հետո աղջիկը շարունակեց իր ճանապարհը դեպի վանքը: Օրորվելով, տատանվելով, նա հազիվ կարողանում էր փոխել իր քայլերը: Մի քանի անգամ կանգ առեց, մի քանի տեղ նստեց, մինչև հոգնությունը անցնի: Վանքի հանդեպ գտնվող գինետներից նրան կանչեցին, խոստանալով, թե փող կտան: «Այդ մարդիկը ավելի վատ են, քան թե քրդերը»... — ասաց նա իր մտքում և կանգնելով, շարունակեց իր ճանապարհը:

Նա անցավ պարտեզը, անցավ վանքի գլխավոր մուտքի մոտից, պտույտ տվեց պարսպի արևմտյան կողմով և դուրս եկավ այն դռան մոտ, որ տանում է դեպի լիճը և անտառը: Այս դռնով նա մտավ Ղազարապատ: Վանքի այդ մասը տոն օրերում ծառայում է որպես հյուրանոց բազմաթիվ ուխտավորների համար, իսկ այժմ լցված էր ալաշկերտցի հիվանդներով: Նա մտավ ներքին հարկի խուցերից մեկի մեջ: Այդ խոնավ խորշի մեջ, զրկված օդից և լույսից, կարմիր աղյուսներով պատած հատակի վրա, պառկած էր մի կին: Ոչ մահիճ ուներ նա և ոչ մահճակալ, տակին ձգած ուներ մի խուրձ հարդ, իսկ վրան ծածկած ուներ մի փալասի կտոր: Երկու երեխաները վազեցին և գրկեցին հիվանդ մորը և սկսեցին համբուրել նրա ոսկրացած ձեռքերը: Բայց նա չպատասխանեց սիրելի զավակների զգվանքին, որովհետև այդ րոպեում քնած էր, ավելի ճիշտ ասած, գտնվում էր մի տեսակ անզգայության մեջ:

Մանկահասակ աղջիկը նկատեց երկու փոքրիկ երեխաներին որ չանհանգստացնեն հիվանդ մորը, այլ գնան դուրսը խաղալու: Նրանք հնազանդությամբ դուրս եկան, և նստելով խուցի դռան մոտ, սկսեցին հողով, խճերով և չոփերով իրանց համար փոքրիկ տնակներ շինել և նրանցով զվարճանալ: Իսկ ինքը՝ աղջիկը պառկեց մերկ հատակի վրա, և թեքը բարձի փոխարեն նեցուկ տալով գեղեցիկ գլխին, արտասուքով լի աչքերը դարձրուց դեպի հիվանդը և սկսեց նայել նրա վրա: Նա այնքան հոգնած էր, այնքան թուլացած էր և այնքան հոգեպես տանջված էր, որ ցանկանում էր մի փոքր քնել, մի փոքր հանգստանալ, բայց ակամա արտասուքը խեղդում էր նրան, վշտալի աչքերը փակել կարող չէր: Նա այդ աչքերը կցանկանար հավիտյան փակել և չտեսնել լույս աշխարհը, որ այժմ խավար էր նրա համար: Ի՞նչ դժբախտություններ ասես չկրեց նա, ի՞նչ չարչարանքներ չհամբերեց նա: Նա կորցրեց հայր, եղբայրներ, հարուստ տուն, ազգականներ, — բոլորը, բոլորը ինչ որ թանկ էր նրա համար, ինչ որ սիրելի էր նրան: Իսկ այժմ օտար երկրում, անտեր, անպաշտպան, հանձնված դառն ճակատագրի կամքին, թափառում էր նա դռնից դուռ: Իր միակ նեցուկը, իր միակ պաշտպանը, որի վրա հույս էր դրել նա, այժմ հիվանդ էր. գուցե այսօր, գուցե վաղը կմեռներ նա, ի՞նչ կլիներ այնուհետե իր վիճակը, ո՞վ կպահեր անբախտ մոր անբախտ զավակներին: Գոնե ինքը առողջ լիներ, գոնե կարողանար աշխատել, այն ժամանակ ամեն բան կաներ, ամեն տեսակ ծանր աշխատություն հանձն կառներ և կպահեր որբիկներին: Բայց ինքը նույնպես ուժից ընկած, նույնպես թույլ և տկար, օրըստօրե հալվելով և մաշվելով, սպասում էր իր ըղձալի օրհասին, որ ուշանում էր մոտենալ իրան: — Այս տխուր մտածությունների մեջ ալեկոծվում էր թշվառ աղջիկը և արտասուքի ջերմ կաթիլները գլորվում էին նրա գունաթափ երեսի վրա, երբ դրսից մի ճիչ բարձրացավ և մի կոպիտ ձայն ավելի խռովեց նրա անհանգստությունը:

Երկու երեխաները խուցի դռան մոտ փոքրիկ տնակներ էին շինում և զվարճանում էին: Այդ միջոցին անցավ նրանց մոտից մի հաստափոր աբեղա սև բեղարով, սև փարաջայով և սև դեմքով. — սպիտակ նրա մեջ ոչինչ չկար: — Տեսնելով երկու փոքրիկներին, նա կատաղի կերպով գոռաց.

— Նե՛րս կորեք, լակոտներ, ի՞նչու եք փչացնում գետինը:

Երեխաները ուշ շարժվեցան, և աբեղան հարձակվելով նրանց վրա քիչ էր մնում, որ պիտի երկուսին էլ ջարդուփշուր աներ իր ոտների տակ, եթե նրանք աղաղակելով ներս չվազեին խուցը: Զավակների աղաղակը ուշի բերեց անզգայացած մորը: Նա գրկեց երկուսին էլ, սկսեց հանգստացնել, առանց գիտենալու նրանց լացի պատճառը: Այդ միջոցին խուցի շեմքի վրա երևաց աբեղայի դաժան կերպարանքը:

— Այս րոպեիս դուրս կորեք այստեղից, — գոչեց նա բարկացոտ ձայնով, — քանի օր է ասում եմ, որ ձեզ համար տեղ ճարեք և հեռանաք այստեղից, դուք էլի մնում եք:

Ո՞ւմն էր ասում այդ խոսքերը, հիվանդ մայրը ոչինչ չէր լսում, նա միայն գրկած ուներ իր զավակներին, որոնց, կարծես, առաջին անգամն էր տեսնում: Երկու ամբողջ օր գտնվում էր նա խորին ուշաթափության մեջ, այժմ սիրելի զավակների ձայնը արթնացրեց նրան: Ո՞ւմ հետ էր խոսում աբեղան: Այս խուցի մեջ ոչ ոք նրան լսել և հասկանալ կարող չէր: Մանկահասակ աղջիկը նրա ձայնից սոսկաց, սարսափեցավ և միանգամայն կորցրեց իրան: Իսկ փոքրիկ երեխաները երկյուղից կծկվել էին անբախտ մոր գրկում և դողդողում էին:

Աբեղայի բարկությունը ընդհատեց մի այլ ձայն.

— Այդ ի՞նչ շանթեր ես արձակում, հայր սուրբ:

— Բարով, պարոն բժշկապետ, ի՞նչպես եք, լա՞վ եք, ի՞նչպես է ձեր քեֆը, — ասաց աբեղան ժպտալով և ավելի խաղաղ կերպարանք ընդունելով:

— Իմ քեֆը հալա թող մի կողմը կենա, — պատասխանեց բժշկապետը ուղիղ հայր սուրբի աչքերի մեջ նայելով, — դու այն ասա՛, էլ ի՞նչ ֆանդեր ունես, հայր սուրբ, ի՞նչու էիր նեղացնում այդ խեղճերին:

— Քո արևը վկա, ոչինչ ֆանդեր չկա. ես միայն ասում էի, որ իրանց համար տեղ ճարեն և հեռանան այստեղից: Քեզ հայտնի է, որ կարգադրել են երկու օրից ավել չպահել գաղթականներին վանքում: Ամեն օր նոր գաղթականներ են գալիս. պետք է հները գնան, որ նորերը նրանց տեղը բռնեն:

— Ո՞ւր գնան, դու տեսնում ես, որ մեռնում են:

— Ես ի՞նչ անեմ, ինձ այսպես է հրամայված:

Հայր սուրբը վանքի հյուրընկալն էր, մի խեղկատակ և շաղակրատ աբեղա, որի հետ ամեն մարդ թույլ էր տալիս իրան հանաքներ անել, առավելապես պարոն բժշկապետը, որ մի առանձին հաճույք ուներ պարսավել կղերին:

— Այդ խոսքերով ինձ չես խաբի, — ասաց նա, — դրուստն ասա՛, հայր սուրբ, ի՞նչ փորացավ ունես: Աղջկա աչքերում լույս կա, հա՞:

— Է՛հ, թող տուր, հեր օրհնած, ի՞նչպես ես խոսում:

— Կոտորվե՛ք դուք, կոտորվե՛ք, — ասաց բժշկապետը և մտավ խուցի մեջ:

Բժշկապետի այցելությունը մի առանձին մխիթարություն ազդեց թշվառ ընտանիքին, երբ նա հարկավորած դեղերը և պատվերները տալուց հետո, հայտնեց, թե ինքը կարգադրել է, որ շուտով նրանց կտեղափոխեն մի առանձին բնակարան, ուր կգտնեն նրանք ամեն հարմարություններ թե՛ կացության և թե՛ ապրուստի համար:

— Միայն շուտ, եթե կարելի է, շատ շուտ, — խնդրեց հիվանդ մայրը շնորհակալությամբ լի ձայնով:

— Անհոգ կացեք, մի քանի րոպեից հետո կտանեն ձեզ,- պատասխանեց բժշկապետը և դուրս եկավ, վանքի մեջ գտնվող մյուս հիվանդներին նայելու համար:

— Լալա՛, տեսնում ե՞ս, զավակս, — դարձավ հիվանդը դեպի մանկահասակ աղջիկը, որ աչքերը բռնած հեկեկում էր, — աստված դժբախտության ամենադառն րոպեներում դարձյալ չի մոռանում թշվառներին և ուղարկում է իր հրեշտակը նրանց մխիթարելու համար: Մի՛ լաց, զավակս, փոթորկալից և խավար գիշերին հաջորդում է լուսապայծառ առավոտը: Կգա մի օր, որ դու կրկին գտնես քո ուրախությունը...

— Այդ բոլորից հետո՞, սիրելի Սառա, — պատասխանեց Լալան դառն արտասուքով, — այդ բոլորից հետո ինձ մնում է մեռնել միայն...

Խուցի դռնից ներս մտան երկու մարդ. Սառայի և Լալայի խոսակցությունը ընդհատվեցավ: Եկվորները պարոն բժշկապետի ծառաներն էին, որոնք բերում էին իրանց հետ հաց և կերակուրներ, բացի դրանցից մի կապոցի մեջ նրանք բերել էին կանացի հագուստներ Լալայի և Սառայի համար, այլև երեխաների հագուստներ երկու փոքրիկների համար: Սառան և Լալան չմոտեցան կերակուրներին, նրանք ուտելու ախորժակ չունեին, բայց երկու փոքրիկները վրա պրծան և սկսեցին ագահությամբ ուտել: Ծառաները դրսում սպասեցին, մինչև վերջացավ ճաշը:

Լալան ինքն հագնվեցավ և նույնպես փոխեց Սառայի ցնցոտիները, հագնվեցան և երկու կիսամերկ փոքրիկները, այնուհետև կերպարանափոխված ընտանիքը դուրս եկավ վանքի ապականված մթնոլորտից, և սկսեց դիմել դեպի բժշկապետի պատրաստած բնակարանը:

ԼԸ

«Լուսավորչի քամին» բարձրացավ և ցերեկվա դժոխային տոթը տեղի տվեց երեկոյան զովությանը: Այդ բարերար քամին ոչ միայն Վաղարշապատի, այլ ամբողջ Արարատյան գավառի կենսատու ոգին է, որ ամառային օրերում շարունակ փչում է ամեն երեկո: Եվ զուր չէ ասում ժողովրդական ավանդությունը, որ մեր Լուսավորիչ հայրը նրան սահմանեց իր ժողովուրդը հիվանդությունից ազատ պահելու համար:

Վանքի աբեղաները կեսավուր հանգիստ քնից հետո, դուրս էին եկել որջերից և զույգ-զույգ զբոսնում էին Ներսեսի լճի շուրջը, գեղեցիկ ճեմելիքների մեջ, որ հովանավորված էին ծառերի խիտ կամարների ներքո: Իսկույն աչքի էր զարկում, որ զբոսնող հայրերը չէին կազմում խումբեր, այլ բաժանված էին առանձնացած զույգերի, կամ բոլորովին միայնակ էին ման գալիս: Դրանք նմանում էին այն արարածներին, որոնք իրանց հեռու են պահում ընկերական կյանքից, այն պատճառով միայն, որ վախենում են միմյանց մոտենալ: Կասկածը, անմիաբանությունը, անհավատարմությունը առանձնացրել էին նրանց, — և այդ կոչվում է վանական եղբայրություն:

Լիճը գտնվում էր մի արհեստական բարձրավանդակի վրա, որ կառուցված էր կոփածո քարերից: Նրա ստորոտից մինչև Գայանեի վանքը տարածված էր հին գերեզմանատուն: Մի քանի տեղ փորում էին նոր գերեզմաններ, մի քանի տեղ հողով ծածկում էին արդեն փոսերի մեջ դրած մարմինները: Թիերը և բրիչները գործում էին: Քահանան փրփրթալով, աղոթքներ կարդալով, ճիշտ ասած՝ ոչինչ չկարդալով, մի գերեզմանից դեպի մյուսն էր վազում և կատարում էր թաղման խորհուրդը: Այդ բոլորը գործվում էր խորին լռության մեջ: Ո՛չ բարեկամի լացը, ո՛չ ազգականի արտասուքը չէին առաջնորդում հանգուցյալներին դեպի ոգիների աշխարհը, կարծես նրանք շատ ուրախ էին, որ թշվառ մարդիկ, ազատվելով տաժանական կյանքից, գերեզմանի մեջ վերջապես պետք է հանգստություն գտնեին: Թաղում էին ալաշկերտցի գաղթականներին:

— Ո՞րքան շատ մեռնում են, — ասաց աբեղաներից մեկը իր հետ ման եկող ընկերին:

— Միևնույն է, — պատասխանեց ընկերը սառնասրտությամբ, — այնտեղ քրդերը և թուրքերը պետք է կոտորեին, այստեղ գոնե իրանց մահով են մեռնում: Բայց մենք հեռացանք հարցից, — շարունակեց նա ընդհատված խոսակցությունը, — կրկնում եմ քեզ, որ նրան պետք չէ հավատալ: Նա մոտենում է մեզ, իրան բարեկամ և մտերիմ է ձևացնում, համակրություն է ցույց տալիս, և ուրիշ հազար ու մեկ օյիններ է հանում, բայց այդ բոլորը կեղծ է, նա այսպիսով աշխատում է մեզանից գաղտնիքներ որսալ և հայտնել ուր որ հարկն է: Նա լրտես է, կատարյալ լրտես: Եվ այդ պատճառով նա այնքան լավ ընդունված է «ի վերին Երուսաղեմի մեջ»: Շատ հավանական է, որպես ինքը հույս ունի, շուտով եպիսկոպոս կդառնա և մի հարուստ թեմի առաջնորդ կլինի:

— Բոլորը, ինչ որ ասեցիր, ուղիղ է, բայց վերջին երկուսը չի ստանա: «Չորրորդը» խոստանալու համար խիստ առատաձեռն է, բայց կատարելու մեջ չափազանց ժլատ: Կամենում են միայն առժամանակ այդ տխմարի գլուխը թափ տալ, որքան իրանց պետք է, հետո պոչը կկտրեն և բաց կթողնեն, նրա պաշտոնը ավելի հարմար մեկին հանձնելով: Տես, երկու նոր մեռելներ ևս հիմա բերեցին...

— Թող տուր, թե աստված կսիրես, այդ քո մեռելները, բայց նա այն տեսակ աղվեսներից չէ, որ շուտ խաբվի:

— «Խելացի աղվեսը երկու ոտքիցն էլ թալաքի մեջ է ընկնում»:

— Կամաց, թող անցնեն...

Ճեմելիքի հակառակ կողմից հայտնվեցան երկու ուրիշ աբեղաներ, որոնք մոտենալով առաջիններին, նույնպես դադարեցրին իրանց խոսակցությունը: Դրանք երկուսն էլ սինոդի անդամներ էին: Երբ փոքր ինչ հեռացան, դարձյալ շարունակեցին խոսակցությունը:

— Աճուրդը հիմա պետք է նշանակել տալ. այժմ ամենահարմար ժամանակն է:

— Ինչո՞ւ:

— Նրա համար, որ մեզ հայտնի է, թե այդ եկեղեցական կալվածքները ովքեր են կապալով վեր առնում: Պարոնները՝ Ն... Մ... և Խ..., որոնք միշտ այդ կալվածների կապալառուներն են եղել, այժմ իրանց առանձին գործերով գնացել են մեկը Ալեքսանդրապոլ, մյուսը՝ Իգդիր, երրորդը՝ սատանան գիտե թե որ ջհաննամը: Դրանց բացակայությունից մենք կարող ենք օգուտ քաղել: Եթե աճուրդը այժմ նշանակել կտանք, շատ պարզ է, որ կապալը կմնա Սաթայելյանի վրա, որը իր անունով կվեր առնի, իհարկե, մեզ հետ գաղտնի ընկերությամբ:

— Բայց, որքան ինձ հայտնի է, պարոն Սաթայելյանը այնքան պատրաստի փող չունի, որ կարողանա գրավական ներկայացնել:

Այդ ես էլ գիտեմ, բայց դրանով գործը չի խանգարվի, գրավականը մենք կտանք, նա իր կողմից կներկայացնե:

— Դու պատրաստի փող ունե՞ս:

— Տոկոսաբեր արժեթղթեր ունեմ:

— Միևնույն է: Ուրեմն էգուց ժողովի մեջ աճուրդի հարցը կբարձրացնենք: Բայց ես վախենում եմ, որ «վերնից» կխառնեն գործը:

— Չեն կարող, միթե այդ «հոսոսները» իրանք միննույնը չեն անում, ինչ բանի վրա որ մտածում ենք մենք: Եթե «փոքր դևը» մատը կխառնի, ես նրա ականջին մի բան կասեմ և իսկույն կլռե:

Այսպես ոմանք միաբանության մեջ կատարվող ինտրիգաների վրա էին խոսում, ոմանք իրանց գաղտնի սպեկուլյացիաների վրա էին խոսում, բայց ոչ ոք ուշադրություն չէր դարձնում, թե ինչ է կատարվում իր շուրջը, ոչ ոք չէր մտածում այն բանի վրա, թե ինչպես ալաշկերտցին, զրկված բնիկ երկրից, պանդուխտ, անտեր և անխնամ, ճանճերի նման կոտորվում էին: Ոչ ոք չէր հետաքրքրվում այն հարցով, թե ի՞նչ էր եղել այդ թշվառների գաղթականության պատճառը կամ ի՞նչ կլինի նրանց վախճանը մի օտար, անծանոթ երկրում:

Մի քանի աբեղաներ, հավաքված միասին, իրանց ամենօրյա երեկոյան սովորության համեմատ, նստել էին անտառում, գեղեցիկ պարսկական խալիչաների վրա և թեյ էին վայելում: Մանկահասակ փոքրավորները, նրանցից սակավ ինչ հեռու, միմյանց հետ քրթմնջալով, ծիծաղելով և հանաքներ անելով, կարգի էին դնում թեյի ահագին պատրաստությունը: Այնտեղ կար սեր, կարագ, սպիտակ հաց, ռոմ և ամեն ինչ: Երեկոյան զովը և անտառի մաքուր օդը բաց էին արել սուրբ հայրերի ախորժակը: Նրանք խմում էին, ուտում էին, ուրախանում էին, առանց մտածելու, որ նույն անտառի ծառերի տակ, խոնավ գետնի վրա, այժմ ընկած էին հարյուրավոր քաղցած ընտանիքներ:

— Այդ ռոմը շատ լավն է, ինչ գեղեցիկ հոտ ունի, ո՞րտեղից ստացաք, հայր սուրբ, — հարցրեց աբեղաներից մեկը խորին զմայլության մեջ ճաշակելով ռոմով խառնած թեյի բաժակը:

— Ո՞րտեղից ստացա... — կրկնեց հայր սուրբը, որի խցից բերվել էր անուշահոտ ըմպելին, — դու չե՞ս իմանում, որ իմ խուցը այն ուխտատեղներից է, ուր մատաղը իր ոտքովն է գալիս...:

— Իմանում եմ... լավ է այդպիսի ձգողական զորություն ունենալ:

Արևը մտել էր արդեն: Անտառի մեջ մռայլը հետզհետե թանձրանում էր, թեև ոսկեզօծ ամպերը տակավին վառվում էին արեգակի վերջին ճառագայթներից: «Լուսավորչի քամին» փոքր ինչ մեղմացել էր և ծառերի տերևները հազիվ շարժվում էին մի խուլ, կախարդական սոսափյունով: Անտառի խորին լռությունը երբեմն ընդհատվում էր տխուր հառաչանքներով: Գիշերը մոտենում էր: Խավարի մեջ ավելի շուտ զարթնում են դառն հիշողությունները: Բացօթյա, գետնատարած, մերկ և անոթի ալաշկերտցին, մի սարսափելի երազից սթափված մարդու նման, դեռ նոր սկսել էր զգալ իր վիճակի դառնությունը: Նա մտածում էր, որ հարստություն ուներ, իսկ այժմ ստիպված է մուրացկանությամբ ապրել: Նա մտածում էր, որ տուն և օթևան ուներ, իսկ այժմ բաց երկնքի տակ է ապրում: Նա մտածում էր, որ զավակներ ուներ, իսկ այժմ չկան նրանք, ո՞րտեղ կորան, ո՞վ տարավ, ի՞նչ եղան, ինքն էլ չգիտեր: Բոլորը կորավ մի խառնաշփոթ և սոսկալի խռովության մեջ, երբ մայրը որդուն մոռացել էր, երբ եղբայրը մոռացել էր իր քրոջը, երբ տղամարդը կորցրել էր ամուսնին, երբ ամեն մարդ, հալածված թուրքի սրից և հրից, աշխատում էր իր գլուխը միայն ազատել: Ամեն մարդ սրտումը անդարմանելի վերք ուներ, ամեն մարդ կորցրել էր մի բան, որ նրա համար աշխարհի բոլոր բաներից թանկագին և անփոխարինելի էր: Այս էր պատճառը, որ ամբողջ Վաղարշապատը այս գիշեր թնդում էր գաղթականների հառաչանքներով, որոնք կատարում էին մի ընդհանուր սուգ, սո՛ւգ, որի համար մխիթարություն չկար...

Այդ միջոցին մի պարթևանձնյա տղամարդ, անցնելով անտառի ծառերի միջով, հետաքրքիր աչքերով նայում էր գաղթականների վրա, մոտենում էր նրանց, խոսեցնում էր և դարձյալ շարունակում էր իր ընթացքը: Տխուր, մտահույզ կերպարանքը այդ տղամարդի, երեսի այրական արտահայտությունը, համարձակ և անձնավստահ շարժմունքը ակամա ուշադրություն էին դարձնում իր վրա: Նա դուրս եկավ անտառից, անցավ Գայանեի վանքը և կանգնեց գերեզմանատան մոտ: Այստեղ դեռ աշխատանքը չէր վերջացել... դեռ թաղում էին...

Նրա ականջին զարկեց երգի ձայն.

«Բուլբուլն է հաքեր ի հոտին կոշիկ,

Ջվարդն կփնտռե սիրով անուշիկ...»:

— Կոտորվե՛ք դուք, — ասաց իր մտքում անծանոթ տղամարդը և շարունակեց ճանապարհը:

Երգի ձայնը լսվում էր անտառի խորքից, ուր այժմ աբեղաները, ռոմից ստացած ոգևորությունից հետո, կատարում էին իրանց գիշերային արշավանքները:

Անծանոթ տղամարդը մոտեցավ լճին: Այստեղ նույնպես մի քանի աբեղաներ սև ուրվականների նման դեռ զբոսնում էին: Բայց մեկը նստած էր անշարժ, միայնակ, որպես առանձնացած սգավոր, որ իր մխիթարությունը գտնում է այն դրության մեջ, երբ ոչ ոք չէ հարցնում նրանից մի բան, և երբ ոչ ոք չէ դիպչում նրա սրտի վերքերին: Արևից այրված, մռայլոտ դեմքը և հնամաշ հագուստը ցույց էին տալիս, որ այդ աբեղան պետք է պանդուխտ և աղքատ լինի: Վանքի քնքուշ և կոկիկ հագնված միաբաններից ոչ ոք չէր մոտենում նրան, կարծես, վախենում էին պղծվել նրա հագուստներից, թեև այդ պարզ հովվական հագուստների մեջ ծածկված էր մի մարմին, որ կրում էր իր մեջ գեղեցիկ և ազնիվ հատկություններ: Անծանոթ տղամարդը կիսախավարի միջից նկատելով անծանոթ աբեղային, մոտեցավ նրան:

— Ա՜խ, Հովհաննես հայր սուրբ, դո՞ւք եք:
— Ա՜խ, Վարդան, — գոչեց աբեղան և գրկեց նրան:

Աբեղան ս. Հովհաննու վանքի վանահայր և միննույն

ժամանակ Ալաշկերտի առաջնորդն էր, որ գաղթականների հետ եկել էր ռուսաց հողի վրա, չկամենալով բաժանվել իր ժողովրդից։

Վարդապետը և Վարդանը նստեցին մի քարի վրա, որ լճի մոտ ծառայում էր որպես նստարան։

— Ե՞րբ եկար, — հարցրեց վարդապետը։

— Այսօր, հենց այս ժամիս, — պատասխանեց Վարդանը իր շուրջը նայելով, որ նրան չլսեն։

— Ոչ ոքի չտեսա՞ր։

— Դեռ ոչ ոքի։ Այդ խառնիճաղանճ բազմության մեջ ու՞մը կարելի է գտնել։ Ես շատ կցանկանայի տեսնել Մելիք-Մանսուրին, լսեցի, որ նա էլ գաղթականների մեջն է։

— Ես նրան տեսա երկու օր առաջ, — պատասխանեց վարդապետը, — այժմ պետք է Երևանում լինի։ կարծեմ պետք է տեսնվեր մի քանի պարոնների հետ, որոնք մտածում են մի մասնաժողով կազմել գաղթականների վիճակի համար հոգ տանելու։

— Թիֆլիսում արդեն կազմվել է մասնաժողով։

— Երևանինը պետք է նրա մի ճյուղը լինի։

— Այստեղ ի՞նչպես են գնում գործերը։

— Շատ վատ, — պատասխանեց վարդապետը տխուր ձայնով։ — մի ամբողջ շաբաթ է, որ այստեղ վեր ընկած եմ։ Ղազարապատի մի անկյունում տեղ են տվել։ ոչ ոք ինձ վրա չի նայում, ոչ ոք չի էլ ուզում հարցնել, թե ի՞նչ և ո՞րպիսի դառն հանգամանքներ բերեցին մեզ այստեղ։ Ինձ խոստացան, թե կտանեն վեհարանը և այնտեղ հարցմունքներ կանեն։ Բայց դժբախտաբար այսպես օրերը անցնում են։ Ստիպվեցա գրավոր կերպով ներկայացնել թշվառ ժողովրդի գաղթականության բոլոր պատմությունը և հույս ունեի, որ դրանից հետո կկանչեին ինձ և

321

բերանացի բացատրություններ կպահանջեն: Այդ փորձը նույնպես մնաց ապարդյուն: Մի՞թե կարելի է մինչև այս աստիճան սառնասիրտ և մինչև այս աստիճան անգութ լինել: Ես ցուցակ ունեմ, որ 3000 ընտանիքից մինչև այսօր 1500 հոգի մեռել են, որը հիվանդությունից, որը քաղցածությունից: Մնացածները, անտարակույս, նույնպես կմեռնեն, եթե նրանց վիճակը այսպես կշարունակվի:

Վերջին տեղեկությունները որքան և ցավալի լինեին, այսուամենայնիվ, մի առանձին տպավորություն չգործեցին Վարդանի սրտի վրա. նա այդ բոլորը շատ բնական էր համարում. նա առաջուց գիտեր այս տեսակ գաղթականությունների կորստաբեր հետևանքները:

— Բոլոր գաղթականները այստե՞ղ՝ Վաղարշապատում են միայն զետեղված, — հարցրեց նա:

— Ո՛չ, Իգդիրից եկան Վաղարշապատ և այստեղից տարածվում են ամեն կողմեր: Այժմ Սուրմալու գավառից սկսած, գաղթականները ցրված են մինչև Նոր — Բայազեդ, մինչև Հին-Նախիջևան, ամեն տեղ, ամեն գյուղերում կարելի է գտնել նրանց:

— Ժողովուրդը ի՞նչպես է վերաբերվում դեպի իր պանդուխտ եղբայրները:

— Ժողովուրդը խիստ մարդասիրաբար է վարվում. օթևան է տալիս, կերակրում է, հագուստ է տալիս, և չէ խնայում, ինչ բանով որ կարող է օգնել: Պետք է ասած, որ այստեղի ժողովուրդը ինքն էլ սաստիկ կարոտության մեջ է, պատերազմի պատճառով այժմ ամեն ինչ թանկացել է: Բայց գաղթականներին ավելի բժշկական օգնություններ են հարկավոր, քան թե հաց. զանազան հիվանդություններ անխնա կոտորում են:

Գիշերային մութը բոլորովին պատել էր վանքի շրջակայքը: Աբեղաները քաշվել էին իրանց խուցերը: Բայց խորհրդավոր երգի ձայնը կրկին լսելի եղավ անտառի խորքից:

«Բուլբուլն է հաքել ի հոտին կոշիկ,

Ջվարդն կփնտռե սիրով անուշիկ...»:

— Դու այժմ ո՞ւր պիտի գնաս, — հարցրեց վարդապետը Վարդանից, ոտքի կանգնելով:

— Ինքս էլ չգիտեմ...

— Գնանք ինձ մոտ:
— Ես չէի ցանկանա, որ այստեղ ինձ տեսնեին:

— Վանքում այժմ քեզ ոչ ոք չէ կարող ճանաչել:

ԼԹ

Հովհաննես հայր սուրբի կացարանը գտնվում էր Ղազարապատի վերին հարկի սենյակներից մեկի մեջ: Վարդանը իր ամբողջ մարմնի մեջ մի ցուրտ դող զգաց, երբ մյուս անգամ ոտ կոխեց վանքի շեմքի վրա: Տասն տարուց ավելի կլիներ, որ նա հեռացել էր այստեղից: Այժմ տխուր հանգամանքները կրկին բերեցին նրան այստեղ: Ի՞նչու աշխարհից անջատված և իրանց անձը աղոթքի և ճգնության նվիրած հասարակության այդ մենարանը այնպես անախորժ տպավորություն գործեց անբախտ երիտասարդի վրա: Նա հիշեց իր մանկությունը, այն հիմարություններով լի և դատարկ մանկությունը, որ անցուցել էր այնտեղ: Նա հիշեց այն մթին անցյալը, որի վրա կրկին նայելը զզվանք և սոսկում էր ազդում նրա մեջ:

Վարդանի ակամա խռովությունը չէր կարող չնշմարել Հովհաննես հայր սուրբը, նա կարեկցաբար հարցրեց.

— Ի՞նչ կա, ի՞նչու այսպես լուռ ես:

— Ոչինչ, երբեմն ինձ հետ պատահում են անտեղի մտահուզություններ...

Փոքրիկ սենյակի մեջ կար մի մահճակալ, որի վրա նստած էին հայր սուրբը իր հյուրի հետ. մյուս կողմում դրած էր մի սեղան հասարակ փայտից, որի վրա վառվում էր ճրագուի մոմը. իսկ նրա մոտ փոքրիկ սամովարը եփ էր գալիս: Հայր սուրբը իր ձեռքով ածեց երկու բաժակ թեյ, մեկը տվեց Վարդանին, մյուսը սկսեց ինքը խմել: Տաք ըմպելին կազդուրեց երիտասարդի գրգռված ջղերը:

Երկար երկու կողմից ևս տիրում էր մի տաղտկալի լռություն: Խոսակցությունը չէր պատվաստվում, մինչև նա դարձավ այն առարկային, որ երկուսի սրտին ևս խիստ մոտ էր:

— Այստեղ ի՞նչպես են նայում «գործի» վրա, — հարցրեց Վարդանը:

— Մի կարճ պատմությունից դու կարող ես հասկանալ բոլորը, — պատասխանեց հայր սուրբը: — Այստեղ եկած էր մի տաճկաստանցի վարդապետ՝ եպիսկոպոս ձեռնադրվելու համար (նա դեռ այստեղ է, գուցե կհանդիպես նրան): Առաջին օրերում, երբ դեռ նոր էր եկել, խոսելով Թուրքիայի հայերի մասին, ամենասարսափելի գույներով նկարագրում էր նրանց դրությունը, պատմում էր քրդերի բարբարոսությունները, պատմում էր թուրքերի հարստահարությունները և հազար ու մեկ փաստեր էր բերում, թե որպիսի եղեռնագործություններ են կատարում Հայաստանում: Նրա խոսքերին անկարելի էր հավատ չընծայել, որովհետև բոլորը, ինչ որ ասում էր, հաստատում էր անհերքելի ապացույցներով: Բայց հենց որ այդ մարդը տեսնվեցավ «հոսոսների» հետ, այնուհետև լեզուն փոխեց: Այնուհետև սկսեց գովաբանել թուրքերի մարդասիրությունը, պաշտպանել նրանց արդարությունը և հիանալ նրանց ազնվության և մեծահոգության վրա: Ի՞նչ աներ խեղճը, եթե լեզուն չփոխեր: Եթե իր խղճի և համոզմունքի դեմ չջատագովեր այն, որ իր համար գարշելի էր և ատելի, գուցե չէր ստանա ցանկացած եպիսկոպոսությունը: Մի ուրիշ օրինակ ևս. մի այլ տաճկաստանցի վարդապետ, որի վանքը կողոպտված էր քրդերից, եկել էր այստեղ պաշտպանություն խնդրելու: Այդ ողորմելին ավելի ցավալի կերպով նկարագրում էր իր ժողովրդի կրած նեղությունները թե՛ կառավարության պաշտոնյաներից և թե՛ քուրդ դերեբեյիներից: Երբ նրա խոսքերը հասան «հոսոսներին», ոչ միայն ուշադրություն չդարձրին վարդապետի խնդիրքի վրա, որի համար նա եկած էր, այլ հրամայեցին դուրս անել վանքից: Թշվառականը ստիպվեցավ նույնպես փոխել իր լեզուն, և այնուհետև պատվավոր ընդունելություն գտավ, մոռացավ իր վանքը, մոռացավ իր ժողովուրդը և մյուս անգամ չհիշեց քրդերից կրած հարստահարությունները: Ես ավելին կասեմ, այդ վարդապետը ավելի ևս հաճոյանալու համար, մի տոնախմբության օրում, սկսեց խմել սուլթանի կենացը, նույն իսկ ժամանակ, երբ Բայազեդում և Ալաշկերտի մեջ թուրքերը կոտորում էին հայերին: Այդ բոլորից հետո, կարծեմ, շատ պարզ է, թե այստեղ որպես են նայում գործի վրա:

Վարդանը չէր հավատում իր ականջներին, նրան թվում էր, թե այդ բոլորը լսում է երազի մեջ: Նա երևակայել չէր կարող այն աստիճան անգթություն, որ հասնում էր սարսափելի դավաճանության: Ազգի սոսկալի ճգնաժամի րոպեում, երբ նրա կյանքը, երբ նրա ապագան կախված էր մի մազից, որ կարող էր կտրվել, և ձգել նրան հավիտենական անդունդի մեջ, — մի այդպիսի աղետալի րոպեում, երբ ամբողջ ազգի աչքը դարձրած էր դեպի փրկության Արարատը, — նա, ազգը, հանդիպում էր իր ծնողի սառնասրտությանը, և գտնում էր նրան թեքված իր թշնամու, իր սպանողի կողմը...:

— Բոլո՞րը միևնույն համոզմունքի են, — հարցրեց Վարդանը խռովյալ ձայնով:

— Ոչ, «հոսոսները» միայն: Դրանք թուրքի կառավարության մեջ տեսնում են ամեն ինչ արդար և իրավացի: Եվ եթե հայերը բողոքում են կամ դժգոհություններ են հայտնում, բոլորը սուտ է և զրպարտություն:

— Շատ հասկանալի է, դրանք ևս մի տեսակ Թոմաս էֆենդիներ են. թուրքի անկարգությունները միշտ նպաստավոր են Թոմաս էֆենդիներին: Բայց գոնե թող օրինակ առնեին Ներսես պատրիարքից, Խրիմյանից և Նարբեից, որոնք հայոց պատմության մեջ պաշտելի անուն պիտի թողնեն:

— Դու խիստ միամտաբար ես խոսում, բարեկամ, — պատասխանեց հայր սուրբը, — հավատացնում եմ քեզ, եթե հնար ունենան, հենց այսօր կոչնչացնեն Ներսեսի բոլոր գործողությունները, գուցե, աշխատում էլ են... Այստեղ ճգնում են հավատացնել, թե Ներսեսը և իր արբանյակները, բոլորը շարլատաններ են, թե նրանք խաբում են ազգին, թե նրանք հայի համար չեն մտածում և (մտածելու էլ առիթ չկա), թե նրանք եվրոպական այլնայլ պետությունների ներկայացուցիչների ձեռքում անարգ գործիքներ են, որ աշխատում են նրանց քաղաքական շահերի համար, որպեսզի խեղճ Թուրքիայի վզին ավելի մեղքեր փաթաթեն: Այստեղ ծիծաղում են հայերի թեթևամտության վրա, որոնք Ներսեսի «ձեռնածություններից» մի լավ բան են սպասում: Այստեղ ասում են, թե թուրքից մի նոր բան պահանջելը կատարյալ լրբություն կլիներ հայերի կողմից, թե թուրքը տվել է հայ ժողովրդին ինչ որ պետք է, որից ավելիին նա արժանի չէ: Եվ եթե մի բան թերի է մնացել, ասում են, թուրքը այնքան բարի է, որ ինքը կբարեհաճի շնորհել, էլ ի՞նչ հարկ կա ձանձրացնել ողորմած կառավարությանը:

— Մի՞թե ամբողջ միաբանությունը այդ սոսկալի տրամադրության մեջ է գտնվում, — գոչեց երիտասարդը բարկությամբ:

Հայր սուրբը իսկույն չպատասխանեց, սենյակից դուրս եկավ, նայեց դեպի դրսի խավարի մեջ, և ներս մտնելով, նստեց իր առաջվա տեղը և բավական մեղմ ձայնով ասաց.

— Մենք բավական անզգույշ ենք խոսում, այստեղ պատերն էլ ականջ ունեն, վանքի հյուրընկալը կենում է հարևան սենյակում, սատանայի հոտառություն ունի, եթե մի բան լսեց, առավոտյան խաբարը կտանե...

— Ես հարցրի առհասարակ միաբանության տրամադրությունը, — կրկնեց Վարդանը, առանց ուշադրություն դարձնելու հայր սուրբի վերջին խոսքերի վրա:

— «Հոսոսները» միայն բացառություն են կազմում, թե չէ, ամբողջ միաբանությունը թուրքամոլ չէ: Նրանց մեջ կան ազնիվ մարդիկ ազնիվ ցանկություններով, և գուցե պատրաստ կլինեն ամեն զոհաբերություն հանձն առնել Թուրքիայի հայի արտասուքը սրբելու համար, եթե...

— Եթե «հոսոսները» թույլ կտան:

— Այո՛: Ի՞նչ անեն խեղճերը, նրանք այն աստիճան կաշկանդված են՝ խոսելու անգամ իրավունք չունեն, ուր մնաց գործելու: Այստեղ կա մի Մանկունի, մի կատարյալ հրեշ, որ իր ծանրության ներքո ճնշում է, խեղդում է բոլորին:

— Ես դարձյալ չեմ հասկանում, այս ի՞նչ դժոխային քաղաքականություն է՝ տեսնել մի ամբողջ ժողովուրդ Թուրքիայի բռնակալության ներքո ճնշված, որ մոտ է ոչնչանալու, և դարձյալ պաշտպանել ոչնչացնողին:

— Ինձ համար էլ կատարյալ հանելուկ է այդ, ես էլ չեմ հասկանում, — պատասխանեց հայր սուրբը շվարած կերպով:

— Բայց ի՞նչով են բացատրում ալաշկերտցոց գաղթականությունը կամ Բայազեդի հայերի կոտորածը: Ի՞նչով են բացատրում Վանի հրդեհը:

— Թուրքին արդարացնելու համար նրանք միշտ պատրաստի և սերտած բառեր ունեն իրանց բերանում: Մեղքը գցում են հայերի վրա, ասելով, թե հայերը մի անհանգիստ, դժգոհ և անշնորհակալ ժողովուրդ են: Ասում են, «գայլը մեղավոր չէ, երբ գառը նրան բարկացնում է»: Եվ ալաշկերտցոց գաղթականության մեջ տեսնում են ոչ թե թուրքի և քրդի սուրը և հուրը, որ ստիպեցին մի ամբողջ ժողովրդի թողնել իր հայրենիքը, այլ աշխատում են ցույց տալ մի գաղտնի և զորեղ ձեռք, որ դուրս քաշեց թշվառ ժողովրդին իր հայրենիքից: Թե որքան սխալ է այդ, քեզ ավելի պետք է հասկանալի լինի, Վարդան, դու խո սկզբից մինչև վերջը «գործի» միջումն ես եղել...

— Այս բոլորից հետո, ինձ դարձյալ անհասկանալի է, թե դու ի՞նչ հույսերով ես այստեղ մնում, հայր սուրբ, ասա՛, խնդրեմ, ի՞նչ պաշտպանություն կամ ի՞նչ օգնություն կարելի է գտնել դրանցից:

— Ոչինչ, ես ինքս էլ համոզված եմ, ոչինչ: Բայց ի՞նչ ճար ունեմ, ո՞ւմը դիմեմ, ո՞ւր գնամ, մնացել եմ շվարած:

— Դիմեցեք հայ հասարակությանը:

Հայր սուրբը ոչինչ չպատասխանեց և րոպեական մտածությունից հետո ասաց, կարծես, ինքն իր հետ խոսելով.

— Այժմ դժվար է բոլորը պարզել... բայց կգա մի օր, երբ ժամանակը կմերկացնե խայտառակ իրականությունը...

Կարծես, արյունի հետ դուրս բխեցան այդ խոսքերը անբախտ աբեղայի սրտից: Նա այն աստիճան հուսահատված էր, այն աստիճան զայրացած էր, որ իրան զսպել չկարողացավ: Եվ ի՞նչ հարկ կար Վարդանի մոտ ծածկամիտ լինել: Վարդանը օտար մարդ չէր նրա համար: Վարդանի հետ նա գործել էր: Վարդանի հետ շատ խորհուրդների մեջ մասնակից էր եղել:

Խոսակցությունը կրկին դարձավ գաղթականների վրա: Ալաշկերտցոց առաջնորդը պատմում էր իր վտարանդի ժողովրդի թշվառությունները, նկարագրում էր, թե որպիսի տառապանքներ են կրում նրանք, առաջարկում էր միջոցներ, որոնցմով կարելի կլիներ պահպանել նրանց կատարելապես ոչնչանալուց:

— Ինձ շատ զարմացնում է, որ այդքան ահագին թվով հիվանդներ կան գաղթականների մեջ, — կտրեց երիտասարդը հայր սուրբի խոսքը, — այդ հաշվով կեսից ավելին հիվանդ է: Ընչի՞ց առաջ եկավ այդ:

— Եթե լսելու լինես գաղթականության սարսափելի մանրամասնությունները, կզարմանաս, որ այդ թշվառները դեռևս կարողացել են կենդանի մնալ: Դա մի հրաշք է, կատարյալ հրաշք: Բայց ինձ մոտ ոչ այնքան հիշողություն է մնացել և ոչ այնքան լեզվի զորություն, որ կարողանամ բոլորը պատմել քեզ: Ես միայն կտամ մի քանի մասնավոր տեղեկություններ:

— Բայազեդի պաշարումից հետո, որի մանրամասնությունները քեզ հայտնի են, գեներալ Տեր-Ղուկասովն ստիպվեցավ ետ քաշել ռուսաց զորքերը: Այդ միջոցին նա կատարեց երկու մեծ քաջագործություններ: Մի կողմից իր փոքրաթիվ գունդերով նա պետք է պատերազմեր թուրքերի բազմաթիվ զորքերի հետ (իհարկե, նահանջման դիրք բռնելով), մյուս կողմից, նա պետք է ազատեր Ալաշկերտի և Բայազեդի գավառների հայ բնակիչներին թուրքերի կոտորածից: Այդ երկուսն էլ ռազմագիտական մեծ ճարպիկությունների կարոտ էին, որոնց մեջ գեներալը ցույց տվեց իր հանճարը: Նա այնքան ժամանակ կարողացավ բռնել թուրք զորքերի սարսափելի հոսանքի առաջը, որ մինչև նրանց հասնելը, հայերը շտապեցին գաղթել: Բայց ժամանակը խիստ նեղ էր և ժողովուրդը բոլորովին անպատրաստ էր գաղթականության համար: Հանկարծ լուր տվեցին, թե ռուսաց զորքերը պետք է թողնեն այդ երկիրը, գաղթեցեք, փախեք այդ երկրից, եթե մնալու լինեք, թուրքերը կկոտորեն ձեզ: Այդ լուրը կայծակի արագությամբ անցավ բոլոր գավառների մեջ: Սարսափը և տագնապը տիրեցին ժողովրդին: Թշնամին կանգնած էր նրա գլխին: Այլևս հեղգալ կամ հապաղել անկարելի էր. պետք էր թողնել սիրելի հայրենիքը: Ինձ դժվար է նկարագրել այն սոսկալի գիշերը, երբ ժողովուրդը բաժանվում էր իր տնային օջախից: Մի զարհուրելի խռովություն, մի աղետալի իրարանցում տիրել էր ամբոխի վրա: Մի գշերվա ընթացքում պետք է գաղթեին: Անասունների մեծ մասը մնացին դաշտումը, տերերը ժամանակ չունեցան բերելու: Հայրը չսպասեց որդուն, որը տնից բացակա էր: Եղբայրը մոռացավ եղբորը: Տների կարասիքը և ծանրությունները կամ մնացին իրանց տեղերում, կամ տերերը կրակ տվեցին և այրեցին: Մայրերը շալակեցին փոքրիկներին, իսկ հայրերը, բեռնավորված մի քանի անհրաժեշտ իրեղեններով, բռնեցին իրանց որդիների ձեռքից և դուրս եկան: Խիստ սակավ ընտանիքներ սայլեր ունեին, որովհետև սայլերը տարել էին պատերազմական մթերքեր տեղափոխելու: Սպասելու ժամանակ չկար, որովհետև թշնամին ետևից հալածում էր: Ով մնաց, զոհվեցավ բարբարոսի անգթությանը: Ով եկավ, կարծեց, թե ազատվեցավ: Բայց այստեղ ևս հանդիպեցան նոր դժբախտությունների, որ ավելի անողորմ են քան թե քուրդը և թուրքը, ինչպես են քաղցածությունը և հիվանդությունը:

— Եվ այդ հիվանդությունը հետևանք էր այն դառն չարչարանքների, որ կրեց ժողովուրդը իր գաղթականության ժամանակ: Ամբողջ շաբաթների ճանապարհը նա պիտի անցներ մի քանի օրվա մեջ, առանց հանգստանալու և առանց մի տեղ կանգ առնելու: Կին, աղջիկ, երեխա, ծեր և մանուկ, բոլորը գալիս էին ոտով. խիստ սակավները գրաստ ունեին: Շատերը նվաղեցան, թուլացան և մնացին կես ճանապարհի վրա: Ո՞վ էր ուշադրություն դարձնում ազգականի, բարեկամի մինչև անգամ սիրելի զավակի վրա: Ամենին տիրել էր մի ընդհանուր խռովություն. ամեն մարդ կորցրել էր թե՛ սիրտը և թե՛ զգացմունքը: Ավելացրեք դրա վրա քաղցը, ծարավը և օտար երկրի անսովոր կլիման, և դուք հիվանդությունը շատ բնական կգտնեք: Թշնամուն չհանդիպելու համար մեզ բերեցին այնպիսի սատանայական և լեռնային ճանապարհներով, որ շատ դժվար էր կնիկների և երեխաների համար անցկենալ: Եվ այդ էր պատճառը, որ մի քառորդ մասը գաղթականների մնացին ճանապարհների վրա և բոլորովին ոչնչացան: Կարճ ասած, շահ Աբասի Սպահան տարած հայ գերիների պատմությունը, որը այնքան սարսափելի գույներով նկարագրում են մեր մատենագիրները, այս գաղթականության հետ համեմատելով, մի շատ հասարակ դեպք պետք է համարել:

Հայր սուրբի ցավալի պատմության ժամանակ Վարդանի միտքը զբաղված էր բոլորովին այլ առարկայով. նա համարյա չէր լսում նրան. — նա մտածում էր իր սիրելի Լալայի մասին: Ախար նա էլ այդ գաղթականների մեջ պետք է լիներ: Նա էլ պետք է ենթարկված լիներ նույն աղետներին, թեև Ջավոն պատմել էր նրան, թե քուրդ բեկի կնոջ՝ Խուրշիդի կարգադրությամբ Լալան տարվեցավ ռուսաց երկիրը, բայց նրա ծառաները խո չէին կարող անցնել ռուսաց սահմանից, որովհետև իրանք քուրդ էին և թշնամի պետության հպատակ: Ուրեմն, Լալային իր եղբոր կնոջ Սառայի հետ պետք է թողած լինեին գաղթականների խմբի մեջ: Բայց ի՞նչպես գտնել նրանց, արդյոք կենդանի՞ են, — այդ հարցերը սկսեցին տանջել անբախտ երիտասարդին:

— Հայր սուրբ, դու ոչինչ չգիտե՞ս ծերունի Խաչոյի ընտանիքի մասին, — հարցրեց նա, — իմ կարծիքով նրանք ևս պետք է գաղթականների մեջ լինեն, ո՞րտեղ կարելի է գտնել նրանց:

— Գտնել փոքր ինչ դժվար է ձեզ համար, որովհետև գաղթականները զանազան տեղերում ցրված են: Բայց նրանց հետ եկել են իրանց քահանաները և տանուտերները, ես հանձնել եմ այս վերջիններին կազմել իրանց ժողովրդի անվանական վիճակագրությունը, թե որքան թվով ո՞րտեղ են բնակվում, որպեսզի նրանց դարմանելու համար հոգածություն լինի: Այս ցուցակներից հեշտ կլինի գտնել, թե գաղթականների ո՞ր խումբի մեջն են գտնվում ծերունի Խաչոյի ընտանիքը:

— Ե՞րբ կբերեն ցուցակները:

— Գուցե վաղը, կամ մյուս օրը, ճիշտը չգիտեմ:

Այդ «վաղը» կամ «մյուս օրը» մի անսահմանություն էր խեղճ Վարդանի համար, այս պատճառով նա այն գիշեր անցկացրեց անտանելի տանջանքների մեջ:

Խ

Վանքի զանգակների մեղմ և չափավոր հնչյունները ծանուցին առավոտյան ժամը: Ավելի բախտավոր աբեղաները դեռ քնած էին փափուկ սենյակներում, իսկ ավելի անբախտ աբեղաները շտապեցին աստուծո տաճարը աղոթելու համար:

Հովհաննես հայր սուրբը այս առավոտ խիստ վաղ զարթնեց, և թողնելով Վարդանին քնած, ինքը դուրս եկավ կացարանից: Նա չէր գնում աղոթելու, այլ սովորություն ուներ ամեն առավոտ այցելել Վաղարշապատում գտնված գաղթականներին, և տեսնել, թե ինչ դրության մեջ են նրանք: Այս առավոտ տեսած թշվառությունները այն աստիճան սիրտ կտրատող էին, որ նա այլևս ուժ չունեցավ բոլոր անբախտներին այցելություն անելու: Ամեն տեղ նկատում էր սարսափելի տեսարաններ, ամբողջ ընտանիքը հիվանդ, անխնամ, ընկած էին այս և այն ախոռատան անմաքրությունների մեջ, գոնե մեկը առողջ չէր մնացել, որ մյուսներին հոգ տաներ:

Տխուր հուսահատության մեջ դառնում էր նա դեպի վանքը, և մտքին դրած ուներ, այսօր, ինչ հնարքով և լինի, մտնել վեհարանը և մահամերձ ժողովրդի համար շուտափույթ օգնություն խնդրել: Այդ միջոցին անցավ նրա մոտից մի ֆայտոն, նստողը, տեսնելով աբեղային հրամայեց կանգնել:

— Լա՜վ խաբար, — ասաց նա մոտենալով. — Երևանի նահանգապետը հաստատեց գաղթականներին օգնելու համար կազմված մասնաժողովը, անդամներ ընտրվեցան բավական հավատարիմ անձինք: Թիֆլիսից նույնպես ուրախալի լուրեր ստացվեցան. այնտեղի մասնաժողովը եռանդով գործում է, խոստանում են շուտով փողեր և բժշկական դարմաններ ուղարկել:

— Ուրախալի է, — պատասխանեց աբեղան: — Այստեղ էլ մտածում են հրամաններ գրել հոգևոր իշխանության գործակալներին նվիրատվություններ հավաքելու:
— Ո՞րտեղից պիտի գրեն:

Աբեղան ձեռքը պարզեց դեպի վանքը: Երիտասարդը սկսեց ծիծաղել:

— Այդ ոչինչ նշանակություն չի կարող ունենալ, — պատասխանեց նա, — նրանց հավաքածը ալաշկերտցու փորը չի մտնի...

Եկվորը Մելիք-Մանսուրն էր:

— Դու ինձ ուրախացրիր բերած լուրովդ, — ասաց աբեղան. — ես էլ քեզ պիտի ուրախացնեմ:

— Ի՞նչով:

— Վարդանը այստեղ է: Իմ սենյակում:

— Իրա՞վ, ո՞րտեղից դուրս եկավ այդ սատանան. ես չէի հավատում, որ մյուս աշխարհից մարդիկ կարող են վերադառնալ: Գնանք:

Երկուսն էլ սկսեցին դիմել դեպի վանքը:

Ճանապարհին Մելիք-Մանսուրը հարցրեց աբեղայից.

— Դու լավ ճանաչո՞ւմ ես Վարդանին:

— Հինգ տարուց ավել կլինի, որ ես նրա հետ ծանոթ եմ: Մեր կողմերում նա հայտնի է որպես մի քաջ կանտրաբանտիստ: Բայց երկար ժամանակ ոչ ոք չկարողացավ հասկանալ, որ նրա պարապմունքը շահասիրական նպատակ չունի: Նա միայն զենքեր էր տեղափոխում և շատ անգամ ձրի բաժանում էր գյուղացիներին, և եթե պատահում էր երբեմն ապրանքներ բերել, այդ անում էր նա իր բուն վաճառքի հետքերը թաքցնելու համար: Նպատակը շատ բարի էր, բայց տխուր հանգամանքները բոլորը ապարդյուն արեցին...

— Ես մի քանի անգամ միայն կարողացա տեսնել նրան, — պատասխանեց Մելիք-Մանսուրը, — բայց մինչև այսօր ոչ մի մարդ իմ համակրությունը այն աստիճան չէ գրաված, որպես այդ եռանդոտ երիտասարդը: Ես տեսա, որքան քաջ, որքան անգութ է նա արյունոտ գործերում, այնքան ավելի ազնիվ, բարի և հավատարիմ է բարեկամության մեջ:

— Բացի դրանից, Վարդանը նշանավոր է և իր սատանայական խելքով. նա իր կյանքում կատարել է շատ բան, որքան հազիվ կարող էր կատարել մի լավ գործիչ, հարյուր տարվա ընթացքում: Միայն նա խիստ համեստ է իր գործունեության մեջ և սիրում է միշտ ծածկվել հասարակ մարդու կեղևի մեջ:

Վարդանը, առավոտյան զարթնելով գտավ իրան հայր սուրբի սենյակի մեջ մենակ: Արեգակի ճառագայթները ներս էին ծագել խուցի նեղ լուսամուտներից և լցրել էին նրան խիստ պայծառ լույսով: Բայց տաքացած օդը խեղդելու չափ անտանելի էր: Նա մոտեցավ լուսամուտներից մեկին և բաց արեց. դրսի թարմ և հովասուն օդը ախորժ հոսանքով զարկեց նրա բորբոքված երեսին: Բայց մի բան, կարծես, ծանրացել էր նրա սրտի վրա, մի բան դարձյալ խեղդում էր նրան: Մի փոքր սպասեց, մինչև իր հյուրընկալը կվերադառնար: Բայց ուշացավ նա. Վարդանը այժմ խիսա անհամբեր էր դարձել, նա դուրս եկավ մի փոքր ազատ օդ շնչելու: Եվ որովհետև չէր ցանկանում, որ վանքում տեսնեին կամ ճանաչեին նրան, այս պատճառով ետևի դռնից դուրս եկավ դեպի լճի կողմերը: Այնտեղ գտավ մի ծերունի եպիսկոպոս, որին իսկույն ճանաչեց: Դա վանքի նշանավոր հնություններից մեկն էր:

— Բարով, պապի:

Ամբողջ միաբանությունը նրան «պապի» էր կոչում: Պապին նստած էր ամառային արեգակի այրող ճառագայթների հանդեպ և տաքացնում էր իր սառած անդամները: Նա նմանում էր հնդկական ֆաղիրներին, որոնք չեն լվացվում, չեն սանրվում, եղունգները չեն կտրում և լավ չեն հագնվում, որովհետև մեղք են համարում: Լսելով երիտասարդի ձայնը, նա ձեռքը դրեց ճակատի վրա, որ աչքերից արգելէ լույսի ուղիղ ճառագայթները, և վեր նայելով, ասաց.

— Ձայնդ ծանոթ է գալիս, որդի, բայց աչքերս չեն ջոկում, թե դու ով ես, որդի:

— Ես Վարդանն եմ:

— Շատ ապրիս, որդի, եկ, համբուրեմ քեզ. որքա՜ն մեծացել ես, որդի:

Վարդանը թույլ տվեց իրան համբուրել:

— Նստի՛ր, որդի՛, այստեղ, ինձ մոտ, ահա այսպես լավ է: Ի՜նչ լավ տղա ես դարձել, որդի: Միտդ գալի՞ս է, որ կատվի նման մտնում էիր իմ խուցը և միրգ էիր գողանում: Այն ժամանակ պստիկ էիր, շատ պստիկ:

— Միտս գալիս է, պապի, — պատասխանեց Վարդանը խորին հառաչանքով. — ես գողությունը այստեղ սովորեցա...

— Ո՞վ չէ գողանում, հիմա ամենքը գողանում են: Արդարությունը ծիծեռնակի կաթն է դարձել, ոչ մի տեղ չես գտնի: Երկու օր չկա, որ անիծվածները իմ խուցեն գողացան մի քանի հարյուր ռուբլի: Հոգուս համար էի պահել: Ի՞նչպես գտան. ես չեմ հասկանում. սատանան էլ չէր կարող գտնել: Դրել էի առաստաղի տախտակամածի ետևը: Բայց սատանաները դրանցից պետք է դաս առնեն... Ա՜խ, նզովյալներ, նզովյալներ...

Պապիի սենյակից փողեր գողանալը այնպիսի մի սովորական բան էր, որ շատ չէր կարող հետաքրքրել Վարդանին: Այդ մոտ հարյուր տարեկան ծերունին իր ամբողջ կյանքում ոչինչ չէր ծախսել, և ձեռք ընկածը հավաքելու ու պահելու սովորություն ուներ: Երբ նրա գանձը հարյուրների կամ հազարների կհասներ, հանկարծ մի աներևույթ ձեռք կհափշտակեր և կտաներ բոլորը: Բայց վերջին ժամանակներում հաճախ կրկնվող գողությունները պապիին բավական վարպետ շինեցին: Նա իր սենյակում հարյուրավոր ծակուծուկ ուներ, և փողերի ամեն մի մասը մի ծակում էր պահում: Եվ այս պատճառով, երբեք չէր պատահում, որ նրա գանձը մի անգամով հափշտակվեր, թեև ինքը սովորություն ուներ երդվել և հավատացնել, թե բոլորը տարան:

Պապին խիստ տիպական ժլատներից էր, և Վարդանը ճանաչում էր նրան իր մանկության ժամանակից, նրա ժլատությունը միաբանության մեջ լեգենդական նշանակություն էր ստացել: Պապին համարվում էր հարուստ աբեղաներից մեկը, այն զանազանությամբ միայն, որ ուրիշները իրանց հարստությունը դիզել էին ավելի մթին ճանապարհներով, իսկ պապին սաստիկ խնայողությամբ:

— Փող շատ ես սիրում, պապի, ի՞նչ պիտի անես այսքան փողը:

— Է՜հ, որդի, «աղվես կա, որ ուղտ է կուլ տալիս, բայց գայլի անունն է խայտառակ»: Հիմա ո՞վ չէ սիրում փողը, հիմա փողի բազար է, բոլորը փողի համար են աշխատում:

Նա դողդոջուն ձեռքով ծոցից հանեց քթախոտի տուփը, բաց արավ, տեսավ, որ դատարկ էր: Գուցե հարյուր անգամ նա այսօր բաց էր արել այդ դժբախտ տուփը և ամեն անգամ տեսել էր, որ դատարկ է, բայց դարձյալ չէր հավատում իր աչքերին, և կարծում էր, թե գուցե մի հրաշքով լցված կլինի:

— Անիծվի Սիմոն վարժապետը, դու խո ճանաչում ես նրան, քսան կոպեկ տվեցի, թանիքայե դութիս էլ տվեցի, որ տանե քաղաքից բուռնոթի առնե, տարավ, համ փողը կերավ, համ դութին: Դու բուռնոթի չունե՞ս, Վարդան:

— Ես չեմ գործ ածում, պապի:

Պապիի բախտին փոքր ինչ հեռու ընկած էր մի կիսաքաշ պապիրոս: Նա տեսավ, և վեր կենալով, մոտեցավ, վերառեց պապիրոսի կտորը, և թղթե փաթոթը պատառելով, մի կողմը գցեց, այնուհետև սնացած ծխախոտը փշրեց ափի մեջ, դողդոջուն մատներով մանրեց և կծու փոշին քաշեց պնչածակերի մեջ:

— Մի՞թե այդպես են պահում քեզ, պապի, որ բուռնոթու փող էլ չեն տալիս:

— Է՜հ, որդի, աշխարհս փոխվել է, ո՞ւր են Ներսես վեհափառի ժամանակները: Այն ժամանակ սեր կար, միաբանություն կար, այն ժամանակ մեծ կար, փոքր կար: Իսկ հիմա ամեն բան տակնուվրա է եղել: Ով որ ճարտար սուտեր խոսել գիտե, ով որ խելացի կերպով խաբել գիտե, նա է առաջ ընկնում: Մեր նմանների ռեխին ո՞վ է նայում: Հիմա նոր հավեր են եկել, ու երկաթե ձվաներ են ածում:

Պապին Ներսեսի ամենաջերմ պաշտողներից մեկն էր. այդ հավիտենական հիշատակի արժանի կաթողիկոսի անունը նրա լեզվում սրբության նշանակություն ուներ: Ամեն մի զեղծում տեսնելու ժամանակ, երբ նրա սիրտը վշտանում էր, նա միշտ սովորություն ուներ հիշել Ներսեսի ժամանակները, որ նրա համար Էջմիածնի ոսկեդարն էր:

Պապին այժմ մի առանձին հոգեզմայլությամբ դարձյալ

հիշեց ուսկեղարը: Նա ցույց էր տալիս գեղեցիկ լիճը, բացատրում էր, թե ինչ նպատակի համար էր շինել տվել այն մեծ մարդը այդ գեղեցիկ լիճը: Ցույց էր տալիս լճի մոտ մի ավերակ, որ պետք է թղթի գործարան լիներ, որ վանքը ուրիշ տեղից թուղթ բերել չտար, իսկ այժմ այնտեղ վանքի գյուղացիները իշաներ էին կապում: Ցույց էր տալիս լճի հանդեպ մի ուրիշ ավերակ, որ պետք է մետաքսի գործարան լիներ, որի համար տնկել տվեց վեհափառը անտառի մի ահագին մասը, որ բաղկանում էր թթենիներից: Հիշելով անտառը, նա չկարողացավ իր արտասուքը զսպել, և պատմեց, թե վեհափառը իր տնկել տված ծառերը այնքան էր սիրում, որքան հայրը կսիրե իր զավակներին: Երբ գնում էր անտառը, միշտ մի փոքրիկ կտրոց իր մոտ ուներ և իր ձեռքով կտրատում էր ծառերի ավելորդ ճյուղերը: Եվ նա բոլոր ծառերը ճանաչում էր, և գիտեր, թե տարվա մեջ որը որքան է մեծացել: Այդ տեսնելով վեհափառը ուրախանում էր, որպես հայրը, նայելով իր մանուկի աճող հասակին ուրախանում էր և այլն:

Վարդանը նկատելով, որ այդ պատմությունը շատ երկար կձգվի, կամենում էր հեռանալ:

— Ականջդ մոտ բեր, Վարդան, — ասաց պապին:
Վարդանը ականջը մոտ տարավ և լսեց հետևյալ խոսքերը.

— «Շուտ հեռացիր այստեղից, որդի, քեզ վրա խորթ աչքով են նայում»:

— Ինձ այստեղ դեռ ոչ ոք չի տեսել, պապի:

— Բավական է, որ մեկը տեսել է: Ես վատ բաներ լսեցի քո մասին:

— Ձեր ականջները խո լավ չեն լսում, պապի, ի՞նչպես լսեցիք:

— Պապիի ականջները այն ժամանակ միայն վատ են լսում, երբ խոսքը իրան ձեռնտու չէ, բայց պետքական խոսքը նա իսկույն լսում է:

Վարդանը ծիծաղեց և հեռացավ:

Պապին նրա ետևից կանչեց.

— Լսի՛ր, Վարդան, եթե քաղաքը գնալու լինիս, չմոռանաս ինձ համար մի քիչ բուռնոթի ուղարկել: Դու խո տեսա՞ր, որ տուփս դատարկ էր:

Այդ միջոցին հայտնվեցան Մելիք-Մանսուրը Հովհաննես հայր սուրբի հետ:

— Ի՞նչ էիր խոսում պապիի հետ, — հարցրեց վերջինը:

— Նա միակ ազնիվ մարդն է այստեղ, — պատասխանեց Վարդանը, և դառնալով Մելիք-Մանսուրին, ասաց.

— Ես կցանկանայի ձեզ հետ առանձին խոսել, դուք ունե՞ք այստեղ որևիցե ծանոթ տուն:

— Ունեմ:

Վարդանը ոչ թե պապիի խոսքերից կասկածի մեջ ընկավ, այլ առհասարակ աշխատում էր իրան հեռու պահել վանքից: Բացի դրանից, նա անհանգիստ էր Լալայի մասին, պետք էր գտնել նրան, պետք էր մի տեղեկություն ստանալ նրա մասին: Նա խնդրեց Հովհաննես հայր սուրբից, որ նա հաղորդե իրան, թե որևիցե տեղեկություն ստանալու կլինի քահանաներից:

— Ես լուր ստացա, որ այսօր մինչև ճաշը կգան քահանաները և ցուցակները կբերեն, — ասաց հայր սուրբը, — անմիջապես քեզ իմաց կտամ:

— Գիտե՞ք մեր տեղը, — հարցրեց Մելիք-Մանսուրը:

— Գիտեմ:

— Ուրեմն գնանք, Վարդան:

Այդ միջոցին հրապարակի վրա երևաց մի փոքրիկ խումբ,

որ դանդաղ կերպով շարժվում էր դեպի գերեզմանատունը: Մի քանի ալաշկերտցիներ տանում էին մի դագաղ: Քահանա չկար, որովհետև քահանային կարող էին պատրաստ գտնել գերեզմանատանը: Նա այնտեղից չէր հեռանում, ի նկատի ունենալով, որ ամեն րոպե նոր դագաղներ կարող էին բերվել: Մի կին, հենած երկու ուրիշ կանանց թևքերի վրա, գնում էին դագաղի հետ: Նա լաց չէր լինում, և ոչ արտասուք էր երևում նրա ցամաքած աչքերում: Նա գտնվում էր մի տեսակ սարսափելի շվարման մեջ, որ հատուկ է հոգու այն տրամադրության, երբ բոլոր զգացմունքները խորտակվում են մի ծանր և անակնկալ հարվածի ներքո: Երևում էր, որ այդ կինը հանգուցյալի մոտ ազգականը պետք է լինի: Նրա փեշերից քարշ էին ընկած երկու փոքրիկ երեխաներ, դրանք լաց էին լինում: Վաղարշապատցիներից ոչ ոք չէր գնում դագաղի հետ, բացի մեզ ծանոթ բժշկապետից, որ որոշվում էր այդ աղքատ կիսամերկ խումբի մեջ:

Վարդանը և Մելիք-Մանսուրը հեռվից տեսան այդ թշվառ հուղարկավորությունը, բայց ուշադրություն չդարձրին: Ամեն օր, ամեն րոպե հանդիպում էին այսպիսի տեսարանների, որոնք արդեն սովորական երևույթների կարգն էին անցել:

ԽԱ

Վարդանը, տեսնելով Մելիք-Մանսուրին, կարծես, առժամանակ մոռացավ դառն ցավը, որ այնքան սաստիկ կերպով մաշում էր նրա սիրտը: Բացի դրանից, Հովհաննես հայր սուրբի տված հույսը, թե գաղթականների հետ եկած քահանաներից և տանուտերներից կարելի է տեղեկանալ ծերունի Խաչոյի ընտանիքի որտեղ լինելու մասին, — այդ ուրախալի հույսը բավական հանգստացրել էր նրան: Նա մտածում էր, թե այդ տեղեկություններով կարող է գտնել Լալային, և իր սիրով կթեթևացնե նրա պանդխտության տառապանքները:

Բայց այդ՝ սիրտ խոցոտող կսկիծների աոժամանակյա բթություն էր միայն, երբ վշտերը գուլանում են, և սրտի վերքերին տիրում էր րոպեական թմրություն:

Տունը, ուր տանում էր նրան Մելիք-Մանսուրը, գտնվում էր Վաղարշապատի հին փողոցներից մեկի մեջ: Շինվածքները թեև մանր էին և խիստ աղքատ, բայց որպես առհասարակ Վաղարշապատի տները, ունեին ընդարձակ բակեր, որ հովանավորված էին պտղատու ծառերով:

— Դու շատ գոհ չես լինի, — ասաց ճանապարհին Մելիք-Մանսուրը, — եթե գիտենաս, թե որտեղ եմ տանում քեզ:

— Ինձ համար միևնույն է, — պատասխանեց Վարդանը անփույթ կերպով: — Ես միայն ցանկանում էի մի քանի տեղեկություններ ստանալ պարոն Սալմանի մասին: Այնտեղ խո մեզ խանգարող չի՞ լինի:

— Ոչ ոք:

Փոքրիկ դռան մուրճը զարկեցին, մի պառավ կին բաց արեց դուռը: Նրանք ներս մտան և դուռը կրկին փակվեցավ նրանց ետևից:

— Ա՛յ նանի, քեզ համար մի նոր հյուր եմ բերել, — ասաց Մելիք-Մանսուրը:

Պառավը մի խորամանկ հայացք ձգելով Վարդանի երեսին, պատասխանեց.

— Աչքիս վրան...

— Դե շուտ, նանի, մեզ համար մի շիշ գինի, սաստիկ ծարավ ենք, — ասաց Մելիք-Մանսուրը: Եվ մոտենալով, ավելացրեց. — Հոգիդ կհանեմ, եթե մի ուրիշ մարդ ներս ես թողել:

Պառավը խորհրդավոր կերպով գլուխը շարժեց և հեռացավ:

Երկու երիտասարդները մտան մի փոքրիկ, բայց բավական մաքուր սենյակ, որ կահավորված էր կիսաասիական և կիսաեվրոպական ճաշակով, և նստան փոքրիկ սեղանի մոտ, միմյանց հանդեպ: Քանի րոպեից հետո մի մանկահասակ կին հուշիկ քայլերով ներս մտավ և լռությամբ դրեց սեղանի վրա մի շիշ գինի, երկու բաժակի հետ, և նույնպես լռությամբ հեռացավ: Նրա գլխի հայկական պաճուճանքը բոլորովին քողարկել էր դեմքը, երևում էին միայն զույգ սևորակ աչքերը աղեղնաձև հոնքերի հետ: Բայց ինչ որ երևում էր, այդ էլ բավական էր փոքրիշատե հասկացողություն կազմելու նրա գեղեցկության մասին:

Մելիք-Մանսուրը, բաժակները լցնելով, մեկը ինքը խմելով, մյուսը Վարդանին տալով, ասաց.

— Ես միշտ ուրախ եմ, որ մեր վանքերը շինված են ըստ մեծի մասին մարդկային բնակությունից հեռու, լեռների, ձորերի և անապատների մեջ: Ոչ մի տեղ չկան այնքան սրիկա և անբարոյական պատանիներ, որքան Վաղարշապատում: Ոչ մի տեղ չկա այնքան թեթև վարքի տեր կնիկներ, որքան այստեղ: Ահա այդ գեղեցիկ կինը, որ այնպես համեստ և ամոթխած կերպով ներս մտավ և իսկույն հեռացավ, մի աբեղայի սիրուհի է: Վանքը, ես մտածում էի, գոնե պահպանում է կրոնական ջերմեռանդությունը, բայց այստեղ մարդիկ ոչինչի չեն հավատում: Աբեղաների վարքը պատճառում է ժողովրդի մեջ գայթակղություն և թերահավա-տություն: Այստեղ արդեն սկսվել է բորբոքվել բողոքականու-թյունը: Անցնելով փողոցներից, իհարկե, դու տեսար բավական գեղեցիկ տներ, եթե քննելու լինիս, թե ովքեր են նրանց տերերը, կտեսնես, որ համարյա բոլորը աբեղաների հեռու կամ մերձավոր ազգականներ են, որոնք առաջ աղքատ են եղել և հետո վանքի շնորհիվ հարստացել են: Ես, իրավն ասեմ, տանել չեմ կարողանում, երբ նկատում եմ որ այստեղ հարյուր հազարներ են վատնվում, երբ այժմ մեր ամեն մի կոպեկը մեծ արժեք ունի մեզ համար: Հազար ու մեկ պետքեր ունենք, ամենի համար փող է պահանջվում: Կ. Պոլսում ազգային սնդուկը դատարկ է: Պատրիարքը գրոշ չունի իր ամենաանհրաժեշտ ծախքերը լցուցանելու համար: Բայց նրա վրա այժմ ծանրացած են այնպիսի գործեր, որոնց հապաղումը, որոնց հետաձգությունը հավիտենական կորուստ պիտի համարվի ազգի համար: Այսուամենայնիվ, ես չեմ նկատում Կ. Պոլսի պատրիարքարանի և հայոց Մայր Աթոռի մեջ համերաշխության մի նշույլ անգամ: Մանկունին Կ. Պոլսում քսան և հինգ հազար կորցրեց կոնսուլիտների մեջ, և որպես լսում եմ, երեսուն հազար այս մոտ օրերում ուղարկված է, սատանան գիտե, ինչ դժոխային նպատակների համար, բայց հայոց պատրիարքը, մեր միակ գործունյա մարդը, գրոշ չունի...

— Այդ գինին փոքր ինչ թթված է երևում, — ընդմիջեց Վարդանը:

— Դու չէի՞ր լսում ինձ, — գոչեց Մելիք-Մանսուրը վշտացած ձայնով:

— Լսեցի, պատրիարքը գրոշ չունի...

— Այսպես չէ կարելի խոսել...

— Ի՞նչ խոսել, ես միայն մի բան գիտեմ, ինչ ազգ, որ հույսը դրել է միայն եկեղեցականների վրա, նրա կործանման սկիզբը մոտ է վախճանին:

Մանկահասակ կինը կրկին ներս մտավ, հուշիկ քայլերով մոտեցավ սեղանին և դրեց նրա վրա մատուցարանի մեջ դարսած նախաճաշիկը: Այս անգամ երեսի քողի ծալքը, որից առաջ երևում էին աչքերը և հոնքերը միայն, այս անգամ բավական ետ էր քաշված, և դուրս էին նայում նրա վարդագույն նուրբ շրթունքը:

— Մեզ համար մի ուրիշ շիշ գինի ևս, միայն դրանից չլինի, — ասաց Մելիք-Մանսուրը:

Կինը դարձյալ անխոս հեռացավ:

— Ես զարմանում եմ, որ դու մի այսպիսի իջևան ընտրեցիր քեզ համար, — հարցրեց Վարդանը:

— Եթե ուզում ես լավ ճանաչել աբեղային, բարեկամացիր նրա սիրուհու հետ, — պատասխանեց Մելիք-Մանսուրը ծիծաղելով: — Բացի դրանից, այստեղ ամեն գիշեր հավաքվում է մի հասարակություն, որոնք ինձ բավական հետաքրքրական տեղեկություններ են հաղորդում:

— Իհարկե, գլխավորապես վանքի վրա, — ավելացրուց Վարդանը հեգնական կերպով: — Բայց թողնենք առժամանակ վանքը և խոսենք մեր գործի վրա: Ես կցանկանայի քեզանից տեղեկանալ, թե ի՞նչ վախճան ունեցավ պարոն Սալմանը, և ինչեր պատահեցան իմ բացակայության ժամանակ: Ես դեռ ոչինչ չգիտեմ, թեև Հովհաննես հայր սուրբը հաղորդեց շատ բան, բայց ինչ որ պետք էր ինձ, նա ինքն էլ չգիտեր:

Կարծես մի սև թուխպ անցավ Մելիք-Մանսուրի ուրախ դեմքի վրա և նրա կապտագույն շրթունքը սկսեցին դողդողալ, երբ հանկարծ հիշեց տխուր անցյալը, որ առժամանակ մոռացության էր տվել: Նա վեր առավ իր առջև դրած լիքը բաժակը և միանգամով խմեց:

— Կպատմեմ, — ասաց նա խռովյալ ձայնով, — քեզ պետք է գիտենալ և բոլորը գիտենալ, թեև այդ չի ուրախացնի քեզ: Պարոն Սալմանը կալանավորվեցավ գիշերը. ես այդ իմացա նույն գիշերվա առավոտը: Մատնիչը գործը այնպես էր սարքել, որ մինչև անգամ տան տերը ոչինչ չէր հասկացել, ուր նա այն գիշեր իջևանել էր: Ինձ հայտնեց երիտասարդի ծանոթներից մեկը, որ պատահմամբ տեսել էր նրան տանելիս: Իմ առաջին հոգսը եղավ հավաքել մեր մտերիմներից մի քանի ձիավորներ և հարձակում գործել: Գուցե կհաջողվեր մեզ ազատել նրան, եթե ճանապարհին կհանդիպեինք: Բայց նրան տարել էին ուրիշ ճանապարհով, որի մասին մենք դժբախտաբար չմտածեցինք: Ինձ հետ կային քանից ավելի ձիավորներ, որոնք պատրաստ էին ամեն տեսակ գործողության: Երկար հարցուփորձից հետո ես կարողացա գտնել այն գյուղաքաղաքը միայն, ուր այն ժամանակ գտնվում էր զինվորական գործակատար փաշան, որի մոտ տարել էին խեղճ երիտասարդին: Տեղեկացա, որ տարածին պես խեղդել էին: Ինձ չհաջողվեցավ մինչև անգամ գտնել անբախտ երիտասարդի մարմինը։ Թե որպիսի բարբարոսությամբ էին վարվել նրա դիակի հետ այդ կարող են անել միայն գազանները։ Միայն այդ եղեռնագործությունը լցրեց իմ սիրտը կատաղի վրեժխնդրությամբ և անմեղ զոհի արյունով կնքվեցավ այն ուխտը, որի համար երդվել էինք մենք։

— Պարոն Սալմանից հետո, որպես քեզ հայտնի է, կալանավորվեցան ծերունի Խաչոն իր երկու որդիների՝ Հայրապետի և Ապոյի հետ։ Դրանց անմիջապես չսպանեցին, այլ պահում էին բանտում, սաստիկ հսկողության ներքո։ Որպես երևում է, աշխատում էին հարուստ տանուտերի պահած բոլոր ոսկիները առնել և հետո սպանել։ Բայց խեղճերը երկար չկարողացան դիմանալ անտանելի չարչարանքներին, և երեքն էլ մեռան բանտի մեջ։

— Այդ բոլորից հետո ես հասկացա, թե ինչ վիճակ էր սպասում O... գյուղին և անձամբ դիմեցի Իսմայիլ փաշայի մոտ, որին հանձնված էր Բայազեդի կողմերի զորքերի հրամանատարությունը։ Նա բավական խելացի մարդ է, և վստահություն ունեի, թե իմ տեսակցությունը ապարդյուն չի մնա։ Ես ամենևին չթաքցրի նրանից այն պատրաստությունները, որ կատարվել էին իմ և իմ ընկերների ձեռքով։ Ես հայտնեցի, թե ժողովրդին բաժանված է այո́, մի նշանավոր քանակությամբ զենքեր։ Բայց այդ պատրաստությունը, ասացի, ոչ թե ապստամբության նպատակ ունե, որպես սխալ հասկացրել են ձեզ, այլ-անձնապաշտպանության։ Մահմեդական ամբոխի այդ կատաղի մոլեգնության ժամանակ, որ վառել էր նրա մեջ իսլամի հոգևորականությունը, — ասացի նրան, — կարող է բոլորովին զոհ գնալ քրիստոնյա տարրը, եթե նրան միջոց չտրվի պաշտպանվելու։ Այդ անհրաժեշտության մասին, ավելացրի, ինքը կառավարությունը պետք է նախապես հոգ տաներ, եթե չէ ցանկանում, որ այստեղ նույնպես կրկնվեին Բուլգարիայի տխուր անցքերը, որոնք Թուրքիային մեծ պատասխանատվության տակ ձգեցին։ Ուրեմն, կառավարությունը պետք է շատ գոհ լինի. որ մենք նրա հոգսերը թեթևացրինք, կատարեցինք այն, ինչ որ նրա պարտքն էր անելու, մենք քրիստոնյաների ձեռքը զենք տվեցինք, մահմեդականների մոլեռանդությունից պաշտպանվելու համար։

— Խորամանկ փաշան մեծ համակրություն ցույց տվեց, խոստացավ, որ ինքն էլ ամեն հնար գործ կդնի, որ հայերին վնաս չհասնի, խոստացավ, որ նրանց թե՛ կայքի և թե՛ կյանքի ապահովության համար պետք եղած բոլոր միջոցները առանց հետաձգության կարգադրված կլինեն: Այդ ժամանակ ռուսաց զորքերը ետ էին դառնում: Եվ լսվում էր, թե հայերը ցանկանում են ռուսաց զորքերի հետ գաղթել: Փաշան հանձնեց ինձ համոզել ժողովրդին, որ իրանց տեղից չշարժվեն: Ես ուրախությամբ հանձն առա: Բայց ինձ ճանապարհ դնելեն հետո, հենց ինքը ծածուկ հրաման տվեց քուրդ Ֆաթթահ-բեկին, որ իր արյունարբու հրոսակներով եկավ և Օ... գյուղը կրակ տվեց, այրեց և բնակիչների մեծ մասը կոտորեց: Այդ անցքը սարսափ ձգեց ամբողջ գավառի վրա և ավելի խստացրեց գաղթականությունը: Թե՛ իմ և թե՛ համախոհներիս բոլոր ջանքերը իզուր անցան երկյուղով պաշարված ժողովրդին պահել իր հայրենի հողի վրա: Օրինակը արդեն աչքի առջև էր: Այնուհետև, եթե երկնքից հրեշտակի ձայն ևս լսեին, դարձյալ չէին հավատա, թե Օ... գյուղի պատուհասը չէր հասնի բոլոր ժողովրդին:

— Բայց նենգավոր փաշայի խաբելը ինձ ավելի համոզեց այն կանխակալ կարծիքի մեջ, թե թուրք պաշտոնատարները կողմնակի կամ ուղղակի միջոցներով, իրանք են նպաստում քրիստոնյա տարրի ոչնչանալուն և Հայաստանի հայերից դատարկվելուն:

— Իմ և համախոհներիս բոլոր ջանքերը կարողացան ժողովրդի միայն մի մասը պահել հայրենի հողի վրա, բայց շատ աննշան մասը: Այն ժամանակ Իսմայիլ փաշան թույլ տվեց թուրքաց թշնամի ռուսաց կողմը դիմող հայերի վրեժը մնացած հայերի վրա թափել: Այդ միջոցին քրդերը գործ դրեցին իրանց բոլոր անգթությունները, և զանազան տեղերում սկսվեցավ սարսափելի կոտորածը...

— Ես մինչև այսօր համոզված եմ, և եթե ժողովուրդը տեղից չշարժվեր, կարող էր պաշտպանվել: Թուրքաց կանոնավոր զորքերը, շատ հասկանալի է, որ չէին հարձակվի հնազանդ և խաղաղ ժողովրդի վրա: Տեղային իշխանությունը մինչև այդ աստիճան ակներև բարբարոսություն չէր անի, մանավանդ, որ այդ ժամանակ Ալաշկերտի և Բայազեդի կողմերում լիքն էին անգլիական ագենտներ և եվրոպական լրագրների թղթակիցներ: Տեղային իշխանությունը կաներ այն, ինչ որ արեց: Այսինքն՝ ծածուկ քրդերին կգրգռեր հայերի դեմ և ինքը մատների միջից կնայեր գործող բարբարոսությունների վրա: Բայց քրդերի դեմ պաշտպանվելը շատ դժվար չէր լինի: Մի փոքրիկ, բայց խիստ նշանավոր դեպք կապացուցանե, որ իմ ենթադրությունը սխալ չէ: Ես համառոտ կերպով կպատմեմ քեզ:

— Գաղթականությունից հետո, երբ ռուսաց զորքերը բոլորովին թողեցին Բայազեդի և Ալաշկերտի գավառները, այսինքն՝ երբ այդ երկրները կրկին անցան թուրքաց ձեռքը, այն ժամանակ, որպես պատմեցի, քրդերը սկսեցին կողոպտել, կոտորել և տանջել մնացած հայերին: Այդ միջոցին մի քանի հարյուր ընտանիք թողեցին իրանց բնակությունները և ամրացան լեռների մեջ: Երևակայեցեք, մի քանի հազար քրդեր, մի քանի շաբաթ շարունակ կռվում էին այդ մի բուռն քաջերի հետ, որոնք ոչ միայն հանձն չառեցին անձնատուր լինել, այլ մի քանի հաջող հարձակումներ գործելով, կարողացան խլել թշնամուց հարուստ ավար և պատերազմական պատրաստություններ: Իմ սիրտը և այս րոպեիս թնդում է մի անսահման ուրախությամբ, երբ մտաբերում եմ այն անմոռանալի օրերը: Կռվում էին ոչ միայն երիտասարդները, այլև ծերերը, այլև կնիկները: Ես այժմ համոզված եմ, որ ստրկությունը չէ կարող խլել մի ժողովրդի քաջությունը, որ նախնիքը թափել էին նրա երակների մեջ: Ստրկությունը կարող է միայն ժամանակավորապես ճնշել և խեղդել քաջազնական ոգին, բայց սպանել — ո՛չ: Զարկեց հաջող ժամը, նա կրկին կզարթնի իր վաղեմի ուժով և ավելի սաստիկ զորությամբ: Ես այդ տեսա իմ աչքով: Եվ միակ ուրախալի երևույթը, որ վերջին աղետների մեջ կարող է մխիթարել մեզ՝ այդ է:

Վարդանի մռայլված դեմքը փոքր ինչ պայծառացավ և նա իր տխուր աչքերը ուղղեց դեպի վեր, կարծես, աղոթում էր, կարծես, փառք էր տալիս Վերին նախախնամությանը:

— Ինչո՞վ վերջացավ, — հարցրեց նա:

— Երկար պատսպարվել անմատչելի լեռների մեջ, թեև շատ դժվար էր, բայց դարձյալ կարելի էր, եթե մենք գործ ունենայինք միայն քրդերի հետ: Բայց շուտով պաշարեցին մեզ կանոնավոր զորքեր: Այդ վերջիններին նույնպես՝ կարելի էր ընդդիմադրել, մեր կողմն էր մի անընկճելի զորություն, Հայաստանի լեռները, որ այնքան խնամքով պահում են իրանց մեջ ապաստանողներին: Բայց պաշարի և ուտեստի պակասությունը վրա հասավ, որպես մի թշնամի, որին հաղթել անկարելի էր: Թեև երբեմն գիշերով մերայինք իջնում էին լեռներից, և հարձակվելով քրդերի մերձակա գյուղերի վրա, պաշար էին բերում, բայց այդ խիստ սակավ անգամ հաջողվում էր, ավելի այն պատճառով, որ քրդերի գյուղերը դատարկ էին և բնակիչները իրանց անասունների հետ գնացել էին հեռավոր արոտատեղիներ: Իհարկե, մեր այդ դրությունը երկար շարունակվել չէր կարող, երբ մեր շրջակայքում չէր մնացել ոչ մի հայաբնակ գյուղ, որտեղից կարողանայինք օժանդակություն գտնել, գոնե պաշարի կողմից: Բայց թշնամին հետզհետե մոտենում էր: Այդ ժամանակ մերայինք կատարեցին մի հրաշալի քաջագործություն: Մի գիշեր պատառելով պաշարող շղթան, անցան թշնամու ահագին բանակից: Երևակայեցեք, որ դրանք կռվող տղամարդիկ չէին միայն, որոնց հեշտ լիներ մի այս տեսակ հանդուգն ձեռնարկություն, այլ իրանց հետ ունեին ամբողջ ընտանիքներ, կին աղջիկ և երեխաներ:

— Հետո ո՞ւր գնացին, — հարցրեց անհամբերությամբ Վարդանը:

— Անցան թուրքաց սահմանից և գնացին Պարսկաստան: Բայց ճանապարհին ոչ պակաս վտանգների դեմ ստիպված էին պատերազմել:

— Ուրեմն դու Պարսկաստանից եկար այստեղ:

— Այո՛, Պարսկաստանից:

— Այժմ դու ի՞նչ դիտավորություն ունես այստեղ, — հարցրեց Վարդանը:

— Ես միայն մեկ դիտավորություն ունեմ, և կարծեմ, դու էլ

կհամաձայնվես ինձ հետ, — պատասխանեց Մելիք-Մանսուրը, ավելի լուրջ դեմք ընդունելով. — պետք է աշխատել, որ այստեղ եկած գաղթականների կյանքը պահպանվի և նրանք իսպառ չոչնչանան քաղցածությունից և հիվանդությունից: Ես հավատացած եմ, որ ռուսները կհավաքեն իրանց ուժերը և կրկին կտիրեն թողած երկրները: Այն ժամանակ այն կողմերում խաղաղություն կտիրե, և այն ժամանակ պետք է աշխատել, որ ալաշկերտցիք և բայազեդցիք վերադառնան իրանց հայրենիքը: Եթե ոչ, Հայաստանի ապագայի համար մեծ դժբախտություն կլինի, եթե այդ երկու սահմանակից գավառները, որպես են Ալաշկերտը և Բայազեդը, բոլորովին կդատարկվեն հայերից և նրանց տեղը կբռնեն վայրենի քրդերը:

— Դու կարծում ես, որ այդ գավառները մի՞շտ ռուսաց ձեռքը կմնան:

— Դիցուք պատերազմից հետո, երբ խաղաղության դաշինք կկապվի, այդ գավառները կրկին կանցնեն թուրքաց ձեռքը: Բայց այն ժամանակ ես հավատացած եմ, որ հանգամանքները կփոխվեն, և մյուս անգամ չեն կրկնվի այժմյան անկարգությունները ջարդված թուրքը խելքը գլուխը կհավաքե... Ես դեռ մի ուրիշ հույս էլ ունեմ...

Այդ միջոցին ներս մտավ պառավը, հայտնեց, թե մի օտարական քահանա խնդրում է տեսնվել: Վարդանը մտածելով, թե դա Հովհաննես հայր սուրբի խոստացած քահանաներից մեկը պետք է լինի, հրամայեց ներս թողնել:

Հայտնվեցավ Օ... գյուղի քահանա տեր-Մարուքը:

ԽԲ

Նախաճաշիկը վերջացել էր և մի քանի շիշ գինի դատարկվել էր, երբ հայտնվեցավ քահանան: Վարդանին խիստ ծանր էր թվում մյուս անգամ հանդիպել այդ մարդուն, որ Օ... գյուղում այնքան անախորժություններ և այնքան հոգսեր էր պատճառել թե՛ իրան և թե՛ իր բարեկամ պարոն Սալմանին։ Բայց հանգամանքները ակամա հաշտեցնում են մարդուն հին թշնամու հետ։ Քահանայի ողորմելի դրությունը, նվաղած կերպարանքը, մաշված և քրքրված հագուստը, որ ավելի նմանեցնում էին նրան մի մուրացկանի, քան թե աստուծո տաճարի սպասավորի, խեղճ մարդու այդ բոլոր թշվառությունները մոռանալ տվեցին Վարդանին հին ատելությունը։ Բացի դրանից, այդ մարդու բերանից պիտի լսեր Վարդանը տեղեկություններ այն ընտանիքի մասին, որի վիճակը իրան սաստիկ հետաքրքրում էր։

— Ձեզ Հովհաննես հայր սուրբը ուղարկե՞ց, — հարցրեց Վարդանը քահանայից, խնդրելով նստել։

— Այո՛, Հովհաննես հայր սուրբը... — պատասխանեց նա և տեղավորվեցավ փոքրիկ սեղանի մոտ, որի վրա դեռ մնացել էր մի շիշ գինի։

Վարդանը լցրեց բաժակը և տվեց քահանային, որ օրհնելով, իսկույն խմեց։ Ոգելից ըմպելին կարծես կազդուրիչ ցող լիներ, որ թափվեցավ տոթից թառամած խոտաբույսերի վրա։ Քահանայի անշարժ դեմքը փոքր ինչ զվարթացավ։ Մելիք-Մանսուրը նկատելով այդ, հարցրեց.

— Կկամենայի՞ք մի բան ուտել։

— Երեկվանից ոչինչ չեմ կերել, — պատասխանեց քահանան այնպիսի մի ողորմելի ձայնով, որ չէր կարելի չխղճալ։

Նա ձայն տվեց պառավին նախաճաշիկ բերել տերտերի համար։

Վարդանը դժվարանում էր իսկույն սկսել հարցուփորձը։ Նրա դրությունը նմանում էր այն անբախտին, որի բացակայության ժամանակ, գողերը մտան տունը, կողոպտեցին և տարան բոլորը, ինչ որ ուներ։ Վերադառնալով տուն, գտնում էր

349

նրան մերկ ու դատարկ: Բայց մի տեղում նա թաքցրել էր իր գանձը, դեռ հույս ունի, որ չարագործների ձեռքը այնտեղ հասած չի լինի: Մոտենում է խորհրդավոր պահարանին, և սիրտը դողդողալով կանգնում նրա առջև, բայց չէ համարձակվում բաց անել, չէ համարձակվում նայել: Նախապես պաշարում է նրան մի կանխակալ սոսկում, մտածում է, — ինչ կլինի իր դրությունը, եթե գանձարանը դատարկ գտնե, նա խո կզրկվի իր վերջին հույսից, իր միակ մխիթարությունից:

Այդպիսի մի անվճռականության մեջ օրորվում էր, տարուբերվում էր Վարդանը: Նա դեռ հույս ուներ, որ կգտնի Լալային: Եվ այդ քահանայի մի խոսքիցն էր կախված նրա բախտը և ցմահ անբախտությունը: Արդյոք ունե՞ր այնքան ուժ և այնքան սրտի զորություն, որ կարողանար դիմանալ քահանայի բոթաբեր խոսքին: Չարհուրելի նախազգացումներ տիրել էին նրա հոգին և նա ոչինչ հարցնել չկարողացավ, թեև շատ ցանկանում էր հարցնել:

Մելիք-Մանսուրին հայտնի չէին Վարդանի հոգեկան հարաբերությունները Լալայի հետ: Նա մինչև անգամ ծանոթ չէր ծերունի Խաչոյի ընտանիքի հետ: Բայց նկատելով իր բարեկամի անհանգստությունը, հարցրեց.

— Դու ունե՞իր մի բան խոսելու տեր հոր հետ, զուցե ես...

— Ոչ, քեզանից ծածուկ ոչինչ չունեմ, — ասաց Վարդանը և դարձավ դեպի քահանան.

— Տեր հայր, դու հանձնեցի՞ր Հովհաննես հայր սուրբին քո ծուխի ցուցակը, ինձ նույնպես հետաքրքիր է գիտենալ, թե Օ... գյուղից քանի ընտանիքներ կան գաղթականների մեջ և ո՞րտեղ են բնակվում նրանք:

— Օրհնած, իմ ծուխից ո՞վքեր են մնացել, որ նրանց համար ցուցակ կազմեի, — պատասխանեց քահանան այնպիսի մի եղանակով, կարծես, հավերի վրա էր խոսում: — Ես մատներով էլ կարող եմ համբարել ինչ որ մնացել է, կամ որտեղ թափառում են այժմ:

Վարդանը ամբողջ մարմնով դողաց:

— Մի՞թե բոլորին կոտորեցին, — հարցրեց նա, գունաթափվելով:

— Եթե չասեմ բոլորին, դարձյալ պետք է ասել, որ մարդ չմնաց: Ի՞նչ եղան, ես ինքս էլ չգիտեմ, աստված ոչ մի քրիստոնյայի թող չտա այն պատուհասը, ինչ որ հասավ Օ... գյուղին: Այդ մեր մեղքիցն էր: Կարծես Սոդոմ և Գոմորի նման երկնքից կրակ ու ծծումբ թափվեցավ և ամեն ինչ լափեց: Ով որ ազատվեցավ կրակից, քրդերը կամ գերի տարան, կամ կոտորեցին: Այդ բոլորը պատահեցավ մեկ գիշերվա մեջ: Առավոտյան ամբողջ գյուղը նմանում էր մի հանգած խարույկի: Կորա՛ն իմ ապառիկները, կորա՛ն... էլ հույս չկա մի բան ստանալու... Թոմաս էֆենդին, աստված թող հոգին լուսավորե, խոստացավ, որ կհավաքե իմ ապառիկները, բայց նա էլ ձեր չարը տարավ... Այսպես մնացի աղքատ և տնանկ, տեսնո՞ւմ եք ինչ վիճակի մեջ եմ ես... — և նա ցույց տվեց իր քրքրված հագուստը:

Արտասուքը սկսեց թափվել խեղճ քահանայի աչքերից և դառն կերպով հեկեկում էր նա: Արդյոք նա հիշե՞ց իր հարս Զուլոյին և նրա հրեշտակի նման երեխաներին, որոնք նույնպես չկային զաղթականների մեջ: Արդյոք նա հիշե՞ց իր փեսա տիրացու Սիմոնին և նրա կնոջը, որ իր հարազատ աղջիկն էր, որոնք նույնպես անհետացել էին ընդհանուր խռովության մեջ: Արդյո՞ք ժողովրդի ցավն էր տանջում քահանային, որի հովիվն էր ինքը, որի կորուստը այնպես սառնասրտությամբ նկարագրեց նա: — Դրանցից և ոչ մեկը չէր տեր հոր արտասուքի պատճառը: Նա հիշեց միայն իր ապառիկները, որ պիտի ստանար իր ծուխից, իսկ այն ծուխը այժմ չկար. ապառիկները կորան... Բայց այդ դժբախտ ապառիկների մասին, որոնք այնքան հոգսեր էին պատճառել տեր հորը, Վարդանը ոչինչ չգիտեր, այդ պատճառով, մի առանձին ուշադրություն չդարձրեց:

Նա այլևս չէր համարձակվում հարցուփորձը առաջ տանել, և մասամբ ուրախ էր, որ տեր հայրը իր ապառիկներով հեռանում էր բուն հարցից: Նա խմեց իր առջև դրած բաժակը, աշխատելով իր վշտերը ցրվել գինու թմրության մեջ: Բայց գինին ավելի էր բորբոքում այրված սրտի տանջանքը, որպես յուղ, որ ածվում է բոցավառ կրակի վրա:

Վարդանին իր դժվար դրությունից ազատեց Մելիք-Մանսուրը: Նա լսել էր շատ բան ծերունի Խաչոյի ընտանիքի մասին, նրան հայտնի էր այդ հոյակապ ընտանիքի գլխավորի և նրա երկու որդիների ցավալի մահը, բայց մնացածների մասին ոչինչ չգիտեր:

— Այդ ընտանիքից ո՞վ մնաց, — հարցրեց նա:

— Ոչ ոք, — պատասխանեց քահանան սառնասրտությամբ: — Ինքը տանուտերը իր երկու որդիների հետ մեռան բանտի մեջ: (Այդ պետք է լավ գիտենաք): Մնացած որդիներին կոտորեցին, հարսներին և աղջիկներին գերի տարան...

— Բոլորի՞ն... — գոչեց Վարդանը սարսափելով:

Քահանան, նկատելով երիտասարդի սոսկալի դեմքը, այժմ միայն զգաց, թե իր պատասխանը որքան անզգույշ էր:
— Սառան այստեղ է, — ասաց նա, — իր երկու երեխաների և Լալայի հետ:

Վարդանի ուրախությանը չափ չկար: Նա այժմ նմանում էր մի մարդու, որ սարսափելի նավաբեկությունից հետո, տարուբերվելով կատաղի ալիքների մեջ, մաքառում էր մահվան և օրհասի հետ: Սպառված ուժերը այլևս չեն օգնում նրան: Նա աչքերը գոցում է, որ մյուս անգամ բաց անե անդունդի մեջ: Հանկարծ գտնում է իրան ցամաքի վրա: Ի՞նչպես հայտնվեցավ այնտեղ, — ինքն էլ չգիտե: Ալիքների մի սաստիկ հորձանք ձգեցին նրան այնտեղ:

— Այստե՞ղ է Լալան... այստե՞ղ է Սառան... ուրեմն ես կտեսնեմ նրանց, փա՛ռք քեզ աստված, — գոչեց նա նստած տեղից վեր թռչելով: — Գնա՛նք, տեր հայր, դու խո իմանում ես, թե նրանք որտեղ են բնակվում: Գնա՛նք, դու էլ, բարեկամ, — նա բռնեց Մանսուրի ձեռքից:

Երկու երիտասարդները քահանայի հետ դուրս գնացին: Բայց Վարդանի ուրախությունը կարճատև եղավ: Քահանան դեռ չգիտեր վերջին անբախտությունը, որ պատահել էր այդ գաղթականների հետ:

Եթե Վարդանը այսօր առավոտյան, վանքից դուրս գալուց հետո, փոքր ինչ մոտից տեսներ այն տխուր հուղարկավորությունը, որ շարժվում էր դեպի գերեզմանատունը, այն ժամանակ նրա համար պարզված կլիներ դառն իրականությունը: Բայց երևում էր, որ ճակատագիրը կամեցել էր ավելի խիստ պատժել նրան, որ նա երբեք չկարողանար տեսնել սիրած աղջկան...

Սառան և Լալան վանքից երկուսն էլ հիվանդ տարվեցան այն կացարանը, որ առաքինի բժշկապետը պատրաստել էր տվել նրանց համար: Բարեսիրտ տանտիկինը, որի խնամատարությանը հանձնված էին երկու հիվանդները, մի առանձին գութ ունեցավ նրանց վրա, մանավանդ երբ իմացավ, որ դրանք մի հարուստ բարեբախտ ընտանիքի զավակներ էին, և աղետալի պատահարները ձգել էին նրանց վերջին թշվառության մեջ:

Բարոյապես տանջված, ֆիզիկապես մաշված և բոլորովին ուժաթափ եղած աղջկա մեջ, հենց առաջին գիշերը հայտնվեցավ սաստիկ ջերմ: Տանտիկինը իսկույն իմացում տվեց բժշկապետին, որը գալով, գտավ նրան վտանգավոր դրության մեջ: «Հույս չկա», — հայտնեց նա տան տիկնոջը, և ինքը գիշերի մեծ մասը մնաց հիվանդի մոտ, աշխատելով վերադարձնել սպառված կյանքը: Կես գիշերից հետո նա բավական հանգիստ էր. այս պատճառով հեռացավ բժիշկը: Նա մինչև անգամ խոսում էր, պատմում էր շատ բաներ իր մոտ նստող տանտիկնոջը:

Բայց առավոտյան, երբ բժշկապետը եկավ տեսնելու հիվանդին, նրան արդեն մեռած գտավ: Սառան ոչինչ չէր հասկացել, թեև միևնույն սենյակում պառկած էր: Իսկ երբ հյուսնի մուրճի ձայնը դրսից լսելի եղավ, երբ տեսավ դագաղը, նա բոլորը հասկացավ: Խեղճ կինը մինչև անգամ լաց չեղավ: Եվ լաց լինել կարող չէր նա: Արտասուքի համար ևս առողջություն պետք է:

Կարծես, նա ուրախ լիներ, կարծես, նա հենց այդ էր ցանկանում, որ մեռնի Լալան, որ հանգստանա նա, որ ազատվի այդ աշխարհից, ուր նրա համար լավ օր չէր մնացել...

Երբ դագաղը դուրս էին տանում, նա խնդրեց, որ իրան թույլ տան թաղմանը ներկա գտնվել: Եվ չնայելով բժշկապետի ընդդիմադրությանը, թե դրանով բոլորովին կտկարացնե և կխանգարե իր առողջությունը, դարձյալ հնար չեղավ նրան ետ պահելու: Կարծես, այդ օտարոտի ցանկությունը կրկին վերադարձրել էր նրա սպառված ուժերը: Նա իրան բավական զվարթ էր զգում և գտնվում էր կատարյալ ողջամտության մեջ: Երբ դագաղը դրեցին գերեզմանի մեջ, նա ասաց. «Կցանկանայի քեզ հետ թաղվել, իմ նազելի Լալա...»: Այդ միջոցին նրա աչքը ընկավ իր երկու զավակների վրա և ձայնը խեղդվեցավ...

Սառային գերեզմանատնից բոլորովին ուշաթափ տուն բերեցին: Եվ նույն իսկ րոպեին, երբ բժիշկը զբաղված էր նրան ուշի բերելով, դռան մուրճը զարկեցին: Ծառան դուռը բաց արեց, տեսավ, երկու անծանոթ երիտասարդներ և մի քահանա կանգնած էին այնտեղ:

— Ո՞ւմն եք ուզում, — հարցրեց ծառան:

— Մեզ ասացին, որ այս տանը կենում են երկու ալաշկերտցիներ, — հարցրեց Վարդանը, — մեկը կին, մյուսը աղջիկ:

— Այո՛, կենում են, բայց աղջիկը...

— Ի՞նչ եղավ:

— Մեռավ...

Վարդանը շանթահար ծառի նման խորտակվեցավ և ընկավ Մելիք-Մանսուրի ուսի վրա:

ԽԳ

Մութ, խավարային գիշեր էր։ Շոգիներով լցված ամառային տաք օդը անախորժ ծանրությամբ նստում էր մարդու սրտի վրա։ Գիշերային լռության մեջ ոչ մի ձայն, ոչ մի շշունջ չէր լսվում։ Կարծես ամեն ինչ մեռած լիներ։ Միայն Գայանեի գերեզմանատան մի անկյունից լսվում էին խուլ հառաչանքներ։ Մի երիտասարդ, տարածված բոլորովին թարմ հողադամբարանի մոտ, դառն կերպով մրմնջում էր։ Արտասուքը հեղեղի նման թափվում էր նրա տխուր աչքերից և թրջում էր ցամաք հողը։ Երբեմն նա գրկում էր փոքրիկ հողադամբարանը և համբարում էր նրան, երբեմն իր երեսը և աչքերը քսում էր նրա խոնավ մակերևույթին։ «Լալա՜... անբա՜խտ Լալա»... բառերը շատ անգամ հնչվում էին նրա շրթունքից, և կարծես, այդ բառերի հետ դուրս էին թռչում նրա սիրտը և հոգին։

Այդ երիտասարդը Վարդանն էր։ Երկար թափառումներից հետո, նա գտավ սիրած աղջկա գերեզմանը միայն։ Էլ ի՞նչ էր մնում նրան։ Կյանքի ալեկոծությունների մեջ, անդադար մաքառելով դժվարին անհաջողությունների դեմ, նա ունէր մի վառ և պայծառ աստղ միայն, որի վրա հառած էր նրա աչքը, որը առաջնորդում էր նրան դեպի փրկության նավահանգիստը։ Իսկ այժմ այդ աստղը նույնպես հանգավ։ Էլ ի՞նչ էր մնում։ Մնում էր մի խորտակված և վիրավոր սիրտ, որի համար պակաս էր առողջարար բալասանը, որի մի կաթիլը բժշկում էր բոլոր վերքերը։ Կորուստը անփոխարինելի էր։ Վարդանը երբեք չէր սիրել։ Սառն և խստասիրտ երիտասարդը քնքուշ զգացմունքներ չուներ։ Բայց Լալայի սիրո առջև, փափուկ մոմի նման, հալվեցավ նրա բնավորության կոշտությունը։ Լալայի սերը կախարդեց նրան։ Բայց ո՞ւր էր այժմ մխիթարիչ հրեշտակը։ Այն հողադամբարանի տակ, որ գրկել էր ինքը, որ թրջում էր իր արտասուքներով։ Այն հողադամբարանը տակ թաղված էր և անբախտ երիտասարդի սիրտը։

Երկար այնպես տանջվում էր, մորմոքում էր և անմխիթար կսկիծների հետ մաքառում էր նա, մինչև մի տեսակ թմրություն, որ ոչ քուն էր և ոչ արթնություն, տիրեց նրա անդամներին։

Բորբոքված գլուխը ընկավ գերեզմանի վրա և աչքերը փակվեցան:

Նրա վառ երևակայության մեջ այժմ սկսեցին ամբոխել խառնափնթոր երազներ: Ինչե՞ր ասես չէր տեսնում նա: Երբեմն սարսափելի դժոխային տեսիլներ սոսկում և արհավիրք էին ազդում նրան: Իսկ երբեմն գեղեցիկ մխիթարական երևույթներ հրապուրում էին նրան: Կարծես դարերը մի քանի շրջան առաջ էին գնացել, և նա տեսնում էր Հայաստանը, ավերակ և անապատ դարձած Հայաստանը, այժմ բոլորովին կերպարանափոխված, բոլորովին վերանորոգված: Այդ ի՜նչ հրաշալի փոփոխություն էր: Մի՞թե կորած դրախտը կրկին վերադարձել էր այդ երկրի վրա: Մի՞թե կրկին տիրում էին այն ոսկեղեն ժամանակները, երբ չարությունը և անիրավությունը տակավին չէին ապականել աստուծո անմեղ աշխարհը: Բայց ո՛չ, Վարդանի տեսածը այն դրախտը չէր, որ հիմնեց Եհովան Հայաստանի չորս գետերի ակունքի մոտ, ուր մարդկային առաջին զույգը ապրում էր կատարյալ անմեղության և կատարյալ տգիտության մեջ: Այդ այն դրախտը չէր, ուր մարդը չէր գործում, չէր աշխատում և չէր արդյունաբերում, այլ ապրում էր պտուղներով, կերակրվում էր աստուծո ձոխ սեղանից, որ սփռել էր նրա առջև հրաշալի բնությունը:

Դա մի ուրիշ դրախտ էր, մի դրախտ, որ մարդն է ստեղծում իր համար իր աշխատություններով և իր արդար վաստակով: Ուր անմեղության տեղ տիրում էր խելացի գիտակցությունը, իսկ անհոգ, պարզ նահապետական կյանքի տեղ՝ զարգացած քաղաքակրթությունը:

Այժմ, կարծես, կատարվել էր այն ճակատագրական խոսքերի իմաստը, որ ասաց արարիչը նախաստեղծ մարդուն. «Քո ճակատի քրտինքով պետք է վաստակես քո հացը»: Այժմ մարդը ոչ միայն աշխատում էր, այլ մինչև անգամ հեշտացրել էր աշխատանքը և նրա համար շատ քրտինք չէր թափում: Բայց աշխատում էր իր բարօրության համար. նրա վաստակը չէր հափշտակվում անգութ հարստահարիչի ձեռքով:

Ահա՛, Վարդանը տեսնում էր մի գյուղ: Մի՞թե դա Ալաշկերտի Օ... գյուղը չէր: Շրջակայքը նրան ծանոթ էին՝ նույն լեռները, նույն բլուրները, նույն գետը, նույն կանաչազարդ հովիտը — բոլորը նույնն էր: Դարերի հոսանքը այստեղ ոչինչ չէր աղարտել, միայն կերպարանափոխել էր: Բայց ո՞րքան փոխվել էր գյուղը: Այլևս չէին տեսնվում այն ողորմելի գետնափոր խրճիթները, որոնք ավելի գազանների որջի էին նման, քան մարդկանց բնակարանների: Այժմ տները քարաշեն էին, սպիտակ որպես ձյուն, և շրջապատված էին գեղեցիկ պարտեզներով: Լայն և ուղիղ փողոցները հովանավորված էին մշտականաչ ծառերով, որոնց մոտով վազում էին բյուրեղի նման հստակ առվակներ:

Առավոտ էր:

Տներից խումբերով դուրս էին գալիս գյուղական մանուկները, առողջ, զվարթ և մաքուր հագնված: Տղա և աղջիկ, խառն միմյանց հետ, գրքերը ուսներին շալակած, շտապով դիմում էին դպրոցը: Վարդանը նայում էր իրանց վրա և հիանում էր: Ո՞րքան լավ պահված էին այդ սիրուն երեխաները, ո՞րքան ուրախ էին նրանք: Երևի, դպրոցը և վարժապետը չեն վախեցնում նրանց: Մի՞թե դրանք այն կիսամերկ և հիվանդոտ երեխաներն էին, որոնց տեսել էր Վարդանը:

Վարդանը միայնակ կանգնած էր փողոցի մեջ, զարմացած նայում էր իր շուրջը և չգիտեր դեպի ուր գնալ: Նրա ականջին զարկեց մի անուշ ձայն, դա եկեղեցու զանգակի ձայնն էր: Երևի, առավոտյան ժամը դեռ չէր վերջացել: Սկսյալ այն օրից, որ նա թողեց վանքը և հեռացավ աբեղաների միաբանությունից, այդ առաջին անգամն էր, որ աստուծո տան հրավերքի ձայնը այնպես քաղցր կերպով հնչեց նրա ականջներին: Քարացած սիրտը լցվեցավ մի սրբազան ջերմեռանդությամբ, նա դիմեց եկեղեցին, որի շեմքի վրա տասն տարուց ավելի ոտք չէր կոխել:

Նա զարմացավ: Այդ ինչ պարզ, այդ ինչ անշուք եկեղեցի էր: Ո՛չ բեմ, ո՛չ սեղան, ո՛չ զարդարած տաճար, ո՛չ ոսկեզօծ պատկերներ, ո՛չ արծաթյա խաչեր և ո՛չ թանկագին զգեստներ չկային այնտեղ: Նա զուրկ էր հայկական եկեղեցու բոլոր շքեղություններից, մինչև անգամ դպիրներ, սարկավագներ և տիրացուներ չէին երևում։ Երկու պատկերներ միայն տեսավ այնտեղ. մեկը Հիսուս Քրիստոսի պատկերը, մյուսը սուրբ Գրիգոր Լուսավորչի պատկերը, երկուսն էլ հասարակ սև շրջանակի մեջ դրված։

Ժողովուրդը նստած երկայն նստարանների վրա այր և կին միասին, յուրաքանչյուրը ուներ ձեռքին մի փոքրիկ երգարան։ Քահանան կանգնած ամբիոնի վրա, սուրբ գիրքը առջև դրած, քարոզ էր կարդում։ Նա իր հագուստով չէր զանազանվում հասարակ ժողովրդից։ Նրա քարոզը այնքան պարզ, այնքան հասկանալի էր, որ բոլորը հասկանում էր Վարդանը։ Ինչպես մի վտակ, բխած կենդանի և մաքուր աղբյուրից, աստուծո խոսքը հոսում էր նրա բերանից։ Նա բացատրում էր սուրբ գրքի այն խոսքի իմաստը, թե «քո ճակատի քրտինքով պետք է վաստակես քո հացը»։ Վարդանը զարմանում էր քահանայի բացատրությունների վրա։ Այդ խոսքի իմաստը մինչև այնօր Վարդանին հասկացրել էին այն մտքով, որ դա մի անեծք էր, որով աստված դրոշմեց նախաստեղծ մարդու ճակատը, որ տարածվում էր նրա ամբողջ սերունդի վրա։ Իսկ այժմ հասկանում էր, որ դա մի խրատ էր, որ խլում է մարդուց ծուլությունը և պահում է նրան անվաստակելի, աշխատասեր ինքնագործունեության մեջ։

Քարոզը վերջացավ։ Բազմության միջից վեր կացավ մի հասարակ գյուղացի, և քարոզի մտքի համեմատ, հանպատրաստից կարդաց մի աղոթք։ Նա խնդրում էր աստծուց, որ շնորհե իրանց առողջություն, խելք և զորություն, որ կարողանան գործել, աշխատել և արդյունավորել նրա ստեղծած երկիրը, որ բովանդակում էր իր մեջ անսահման բարիքներ։ — «Այդ ի՞նչ աղոթք է, — մտածում էր Վարդանը, — այդ ի՞նչ շահասեր մարդիկ են. դրանք հոգու համար ոչինչ չեն խնդրում. մի՞թե դրանք գերեզմանի մյուս կողմում ոչինչ սպասելիք չունեն և խնդրում են միայն այն, ինչ որ պահանջում է մարմինը, ինչ որ պահանջում է իրական կյանքը»։

Աղոթքը վերջացավ։ Բոլոր բազմությունը՝ այր և կին, ծեր և մանուկ, միաձայն սկսեցին երգել մի երգ։ Նրա բովանդակությունը առած էր Սաղմոսի հետևյալ տողերից, «շատերը ասում էին, թե ո՞վ ցույց կտա մեզ տերի բարությունը: Մեզ վրա ծագեց քո երեսի լույսը և մեր սրտերին ուրախություն շնորհեցիր: Ցորենի, գինիի և ձեթի պտուղների առատությունով լիացրիր մեզ»: — «Դարձյալ նույն նյութական նպատակը... — մտածում էր Վարդանը, — դարձյալ հոգեկան ոչինչ չկա... Մշակ մարդը երգում է երկրի առատությունները, որ մշակել էր իր ձեռքով, որ շնորհել էր նրան աստված: Զարմանալի է, ի՞նչպես այդ մարդիկը հարմարացրել են կրոնի վերացականությունը իրական կենցաղավարության պահանջների և պայմանների հետ»...

Բայց ի՞նչ գեղեցիկ երգ էր այդ, որին ներդաշնակում էին երգեհոնի անուշ հնչյունները, ո՜րքան քաղցր, ո՜րքան սքանչելի եղանակով թռչում էր նա հարյուրավոր մարդկանց բերանից: Վարդանին այնպես էր թվում, թե մարդերի ձայնը, միացած անթիվ սերովբեների մեղեդիների հետ, վերամբառնում էր դեպի հավիտենական աթոռը: Նա իր կյանքում առաջին անգամն էր լսում մի այսպիսի սրբազան երաժշտություն:

Ժամերգությունը վերջացավ: Ժողովուրդը սկսեց դուրս գալ եկեղեցուց: Այժմ նույն ամբիոնի վրա, որտեղից քահանան քարոզ էր կարդում, կանգնեց վարժապետը և նույն նստարանների վրա, ուր ծնողները երգում էին, աղոթում էին, այժմ շարվեցան նրանց զավակները: Աղջիկ և տղա, խառն միմյանց հետ սկսեցին լսել վարժապետի դասախոսությունը: — «Մի՞թե այդ դպրոց է եղել, — մտածում էր Վարդանը, — մի՞թե եկեղեցին միացրել են դպրոցի հետ: Ա՜խ, այդ ի՞նչ խնայող մարդիկ են, որ չեն կամեցել դպրոցի համար առանձին շենք կառուցանել: Այստեղ ևս դարձյալ նյութականություն»:

Բայց վարժապետի դեմքը բավական ծանոթ էր երևում Վարդանին: Մի՞թե դա տեր-Մարուքը չէր: Երեսի գծագրությունը, հասակը և մինչև անգամ ձայնը նրան շատ նման էին: Իսկապես նա էր, թեև քահանա, բայց աշխարհականի հագուստով: Վարդանը դժվարանում էր իր աչքերին հավատալ: Մի՞թե դա այն մարդն էր, որ այնքան թշնամի էր դպրոցին, որ այնքան հոգսեր և ցավեր պատճառեց պարոն Սալմանին, իսկ այժմ ինքը կառավարում էր մի կանոնավոր դպրոց: Մի՞թե դա նույն քահանան էր, որ եկեղեցու խորհուրդները փողով էր վաճառում և անդադար մտածում էր իր ապառիկների վրա: Այդ երկբայությունները այն աստիճան պաշարեցին Վարդանին, որ նա չկարողացավ զսպել իր հետաքրքրությունը և մոտենալով, հարցրեց.

— Տեր հայր, դուք ի՞նչ արեցիք ձեր ապառիկների հետ:

Քահանան հիմարի տեղ դնելով անծանոթ երիտասարդին, խիստ սուր կերպով նայեց նրա երեսին և ոչինչ չպատասխանեց, միայն հասկացրուց, թե շուտով զանգակը կտան և իր դասը վերջացրած կլինի: Նրա դասը բնական գիտություններից էր, այդ նույնպես ոչ սակավ զարմացրուց Վարդանին: Քահանան, աստվածաբան և միևնույն ժամանակ բնագետ, — դա իրավ որ զարմանալի էր:

Վարդանը չսպասեց մինչև դասի վերջանալը և դուրս եկավ եկեղեցուց, լավ ևս է ասել՝ դպրոցի բակը: Այստեղ նա ոչ մի գերեզման չտեսավ, որպես սովորաբար լինում է հայոց եկեղեցիների բակերում: Նա զարդարած էր հազվագյուտ ծառերով և ծաղիկներով: Երկար նա կանգնած նայում էր ճեմելիքների գեղեցկությանը, մինչև գյուղացիներից մեկը տեսնելով, որ նա օտարական է, հրավիրեց իր տունը նախաճաշիկ անելու:

Նրա տունը այն կոկիկ տներից մեկն էր, որ իր փոքրիկ ծավալի մեջ բովանդակում է ընդարձակ բավականություններ: Նա ամբողջապես կորած էր հովանավոր ծառերի մեջ: Կային մի քանի սենյակներ, որ հարմարեցրած էին կյանքի զանազան պահանջներին, բոլորը պարզ, մաքուր և իրանց պատշաճավոր կարասիներով զարդարված: Տան տիրոջ մանկահասակ աղջիկը, շրթունքի միջից մի երգ մեղմիկ կերպով եղանակելով, ուրախ-ուրախ դիմավորեց հորը: Կարծես տխրությունը, վիշտը, կյանքի դառնությունները երբեք չէին շոշափել այդ գեղեցիկ արարածի սիրտը: Նա, հայ կնիկներին հատուկ ամոթխածությամբ, չվախեցավ, չթաքնվեցավ անծանոթ հյուրից, այլ շնորհալի կերպով խոսում էր Վարդանի հետ, ծիծաղում էր, կարծես վաղուց բարեկամ լիներ։ Բայց որքա՞ն նման էր Լալային։ Այդ զարմանալի նմանությունը մի այնպիսի հոգեզմայլությամբ պաշարեց Վարդանին, որ ցանկանում էր գրկել նրան և ասել. «Վերջապես գտա քեզ»...

Նախաճաշիկը արդեն պատրաստ էր սեղանի վրա։ Տանտիկինը լցրեց ահագին գավաթներ սուրճով, թանձր սերի հետ, և դրեց հյուրի և իր ամուսնի առջև։ Իսկ մանկահասակ աղջիկը դրեց սեղանի վրա այն առավոտ ստացած լրագրի թերթը և ինքնաբավական ժպիտով ցույց տվեց մի հոդված։ — Ա՛, քո հոդվածը արդեն դուրս է եկել, Լալա, — խոսեց հայրը, ակնոցները ուղղելով, թերթը մոտեցնելով աչքերին։

— «Լալա», — գոչեց Վարդանը անզսպելի խռովության մեջ։

— «Այդ անունը, — պատասխանեց տանուտերը, — խիստ հաճախ է կրկնվում մեր տոհմի մեջ»։

Վարդանը փոքր ինչ հանգստացավ, բայց դարձյալ չէր կարողանում հաշտվել այն մտքի հետ, թե նա Լալան չէր։ Եթե նա Լալան չէր, անտարակույս, նրա հարություն առած ուրվականը պետք է լիներ։ Իհարկե, հարությունից հետո մարդիկ փոխվում են, ուրիշ տեսակ կրթություն և ուրիշ տեսակ բնավորություն են ստանում, պահպանելով իրանց իսկական պատկերը։

Բացի գեղեցիկ օրիորդից Վարդանին գրավում էր այս տան խաղաղ և բախտավոր կեցությունը։ Նա սկզբում կարծում էր, թե այդ մարդիկը գիշեր և ցերեկ հանգստություն չունին, աշխատում են և միշտ աշխատում են։ Իսկ այժմ տեսնում էր, որ դրանք էլ ունեն իրանց հանգստի և ուրախության ժամերը, դրանք էլ ունեն իրանց համեստ և լի բավականություններով ապրուստը։

— «Գյուղացու երջանկությունը, — ասաց տանուտերը, — չէ կայանում այնքան ծանր և անդուլ աշխատությունների մեջ, որքան գործի գիտենալու և նրան հեշտացնելու հնարների մեջ։ Բնության մեջ կան շատ ուժեր, որոնց պարգևել է աստված մեզ օգնելու համար, միայն պետք է ծանոթանալ նրանց հետ և գիտենալ թե ի՞նչ միջոցով կարելի է նրանցից օգուտ քաղել։

— «Այդ իրավ է, — պատասխանեց Վարդանը, — բայց եթե քրդերը թողնեին գյուղացու վաստակը իր ձեռքում մնար, իմ կարծիքով, նա միշտ բախտավոր կլիներ»:

— «Ի՞նչ քրդեր, — հարցրեց տանուտերը զարմանալով»:

— «Այն քրդերը, որ ամեն օր ձեզ կողոպտում են»:

— «Հա՜, քրդերը... — պատասխանեց տան տերը, կարծես դժվարությամբ հիշելով վաղուց մոռացված մի ցեղի անուն: — Մեր երկաթի դարերի պատմության մեջ կարդացել եմ շատ բան քրդերի մասին, ճշմարիտ է, նրանք կողոպտում էին և մինչև անգամ կոտորում էին մեր պապերին: Իսկ այժմ ո՞ւր են այդ բարբարոսները: Նրանք սպառվեցան, այլևս չկան: Մի այսպիսի ցեղ չէր կարող դիմանալ քաղաքակրթության լույսին և այս պատճառով լուծվեցավ, այլասերվեցավ: Դեռ անցյալ դարու սկզբներում նրանք ընդունեցին մեր կրոնը, սկսեցին սովորել մեր դպրոցներում և հետզհետե խառնվելով մեզ հետ, անհետացան:

Վարդանը, լսելով այդ խոսքերը, չէր հավատում իր ականջներին, նրան երազ էր թվում բոլորը, թեև իսկապես երազի մեջ էր լսում և երազի մեջ էր տեսնում: Տան տերը շարունակեց.

— «Մեր տոհմագրության գրքի մեջ գտնում ենք շատ տողեր քրդերի մասին, որ կարծես, արյունով գրված լինեին: Մեր նախապապը, որից սկսվեցավ մեր տոհմը հայտնի լինիլ, կոչվում էր Խաչո. նա հենց այս գյուղի տանուտերն էր. քրդերը նրա ամբողջ ընտանիքը կոտորեցին ինքը երկու որդիների հետ մեռավ բանտի մեջ: Նրա մեծ որդի Հայրապետից մնաց մի արու զավակ միայն»...

— «Որ ալաշկերտցոց գաղթականության ժամանակ իր մոր՝ Սառայի հետ տարվեցավ Վաղարշապատ», — ընդհատեց Վարդանը:

— «Այո՛, այդ արու զավակից հառաջ եկավ մեր տոհմը»:

— «Եվ նրա անունը Հովակիմ էր. մի քույր ուներ, որ

կոչվում էր Նազլու, վերջինս մեռավ իր մոր հետ, և որբ մնացած Հովակիմին մի բժիշկ վեր առեց և մեծացրուց իր տան մեջ»:

— «Դրանք ո՞րտեղ ես կարդացել», — հարցրեց տան տերը, զարմանալով, որ իր տոհմի պատմությունը մանրամասն կերպով հայտնի էր հյուրին:

— «Ես չեմ կարդացել, այլ իմ աչքովն եմ տեսել, — պատասխանեց Վարդանը: — Այդ բոլորը կատարվեցան այն ժամանակ, երբ քրդերը ոչնչացրին այդ գյուղը, ոչնչացրին և ամբողջ Ալաշկերտի գավառը»:

— «Իսկ այդ մոտ երկու հարյուր տարվա անցք է: Իսկ դուք բավական երիտասարդ եք երևում, դուք Մաթուսաղայի տարիքը չունե՞ք, որ կարողանայիք ձեր աչքով տեսնել», — պատասխանեց տան տերը բարեսիրտ ժպիտով:

Վարդանը ոչինչ չգտավ պատասխանելու, նրան էլ այնպես էր թվում, որ այդ անցքերի վրայից դարեր էին սահել:

Մենյակի լուսամուտներից, ուր նստած էր Վարդանը, շրջապատված իր հյուրընկալի ուրախ ընտանիքով, երևում էր կանաչազարդ հովիտը, որ վերջանում էր գեղեցիկ լեռներով: Լեռները պատած էին խիտ անտառներով, և հսկա ծառերը միախառնվելով երկնքի պարզ կապուտակության հետ, ստեղծում էին մի սքանչելի պատկեր: Վաղորդյան արեգակը թափել էր այնտեղ իր ոսկեզեն ճառագայթները և նրա լույսով, արծաթե օձերի նման պտույտվելով և շողշողալով վազում էին զանազան գետեր և ճեղքելով անց էին կենում հովիտի հարթության միջից: Վարդանը չէր կարողանում աչքերը հեռացնել այդ հրաշալի տեսարանից: Վայրենի և անմշակ բնությունը մարդու աշխատասեր ձեռքի տակ այնպիսի գեղեցիկ կերպարանք էր ստացել, որպես կտավի կտորը պատկերահանի հրաշակերտ վրձինի տակ:

— «Դուք խոսում էիք քրդերի և թուրքերի տխուր ժամանակներից, — շարունակեց տան տերը մի առանձին ուրախությամբ, — բայց այն ժամանակներից հետո շատ բաներ փոխվեցան։ Տեսնում եք այդ սքանչելի լեռները. մի և կես դար առաջ դրանք բոլորովին մերկ էին, մի փոքրիկ թուփ անգամ չկար այդ սարերի վրա։ Այն ժամանակ բարբարոսների ձեռքը, որպես անգթաբար կոտորում էր մարդերին, այնպես էլ անխնա կոտորում էր ծառերին։ Բոլորը սպառված էր. ժողովուրդը վառելիքի համար գործ էր ածում աթարը, իսկ շինվածքի համար փայտ չկար. այդ պատճառով ստիպված էին բնակվել գետնափոր խորշերի մեջ։ Բայց երբ տիրեցին խաղաղության ժամանակները, այնուհետև ավերակ գյուղերը լցվեցան բնակիչների բազմությամբ, իսկ մեր լեռները ծածկվեցան անտառներով։ Այդ բոլորը տնկվել է գյուղացիների աշխատասեր ձեռքով։ Տեսնո՞ւմ եք այդ կանաչազարդ հովիտը, առաջ նա մի ցամաք և անջուր անապատ էր, մի փոքրիկ գետ միայն ուներ, որը բոլորովին ցամաքում էր ամառային տոթերից։ Իսկ այն օրից, երբ անտառները աճեցին, մեր հովիտը ստացավ ջրի առատություն։ Այժմ նա մեր գավառի պտղաբեր և ամենաարգավանդ երկրներից մեկն է։ Այո՛, շա՜տ բաներ փոխվեցան... Առաջ այստեղ ճանապարհներ անգամ չկային, իսկ այժմ ամեն տեղ կտեսնեք հայելու նման հարթ ճանապարհներ, որ միացնում են մեր երկրի բոլոր քաղաքները, և այդ ճանապարհների վրա սլանում են կառքեր, որ տարվում են ոչ թե անասունների ուժով, այլ շոգու զորությամբ։ Մեր երկրի արդյունաբերությունները մենք վաճառահանում ենք հազարավոր մղոններ հեռու և փոխարենը ստանում ենք՝ ինչ-որ մեզ պետք է»։

Վարդանը զարմացած լսում էր այդ բոլորը, բայց երբ նրա աչքը ընկավ գեղեցիկ Լալայի երեսին, հայտնի չէ թե ի՞նչու նրա խելքին եկավ հարցնել, թե ո՞րտեղ է սովորել օրիորդը։

— «Մի շաբաթ հազիվ կլինի, որ ավարտեց Նոր-Վաղարշակերտի ճեմարանը. իսկ այժմ պատրաստվում է համալսարան մտնել բժշկություն սովորելու։ Առողջությունը թույլ է, ես կցանկանայի, որ մի քանի ամիս անցկացներ գյուղում, բայց նրան ոչնչով չես կարող համոզել»։

— «Իսկ քանի՞ որդի ունիք դուք»։

— «Մեր տոհմը միշտ բազմածին է եղել, մեր նախապապ

տանուտեր Խաչոյի ընտանիքը բաղկանում էր ավելի քան հիսուն հոգուց, իսկ ես միայն հինգ զավակներ ունեմ: Լալան միակ աղջիկ զավակս է, մնացած չորսը տղամարդիկ են»:

— «Ի՞նչով են պարապվում»:

— «Մեկը անտառապահ է միևնույն անտառների, որ տեսնում եք, մեկը պրոֆեսոր է Կարինի համալսարանում, երրորդը գնդապետ է Վանի զորաբաժնի մեջ, չորրորդը դեռ սովորում է Նոր-Բագրիվանդի գյուղատնտեսական ուսումնարանում»:

Վարդանին անծանոթ երևեցավ քաղաքի անունը և հարցրեց.

— «Այս կողմերում ես չեմ հիշում մի այս անունով քաղաք»:
— «Դա հին Բայազեդն է, այժմ այս անունն է կրում: Մեր քաղաքներից, գյուղերից և գավառներից շատերը փոխել են իրանց անունները, մի քանիսը իրանց վաղեմի պատմական անուններն են ստացել, իսկ մի քանիսը նոր անուններ են ստացել»:

Տան տերը կրկին ձեռքն առեց լրագրի թերթը և կարդում էր մի հոդված, որը, որպես երևում էր, սաստիկ անհանգստացնում էր նրան: Վարդանը հետաքրքրությունից շարժված, հարցրեց.

— «Ի՞նչ նորություն կա»:

— «Առանձին ոչինչ... էգուց քաղաքում պիտի գումարվի երեսփոխանական ընդհանուր ժողով... մի քանի վիճելի հարցեր պետք է քննության ենթարկվեն... չգիտեմ ի՞նչով կվերջանա... կուսակցությունները սաստիկ հուզված են երևում»...

— «Դո՞ւք ևս կլինեք այնտեղ»:
— «Չեմ կարող չլինել»:

Խոսակցությունից երևաց, որ Վարդանի հյուրընկալը, այդ հովտի գյուղացիներից ընտրված, երեսփոխան էր:

Նախաճաշիկը արդեն վերջացել էր. Վարդանը վեր կացավ, և շնորհակալություն հայտնելով, կամենում էր հեռանալ:

— «Եթե դուք կցանկանայիք տեսնել մեր գյուղում մի քանի հիմնարկություններ, — ասաց նրան տան տերը, — ես սիրով հանձն կառնեի առաջնորդել ձեզ»:

— «Շնորհակալ եմ, պարոն», — պատասխանեց Վարդանը:

— «Եթե մյուս անգամ կպատահի ձեզ անցնել մեր գյուղից, — խոսեց տանտիկինը, — մեր դռները միշտ բաց կլինեն ձեր առջև»:

— «Շնորհակալ եմ, տիկին», — ասաց Վարդանը գլուխ տալով:
— «Եվ մեր տունը չի ձանձրացնի ձեզ», — ավելացրուց տանտիրոջ գեղեցիկ աղջիկը անկեղծ ժպիտով:

— «Շնորհակալ եմ, օրիորդ», — ասաց Վարդանը, ավելի խոնարհ կերպով գլուխ տալով:

Վարդանը դուրս գալուց հետո, այժմ նոր սկսեց զգալ իր նեղված դրությունը գյուղական ընտանիքի մեջ: Նա գտնում էր իրան որպես մի բոլորովին վայրենի, որը ավելի քաղաքակրթված հասարակության մեջ տանջվում է, թե ինչո՞ւ ինքը անտաշ և անկիրթ մնաց, թե ինչո՞ւ ինքը չէր կարող այնպես խոսել, այնպես դատել և այնպես պահել իրան, որպես մյուսները: Այդ ի՞նչ հրաշք էր: Տանուտեր Խաչոյի տոհմը, անցնելով դարերի բովի միջից, զտվել, մաքրվել և կերպարանափոխվել էր, ստեղծելով մի նոր և ազնիվ սերունդ:

Վարդանը և իր հյուրընկալը միասին գնում էին գյուղի փողոցով: Նրանց մոտից անցնում էին մաքուր և պարզ կերպով հագնված շինական կնիկները. յուրաքանչյուրը ձեռքին հյուսելով մի բան և նրանց տղամարդիկը գործավորի հագուստով: Ոչ մեկը անգործ չէր, ամեն մարդ իր զբաղմունքն ուներ: Զարմանում էր Վարդանը տեսնելով, թե որքա՛ն փոխվել էր կյանքը, թե որքա՛ն վայելուչ կերպարանք էր ստացել նա: Առաջվա գռեհկական կոշտությունները այլևս չէին երևում, ամեն տեղ շնչում էր կրթության ոգին իր ջերմ, կենսագործող զորությամբ: Մի բան որ մնացել էր անփոփոխ, դա էր հայկական խոսքը — լեզուն: Բայց որքա՜ն մշակվել, որքա՞ն կոկվել էր այդ լեզուն, և որքա՜ն գեղեցիկ դարձվածներով այժմ հնչում էր նա հայ մարդու բերանում:

Վարդանը իր հյուրընկալի հետ այժմ գտնվում էին գյուղից դրսում: Դեպի ամեն կողմը, ուր և նայում էր Վարդանը, երևում էին հարուստ ագարակներ, գեղեցիկ այգիներ, լավ մշակված դաշտեր և ճոխ արոտամարգեր:

Նրանք անցան մի գործարանի մոտից, որտեղ տախտակներ էին սղոցում: Այստեղ գործում էին գլխավորապես մեքենաներ և շոգին: Սղոցարանը մատակարարում էր բոլոր գյուղերի և մերձակա քաղաքի համար տախտակներ զանազան ձևերով և զանազան մեծությամբ:

— «Այդ ո՞ւմն է պատկանում», — հարցրեց Վարդանը:

— «Մեր գյուղում, ինչ գործարան որ տեսնելու լինեք, առանձին մարդու սեփականություն չէ, — պատասխանեց նրա հյուրընկալը, — գործարանները այստեղ պատկանում են գյուղական համայնքին, ամեն մի գյուղացի մասն ունի նրանց մեջ: Գերանները ստացվում են մերձակա անտառներից, որոնք նույնպես գյուղացիների սեփականություն են»:

Նրանք անցան սղոցարանից:

— «Ահա այդ ահագին շինվածքը, — ցույց տվեց Վարդանին հյուրընկալը, — դա պանրագործության գործարան է. այստեղ պատրաստվում է մեր գավառի ամենաընտիր պանիրը. դա նույնպես պատկանում է գյուղական համայնքին: Յուրաքանչյուր գյուղացի ներկայացնում է այստեղ իր անասուններից ստացած կաթը, և ընդհանուր արդյունքի բաժանման ժամանակ, նրա համեմատ ստանում է կամ պանիր, կամ արծաթ»:

Նրանք գտնվում էին այժմ դաշտում: Հասունացած հունձքը արտերից քաղվում էր, բայց քաղվում էր ոչ թե գյուղացու մանգաղով կամ գերանդիով, — այստեղ նույնպես գործում էր մեքենան, որ մենակ հարյուրավոր մշակների գործ էր կատարում: Ահա ի՞նչ էր նշանակում հեշտացնել աշխատությունը, — այժմ հասկանում էր Վարդանը:

Նրանք անցան մի ահագին շինության մոտից, դա աղորիք էր: Այստեղ նույնպես հեշտացրած էր աշխատանքը և ջրի փոխարեն գործում էր շոգին: Բազմաթիվ գյուղերի ցորենը այս հիմնարկության մեջ աղացվում էր, և մաքուր, ձյունի պես սպիտակ ալյուրը վաճառահանվում էր դեպի օտար երկրներ: Դա նույնպես պատկանում էր գյուղական համայնքին:

Բայց մի բան, որ ավելի զարմացնում էր Վարդանին, այդ այն էր, որ բոլոր գյուղացի բանվորները որտեղ և հանդիպում էին նրան, աչքի էին ընկնում իրանց համարձակությամբ, անձնավստահությամբ և այրական անվեհերությամբ: Կարծես դրանք սնվել և մեծացել էին կատարյալ ազատության մեջ, կարծես դրանք երբեք թուրքի ապտակը չէին կերել կամ քրդի նիզակը մի անգամ գոնե չէր վախեցրել նրանց: Նա տեսնում էր, որ այդ աշխատող բազմությունը ընդունակ է հարկը պահանջած ժամանակ, թողնել բահը և արորը, և նրանց փոխարեն զենք կրել, և նույնպես հմուտ, նույնպես հաջողակ կերպով գործ ածել:

— «Պատերազմի ժամանակ այդ մարդիկը զինվոր են դառնում, — ասաց Վարդանի հյուրընկալը, — աշխատանքը մեծ մասամբ դադարում է, և այս պատճառով պատերազմը միշտ կորստաբեր հետևանքներ է ունենում մեր երկրի համար, թեև նա ունենում է և իր առանձին օգուտները...»:

Անցնելով դաշտերից, նրանք դարձյալ մոտեցան գյուղին: Նրանց առջև դրած էր մի նոր հիմնարկություն: Դա ավելի նման էր այն շենքերին, որ կառուցված են լինում օրինակելի ագարակների մեջ:

— «Այդ մեր գյուղատնտեսական դպրոցն է, — ասաց

Վարդանի հյուրընկալը: — Այն, որ տեսաք առավոտյան, տարրական ուսումնարան էր»:

Այս ի՞նչ դպրոց էր, այսպիսի դպրոց Վարդանը երբեք չէր տեսել, թեև ինքն էլ մի ժամանակ վարժապետ էր եղել: Նա բովանդակում էր իր մեջ գյուղային տնտեսության վերաբերյալ բոլոր պարագայքը: Նրա ահագին շինության առջև տարածված էր ընդարձակ ագարակ զանազան բաժանմունքներով, որ մշակվում էին աշակերտների և աշակերտուհիների ձեռքով: Աշխարհի համարյա բոլոր բույսերի, տունկերի և ծաղիկների տեսակից կային այնտեղ զանազան օրինակներ: Այստեղ գիրքը և մեռած տառը ավելի չէին զբաղեցնում ուսանողներին: Ամեն ինչ սովորում էին նրանք բնության հրաշալի գրքի մեջ: Այստեղ որոշյալ ժամերում ուսանողները պարապվում էին մարմնամարզությամբ և զենք գործ ածելու վարժություններով: «Ահա այսպիսի դպրոցը կպատրաստե լավ երկրագործ և լավ զինվոր», — մտածում էր Վարդանը:

Վարդանը շնորհակալություն հայտնելով իր հյուրընկալին, բաժանվեցավ նրանից: Այժմ ո՞ւր պետք էր գնալ, ինքն էլ չգիտեր: Նա տեսավ հանրակառքի նման մի բան, որի երկու կողմերի վրա շարված էին մարդիկ: Ինքն էլ նստեց, երբ իմացավ, որ տանում է դեպի երկաթուղու կայարանը:

Երկաթուղու կայարանում նա գտավ մեծ բազմություն, որ սպասում էին գնացքին: Հանկարծ նրա ականջին դիպավ մի ծանոթ ձայն...

— «Վարդան»...

Վարդանը ետ նայեց, նրա առջև կանգնած էր պարոն Սալմանը: Երկու վաղեմի բարեկամները գրկախառնվեցան:

— «Ահա այդպես, բարեկամ, — խոսեց պարոն Սալմանը չթողնելով Վարդանի աջը իր ձեռքից, — մենք դարձյալ տեսնվում ենք միմյանց հետ ուղիղ երկու հարյուր տարուց հետո... բավական երկար ժամանակ է... Դու դեռ նույնն ես մնացել, Վարդան, դու ամենևին չես փոխվել... Բայց այս երկու դարերի ընթացքում մեծ փոփոխություններ եղան մեր երկրում... Հիշում ես, Վարդան, մի անգամ քեզ ասում էի, թե Հայաստանը մարդկության տղայական հասակի օրորոցն է եղել, նրա անմեղության ժամանակների դրախտն է եղել — բայց մի օր կդառնա նրա այրական հասակի, նրա զարգացման ժամանակների դրախտը: Այժմ բոլորը կատարվեցավ: Այժմ հայ մարդու ապրուստը խիստ ապահով, ուրախ և խաղաղ է հայրենի հողի վրա: Բայց եթե գիտենայիր, թե որքա՜ն աշխատեցինք մենք, մինչև նրան այս վիճակին կարողացանք հասցնել... շա՜տ աշխատեցինք... այս երկու հարյուր տարվա ընթացքում հազարավոր փորձանքների միջից անցանք... բազմաթիվ արյան և առատ քրտինքի գնով գնեցինք մեր հանգստությունը»...

— «Հիմա ո՞ւր ես գնում», — հարցրեց Վարդանը:

— «Քաղաքը, այնտեղ երեսփոխանական ժողով պիտի գումարվի, ես պատգամավոր եմ մեր գավառի կողմից: Գնանք միասին, Վարդան, ես պիտի խոսեմ, մեր վիճաբանությունները գուցե կհետաքրքրեն քեզ»:

Հնչեց գնացքի վերջին շվշվոցը: Նրանք մտան վագոնի մեջ: Գիշեր էր: Առավոտյան լույսը չբացված, նրանք հասան քաղաքը: Դեռ քնած էր գեղեցիկ, աղմկալի քաղաքը: Փողոցներում երևում էին միայն բանվորներ, որոնք շտապում էին զանազան ֆաբրիկաներում աշխատելու:

— ««Նոյան Աղավնու» պանդոկը», — հրամայեց պարոն Սալմանը կառապանին:

Կառքը սլանում էր ուղիղ և հարթ փողոցների միջով. երկու կողմից բարձրանում էին հոյակապ շինություններ զանազան գույներով: Վարդանը կարծում էր, թե պալատների միջով է անցկենում: Պարոն Սալմանը ցույց էր տալի նրան նշանավոր տները. — «Ահա այդ համալսարանն է», «ահա այդ գիտությունների ակադեմիան է», «դա հին թագավորական պալատն է, որ այժմ ծառայում է որպես մուզեյում», «դա քաղաքի նշանավոր թատրոններից մեկն է», «դա մի հիվանդանոց է», «դրանք այն հերոսների արձաններն են, որ նշանավոր եղան վերջին հեղափոխության ժամանակ», «դա մի լրագրի խմբագրատուն է, ուր օրեկան 150,000 օրինակ է տպվում» — «դա»...

— «Զինվորանոց չկա՞», — նրա խոսքը կտրեց Վարդանը:

— «Չկա, այստեղ ամեն քաղաքացի զինվոր է»:

— «Գեղեցի՛կ քաղաք... հրաշա՛լի քաղաք»... — բացականչեց Վարդանը խորին հափշտակության մեջ:

Կառքը կանգնեց «Նոյան Աղավնու» հյուրանոցի առջև: Պարոն Սալմանը Վարդանի հետ մտան մի առանձին փոքրիկ սենյակ, որ կից էր հասարակաց դահլիճին: Այստեղ Թոմաս էֆենդին Մելիք-Մանսուրի հետ սաստիկ վիճում էին:

— «Դա կատարյալ էշի մարտիրոսություն կլինի», — ասում էր Թոմաս էֆենդին:

— «Իմ կարծիքով, դա ամենաուղիղ ճանապարհն է, որ կհասցնե ցանկացած նպատակին», — պատասխանեց Մելիք-Մանսուրը տաքացած կերպով:

— «Այդ ճանապարհը մեզ շատ հեռու կտանե և ցանկացած նպատակին կհասցնե գուցե էշի զատկին», — ասում էր Թոմաս էֆենդին ծիծաղելով:

— «Ահա Սալմանը, լսենք նրա կարծիքը», — ասացին նրանք, դադարեցնելով վիճաբանությունը:

Մեծ եղավ նրանց զարմանքը, երբ տեսան Վարդանին, որը, կարծես, գետնից դուրս եկավ:

— «Դու որտեղի՞ց լույս ընկար», — հարցրեց Թոմաս էֆենդին իր հատուկ հեգնական ժպիտով:

— «Միևնույն երևույթը զարմացնում է և ինձ, — պատասխանեց Վարդանը նրա ձեռքը սեղմելով. — ես քո խորտակված դիակը գտա Ալաշկերտի լեռների ստորոտում և հետո թաղեցի քրդերի գերեզմանատան մեջ, իսկ ա՞յժմ»...

— «Այժմ ես կրկին հարություն առա, — պատասխանեց նա ծիծաղելով: — Մի՞թե դու չես հավատում հոգեփոխության վարդապետությանը: Իմ թշվառ հոգին անցավ ամենաանմաքուր կենդանիների մարմնի միջից. մի քանի տասնյակ տարիներ գայլի մարմնի մեջ կեղեքում էի, հափշտակում էի, ապրում էի որսելով... մի քանի տասնյակ տարիներ շան մարմնի մեջ հաչում էի, քծնվում էի և պտույտ գալիս այն մարդիկների շուրջը, որոնք ինձ հաց էին տալիս... մի քանի տասնյակ տարիներ օձի մարմնի մեջ ոլորվում էի գետնի վրա և պատահած ժամանակ խայթում էի... մի քանի տասնյակ տարիներ էշի մարմնի մեջ զռում էի, ականջներիցս այնքան քաշեցին, որ գլխումս խելք չմնաց... վերջապես իմ թշվառ հոգին մտավ առյուծի մարմնի մեջ, այստեղ բավական մաքրվեցավ և սրբվեցավ նա: Այդ շրջանը կատարեց նա երկու հարյուր տարվա ընթացքում: Եգիպտոսի մումիաները հազարավոր տարիներ մնում են պիրամիդների տակ, անհամբերությամբ սպասելով հոգիների վերադարձին, բայց իմ հոգին ավելի շուտ կատարեց իր շրջանը»:

— «Եվ ես բախտ ունեցա կրկին տեսնել կերպարանափոխված Թոմաս էֆենդուն», — կտրեց Վարդանը նրա խոսքը:

— «Այո՛: Ձեր տեսած առաջվա Թոմաս էֆենդին իր դարու հարազատ զավակն է, բայց ժամանակները փոխեցին նրան: Այժմ նա ներկա սերնդի լավ ներկայացուցիչներից մեկն է: Բայց ներկա սերունդը մե՛ծ հառաջադիմություն է գործել, սիրելի Վարդան: Հիշում ե՞ս, Մելիք-Մանսուրը մի ժամանակ «լավ ասեղներ» էր կանչում, և թափառում էր Ալաշկերտի գյուղերում, բայց նա այժմ մի առանձին զորաբաժնի գեներալ է»:

Վարդանը դարձավ դեպի Մելիք-Մանսուրը և պատկառանքով սեղմեց նրա աջը:

— «Մենք ուշանում ենք, պարոններ, նիստը շուտով կսկսվի», — շտապեցնում էր պարոն Սալմանը:

— «Դա մեր կուսակցության ազատամիտների պարագլուխն է, — ասաց Թոմաս էֆենդին շշնջալով Վարդանի ականջին, և ցույց տալով պարոն Սալմանի վրա։ — Մի երևելի ճառ է պատրաստել այսօրվա ժողովի համար։ Ա՛խ, որքան լավ է խոսում նա»...

— «Ի՞նձ էլ տարեք, պարոններ, ես էլ ցանկանում եմ լսել»... — գոչեց Վարդանը ուրախությամբ։

— «Գնա՛նք»... – լսելի եղավ նրա մոտ մի օտար ձայն։

Վարդանը աչքերը բաց արավ, զգաց, որ իր տեսածը բոլորը երազ էր։ Նա շուրջը դեռ պատում էր գիշերային խավարը, և նա գտնվում էր անբախտ Լալայի հողադամբարանի մոտ։ Բայց այն ի՞նչ օտարոտի ձայն էր, որ զարթեցրուց նրան. այն ո՞վ էր, որ ասաց «գնա՛նք»։

Հանկարծ չորս զորեղ ձեռքեր հափշտակեցին նրան և ամեն ինչ թաքնվեցավ գիշերային մթության մեջ...

www.ingramcontent.com/pod-product-compliance
Lightning Source LLC
Chambersburg PA
CBHW030216170426
43201CB00006B/108
9781604447620